图案：吕尧

梁慧星学术文集

第二卷

民法总论

梁慧星 著

北京大学出版社
PEKING UNIVERSITY PRESS

梁慧星

1944年1月生,四川省青神县汉阳镇人。中国著名民法学家,中国社会科学院学部委员、教授、博士生导师。第四、五、六届国务院学位委员会委员,十届政协全国委员会委员,十一届全国人大代表(主席团成员)、十一届全国人大法律委员会委员。曾任山东大学法学院院长,最高人民法院、最高人民检察院专家咨询委员,公安部监督员,现任北京仲裁委员会主任,北京理工大学珠海学院特聘教授、民商法律学院名誉院长。1986年国家人事部批准为"有突出贡献中青年专家"。1992年享受国务院颁发的政府特殊津贴。

序

我于1978年考取中国社会科学院研究生院硕士研究生攻读民法，1981年毕业后留法学研究所从事民法研究，至2019年5月退休。四十余年间，我致力于民法理论和立法研究，曾参与国家立法，从事编辑、教学、培训等工作。经北京大学出版社蒋浩先生建议，收集所撰写的民法理论研究、立法建议、法典论争、问题解答、判解评论及翻译介绍等文字，汇编成集，名曰"学术文集"，再按主题分为六卷，第一卷"民法典编纂、民法原理与法学方法"、第二卷"民法总论"、第三卷"物权法"、第四卷"合同法与侵权责任法"、第五卷"民事解答录"、第六卷"译介、判解、回忆及其他"，每一卷开篇均有对该卷内容的说明。

本文集仅收录单篇文章，包括已在平面媒体和网络媒体发表的、曾编入文集（如《民法学说判例与立法研究》《为中国民法典而斗争》《为了中国民法》等）出版的，以及未曾发表过的文章。本文集未收录专题著作，如《民法总论》《民法解释学》《裁判的方法》《法学学位论文写作方法》《民法总则讲义》《合同通则讲义》等。

需说明一点，本文集虽以学术文集为名，但其中许多文章并非严格意义上的学术研究论文，如实务问题解答、民法基本知识讲解，以及立法建议和提案等。写于改革开放初期的一些学术研究论文，也未必符合今天的学术规范，且因时过境迁，今天看来未必有多大学术价值，请读者谅解。

希望本文集的出版可以为读者提供方便。

上海财经大学民法教授李宇，负责文章的收集及各卷的结构编排，为文集的顺利出版付出了辛苦,在此表示感谢。

北京大学出版社领导和编辑同志为本文集的编辑出版付出辛劳,谨致感谢!

梁慧星

于昆明岭东紫郡之退庐

2022 年 4 月 28 日

本 卷 说 明

本卷收录了本人关于民法总则立法、民法总则解析和民法总论专题研究的相关文章,分三个部分。

第一部分民法总则立法,按照写作时间顺序选编了本人关于民法总则立法的文章。这部分文章中,既有对民法总则立法的宏观思考,也有对历次民法总则草案和审议稿的评述及建议。

第二部分民法总则解析,按照写作时间顺序选编了本人在 2017 年 3 月 15 日《中华人民共和国民法总则》颁布后,有关该法的时代意义、若干重要问题及条文解析的文章。

第三部分民法总论专题研究,选编了本人有关民法总论的专题研究文章,本部分按照民法总论的学术体系编排。

本卷中部分文章由于写作年代久远,部分文章根据现场录音整理,文献无法一一核实,恳请读者谅解。

目 录

第一部分 民法总则立法

制定民法总则的若干问题 ………………………………………… 3
民法总则立法的若干理论问题 …………………………………… 45
对《民法总则草案(征求意见稿 2016 年 5 月 20 日修改稿)》的
　　修改建议 …………………………………………………………… 86
民法总则草案与民法典编纂若干问题 …………………………… 95
对《中华人民共和国民法总则(草案)》的解读、评论和修改建议 …… 117
对《民法总则草案(二次审议稿)》的修改建议 ………………… 152
政策是法律的依据和内容,法律是政策的规范化
　　——"政策"与"法源"关系辨 ………………………………… 165
对《民法总则草案(三次审议稿)》的修改建议 ………………… 167
对《民法总则草案(三次审议稿)》的补充修改建议 …………… 175
对《民法总则草案(三次审议稿)》的两点修改建议 …………… 178
中国民法总则的制定 ……………………………………………… 180
对《民法总则草案(2017 年 2 月 16 日法律委审议稿)》的修改建议 …… 196
恢复《民法总则草案(三次审议稿)》第 155 条的紧急建议 …… 200
建议恢复《民法总则草案(三次审议稿)》第 156 条 …………… 205

第二部分 民法总则解析

《中华人民共和国民法总则》若干重要问题解答 ……………… 209

《中华人民共和国民法总则》的时代意义 …… 235
《中华人民共和国民法总则》的若干问题 …… 240
《民法总则》重要条文的理解与适用 …… 256
《民法总则》对民事权利的确认和保护 …… 286

第三部分　民法总论专题研究

我国民法的基本原则 …… 311
诚实信用原则与漏洞补充 …… 324
市场经济与公序良俗原则 …… 337
中国人身权制度 …… 355
人格权保护已形成中国经验 …… 367
论企业法人与企业法人所有权 …… 375
合作社的法人地位 …… 386
代理论 …… 395
论民事责任 …… 420
关于民事责任的若干问题 …… 431
关于民事责任的若干问题（续） …… 441
民法时效研究 …… 452
论经济流转 …… 463
论对整个国民经济的法律调整 …… 472
以股份公司和有限责任公司形式改组国有大企业 …… 479

索　引 …… 489

第一部分
民法总则立法

制定民法总则的若干问题[*]

一、设置民法总则的理由

中国民法典设置第一编民法总则,是民法学者的共识,且立法机关已经开始启动民法总则立法。

民法典设置总则编,是德国民法学和《德国民法典》的传统,是《德国民法典》最引人注目的风格之一,集中地体现了《德国民法典》的"抽象概括式"立法特点。因此,是否设置总则编,成为大陆法系内部划分德国法系与法国法系的标志。

民法典的总则编,是从民法典的人法与物法两大部分出发,采用"提取公因式"的方法,抽象出来的共同规则。通过这一立法技术,使得民法典的人法和物法两大部分的内容得以整合,构成一个逻辑严密、前后呼应的有机整体。

民法典总则编,规定民法的基本原则和基本制度,不仅是整个民法的基础而且是整个法治的基础。民法典总则编中抽象的、一般性的规则,为民法的发展提供了根据,通过法律解释方法之运用,而使民法与社会生活保持一致。

我国虽采民商合一主义,但在民法典之外尚有《公司法》《票据法》《海商法》《保险法》《证券法》《专利法》《商标法》《著作权法》等民事单行法,在一些行政和经济管理性的法律中也有属于民法性质的制度和规则。因民法典总则编之设置,使民法典与各民事单行法和其他法

---

[*] 本文写作于 2015 年 9 月 2 日。

律中属于民法性质的制度和规则构成一个完整的私法体系,并依特别法优先于普通法的原则予以适用。

二、民法总则的结构

按照多数立法例,民法总则编以"人""物""行为"为中心,形成"人—物—行为"三位一体的结构。

立法例的差异仅在于以下方面:关于主体,是将自然人和法人合并规定为一章,还是分别规定为两章;关于权利客体,是只规定"物",并以"物"为章名,还是以"权利客体"为章名,内容包括"物"和其他客体;关于行为,是将法律行为与代理制度合并规定为一章,还是分别规定为两章,代理一章安排在法律行为章之后;关于诉讼时效与期日、期间,是分别规定为两章,还是合并规定为一章。

笔者负责的中国民法典立法研究课题组提交立法机关的《民法总则草案》,以现行《民法通则》第一、二、三、四、七、九章的内容为基础,结合最高人民法院有关司法解释,依据民法原理并参考发达国家和地区的立法例,予以修订、增补、完善,分设为八章:第一章一般规定;第二章自然人;第三章法人、非法人团体;第四章权利客体;第五章法律行为;第六章代理;第七章诉讼时效;第八章期日、期间。下面着重介绍该《民法总则草案》在《民法通则》基础上新增加或者修改的内容。

三、第一章"一般规定"

(一)概说

民法典总则编是否设置"一般规定",有不同立法例。如《德国民法典》总则编第1条规定了"人"的权利能力,并没有"一般规定"。但属于德国法系的其他民法典,如《俄罗斯民法典》和《蒙古国民法典》的总则编均设有"一般规定"。在总则编设置"一般规定",不仅能够使民法典体系完整、逻辑严谨,其重大意义更在于为民法典体系乃至现代法治奠定根基。设置"一般规定",也是中国民事立法的惯例。

民法典总则编的"一般规定",表明了立法者对民法的基本态度,主要内容是:民法典的立法依据、立法宗旨、调整对象、基本原则、法律渊源、法律适用原则等。集中体现了德国法系民法典的逻辑性和体系性。"一般规定"的内容比"总则"更抽象,可谓对抽象的再抽象,不是具体规定当事人权利义务的行为规范,而是属于立法者、执法者和民事主体均须遵循的指导性的、原则性的、宣言性的规范,是构成整个民法典规则体系和现代法治的"基石性"原则。这些原则一旦发生动摇,整个民法典体系乃至现代法治都有崩溃之虞。

遵循我国民事立法的惯例,根据民法理论并参考各主要国家立法例,民法典总则编设置第一章"一般规定",下设三节:第一节立法目的与调整范围;第二节基本原则;第三节民法的适用。

(二)民法调整范围

条文:"本法调整自然人、法人和非法人团体之间的人身关系和财产关系。"

条文所谓"财产关系",含义明确,无需解释。所谓"人身关系",亦称"身份关系"。民法上所谓"身份",特指夫妻、亲子、家庭成员和近亲属之间的身份。须特别注意的是,所谓"人身关系",不涉及"人格权"。人格权与人格(主体资格)不可分离,作为人格权客体的自然人的生命、身体、健康、自由、姓名、肖像、名誉、隐私等,是人格的载体。人格权与人格(主体资格)相终始,人格不消灭,人格权就不消灭;人格消灭,人格权当然消灭。人格权是存在于主体自身的权利,不是存在于人与人之间关系上的权利。只有在人格权受侵害时才涉及主体与他人之间的关系,但这种关系是侵权责任关系,性质上属于债权关系。因此,民法无所谓"人格权关系"。因此,"人格权"属于自然人自身的事项,类似于权利能力、行为能力,与作为民法典分则编的物权(关系)、债权(关系)、亲属(关系)、继承(关系)不构成平行并列的逻辑关系。

按照现代民法思想,法人、非法人团体属于社会组织体,法律赋予其权利主体资格,是为了适应经济生活的需要。因此,法人、非法人团体只参加经济生活,只发生财产关系,不参加家庭生活,不发生人身关系;法人、非法人团体只能成为财产关系的主体,不能成为人身关系的主体。

民法调整的财产关系范围甚宽,包括物权关系、债权关系、知识产权关系、遗产继承关系,法人、非法人团体不能参加家庭生活,也就不能成为遗产继承关系的主体。本条规定的民法的调整对象,包括自然人之间的人身关系,以及自然人、法人、非法人团体之间的财产关系。

(三) 民事权利的保护原则

条文:"民事权利受法律保护,非基于社会公共利益的目的并根据合法程序,不得予以限制。"

民法典是一部权利法。与其他法律相比,民法规范基本上是授权性规范,民法确立的是一种客观的权利,民事主体完全可以依据民法规范的指引,把法律上规定的权利转化为自己实际享有的权利。整个民法的体例都是以权利为中心进行设计和编排的。民法典总则编规定民事权利主体、取得权利的方法、权利的存续期间,等等。民法典分则各编规定具体的民事权利,这些权利既包括个人生存所必需的权利,也包括个人充分发展所需的权利,此外还有权利受侵害时如何救济的规定。因此,民法典被称为"权利宣言书"。

本条规定有两个方面的内容:一是确立民事权利受法律保护的基本原则;二是确立对民事权利予以限制的条件。依据本条规定,法律保护民事权利为基本原则,于具备法定条件时对民事权利予以限制是这一基本原则的例外。须特别说明的是,对于人身权利,民法典不能规定任何限制。所谓于具备法定条件时对民事权利予以限制,仅指民事权利中的财产权利。

本节规定的民法基本原则,有平等原则、意思自治原则、公平原则、诚信原则、公序良俗原则及禁止权利滥用原则,均以现行《民法通则》条文为根据,学界早有共识,无需赘述。

(四) 法律适用的原则

条文:"民事关系,本法和其他法律都有规定的,应当优先适用其他法律的规定;本法和其他法律都没有规定的,可以适用习惯;既没有法律规定也没有习惯的,可以适用公认的法理。

前款所称习惯,以不违背公共秩序和善良风俗的为限。"

本条第 1 款规定了民事法律渊源(法源)适用的顺序。首先,适用法律的规定,这里的法律包括民法典和国家颁布的其他法律;其次,适用习惯,适用习惯的前提是民法典和国家的其他法律都没有对该事项作出规定;最后,适用法理,法理适用的前提是法律没有规定,也不存在习惯。这种顺序为司法和仲裁确定了法律渊源适用的等级秩序。本条第 2 款对可以成为法律渊源的习惯作了限定,即习惯必须不违背公共秩序和善良风俗。违背公共秩序和善良风俗的习惯,不能作为法律渊源。

法律有成文法和习惯法之分。即使成文法国家有了完备的民法典,也不可能做到对民事生活中的一切关系均有明确规定,随着社会生活的发展变化,会产生一些新型案件,因此无法从现行法中找到相应的规定。大陆法系民法典解决这一问题的方法,除广泛运用民法的基本原则外,还要扩大法律渊源的范围,于一定条件下承认习惯、法理为法律渊源。

各主要国家和地区大抵承认习惯为民法的法源。在我国,1951 年 7 月 18 日最高人民法院西南分院《关于赘婿要求继承岳父母财产问题的批复》中指出,"如当地有习惯,而不违反政策精神者,则可酌情处理",这是承认习惯为民法法源的证明。特别值得注意的是,现行《合同法》对习惯设有多处规定,例如该法第 60 条第 2 款明定,当事人应当履行交易习惯所要求的义务。

所谓习惯,是指多数人对同一事项,经过长时间,反复为同一行为。因此,习惯是一种事实上的惯例。其通行于全国者,谓之一般习惯;通行于一地方者,谓之地方习惯;一般人所遵循者,谓之普通习惯;适用于特种身份或职业及地位者,谓之特别习惯。现行《合同法》所谓交易习惯,即属于特别习惯。习惯经法院承认并引为判决依据,即成为习惯法。

所谓法理,指依据民法之基本原则所应有的原理。按照现行法律,所谓法理并无拘束力,因此不构成民法的法源。但有解释权的机关在对民事法律进行解释,及法官裁判案件遇法律无明文规定时,又往往以法理作为解释和裁判的根据。法理通过解释或裁判获得了法律拘束力,解释或裁判引为根据的法理,因而成为民法之法源。

四、第二章"自然人"

(一)概说

自然人是最重要的民事主体。确认自然人的民事主体地位,是自然人的财产权利和人身权利获得法律保护的前提。本章以《民法通则》的规定为基础,结合最高人民法院有关司法解释的规则,参考德国、瑞士、日本等国以及我国台湾地区的立法例,分为六节:第一节规定自然人的民事权利能力;第二节规定自然人的人格权;第三节规定自然人的民事行为能力;第四节规定宣告失踪制度;第五节规定宣告死亡制度;第六节规定自然人的住所。

与《民法通则》不同的是,本章没有规定作为民事主体的个体工商户、农村承包经营户和个人合伙。个体工商户和农村承包经营户均非准确法律概念。所谓个体工商户,为从事工商业经营活动的自然人在工商登记时的类别,其有可能是一个人,也有可能是二人以上的家庭成员;农村承包经营户是在农村家庭联产承包制的基础上形成的一种称谓。个体工商户如为一人经营,应为从事经营活动的自然人个人(在商法学上称为"商自然人");如为二人以上共同经营,则其性质应为合伙。农村承包经营户与个体工商户类似,其参加经营活动所涉及的有关规则,或者适用民法关于自然人(商自然人)的规定,或者适用有关合伙的规定,或者适用有关非法人团体的规定。

(二)胎儿利益的保护

条文:"凡涉及胎儿利益保护的,胎儿视为具有民事权利能力。

涉及胎儿利益保护的事项,准用本法有关监护的规定。

胎儿出生时为死体的,其民事权利能力视为自始不存在。"

人的权利能力始于出生,而出生前之胎儿,尚未成为法律上的人,自然不享有权利能力,不得为民事权利之主体。但若严格贯彻此一原则,势将对行将出生之胎儿保护不周,有违反人情之虞。因此,自罗马法以来,关于胎儿利益之保护,成为民法一大问题。各主要国家和地区立法例,关于胎儿之保护,有三种立法主义。

第一,总括的保护主义,即就胎儿利益之保护,一般将胎儿视为已出生。此为罗马法所采取之主义,《瑞士民法典》(第31条第2款)从之。我国台湾地区"民法"亦采此主义,其第7条规定:"胎儿以将来非死产者为限,关于其个人利益之保护,视为既已出生。"

第二,个别的保护主义,即胎儿原则上无民事权利能力,但于若干例外情形视为有民事权利能力。法国、德国、日本均采此主义。所谓例外情形视为有民事权利能力,如依《德国民法典》第1923条第2款的规定,"胎儿有继承权";依第844条第2款的规定,在抚养义务人因侵权行为致死的情形,"胎儿对加害人有损害赔偿请求权"。依《日本民法典》第721条的规定,"胎儿有基于不法行为的损害赔偿请求权",依第886条、第965条的规定,"胎儿有继承权""胎儿有受遗赠权"等。

第三,绝对主义,即绝对贯彻胎儿不具有民事权利能力的原则,依此立法主义,胎儿不具有民事权利能力,不得为民事权利主体。1964年的《苏俄民法典》及我国现行《民法通则》属于此种立法主义。

依《民法通则》之规定,胎儿不具有民事权利能力,不得为民事法律关系之主体。仅遗产分配方面,法律为保护胎儿将来出生后的利益,设有特殊规定,即按照《继承法》第28条的规定,遗产分割时,应当保留胎儿的继承份额。此项规定,严格贯彻以出生为民事权利能力之始期,不认为胎儿有任何民事权利能力。与总括的保护主义视为已出生因而有民事权利能力,以及个别的保护主义于若干特别情形视为有民事权利能力,均不相同。

上述三种立法主义,就对胎儿利益的保护而言,总括的保护主义最有力,个别的保护主义次之,绝对主义最次。纵观德国、日本等国,学者尚且以个别的保护主义对胎儿利益保护不力,主张改采总括的保护主义,保护范围及于"出生前之损害",可见《民法通则》所采绝对主义之不合时宜。自20世纪90年代以来,我国裁判实务已有重大进步,对于抚养义务人因侵权行为死亡之情形,不仅认可胎儿于出生后对加害人有损害赔偿请求权,而且认可尚未出生的胎儿对加害人有损害赔偿请求权。因此,本条改采总括的保护主义。

本条规定,凡涉及胎儿利益保护时,包括遗产继承、对胎儿的侵权损害、赠与或者遗赠等,法律上将胎儿视为具有民事权利能力,其权利由此可以受到法律的保护。条文采用"视为"概念,表明并非一般地赋予胎儿以民事权利能力,只在涉及胎儿利益保护的事项时才将胎儿作为具有民事权利能力的主体对待。并且,只能使胎儿具有民事权利的资格,不能使胎儿承担民事义务。

胎儿尚未出生,不可能具有自己行使权利的意思能力。在将胎儿视为具有民事权利能力的情况下,其权利应当由其父母代为行使和保护。胎儿的地位相当于被监护人,胎儿母亲或者父亲的地位相当于监护人,故本条第2款规定,涉及胎儿利益保护的事项,准用民法有关监护的规定。

在胎儿被视为有民事权利能力的情形,如胎儿活着出生,则其应继续享有已经取得的民事权利;如胎儿未能活着出生,则应视为胎儿自怀孕之时起,从未有过民事权利能力,其已取得的财产权益,应当适用不当得利规则。

(三)关于人格权

立法例关于人格权的规定大致有五种模式:一是在债权编的侵权行为法部分设人格权保护的规定,如1896年《德国民法典》、1896年《日本民法典》;二是在总则编或人法编的自然人一章规定人格权,不在侵权行为法部分设保护人格权的特别规定,如1992年《荷兰民法典》、1994年修正后的《法国民法典》、1994年《魁北克民法典》;三是在总则编或人法编的自然人一章规定人格权,同时在债权编的侵权行为法部分规定侵害人格权的侵权责任,如《瑞士民法典》《葡萄牙民法典》《加利福尼亚民法典》《匈牙利民法典》《立陶宛民法典》、1959年的《德国民法典修正草案》,以及我国台湾地区"民法"和我国《澳门民法典》;四是在总则编的权利客体一章规定各种人身非财产利益,同时在债权编的侵权行为法部分规定侵害人格权的侵权责任,如《俄罗斯联邦民法典》《白俄罗斯民法典》;五是单独设人格权编,如2003年《乌克兰民法典》。本条采纳第三种模式,在总则编自然人一章设专节规定人格权,同时在侵权行为编设专节规定侵害人格权的侵权责任。

民法典不应设置"人格权编"的理由:(1)基于人格权与人格的本质联系。作为人格权客体的人的生命、身体、健康、自由、姓名、肖像、名誉、隐私等,是人格的载体。因此,人格权与人格相终始,不可须臾分离,人格不消灭,人格权就不消灭。这是将人格权规定在自然人一章的法理根据。(2)基于人格权与其他民事权利的本质区别。人格权的客体是存在于自然人自身的生命、身体、健康、自由、姓名、肖像、名誉、隐私等人格利益。因此,人格权是存在于主体自身的权利,不是存在于人与人之间的关系上的权利。人格权就像权利能力、行为能力、出生、死亡一样,属于主体自身的事项,因此无所谓"人格权"关系。只有在人格权受侵害时才涉及与他人的关系,但这种关系属于侵权责任关系,为债权关系之一种。这是人格权不能作为民法典的分则、不能设置"人格权编"与物权编、债权编、亲属编、继承编并立的法理根据。(3)基于人格权不能依权利人的意思、行为而取得或处分,不适用总则编关于法律行为、代理、时效和期日期间的规定。其他民事权利均可以根据权利人自己的意思,依法律行为而取得,均可以根据自己的意思,依法律行为而处分。人格权因自然人的出生而当然取得,因权利人的死亡而当然消灭,其取得与人的意思、行为无关,原则上不能处分,即不能转让、不能赠与、不能抵销、不能抛弃。因此,民法总则中的法律行为、代理、时效、期间期日等制度,对于其他民事权利均有适用余地,唯独不能适用于人格权。如人格权单独设编而与物权、债权、亲属、继承编并列,不仅割裂了人格权与人格的本质联系,混淆了人格权与其他民事权利的区别,而且破坏了民法典内部的逻辑关系,难以处理总则编的法律行为、代理、诉讼时效、期日期间等制度应否适用于人格权编的难题。

(四)对遗体、遗骨的保护

条文:"自然人死亡后,其遗体由本人的亲属负责火化、埋葬,但不得进行使用、收益或者其他处分。

禁止对遗体、遗骨进行损害或者侮辱。"

实际生活中,非法侵害自然人遗体、遗骨的案件时有发生。民法在保护自然人身体权及其他人格权的同时,有必要对自然人死亡后的遗体、遗骨的保护作出规定。依照民法学说,自然人死亡后的遗体、遗骨,属于一种特殊的物,供作埋葬、祭祀之特定目的。除根据死者生前愿望将遗体捐献医疗机构,供作医学研究之用外,禁止对遗体、遗骨进行转让和抛弃,同时禁止对遗体、遗骨的损害和侮辱。对自然人的遗体、遗骨进行侵害或者侮辱,加害人应当对死者近亲属承担侵权责任。

(五) 对死者姓名、肖像和名誉的保护

条文:"禁止以侮辱、诽谤、贬损、丑化等方式侵害死者的姓名、肖像和名誉。"

关于死者姓名、肖像和名誉的保护,涉及自然人死亡是否导致其民事权利能力绝对消灭的问题。本条采民法通说,认为自然人的民事权利能力终于死亡,应当是绝对的,不容有例外。在某些情形中对死者的某些人格利益予以保护,目的不是保护死者,而是保护死者遗属的利益及维护社会公共利益和法律秩序。

《民法通则》颁行以来,侵害死者名誉、姓名、肖像的案件时有发生,不仅损害死者遗属对先人的感情,且损害社会公共利益。考虑到死者遗属对先人的感情将随时间的经过而逐渐淡薄,且死者的姓名、肖像和名誉亦因时间的经过而变成历史事实,基于历史研究的自由和文学艺术创作的自由关系社会公益而应优先保护,因此对死者人格利益的保护应当有所限制。最高人民法院《关于审理名誉权案件若干问题的解答》(法发〔1993〕15号)明示,侵害死者名誉,可以成立侵权行为,死者近亲属有诉权,近亲属包括:配偶、父母、子女、兄弟姐妹、祖父母、外祖父母、孙子女、外孙子女。这一解释的法理根据正在于此。本条以最高人民法院的上述解释为根据。

须特别注意,本条未规定保护死者隐私。如披露死者隐私,并因此损害死者名誉,死者遗属可依据本条追究行为人侵害死者名誉的侵权责任;如披露死者隐私并未因此损害死者名誉,则不应使行为人承担侵权责任。因为自然人一旦死亡,其在世的生活(包括隐私)遂成为历史,为了保护历史研究的自由和文学艺术创作的自由,本条仅规定保护死者姓名、肖像、名誉,而未规定保护死者隐私。

(六)民事行为能力由"三分法"改为"二分法"

关于自然人民事行为能力,各立法例均以年龄和精神状态作为划分标准,以成年和精神健全作为具有民事行为能力的条件。有的立法例采"二分法",分为"有行为能力"和"无行为能力"两种;有的则采"三分法",分为"有行为能力""限制行为能力"和"无行为能力"三种。我国现行《民法通则》采"三分法"。考虑到自20世纪下半叶以来民法关于未成年人保护制度和成年障碍者保护制度的发展趋势,并总结自《民法通则》颁行以来的实践经验,本法改采"二分法",将自然人民事行为能力分为"完全民事行为能力"与"限制民事行为能力"两种。公民满18岁为成年人,有完全民事行为能力。未成年人有限制行为能力。另外增加关于成年障碍者限制行为能力的规定。

(七)成年障碍者的民事行为能力

条文:"成年障碍者实施法律行为,应当由法定代理人代理或者经法定代理人同意,但购买日常用品或者与日常生活相关的行为除外。"

按照现行《民法通则》关于精神病人监护的制度,被宣告为无民事行为能力的精神病人实施法律行为,必须由其监护人代理,否则一概无效;被宣告为限制民事行为能力的精神病人独立实施的法律行为,其监护人追认的有效,其监护人不追认的无效。现行制度偏重于保护市场交易安全,无视成年障碍者的自我意思决定及残余的意思能力,这与现今民法发展潮流不符。考虑到成年障碍者保护制度的最新发展趋势,本法废止"无行为能力"制度,废除现行《民法通则》关于宣告精神病人为无民事行为能力或者限制民事行为能力并为其设置监护人的制度("禁治产宣告"制度),创设成年照顾制度。将因精神障碍、智力障碍及身体障碍而致意思能力不足的成年人,统称为"成年障碍者",属于限制民事行为能力人,并为其设立照顾人。

根据成年照顾制度的立法目的,参考现行《合同法》第 47 条及法国、奥地利、日本立法例,设立本条。本条规定,成年障碍者实施法律行为,须由法定代理人代理或者经法定代理人同意,但购买日常用品或与日常生活相关的行为除外。所谓"成年障碍者",指因精神障碍、智力障碍及身体障碍而致意思能力不足的成年人。本条对"与日常生活相关的行为"未作明确界定,被照顾人实施的某一具体行为,是否属于"与日常生活相关的行为",需根据具体行为的性质、所需金额及目的用途,结合社会生活经验判断。成年障碍者照顾制度规定在亲属编。

(八)失踪宣告和死亡宣告

由于战争、自然灾害及从事具有一定危险性的航海、航空、登山和科学探险等活动,使人们遭遇各种危险而致失踪,是经常发生的事。改革开放以来,大批农村劳动力进入大城市务工等产生的人口流动,也可能造成一些人失踪。失踪人的财产关系及身份关系势必处于不确定状态。这种不确定状态的长期持续,不利于失踪人财产的管理和利用,不利于社会经济的发展和社会秩序的稳定,并且必然损及与失踪人有利害关系的第三人的利益。因此,从社会利益考虑,与失踪人有关的财产关系和身份关系宜尽快予以确定。但若仅以失踪事实作为民事法律关系变动之根据,又势必损害失踪人的财产权利及其他合法权益,且更易造成社会关系的紊乱。于是,民法规定宣告失踪制度和死亡宣告制度。

宣告死亡制度与宣告失踪制度,程序设计颇类似,但目的不同。宣告失踪制度的目的,仅在于解决失踪人的财产管理问题,并不能够解决因失踪引起的民事法律关系的不确定状态。宣告死亡制度,是按照法定程序,由法院宣告失踪人"已死亡",并以此为根据,发生与自然死亡同样的法律后果,因此消除因自然人失踪而引起的民事法律关系的不确定状态。以现行《民法通则》关于宣告失踪制度和宣告死亡制度为基础,结合最高人民法院有关司法解释及裁判经验予以完善。例如,关于死亡宣告制度,明文规定死亡宣告申请人无顺序限制,并增加关于人民检察院提出死亡宣告申请的规定。

(九)宣告死亡的法律效果

条文:"宣告死亡发生与自然死亡相同的法律效果。"

关于死亡宣告的效力,有四种学说:第一,死亡宣告的效力仅及于财产关系。依此说,身份关系不受死亡宣告的影响。此为德国普通法时代之通说,泰国民法原采此说。第二,死亡宣告的效力,不仅及于财产关系,同时及于身份关系。依此说,财产关系、婚姻关系一并消灭。《法国民法典》《魁北克民法典》采此说。第三,死亡宣告的效力,原则上及于一切关系,但婚姻关系须配偶已再婚,始为解除,如《德国民法典》。第四,死亡宣告的效力,原则上及于一切关系,但如被宣告死亡的人归来或生存,则其配偶之再婚无效,如《意大利民法典》。

现行《民法通则》对此未有明文规定,但依最高人民法院有关司法解释的规定,被宣告死亡的人与配偶的婚姻关系,自死亡宣告之日起消灭。似采第二说。按照《民法通则》及最高人民法院有关司法解释,本条规定,"宣告死亡发生与自然死亡相同的法律效果",即以被宣告死亡人原住所地为中心的一切财产关系和身份关系均归于消灭。一切享有以被宣告死亡人死亡为条件的财产权利的人,即可因此获得权利,如继承人开始继承,受遗赠人取得遗赠。其婚姻关系也一并消灭,其配偶当然可以再婚。但如被宣告死亡人实际上还生存于他方,其在当地的法律关系并不受死亡宣告的影响,在当地所实施的法律行为,并不因其在原住所地被宣告死亡而无效。

(十) 死亡宣告及其撤销对婚姻关系的效果

条文:"被宣告死亡的人与配偶的婚姻关系,自死亡宣告之日起消灭。死亡宣告被人民法院撤销,其配偶尚未再婚的,夫妻关系从撤销死亡宣告之日起自行恢复,但其配偶不愿恢复的除外;其配偶再婚后又离婚或再婚后配偶又死亡的,不得认定夫妻关系自行恢复。"

已婚自然人被宣告死亡的情形,由于宣告死亡产生与自然死亡相同的法律效果,致被宣告死亡人的婚姻关系归于消灭,其配偶当然得以另行缔结婚姻关系。在宣告死亡被撤销时,被宣告死亡人与其配偶的婚姻关系是否得以恢复,应视不同情形处理:如其配偶未再婚的,原则上其婚姻关系从撤销死亡宣告之日起自行恢复,亦即死亡宣告撤销的效力,溯及当事人被宣告死亡之时,其婚姻关系视为自始未消灭,双方当事人无须再履行任何婚姻登记手续。

考虑到被宣告死亡的一方长期下落不明,未能履行夫妻和家庭关系上的义务,即使未被宣告死亡,其婚姻关系也仅具有形式上的意义。失踪人重新出现致死亡宣告被撤销后,仅因其配偶尚未再婚而一律自行恢复婚姻关系,未免有片面保护失踪人利益无视其配偶自由意思且违背婚姻关系本质之嫌。因此,为尊重被宣告死亡人配偶的自由意思并符合婚姻关系的本质,特增设但书规定:"但其配偶不愿恢复的除外"。

如被宣告死亡人的配偶在宣告死亡判决生效后已经再婚,则其与被宣告死亡人原来的婚姻关系不因死亡宣告被撤销而恢复,与他人缔结的婚姻关系受法律保护。即使被宣告死亡人的配偶与他人结婚后又离婚,或者结婚后对方死亡,其与被宣告死亡人原来的婚姻关系也不能自行恢复。这种情形,如被宣告死亡人的配偶愿意与被宣告死亡后重新出现的人"恢复"夫妻关系,双方必须另行办理结婚登记。

五、第三章"法人、非法人团体"

(一)概说

法人是除自然人之外最重要的民事主体。本章在现行《民法通则》和《公司法》等法律规定的基础上,总结司法实践经验,参考借鉴发达国家和地区的立法经验和理论研究成果,分设六节:第一节一般规定;第二节法人的设立;第三节法人的机关;第四节法人的变更;第五节法人的解散与清算;第六节非法人团体。

(二)法人的分类

传统民法理论将法人分为公法人与私法人。区别在于法人设立的法律根据不同,其理论意义和实际价值在于,公法人之设立须经特别程序,国家对公法人的财产及其活动有特别措施和特别制度,这些特别措施、特别制度由行政法加以规定。鉴于在民事活动中,无论公法人抑或私法人,其法律地位一律平等,均同等适用民法中有关法人制度的基本规则。就民法立法角度而言,明示公法人与私法人之区分,实际意义不大。因此,本章遵循《民法通则》的做法,不区分公法人与私法人。

民法理论将法人分为"公益法人"与"营利法人",意在揭示法人设立之不同目的,并因此决定法人设立的不同方式和法律适用上的重大区别。此种分类的缺陷是,无法涵括一些既非公益亦非营利的中间法人,从而留下法律漏洞。现行《民法通则》所规定的企业法人实际上就是营利法人,而所谓国家机关法人、事业单位法人以及社会团体法人,则应属于公益法人。考虑到我国民法更为注重法人在经济生活中的地位和作用,本章保留了《民法通则》关于区分企业法人与非企业法人的基本思路,借鉴德国和瑞士的立法例,采用"营利法人"与"非营利法人"的分类,且在营利法人中,不再按生产资料所有制区分为全民所有制法人、集体所有制法人。

传统民法理论采"社团法人"与"财团法人"的基本分类,意在揭示法人设立之组织基础为人的结合抑或财产的结合,具有重要理论意义。我国立法迄未采用"社团"及"财团"的概念。登记实务中使用的"社会团体"概念,与民法所谓"社团"概念并不相同。20世纪后期出现的一人公司(现行《公司法》亦承认一人公司)亦与"社团"为人的集合体的本质不符。"财团"概念也有难为一般人理解之虞。因此,本法不采用"社团法人"与"财团法人"这一分类。虽民法立法不采"社团法人"与"财团法人"的分类,但并不妨碍民法理论研究运用"社团法人"和"财团法人"概念作为分析的工具,自不待言。

(三)捐助法人

民法理论上所谓财团法人的典型形式为基金会。改革开放以来,有关儿童福利、残疾人福利以及教育科研方面的基金会数量激增,而有关法人登记条例将其归入"社会团体法人",致与理论上所谓"社团法人"发生混淆。有学者建议将基金会归入"事业单位法人"。但"事业单位法人"与"企业法人"相对应,两者均为人的集合体,同属于民法理论上所谓的"社团法人",区别仅在于"事业单位法人"属于非营利法人,"企业法人"属于营利法人。基金会为财产的集合体,属于民法理论上所谓"财团法人",与"事业单位法人"有本质区别。鉴于基金会均由捐助财产设立,本章将基金会法人称为捐助法人,以揭示其财产集合体的本质,并对捐助法人的设立、登记、活动范围等设立明确规定。

(四)法定代表人代表权的限制

条文:"营利法人的章程或者股东大会、社员大会决议,或者非营利法人的章程、组织规章或者成员大会决议对法定代表人的代表权范围的限制,不得对抗善意第三人。"

法人为社会组织体,法定代表人是法人的代表机关,是法人组织体之一部分。法人必须通过法定代表人实施法律行为,法定代表人的行为也就是法人的行为。因此,法定代表人的代表权因法定代表人之地位而发生,无须股东大会或者董事会等特别授予代表权。关于法定代表人的代表权是否可以限制以及此种限制的效力,有不同立法例。如瑞士民法,虽未有明文规定,但根据解释及判例,认为法定代表人有管理上之无限制的代表权,亦即认为代表权不受限制;德国民法规定,可以通过章程对董事会的代表权加以限制,且此种限制可以对抗第三人;意大利民法规定,此种对代表权的限制,如未经登记,不得对抗善意第三人;日本民法规定,对代表权所加的限制,不得对抗善意第三人。我国台湾地区"民法"规定,对于董事代表权所加之限制,不得对抗善意第三人。

现行《民法通则》关于法人可否对法定代表人的代表权进行限制,及法定代表人超越此种限制的行为是否有效,未有明文规定。《合同法》制定时,为弥补此项立法漏洞,参考《日本民法典》和我国台湾地区"民法"的经验,于第50条规定,"法人或者其他组织的法定代表人、负责人超越权限订立的合同,除相对人知道或者应当知道其超越权限的以外,该代表行为有效"。以《合同法》第50条为根据,设立本条。

依本条规定,通过法人章程或者股东大会决议等对法定代表人代表权所加限制,属于内部限制,不发生对抗善意第三人的效力。在法定代表人超越代表权范围实施法律行为时,法人不得以法定代表人的行为超越代表权限为由,主张该行为无效。在法人内部,法定代表人超越代表权限的行为致法人遭受损失时,可以追究法定代表人的民事责任,自不待言。

(五)非法人团体

本章专设一节规定非法人团体。非法人团体,指自然人、法人之外的不具有法人资格的民事主体。现行《合同法》《担保法》等称为"其他组织",本章改称非法人团体,并就非法人团体的定义、成立条件、活动范围、法定代表人以及法律责任等设立具体规则。

民法是否承认在自然人、法人之外的第三主体,在《民法通则》制定时曾发生激烈争论。否定意见被称为"两主体说",肯定意见被称为"三主体说"。鉴于改革开放刚刚开始,经济生活中的各种组织体尚未发育成熟,《民法通则》仍维持"两主体说",于第二章规定自然人、第三章规定法人。又考虑到经济生活中存在合伙组织体,可以自己的名义订立合同并在法院起诉、应诉,因此在规定自然人的第二章增设第五节"个人合伙",在规定法人的第三章增设第五节"联营"。其立法意旨是不承认所谓第三主体。但"个人合伙"为两个以上的自然人集合形成的人合组织体,与"自然人"概念指称单个的自然人有本质的不同。"联营"为两个以上的法人出资形成的人合组织体,因未取得法人资格,其成员须承担无限责任,与法人有本质不同。实则"个人合伙"与"联营"同为人合组织体,因其为组织体,故区别于自然人;因其未取得法人资格,故区别于法人,难以为自然人概念或法人概念所涵括。《民法通则》的上述安排与法律逻辑显有不符。

现今中国已经实现了从计划经济向市场经济的转轨,市场经济已有相当的发展。现实生活中存在各种不具备法人资格的组织体,诸如:业主委员会;无法人资格的分公司;各种企业的分支机构;无法人资格的独资企业、合作企业、合伙企业;非企业合伙组织,如律师事务所、会计师事务所;各种协会、学会的分会;学校的学生会、校友会、同乡会;各种俱乐部,如高尔夫俱乐部、足球俱乐部;大学内部的学院、系、所、教研室;科学院内部的研究所、研究中心、研究室、课题组;等等。基于不具有法人资格的组织体存在的现实,且这类组织体按照现行法可以自己的名义订立合同、履行合同并在法院起诉、应诉,其与法人的差别仅在于法人资格的有无和成员承担责任的不同,故有必要明文规定非法人团体的法律地位。

所谓非法人团体,指不具有法人资格但可以实施法律行为并享受权利、负担义务的组织体,相当于德国民法所谓"无权利能力社团",日本民法所谓"非法人社团"和"非法人财团"。考虑到法律既然承认其具有主体资格,其当然具有某种程度上的民事权利能力,因此不宜称为"无权利能力社团",合同法采用的"其他组织"一语,也不适合作为法律概念,因此仿我国台湾地区"民法"称为"非法人团体"。

所谓非法人团体,指不具有法人资格但依法能够参加民事活动的组织体,但不包括不具备法人资格的一切组织体。成为非法人团体,应具备一定的条件:首先,非法人团体必须具备"团体"的基本特征,有区别于其他团体的名称、组织机构和活动场所。其次,有自己的章程或者组织规章;再次,拥有一定的财产。与法人的独立财产不同,非法人团体不要求享有财产所有权,但至少应有对财产的处分权。最后,其设立程序须合法,即须根据法定程序设立。

非法人团体对其负责人代表权的限制,与法人对其法定代表人代表权的限制相同,此处不赘述。

六、第四章"权利客体"

条文:"民事权利的客体包括:物、行为、人格利益、智力成果。

民事权利也可以成为民事权利的客体。

自然人的器官、血液、骨髓、组织、精子、卵子等,以不违背公共秩序与善良风俗为限,可以成为民事权利的客体。"

多数立法例并未对民事权利的客体设一般性的规定,往往仅规定通用于民法典各编的客体:物。但是,物只是民事权利客体之一种。民事权利,因其种类不同而有不同的客体。所有权的客体是物;用益物权的客体也是物;担保物权的客体既有物也有权利;继承权的客体(遗产)既有物也有权利;债权的客体是债务人的行为,称为给付;人格权的客体是存在于权利人自身的人格利益;知识产权的客体是人的精神创造物,称为智力成果。自然人的身体,是自然人人格之载体,不得作为权利的客体,但因科学技术的发展,特别是医学上的器官移植技术和人工生殖技术的发展,器官、血液、骨髓、角膜、精子、卵子等,在不违背公序良俗的前提下,也可以成为民事权利的客体。

本条第 1 款规定民事权利的客体包括:物、行为、人格利益和智力成果。本条第 2 款补充规定民事权利也可以成为民事权利的客体。例如,权利质权即是以民事权利作为担保物权的客体。考虑到医学上的器官移植技术、人工生殖技术的发展,特设本条第 3 款。

七、第五章"法律行为"

(一)概说

"法律行为"是《德国民法典》中最抽象、最有特色的制度之一,它在《德国民法典》和民法学中的地位极为重要,被誉为"民法规则理论化之象征""大陆法系民法学辉煌的成就"。

但从立法例看,不仅英美法系无法律行为概念,很多大陆法系民法典也未规定法律行为制度。大陆法系民法,属于法国法系的《法国民法典》《荷兰民法典》《魁北克民法典》及拉丁美洲国家的民法典,未规定法律行为。属于德国法系的《奥地利民法典》《瑞士民法典》亦未规定法律行为。这些民法典基本上采取以合同制度代替法律行为制度的立法技术。在民法立法上也一直存在法律行为制度存废的学术争论。我国在制定《民法通则》时,关于是否规定法律行为制度也曾发生争论。反对规定法律行为制度的基本理由是,德国民法中的法律行为概念很抽象,难以为一般人所理解。立法机关最终采纳多数学者的意见,在《民法通则》中采用法律行为概念,规定了法律行为制度。

法律行为的概念,是对社会生活中各种具体法律行为的抽象和概括,它代表了对人类社会全方位私法自治的理想和实践。规定或不规定法律行为,对民法立法影响极大。不规定法律行为制度,仅靠合同制度的准用规则,很难规避重复立法,因为基于身份关系的法律行为、单方法律行为,不可能准用合同规则。因为有了法律行为制度,才使得制定民法总则和一个抽象概括式的民法典成为可能。民法总则是人—物—行为的三位一体结构。民法总则的设置,在立法技术上解决了民法典对各种具体法律行为重复立法的问题。

考虑到法律行为是大陆法系民法普遍采用的法律概念,在比较法上有坚实的立法和理论基础,采用法律行为概念有利于法律的国际交流,因此本章采用"法律行为"概念,代替《民法通则》中的"民事法律行为"。

(二)法律行为一般有效要件

条文:"法律行为具备下列要件的,具有法律效力:

(一)行为人具有相应的民事行为能力;

(二)意思表示真实;

(三)不违反法律的禁止性规定及公共秩序和善良风俗。"

多数立法例并不规定法律行为的生效要件。《德国民法典》未规定法律行为的生效要件,仅规定各种瑕疵法律行为的种类及效力。现行《民法通则》第55条明文规定了法律行为的生效要件,在裁判实务中,遇法律对待决案件合同无特别规定时,法庭直接引用该条作为认定合同是否有效的裁判依据。实践表明,明文规定法律行为的生效要件,体现了民法对私法自治内容的控制,较好地处理了国家强制与私法自治的关系。本条以《民法通则》第55条为基础,文字稍有改动。

传统民法理论关于法律行为有效,不仅要求意思表示真实,而且要求意思表示自由。考虑到如果意思表示不自由,其意思表示内容肯定不真实;如果意思表示内容不真实,其意思表示也肯定不自由。因此本条沿袭《民法通则》的规定,仅规定意思表示真实,未规定意思表示自由。

(三)违反禁止性规定的效果

条文:"违反法律禁止性规定的法律行为无效,但其规定并不以之为无效的除外。"

违反法律禁止性规定的法律行为无效,此为主要国家及地区立法和民法理论一致认可的规则。法律设立禁止性规定,目的在于禁止当事人为损害社会公共利益或他人权利的行为。本条规定违反法律禁止性规定的法律行为无效,将当事人的私法自治和法律行为限定在不损害社会公共利益和他人权利的范围内。

法律规范可以分为强制性规范和任意性规范。任意性规范的目的在于引导、补充当事人的行为,不具有强制适用的效力,法律行为与任意性规范不一致的,该法律行为有效。强行性规范又分为禁止性规范和命令性规范。按照民法原理及立法例,当事人违反命令性规范,仅发生违反一方的行政责任,而法律行为效力并不因此受影响,唯违反禁止性规范才导致法律行为无效。

《民法通则》对于法律规范未作任意性与强制性的区分,其第58条规定违反法律的民事行为无效,致《民法通则》施行后的一段时间,很多仅违反任意性规范的合同被法庭认定无效,损及交易安全和当事人合法权益。因此,《合同法》制定时,区分强制性规定与任意性规定,第52条规定违反法律"强制性规定的"合同无效,将任意性规定排除在外。

所谓强制性规定,尚有禁止性规定与命令性规定之分,按照民法原理及发达国家和地区的裁判实践,仅违反禁止性规定的行为无效,而违反命令性规定的行为并不一定无效。《合同法》第52条未区分禁止性规定与命令性规定,致违反命令性规定的行为被认定为无效,仍不利于保护交易安全及相对人的合法权益。最高人民法院《关于适用〈中华人民共和国合同法〉若干问题的解释(二)》(法释〔2009〕5号)第14条解释规定,《合同法》第52条第(五)项规定的"强制性规定",是指效力性强制性规定,实际是将"强制性规定"区分为"效力性规定"与"非效力性(管理性)规定",仅违反"效力性规定"的合同无效。该项解释所谓"效力性规定",相当于民法理论上的"禁止性规定";所谓"非效力性(管理性)规定"相当于"命令性规定"。

补充一点,所谓"禁止性规定"在现行法上有两种条文表述形式:一是法律条文直接明示其法律效果为无效,例如《合同法》第40条、第52条、第53条;二是法律条文采用"禁止"一词而不明示其法律效果,例如《合同法》第272条第3款规定,"禁止承包人将工程分包给不具备相应资质条件的单位。禁止分包单位将其承包的工程再分包"。两种法律条文表述形式不同,均属于禁止性规定。

本条以《合同法》第52条及前述最高人民法院司法解释为根据,明文规定违反法律的禁止性规定的法律行为无效。鉴于违反禁止性规定的法律行为有可能依禁止性规定之立法本意并不必然无效,特设本条"但书"规定。

(四)违反公序良俗的效果

条文:"违反公共秩序和善良风俗的法律行为无效。"

所谓公序良俗,是公共秩序和善良风俗的简称。本条未明确规定公序良俗的具体内容,而是委由法官于裁判具体案件时,结合案件事实决定什么是公序良俗及当事人的行为是否违反公序良俗,因此属于授权性规范。本条是公序良俗基本原则的具体化,属于强制性、效力性规则,在裁判中可以直接作为判决依据。需注意的是,本条仅规定法律效果,而未明确规定构成要件,即什么是公序良俗,在适用时须由法官结合具体案件予以具体化,因此属于民法方法论所谓"不确定概念",而与有明确的构成要件的法律规范不同。

(五)不可强制执行的行为

条文:"以自然人的器官、血液、骨髓、组织及精子、卵子等生命物质为权利客体的法律行为不得强制执行。"

本条规定以生命物质为权利客体的法律行为,不能强制执行。本条采取列举式和概括式并用的立法技术,列举了自然人的器官、血液、骨髓、组织及精子、卵子等生命物质,以这些生命物质为权利客体的法律行为,可以成立而且生效,但不具有强制执行的效力。

近代民法的基本思想,明确区别权利主体"人"与权利客体"物",两者间存在不可逾越的鸿沟。由于医学和人工生殖技术的发展,使近代民法严格区分主体与客体的前提发生动摇。如利用冷冻精子、冷冻卵子、冷冻受精卵问题,根据遗传基因诊断遗传疾病的婚姻障碍问题,器官和组织的移植、转让问题,DNA相关财产问题,与严格区别主体

"人"和客体"物"的思维框架有所冲突。本条是在新的社会背景之下对传统民法的发展。

本条规定了两类情况：一类是器官和血液、骨髓、组织的移植；另一类是以精子、卵子为权利客体，以生育为目的的法律行为。目前我国已开展了国际上所有的临床和实验性器官移植类型。据不完全统计，许多危重病人是因不能及时进行器官移植而死亡。而一些愿意捐献自己器官的人由于缺乏手续及相关法律规定，担心捐献器官会引来不利后果，往往捐献无门。目前，我国已经有第一部关于人体器官捐献移植的行政法规——《人体器官移植条例》，该条例使人体器官捐献移植行为法律化、规范化，将捐献者及接受者的权益置于法律保护下，买卖人体器官被明定为非法。另外，以生育为目的使用他人的精子、卵子也已经非常普遍。在此背景之下，特设本条规定。

(六)虚伪表示

条文："表意人与相对人通谋所为的虚假的意思表示无效，但表意人和相对人不得以其无效对抗善意第三人。"

本条规定，表意人与相对人通谋所为的虚假的意思表示无效，但表意人和相对人不得以其无效对抗善意第三人。依据本条，虚伪表示在虚伪表示的当事人即表意人与相对人之间发生无效的法律后果；在虚伪表示的当事人与第三人之间则应分为两种情形：一是第三人知道当事人之间的意思表示为虚伪表示的，即属于恶意第三人，该虚伪表示的无效可以对抗该恶意第三人；二是第三人不知道当事人之间的意思表示为虚伪表示的，即属于善意第三人，该虚伪表示的无效不能对抗该善意第三人。

虚伪表示，是大陆法系民法采用的法律概念。虚伪表示，亦称虚伪的意思表示、假装行为，指表意人与相对人都知道表示的意思非自己真意，双方串通而为与真意不一致的意思表示。虚伪表示的特征在于，当事人之间欠缺效果意思，都不想使其行为真正发生法律上的效力。如以逃避债务为目的假装的财产赠与，双方当事人都不希望发生赠与的效力。《民法通则》未规定虚伪表示，而在社会生活中当事人为规避法律强制性规定或逃避债务所为虚伪表示,并不鲜见。因此,根据民法原理及发达国家和地区的立法经验,设立本条。

(七)隐藏行为

条文:"虚伪表示所掩盖的真实意思表示,符合法律规定条件的,有效。"

所谓"隐藏行为",是指为虚伪表示所掩盖的依当事人真实意思订立的法律行为。例如,为规避房屋买卖的赋税而订立赠与合同,赠与合同为虚伪表示而买卖合同是隐藏行为。隐藏行为是与虚伪表示联系在一起的,无虚伪表示也就无所谓隐藏行为,有隐藏行为就必定有虚伪表示。但存在虚伪表示,却不一定有隐藏行为,例如,为逃避债务、规避执行而订立虚假的赠与合同、买卖合同,属于虚伪表示,但没有隐藏行为。

关于隐藏行为的法律规则是,虚伪表示无效,隐藏行为是否有效,取决于隐藏行为本身是否符合该行为的生效要件。例如,伪装赠与而实为买卖,赠与行为属于虚伪表示应当无效,所隐藏的买卖行为是否有效,应依有关买卖合同的规定判断。如隐藏行为符合法律关于买卖合同生效要件的规定,则应有效,否则即为无效。现行《民法通则》对隐藏行为未作规定。按照民法原理并参考《德国民法典》和我国台湾地区"民法"的经验,设立本条。

(八)欺诈

条文:"欺诈,是指故意欺骗他人,使其陷于错误判断,并基于此错误判断而为意思表示的行为。

欺诈人为当事人一方的情形,受欺诈的对方当事人可以撤销其意思表示。欺诈人非当事人一方的情形,属于无相对人的意思表示的,表意人可以撤销其意思表示;属于有相对人的意思表示的,仅以相对人知道或者应当知道其受欺诈为限,表意人可以撤销其意思表示。

因欺诈而撤销意思表示的,不得对抗善意第三人。"

按照民法原理及发达国家和地区的立法例,欺诈为法律行为撤销的原因,以欺诈手段成立的法律行为,属于可撤销行为。但现行《民法通则》第58条规定欺诈的法律行为为无效。制定《合同法》时,关于如何规定欺诈的法律效果曾发生分歧,一种意见主张规定为可撤销,另一种意见主张仍依《民法通则》规定为无效。最终采取折中的办法,分设两个条文:《合同法》第52条第(一)项规定,一方以欺诈的手段订立的合同,损害国家利益的,该合同无效;第54条第2款规定,一方以欺诈、胁迫的手段或者乘人之危,使对方在违背真实意思的情况下订立的合同,受损害方有权请求人民法院或者仲裁机构予以变更或者撤销。

《合同法》上述条文,依欺诈之是否损害国家利益而规定不同的法律效果,与民法理论及主要国家和地区的立法例不符,且在裁判实务中增加了操作难度。《合同法》施行以来的裁判实践表明,对于以欺诈手段订立的合同,人民法院、仲裁机构往往适用《合同法》第54条第2款的规定,而不适用第52条第(一)项的规定。因此本条依民法理论和多数立法例,统一规定欺诈的法律效果为可撤销。如法律行为的目的或者内容损害国家利益,因国家利益属于"公共秩序"的核心内容,人民法院或者仲裁机构当然可以依据公序良俗原则认定其无效,自不待言。

(九)胁迫

条文:"胁迫,是指以不法加害威胁他人,使其产生恐惧心理,并基于此恐惧心理而为意思表示的行为。

无论胁迫人为当事人一方或者第三人,受胁迫的表意人均可以撤销其意思表示。"

所谓胁迫,是指以不法加害威胁他人,使其产生恐惧心理,并基于此恐惧心理而为意思表示的行为。按照民法原理及发达国家和地区的立法例,胁迫与欺诈相同,均为意思表示可撤销的原因。鉴于胁迫之违法性较欺诈更为严重,因此不论胁迫人是否为对方当事人,表意人均得撤销其意思表示,并且此撤销得对抗善意第三人。

现行《民法通则》第58条规定,因胁迫所为的民事行为无效,系着重于胁迫行为的违法性,在法理上并非毫无理由。但考虑到民事生活之复杂性及民法之私法性,因胁迫成立的法律行为,如受胁迫一方当事人不主张其无效,法院不可能依职权确认其无效。因此,现行《合同法》以是否损害国家利益为标准区分胁迫的效果,《合同法》第 52 条规定,一方以胁迫的手段订立的合同,损害国家利益的,该合同无效;第 54 条第 2 款对此处的以胁迫手段订立的合同,规定为可撤销。这种依是否损害国家利益而规定不同法律后果的做法,与民法理论及多数立法例不合,且在裁判实务中增加了操作困难。因此本条按照民法理论及多数立法例,统一规定胁迫的法律效果为可撤销。

(十)显失公平

条文:"显失公平,是指当事人一方乘他方无经验、判断力欠缺、显著意志薄弱或者处于强制状态而订立双方权利义务显失均衡的法律行为。

受不利益的他方当事人可以撤销其意思表示。"

所谓显失公平的法律行为,又称为"暴利行为"。民法对显失公平的法律行为予以调控,目的在于保护居于弱势地位的当事人的利益。显失公平的法律行为的构成要件是:第一,须给付与对待给付之间显失均衡,学说上称为客观要件。第二,须一方利用了对方处于急迫、没有经验或者轻率等不利情势,学说上称为主观要件。显失公平的法律效果为可撤销,法律赋予因法律行为显失公平而受利益损失的一方当事人以撤销权。

现行《民法通则》将传统民法上的显失公平行为(暴利行为)一分为二,一称"乘人之危",另一称"显失公平"。所谓"乘人之危",是指一方当事人乘对方处于危难之际,为牟取不正当利益,迫使对方作出不真实的意思表示而成立的法律行为。乘人之危的法律效果为无效。所谓"显失公平",并不要求有主观要件,凡合同双方给付显失均衡,致一方遭受重大损害的,均可构成显失公平,受重大损害的一方有权请求法院予以变更或撤销。

考虑到现行法上的乘人之危与显失公平,共同本质在于双方当事人的权利义务显失均衡。二者的差别仅在于,前者强调一方利用了对方处于危急等不利情势,即学说上所称的主观要件,而后者不强调主观要件,且在法律效果上,前者属于无效,后者属于可撤销。从理论上说,这样的区别规定并非毫无道理。但从裁判实务言之,乘人之危的适用条件过严,显失公平的适用条件过宽。如乘人之危案件的受害人不主张无效,法院和仲裁庭也不可能认定其无效,且受害人不依关于乘人之危的规定主张其无效,转而依关于显失公平的规定主张其撤销,也完全可以达到法律保护受害人利益,维护市场交易公正性之目的。因此,将现行法上的乘人之危和显失公平加以合并,仍称显失公平,参考《德国民法典》第138条第2款和我国台湾地区"民法"第74条,并结合最高人民法院有关司法解释,设立本条。

(十一)重大误解

条文:"重大误解,是指行为人因对行为的性质、对方当事人、标的物的品种、规格和质量等错误认识,使行为的后果与自己的意思相悖并造成较大损失的行为。

重大误解的一方或者双方可以撤销其意思表示。"

传统民法理论严格区别错误与误解两个概念。错误,指表意人非故意的表示与意思不一致。误解,指相对人对意思表示内容了解之错误。如受要约人误将出租房屋之要约理解为出卖而为承诺。传统民法为保护无过失的表意人,规定错误的意思表示为无效或可撤销。至于误解,因关于意思表示之生效采到达主义,不以相对人之了解为必要,则不允许因误解而主张无效或撤销。

我国民法之立法思想,在保护双方当事人利益上务求公平,《民法通则》第59条规定,"行为人对行为内容有重大误解的"属于可撤销的民事行为。《合同法》第54条第1款规定,"因重大误解订立的"合同,当事人一方有权请求人民法院或者仲裁机构变更或者撤销。所谓误解,依学者通说,不仅包括传统民法上的错误,即表意人无过失的表示与意思不符,也包括传统民法上的误解,即相对人对意思表示内容之了解错误。所谓重大误解,当然指误解之情节重大者。最高人民法院《关于贯彻执行〈中华人民共和国民法通则〉若干问题的意见(试行)》第71条规定:"行为人因对行为的性质、对方当事人、标的物的品种、质量、规格和数量等的错误认识,使行为的后果与自己的意思相悖,并造成较大损失的,可以认定为重大误解。"

考虑到《民法通则》自创"重大误解"的概念,体现民法维护交易双方利益平衡的法律思想,经法院的解释适用,已为广大法官、律师和当事人所掌握,在裁判实务中并未发生混淆和不当,应当维持不变。因此,本法沿用重大误解的概念,以《民法通则》和《合同法》的规定为基础,结合最高人民法院有关司法解释,设立本条。

八、第六章"代理"

(一)概说

在立法例上,关于代理概念,有直接代理与间接代理之分。所谓直接代理,指代理人在代理权限内,以被代理人名义所为之意思表示或者所受之意思表示,直接对被代理人发生效力的代理。所谓间接代理,指行为人以自己名义、为被代理人计算而为法律行为,其法律效果先对间接代理人发生,再依内部关系移转于被代理人。

大陆法系传统民法理论所谓代理,是指直接代理。所谓间接代理,被视为类似代理之制度,而非真正代理。《德国民法典》《日本民法典》及我国台湾地区"民法"所规定的代理,均限于直接代理。其代理概念,要求代理人必须以被代理人的名义实施法律行为。现行《民法通则》关于代理的规定,坚持代理人须以被代理人的名义实施法律行为,仅指直接代理。现行《合同法》制定时,关于是否规定间接代理曾发生激烈争论。最终立法机关采纳多数学者、专家的意见,参考英美法代理制度及《欧洲合同法原则》,在直接代理之外,规定了间接代理(《合同法》第402条、第403条)。可见我国现行法上的代理,已突破大陆法系传统民法理论,采用了包括直接代理和间接代理的广义代理概念。

现行《合同法》突破狭义代理概念,规定间接代理,符合中国发展现代化市场经济,特别是发展国际经济贸易及与国际公约和惯例接轨的要求。编纂民法典应坚持现行《合同法》成功的立法经验,以现行《民法通则》和《合同法》有关代理的规定为基础,广泛参考借鉴大陆法系和英美法系的代理立法和理论,规定广义概念的统一的代理法。

本法第六章规定的代理,调整范围涵盖由被代理人、代理人与相对人三方构成的三边关系,即被代理人与代理人之间以代理权为核心的内部代理关系,代理人与相对人之间围绕代理行为发生的外部关系,以及被代理人与相对人之间围绕代理法律行为的效力归属发生的外部关系。并参考《欧洲合同法原则》代理一章的结构,分设三节:第一节规定代理的一般规则;第二节规定直接代理的特殊规则;第三节规定间接代理的特殊规则。下面介绍第三节间接代理的重要条文。

(二)间接代理的定义

条文:"代理人为被代理人的利益,以自己的名义与第三人实施法律行为的,为间接代理。"

大陆法系民法所谓"间接代理",是指代理人为了被代理人的利益,以自己的名义与第三人实施法律行为,其法律效果间接地归属于被代理人。类似制度在英美法称为"被代理人身份不公开的代理"。在被代理人身份不公开的代理关系中,代理人事实上得到了被代理人的授权,拥有代理权,但他在订立合同时不向第三人(相对人)披露代理关系存在的事实,既不明示以被代理人名义,也不明示为被代理人利益,而以自己的名义作出或接受意思表示,因此第三人并不知道被代理人的存在,往往认为代理人就是交易的对方当事人。二者的差别在于,按照大陆法,间接代理关系中的被代理人不能直接介入代理人与第三人订立的合同关系,第三人也不能直接对被代理人行使权利;而按照英美法,未公开身份的被代理人可以行使合同介入权,直接对第三人主张权利,第三人一经发现被代理人的存在,也可以直接对被代理人主张权利。本条规定的间接代理,是参考英美法被代理人身份不公开的代理。

(三)间接代理的效力

条文:"间接代理的法律效果首先归属代理人,再由代理人移转给被代理人。"

间接代理包含了两重法律关系,即被代理人和代理人的内部关系、代理人和第三人的外部关系,与直接代理无异,也是为了被代理人的利益。最终法律后果还是归属被代理人,只不过先由代理人承担法律后果,再由代理人将这些后果转移给被代理人。在发生纠纷时,一般先由代理人承担对第三人的法律责任,然后代理人再对被代理人行使代位求偿权,追索其承担的相关损失和费用。

按照合同关系的相对性原则,合同关系只能约束合同双方当事人。间接代理人虽然为了被代理人的利益,但是以自己的名义与第三人订立合同,因代理人没有明示自己的代理人身份,在第三人看来,合同的对方当事人就是代理人。在这种情况下,应由代理人先承担合同关系的法律后果,然后代理人再依其与被代理人之间的内部关系,将法律后果移转于被代理人。

需说明的是,本条规定是关于间接代理法律效力的一般原则,于被代理人行使介入权、第三人行使选择权时,被代理人与第三人(合同对方当事人)相互可以直接行使合同关系上的权利义务,是本条原则之例外。

(四)代理人的披露义务

条文:"代理人丧失清偿能力,或者代理人对被代理人有根本违约行为,或者在合同债务的履行期限届满之前已明确代理人将会违约,被代理人有权要求代理人披露第三人的姓名或者名称和地址。

代理人丧失清偿能力,或者代理人对第三人有根本违约行为,或者在合同债务的履行期限届满之前已明确代理人将会违约,第三人有权要求代理人披露被代理人的姓名或者名称和地址。"

本条第1款规定,如代理人丧失了债务清偿能力,或者对被代理人实施了根本性的违约行为,或者在合同债务的履行期限届满之前,就已明确代理人将会违约,被代理人有权要求代理人披露第三人的姓名(名称)和地址。本条第2款规定,如代理人丧失了债务清偿能力,或者对第三人实施了根本性的违约行为,或者在合同债务的履行期限届满之前,就已明确代理人将会违约,第三人有权要求代理人披露被代理人的姓名(名称)和地址。

在间接代理中,被代理人行使介入权、第三人(相对人)行使选择权,均须以代理人履行披露义务为条件。现行《合同法》第403条已规定被代理人的介入权、第三人的选择权,以及代理人的披露义务。但该条规定的被代理人行使介入权的条件较为苛刻,不利于对被代理人利益的保护。因此,以《合同法》第403条的规定为基础,参考《联合国国际货物销售合同公约》第13条第(二)项、《欧洲合同法原则》第3:302条的规定及英美代理法,设立本条。

(五)被代理人的介入权

条文:"代理人向被代理人披露第三人后,被代理人可以行使代理人代被代理人从第三人处取得的权利,但第三人与代理人订立合同时如知道该被代理人就不会订立合同的,或者被代理人如行使介入权将与代理人和第三人所订合同中的明示或者默示条款相抵触的除外。

被代理人应当将其行使介入权的意思分别通知代理人和第三人。在收到通知之后,第三人不得再向代理人履行给付义务。"

本条第1款规定,代理人向被代理人披露第三人后,被代理人可以行使代理人代被代理人从第三人处取得的权利,但第三人与代理人订立合同时如知道该被代理人就不会订立合同的,或者被代理人如行使介入权将与代理人和第三人所订合同中的明示或者默示条款相抵触的除外。所谓被代理人的介入权,指身份不公开的被代理人有权以自己的名义直接介入代理人与第三人所订立的合同关系,并直接对第三人行使权利,在必要时还有权对第三人起诉或者提起仲裁。被代理人一旦行使介入权,就必须取代代理人对第三人承担合同债务与责任。本条第2款规定,被代理人应当将其行使介入权的意思分别通知代理人和第三人。在收到通知之后,第三人不得再向代理人履行给付义务,只能向被代理人履行给付义务。以《合同法》第403条第1款的规定为基础,参考《联合国国际货物销售合同公约》《欧洲合同法原则》的经验及英美代理法,设立本条。

(六)第三人的选择权

条文:"代理人向第三人披露被代理人后,第三人可以选择代理人或者被代理人作为相对人主张其权利,但第三人不得变更选定的相对人。

第三人应当将其行使选择权的意思分别通知代理人和被代理人。在收到通知之后,被代理人不得再向代理人履行给付义务。"

所谓第三人的选择权,指代理人因被代理人的原因或者其他原因对第三人不履行义务时,第三人不仅可以要求代理人履行合同债务、向代理人提起诉讼或者仲裁,也可以要求被代理人履行合同债务、向被代理人提起诉讼或者仲裁。本条第1款规定,第三人一旦选定其中一人,就不能再对另外一人主张权利。第三人对其中一人提起诉讼或者仲裁程序本身,就是其作出选择的关键证据。即使第三人对判决或者裁决不服,也无权再对另外一人提起诉讼或者仲裁。本条第2款规定,第三人应当将其行使选择权的意思分别通知代理人和被代理人。在收到通知之后,被代理人无权再向代理人履行给付义务。以《合同法》第403条第2款的规定为基础,参考《联合国国际货物销售合同公约》《欧洲合同法原则》及英美代理法,制定本条。

九、第七章"诉讼时效"

(一)概说

民法时效,分为取得时效与诉讼时效。取得时效以占有之事实状态为要件,诉讼时效以权利不行使之事实状态为要件;取得时效为权利取得之根据,诉讼时效为权利消灭之原因。现行《民法通则》仅规定诉讼时效,未规定取得时效。

关于诉讼时效的效力,有三种立法例:(1)实体权消灭主义。诉讼时效的效力为直接消灭实体权。《日本民法典》采取此种立法主义。(2)诉权消灭主义。诉讼时效完成后,其实体权利本身仍然存在,仅诉权归于消灭。因诉权消灭,其实体权利不能请求法院强制执行。1922年《苏俄民法典》及匈牙利旧民法典采此种立法主义。(3)抗辩权发生主义。诉讼时效完成后,义务人因而取得拒绝履行的抗辩权。如义务人自动履行的,视为抛弃其抗辩权,该履行应为有效。《德国民法典》《葡萄牙民法典》《国际商事合同通则》《欧洲民法典草案》均采取此种立法主义。现行《民法通则》关于诉讼时效的效力究竟属于何种主义,未有明文规定，学者多解释为诉权消灭主义。2008年最高人民法院《关于审理民事案件适用诉讼时效制度若干问题的规定》(法释〔2008〕11号)第3条规定："当事人未提出诉讼时效抗辩，人民法院不应对诉讼时效问题进行释明及主动适用诉讼时效的规定进行裁判。"显而易见，我国采抗辩权发生主义。近年关于编纂民法典的讨论中，多数学者亦主张采抗辩权发生主义。

关于诉讼时效的客体，也有不同立法例。多数立法例，如《德国民法典》《俄罗斯联邦民法典》《土库曼斯坦民法典》及我国《澳门民法典》等，以请求权为诉讼时效的客体。少数立法例，如《日本民法典》，以债权或所有权以外的财产权为诉讼时效的客体。但日本的判例学说却以请求权为诉讼时效的客体。现行《民法通则》关于诉讼时效的客体未有明确规定，但依学者通说，诉讼时效的客体，限于以债权请求权为主的请求权。

考虑到诉讼时效是法律对债权的限制，取得时效是法定的物权取得方法，二者显有差别。因此，本法规定诉讼时效制度，另在民法典的物权编规定取得时效制度。本章分为三节，第一节一般规定，第二节时效的中止和不完成，第三节时效的中断。下面介绍本章在《民法通则》基础上新增加的法律条文。

(二)诉讼时效的客体

条文："请求权适用诉讼时效，但下列请求权除外：

(一)基于身份关系的抚养费、扶养费和赡养费的请求权；

(二)基于财产共有关系的分割请求权；

(三)基于所有权及其他物权的排除妨害请求权、消除危险请求权、确认权利请求权、已登记不动产所有人的返还请求权；

(四)基于不动产相邻关系的停止侵害请求权、排除妨害请求权；

(五)基于投资关系的收益分配请求权；

(六)基于存款关系的支付存款本金和利息的请求权；

(七)基于债券关系的还本付息请求权。"

本条规定诉讼时效的客体为请求权，但列举规定以下七种请求权不适用诉讼时效:(1)抚养费、扶养费、赡养费请求权不适用诉讼时效。理由是,受抚养、扶养或赡养者一般是年幼、年老或其他缺乏劳动能力的人,抚养费、扶养费、赡养费是这些人生活的来源,若无此等费用,将严重影响他们的生活,甚至生存。(2)基于财产共有关系的分割请求权不适用诉讼时效。理由是,共有财产分割请求权性质上属于形成权,不是真正的请求权。(3)排除妨害请求权和消除危险请求权,两者为所有权及其他物权的消极功能和重要内容,基于物权的性质和效力,不应适用诉讼时效。确认权利的请求权,目的是解决权利纷争,由其目的和性质决定,不应适用诉讼时效。不动产物权采登记生效主义,非经登记不生效力,若规定已登记不动产物权返还请求权适用时效,将与不动产登记制度相抵触,因此已登记不动产所有人的返还请求权不适用诉讼时效。(4)基于不动产相邻关系的停止侵害请求权、排除妨害请求权,不适用诉讼时效,理由在于权利的目的,即这类权利的目的是解决权利纷争和发挥物权的效用。(5)所谓投资,是指自然人、法人或其他法律主体将一定货币或实物投入企业、公司,以取得股权并获取收益的行为。依据本法关于原物与孳息关系的规定,股息、红利属于股东权的孳息,因此不应适用诉讼时效。(6)存款人可以随时要求金融机构支付其存款本金及利息,是由存款合同的性质决定的,也是世界金融业的通行做法。因此本条规定,存款人要求金融机构支付其存款本金及利息的权利不适用诉讼时效。(7)基于债券关系的还本付息请求权,不适用诉讼时效。理由是,债券是一种需要遵循严格程序在证券市场公开发行的有价证券,其性质和功能决定了,基于债券关系的还本付息请求权不应适用诉讼时效。

(三)普通时效期间

条文:"普通诉讼时效期间为三年。"

关于普通时效期间和特别时效期间,各立法例有不同的规定。如《法国民法典》原规定的普通时效期间为30年,特别时效期间为5年、1年和6个月。《德国民法典》原规定的普通时效期间为3年,特别时效期间为10年和30年。我国台湾地区"民法"规定的普通时效期间为15年,特别时效期间为5年和2年。我国《澳门民法典》规定的普通时效期间为15年,特别时效期间为5年、2年、6个月。现行《民法通则》规定的普通时效期间为2年,特别时效期间为1年,最长时效期间为20年。

在关于起草民法典的讨论中,民法学者一致认为《民法通则》规定的普通时效期间过短,对保护当事人的合法权益不利,有必要予以适当延长。但考虑到现代化市场经济的发展要求加快经济流转,通信手段的现代化使行使权利更加方便,导致普通时效期间缩短的趋势,在总结《民法通则》实施以来的司法实践基础上,着重参考《德国民法典》《俄罗斯联邦民法典》等的经验,在增设10年长期时效期间的同时,将普通时效期间改为3年。

(四)长期时效期间

条文:"下列请求权的诉讼时效期间为十年:

(一)人身伤害的损害赔偿请求权,从加害行为发生时、义务违反时或者损害被发现时开始计算;

(二)基于所有权及其他物权的返还请求权,从权利发生时开始计算;

(三)基于借款合同的返还本金和利息的请求权,从权利可以行使时开始计算;

(四)基于劳动合同、雇佣合同的工资、报酬请求权,从合同终止时开始计算;

(五)基于建筑物买卖合同的所有权和基地使用权的移转请求权,及对待给付请求权,从买卖合同生效时开始计算;

(六)基于土地使用权出让、转让合同的土地使用权设定或者移转请求权,及对待给付请求权,从合同生效时起开始计算;

(七)基于不动产抵押合同的抵押权设定请求权,从抵押合同生效时开始计算;

(八)基于生效判决和裁决的给付请求权,从判决或者裁决确定时开始计算;

(九)基于可执行的调解书和公证证书的给付请求权,从权利确定时开始计算;

(十)基于继承关系的损害赔偿请求权,从继承权或者受遗赠权受侵害时开始计算;

(十一)经破产程序所确定的可执行的请求权,从破产程序终结时开始计算。"

本条着重参考《德国民法典》和《俄罗斯联邦民法典》的经验,在3年普通时效期间之外,设10年长期时效期间,并明文规定适用长期时效期间的11种请求权,这里稍作说明。

侵害人身的侵权损害赔偿请求权适用长期时效,主要理由是,自然人的生命、健康、身体受到的伤害,带给受害者或其亲友的痛苦更为深重,对其生活的影响更为巨大。在致人死亡的情形,人死不能复生,该伤害绝无弥补的可能,这不仅给其亲友造成最深重的痛苦,并且使那些依赖受害人抚养和赡养的人的生活陷于困境。在致人残疾的情形,轻则致受害人丧失劳动能力,重则致受害人自身生活不能自理,必然使受害人自己的生活及受其抚养和赡养的人的生活遭受重大困难。可见,人身伤害的损害赔偿请求权,相对于其他损害赔偿请求权有适用长期时效期间的理由。所谓人身伤害的损害赔偿,包括精神损害赔偿在内。

不动产物权采登记生效主义,非经登记不生效力,若规定已登记不动产物权返还请求权适用时效,将与不动产登记制度相抵触。本章关于诉讼时效客体的条文,已经明文规定"已登记不动产所有人的返还请求权"不适用诉讼时效,因此,本条规定适用长期时效期间的基于所有权及其他物权的返还请求权,仅指未经登记的所有权及其他物权的返还请求权。

基于借款合同的返还本金和利息的请求权,适用长期时效期间,主要理由是,如借款合同适用短期时效期间,仅因3年普通时效期间经过即可拒绝还款,将完全摧毁市场信用。

基于劳动合同、雇佣合同的工资、报酬请求权适用长期时效期间,主要是基于对弱者保护的考虑。因劳动者是经济生活中的弱者,靠出卖劳动力换取微薄的工资、报酬,维持自己和家庭成员的生活,其社会地位卑微,掌握信息有限,很难及时向雇主主张权利。

基于建筑物买卖合同的所有权和土地使用权的移转请求权及对待给付请求权,基于土地使用权出让、转让合同的土地使用权设定或者移转请求权及对待给付请求权,以及基于不动产抵押合同的抵押权设定请求权,均适用长期时效期间。主要理由是,这些请求权均产生于不动产物权。因不动产物权往往具有较大经济价值和社会效用,且对当事人的生产、生活影响巨大,为维护社会秩序的稳定,有必要适用长期时效期间。

基于生效判决和裁决的给付请求权、基于可执行的调解书和公证证书的给付请求权、经破产程序所确定的可执行的请求权,适用长期时效。主要理由是,以上请求权均产生于国家公权力的行使,具有很强的公示效果和证据力,事关裁判权和人民法院的权威,规定适用长期时效体现了对国家公权力的尊重。改革开放以来,所谓"执行难"问题愈演愈烈,证明确保这类请求权实现的重大意义。这一规定借鉴了《德国民法典》《意大利民法典》《日本民法典》及我国《澳门民法典》、台湾地区"民法"等的经验。

基于继承权或受遗赠权所生的损害赔偿请求权适用长期时效,主要理由是,继承权和受遗赠权往往与不动产相关,且关系到家庭关系的稳定,加强对继承权人和受遗赠权的保护,实际上是对家庭秩序和整个社会秩序的保护。

(五)时效的主张

条文:"时效应当由其受益人或者受益人的代理人通过诉讼或者仲裁主张,才能适用。

法院或者仲裁庭不得依职权适用时效,也不得就时效问题进行释明。"

按照民法原理及发达国家和地区的立法例,时效只能由当事人主张而不能由法庭主动援用。例如《法国民法典》第2223条规定:法官不得自动援用时效的方法。《日本民法典》第145条规定:除非当事人援用时效,法院不得根据时效进行裁判。但苏联及东欧社会主义国家民法,出于计划经济和单一公有制的要求,允许法庭依职权适用时效。例如1964年《苏俄民法典》第82条规定:不论双方当事人申请与否,法院均应适用诉讼时效。

现行《民法通则》关于法院可否主动适用诉讼时效无明文规定。在《民法通则》施行后的一段时间,民法理论和裁判实务因受苏联及东欧社会主义民法理论的影响,曾经认为法庭和仲裁庭可以依职权适用诉讼时效,而无须当事人主张。自20世纪90年代以来,民法理论和实务界已经注意到,法庭不待当事人主张而主动适用诉讼时效,违背民法时效制度的本质和市场经济的要求,加之《民法通则》规定的诉讼时效期间过短,更加不利于对公民和企业合法权益的保护。2008年最高人民法院《关于审理民事案件适用诉讼时效制度若干问题的规定》(法释〔2008〕11号)第3条规定:"当事人未提出诉讼时效抗辩,人民法院不应对诉讼时效问题进行释明及主动适用诉讼时效的规定进行裁判。"迄今,法院和仲裁机构已经纠正不待当事人主张而主动适用时效的做法。在总结《民法通则》实施以来的经验教训的基础上,结合最高人民法院上述司法解释并参考发达国家和地区的立法例,制定本条。

(六)时效完成的效力

条文:"时效期间届满,义务人可以拒绝履行。

时效期间届满后,义务人向权利人作出同意履行义务的意思表示、自愿履行义务、承认债务或者提出担保的,不得以诉讼时效期间届满或者不知道时效为由进行抗辩或者请求返还。"

立法例关于诉讼时效的效力,有不同立法主义,即所谓诉权消灭主义或请求权消灭主义、实体权消灭主义和抗辩权发生主义。三种立法主义各有其理由。但在分析和考察各主要国家和地区民法的具体规定及裁判实践后发现,三种立法主义未必有实质上的差别。无论民法典采何种立法主义,关于诉讼时效效力的内容都是一致的。(1)诉讼时效完成后,债务人可以拒绝履行债务。我国《澳门民法典》第297条、我国台湾地区"民法"第144条、《德国民法典》第214条、《土库曼斯坦民法典》第163条,都有明文规定。《法国民法典》《意大利民法典》《日本民法典》《俄罗斯联邦民法典》及《越南民法典》等虽无明文规定,因采实体权消灭主义,债权既已消灭,债务人当然有权拒绝履行债务。采请求权或诉权消灭主义的民法典,请求权或诉权既然消灭,权利人已不能通过法院强制义务人履行义务,则义务人有权拒绝履行,当是题中应有之义。(2)对时效完成的债务的给付,不得要求返还。现行《民法通则》第138条、我国台湾地区"民法"第144条、我国《澳门民法典》第297条、《德国民法典》第214条、《意大利民法典》第2940条、《俄罗斯联邦民法典》第206条、《土库曼斯坦民法典》第163条、《越南民法典》第389条,均有明文规定。《日本民法典》虽无规定,但判例学说亦采此立场。《法国民法典》虽无明文规定,但依其第2221条的规定,对时效完成的债务仍为履行的,构成默示抛弃时效利益,当然不得再要求返还。(3)时效的完成,不影响时效完成前已经适于抵销的债务的相抵。我国台湾地区"民法"第337条、我国《澳门民法典》第841条、《德国民法典》第215条、《意大利民法典》第1242条、《日本民法典》第508条、《土库曼斯坦民法典》第453条,均有明文规定。《法国民法典》虽无明文规定,但依其第1290条的规定,"债的抵销得依法律之效力当然发生,即使债务人不知,亦然",则时效完成前适于抵销的债务,自两债务并存时起,已当然发生抵销的法律效力,自然不受此后完成时效的影响。

《德国民法典》、我国台湾地区"民法"等规定,对时效完成后的债务表示承认或为其提供担保的,准用债务人就时效完成的债务为履行的规则。按最高人民法院《关于超过诉讼时效期间当事人达成的还款协议是否应当受法律保护问题的批复》(法复〔1997〕4号)、《关于超过诉讼时效期间借款人在催款通知单上签字或盖章的法律效力问题的批复》(法释〔1999〕7号)的规定,义务人与债权人达成还款协议,或者在债权人的催款通知单上签名或盖章,被视为对时效完成的债务的承认。根据最高人民法院上述解释并参考《德国民法典》及我国台湾地区"民法"的经验,设立本条第2款。

(七)时效规定的强行性

条文:"当事人不得变更时效期间的长短及其计算方法。变更时效期间及其计算方法的合意无效。

预先抛弃时效的意思表示无效。"

关于法律规定的时效期间,当事人是否可以合意变更,有三种立法主义:(1)时效规定属于强行性规定,不得由当事人依自由意思予以排除,时效期间不得由当事人协议予以延长或缩短,时效利益不得由当事人预先予以抛弃。当事人关于排除时效适用、变更时效期间或预先抛弃时效利益的约定,依法当然无效。瑞士、意大利、葡萄牙、希腊、俄罗斯、魁北克、巴西等国家和地区的民法采此规定。《日本民法典》虽无明文规定,但民法学者作同样解释。(2)允许当事人约定减轻时效,尤其是缩短时效期间,但不允许约定加重时效,尤其是延长时效期间。奥地利、荷兰、丹麦等国民法采此规定。《法国民法典》2008年修正前、《德国民法典》2001年修正前亦同。(3)允许当事人约定减轻或加重时效,但设有一定限制。《法国民法典》(2008年修正)、《德国民法典》(2001年修正)、《匈牙利民法典》《西班牙民法典》《爱沙尼亚民法典》等,均属此列。《国际商事合同通则》(2004年新版)、《欧洲合同法原则》《欧洲民法典草案》亦规定,当事人可协议变更时效的规定,特别是缩短或者延长时效期间。

现行《民法通则》对此未有明文规定,但学者意见及裁判实践多认为诉讼时效期间的规定属于强行性规定,绝对不得变更。考虑到诉讼时效制度的本质是对民事权利的法定限制,关乎社会公共利益和法律秩序的统一,允许改变时效的立法例,其实行效果如何,尚待观察研究,且我国从计划经济向市场经济转轨不久,实行诉讼时效的时间不长,一旦允许当事人约定变更时效期间,难免被居于优势地位的当事人滥用,导致法律秩序混乱。因此本法维持第一种立法主义。根据《民法通则》施行以来的裁判实践和民法理论,参考我国《澳门民法典》及《瑞士债务法》《意大利民法典》《俄罗斯联邦民法典》等立法例,制定本条。

(八) 禁止诉讼时效滥用

条文:"人身伤害的损害赔偿请求权,虽然诉讼时效期间届满,但认定请求权基础事实的证据完整、确凿,且加害人有赔偿能力,适用时效完成的效果显然违反社会正义的,人民法院有权决定不适用时效。"

本条规定,人身伤害的损害赔偿请求权,即使诉讼时效期间届满,符合下列条件的,人民法院有权决定不适用诉讼时效。(1)认定请求权基础事实的证据完整、确凿,即有足够的证据证明请求权的存在。(2)加害人有赔偿能力,即有实际的履行能力。(3)适用诉讼时效的效果显然违反社会正义。需注意,禁止诉讼时效滥用规则,仅适用于人身伤害的损害赔偿请求权,即侵害自然人的生命、身体、健康的损害赔偿请求权。

侵害自然人的生命、身体和健康的侵权行为,造成受害人死亡或者严重残疾,如果仅因诉讼时效期间经过,即使事实证据确凿、因果关系清楚,加害人又有赔偿能力,却适用诉讼时效的效果致受害人及其亲属得不到任何赔偿,不仅使受害人或依赖其扶养的亲属坠入痛苦和绝望的深渊,也背离了民法设立诉讼时效制度的目的,违背社会正义。因此,发达国家和地区的法院于这种情形,以诉讼时效滥用为由,拒绝加害人援用诉讼时效的要求,判决加害人承担损害赔偿责任。此项判例规则受到民法学界的一致肯定,称为禁止诉讼时效滥用的法理。

鉴于科学技术和工业交通事业的高速发展,人类面临各种各样的、防不胜防的不测危险,造成死亡和严重残疾人数剧增。粗略估计,我国每年因高压输电设施、高速运输工具等高度危险源所造成的死亡和严重残疾人数在数十万人以上。而受害人多数属于社会生活中的弱者,因种种原因未及时主张权利,致使时效期间届满而得不到任何赔偿的实例比比皆是。现行《民法通则》第137条第3句规定,"有特殊情况的,人民法院可以延长诉讼时效期间"。其立法意旨,与发达国家和地区所谓"禁止诉讼时效滥用的法理"相同。可惜该规定过于原则,缺乏可操作性,迄今未见有适用该规定的判例,致其立法意旨未能实现。在总结《民法通则》实施以来法院适用诉讼时效的实践基础上,根据《民法通则》第137条第3句关于"延长诉讼时效期间"的规定之立法意旨,参考发达国家和地区的法院创设的"禁止诉讼时效滥用的法理",制定本条。

民法总则立法的若干理论问题*

民法典编纂的依据是 2014 年 10 月 23 日十八届四中全会通过的中共中央《关于全面推进依法治国若干重大问题的决定》，其中明文提到"编纂民法典"。今年，关于民法典编纂如何进行，法制工作委员会召开座谈会，征求专家的意见。王利明教授建议分三步：第一步制定民法总则；第二步制定人格权法；第三步编纂民法典。中国社会科学院的孙宪忠教授建议分两步：第一步制定民法总则；第二步编纂民法典。两位权威学者的意见有一个共同点，就是分步走，而且第一步都是制定民法总则，所以法制工作委员会决定先制定民法总则。

2015 年 9 月 14—16 日，法工委在全国人大机关办公楼第一会议室召开《民法总则草案（2015 年 8 月 28 日民法室室内稿）》专家讨论会。参加者有梁慧星、孙宪忠、王利明、杨立新、张新宝、王轶、刘春田、尹田、常鹏翱、刘凯湘、崔建远、李永军、王卫国、赵旭东、郭明瑞、刘士国、徐国栋、张谷、张红。谢鸿飞代表社科院，李仕春、杜林代表中国法学会，贾东明、杜涛、段金莲、姚红、扈纪华代表法工委。贾东明主持会议。

会上讨论的法律草案是《民法总则草案（2015 年 8 月 28 日民法室室内稿）》（以下简称"室内稿"），是法工委民法室内部的草案，不是法工委的正式草案。该室内稿共九章 60 条。第一章一般规定；第二章自

---

* 本文源自作者于 2015 年 11 月 11 日在深圳国际仲裁院的演讲，原载《暨南学报》（哲学社会科学版）2016 年第 1 期。

然人;第三章法人;第四章其他组织;第五章法律行为;第六章代理;第七章民事权利的行使与保护;第八章期间与时效;第九章附则。

一、关于法律适用的原则

下面介绍规定法律适用的立法例。

《瑞士民法典》第1条(法律的适用):

(一)凡以本法文字或释义有相应规定的任何法律问题,一律适用本法。

(二)无法从本法得出相应的规定时,法官应依据习惯法裁判;如无习惯法时,依据自己如作为立法者应提出的规则裁判。

(三)在前一款的情况下,法官应依据公认的学理和惯例。

《韩国民法典》第1条(法源):

关于民事,如无法律规定,从其习惯法;如无习惯法则依条理。

我国台湾地区"民法"第1条:

民事,法律所未规定者,依习惯;无习惯者,依法理。

我国台湾地区"民法"第2条:

民事所适用之习惯,以不背于公共秩序或善良风俗者为限。

法律有成文法与习惯法之分。即使成文法国家或地区有了完备的民法典,也不可能做到对民事生活中的一切关系均有明确规定,更何况社会生活总是不断发展变化的,将不断产生一些新型案件,无法从现行法中找到相应的规定。大陆法系民法典解决这一问题的方法,除广泛运用民法的基本原则外,还要靠扩大法律渊源,于一定条件下承认习惯、法理为法律渊源。

主要国家或地区大抵承认习惯为民法的法源。1951年7月18日最高人民法院西南分院《关于赘婿要求继承岳父母财产问题的批复》中指出,"如当地有习惯,而不违反政策精神者,则可酌情处理"。这是承认习惯为民法法源的证明。特别值得注意的是,现行《合同法》对习惯设有多处规定,例如第60条第2款明定,当事人应当履行交易习惯所要求的义务。

所谓习惯,是指多数人对同一事项,经过长时间反复而为同一行为。因此,习惯是一种事实上的惯例。其通行于全国者,谓之一般习惯;通行于一地方者,谓之地方习惯。一般人所遵循者,谓之普通习惯;适用于特种身份或职业及地位者,谓之特别习惯。现行《合同法》所谓交易习惯,即属于特别习惯。习惯经法院承认并引为判决依据,即成为习惯法。

所谓法理,指依据民法之基本原则所应有的原理。按照现行法律,所谓法理并无拘束力,因此不构成民法的法源。但有解释权的机关在对民事法律进行解释,及法官裁判案件遇法律无明文规定时,又往往以法理作为解释和裁判的根据。法理通过解释或裁判获得了法律拘束力,解释或裁判引为根据的法理,因而成为民法之法源。法理,在日本民法和韩国民法中被称为"条理"。

室内稿参考前述立法例,采纳学者建议,在第9条规定法律没有规定时,可以适用习惯,并在第11条规定特别法优先适用原则。但未规定,在既无法律规定亦无习惯时,可否适用法理。条文内容如下。

室内稿第9条:"处理民事纠纷,应当依照法律规定。法律没有规定的,可以适用习惯,但不得违背公序良俗。"

室内稿第11条:"其他法律对民事关系另有特别规定的,依照其规定。"

建议将第9条与第11条合并为一个条文。并增加规定:"既没有法律规定也没有习惯的,可以适用公认的法理。"首先规定特别法优先适用原则;其次规定民法典和其他法律都没有对该事项作出规定的,可以适用习惯,并规定习惯须不违背公共秩序和善良风俗;最后规定在既没有法律规定,也不存在习惯的情形,可以适用公认的法理。

建议修改为:"民事关系,本法和其他法律都有规定的,应当优先适用其他法律的规定;本法和其他法律都没有规定的,可以适用习惯;既没有法律规定也没有习惯的,可以适用公认的法理。

前款所称习惯,以不违背公共秩序和善良风俗的为限。"

二、关于国际条约的适用

现行《民法通则》第 142 条第 2 款规定:"中华人民共和国缔结或者参加的国际条约同中华人民共和国的民事法律有不同规定的,适用国际条约的规定,但中华人民共和国声明保留的条款除外。"按照这一规定,我国缔结或者参加的国际条约,除声明保留的条款之外,是我国现行法之一部分。其适用的规则是,如国际条约的规定与民事法律的规定不同,则应适用该国际条约的规定;如国际条约的规定与民事法律的规定相同,则应适用民事法律的规定。此项规则虽然规定在《民法通则》第八章,但其性质上不属于国际私法(冲突法)的内容,因此 2010 年制定的《涉外民事关系法律适用法》未作规定。显而易见,制定《涉外民事关系法律适用法》时,立法机关已经注意到《民法通则》第 142 条不属于涉外民事关系法律适用法的内容,而应当在民法典编纂时规定在民法典总则编。建议《民法通则》第 142 条内容不变,纳入民法典总则编,安排在关于法律适用原则的条文之后。

建议条文:"中华人民共和国缔结或者参加的国际条约同中华人民共和国的民事法律有不同规定的,适用国际条约的规定,但中华人民共和国声明保留的条款除外。"

附带论及国际条约的适用与排除国际条约的适用。以《联合国国际货物销售合同公约》(以下简称"公约")为例。按照该公约第 1 条第 1 款的规定,下列两种情形,应当适用公约:其一,国际货物买卖合同的当事人的营业地位于不同的国家(即属于涉外合同),并且两个国家均属于缔约国。其二,当事人的营业地位于不同的国家,根据国际私法(冲突法)规则导致应适用某个缔约国的法律。

公约第 6 条规定"双方当事人可以不适用本公约"。据此,即使国际货物买卖合同双方当事人的营业地位于不同的国家,且两个国家均属于缔约国,双方当事人仍然可以在合同中约定排除公约的适用。但需注意,如果合同约定"本合同适用中华人民共和国法律",尚不足以排除公约的适用。因为,按照《民法通则》第 142 条的规定,公约与民事法律有不同规定的,应当适用公约的规定。要排除公约的适用,双方当事人须在合同中有"排除公约适用"的"明示意思",如明文规定"不适用中华人民共和国缔结或者参加的国际条约"。此项约定的法律依据是公约第 6 条,因此不违反《民法通则》第 142 条的规定。

三、关于民法基本原则的直接适用

室内稿第 10 条:"本法或者其他法律有具体规定的,不得仅仅依照基本原则作出裁判。"

(另一方案:"本法或者其他法律有具体规定时,应当先适用具体规定,没有具体规定的可以适用基本原则。")

按照民法原理,基本原则具有如下作用:(1)作为民事立法的指导方针。民法基本原则,是贯穿于整个民事立法,对各项民法制度和民法规范起统率和指导作用的立法方针。(2)一切民事主体均应遵循的行为准则。民法基本原则,不仅是民事立法的指导方针,并且是一切民事主体应遵循的行为准则。民事主体在进行民事活动时,不仅应遵循具体的民法规范,而且应遵循民法基本原则。在现行法缺乏相应的具体规范时,应按照民法基本原则的要求行事。(3)解释民事法律法规的依据。法院审理民事案件,在对法律条文进行解释时,如有两种相反的含义,则应采用符合民法基本原则的含义。无论采用何种解释方法,其解释结果均不能违反民法基本原则。(4)基本原则中的诚实信用原则、公序良俗原则和禁止权利滥用原则,可以用来补充法律漏洞。法院审理案件,从现行法中找不到相应的具体规定时,可以直接适用属于授权条款性质的诚实信用原则、公序良俗原则、禁止权利滥用原则裁判案件。其他基本原则,如平等原则、公平原则、合同自由原则不具有授权条款的性质,不得作为法院裁判的依据。

特别应注意的是,诚实信用原则、公序良俗原则及禁止权利滥用原则属于不确定概念(其内涵和外延均不确定),直接适用这三项基本原则比适用一般法律条文要复杂得多。以诚实信用原则为例,法庭审理现行法没有具体规定的案件时,必须优先采用包括类推适用、目的性扩张或者目的性限缩等在内的各种漏洞补充方法,以填补法律漏洞。只有在该法律漏洞不能依各种漏洞补充方法予以填补时,才有直接适用诚实信用原则的余地。并且,还必须正确处理适用诚实信用原则与适用指导性案例的关系。对于该待决案件,如果适用诚实信用原则与适用指导性案例将得出同一判决结果,则法院应当适用指导性案例,而不能适用诚实信用原则;如果适用诚实信用原则与适用指导性案例将得出相反的判决结果,则应当适用诚实信用原则,而不应适用指导性案例。

可见,法官必须掌握法律解释学(法学方法论)的一整套方法和理论,才可能正确适用基本原则(诚实信用原则、公序良俗原则、禁止权利滥用原则),而不至于滥用基本原则,损害法律的权威。迄今没有发现明文规定基本原则直接适用的立法例的理由,正在于此。因此,建议删去本条。

四、关于民法地域效力规则

《民法通则》第 8 条规定:"在中华人民共和国领域内的民事活动,适用中华人民共和国法律,法律另有规定的除外。本法关于公民的规定,适用于在中华人民共和国领域内的外国人、无国籍人,法律另有规定的除外。"

室内稿第 12 条:"在中华人民共和国领域内的民事活动,适用中华人民共和国法律,法律另有规定的除外。"

1. 个别国际私法学者批评

"此种旨在宣示国家属地主权的简单规定早已不合时宜,与国际私法规则相互矛盾。""现今的规定源自特殊历史背景下不自觉师法苏俄民法的立法草案,界定民法地域效力是国际私法的根本使命。""依据常理,《民法通则》既然有了对民法地域效力的专章规定,就不应再在第一章'基本原则'中又作规定。对此有违常理的现象,可能的解释有二:一是《民法通则》的起草过于仓促。二是当时的起草者尤其是前期参加的主导者,普遍缺乏国际私法意识。""从历史渊源来看,《民法通则》规定是'左'倾思想和《苏俄民法典施行法》的历史遗迹。在我国实行改革开放政策近40年的今天,'适用外国法律那叫丧权辱国'的观念早已不合时宜,与我国追求的成为世界文明大国和制定世界先进民法典的既定目标格格不入!"

地域效力规定有六种立法模式:(1)法国模式,民法典序编规定了民法地域效力。(2)葡萄牙模式,民法地域效力规则被规定在民法总则第一编"法律、法律之解释及适用"。(3)俄罗斯模式,将界定民法地域效力的规则作为民法典单独一编。(4)德国模式,将民法地域效力规则置于《德国民法典施行法》中。(5)日本模式,将民法地域效力规则规定在《日本法例》中,与《日本民法典》同日通过、同年施行。2006年,《日本法例》经过重大修改后,改称《日本法律适用通则法》。(6)瑞士模式,将民法地域效力规则与解决涉外民事争议的程序法规则融为一体,制定《国际私法法典》,实质上突破了传统民法地域效力规则和程序法规则的立法界限,被认为"代表了国际私法立法的最新趋势"。

2. 个别国际私法学者的评论和建议

在上述六种立法模式中,前三种模式虽形态各异,但均将民法地域效力规则置于民法典之中,后三种模式均将民法地域效力规则规定在民法典之外的法律中。葡萄牙模式和德国模式显属不当,法国模式已显落伍,俄罗斯模式因受民法典其余部分的限制也不足取,晚近新的立法大多采用日本模式或瑞士模式,此即所谓国际私法法典化趋势。鉴于当前全球国际私法法典化趋势和各种立法模式的利弊,我国不宜将此类规则放进民法典中,而应制定单行法。

3. 对个别国际私法学者批评的反批评

任何法律均有其发挥效力的时间和空间,前者为时间效力规则,后者为地域效力规则。规定在民法典中,或者规定在附属于民法典的单行法中,属于立法技术问题,均不改变或者影响这类规则属于民法典不可或缺的效力规则的性质。就民法典地域效力规则而言,如民法典制定时间较早,鉴于当时历史条件,规定往往比较简略。如民法典制定时间较晚,则反映时代的要求,规定往往比较复杂。如果内容简略,只有一两个法律条文,当然规定在民法典中;只有内容比较复杂,才可能被安排在民法典之外的附属法中。个别国际私法学者断言,规定在民法典中就属于落后的立法,规定在民法典之外的附属法中就属于先进的立法,与民法法理和常识不符。

4.《民法通则》第 8 条与《民法通则》第八章的关系

第 8 条属于民法地域效力规则的原则规定,第八章属于民法地域效力规则的特别法(即第 8 条"但书"所谓"法律另有规定")。《民法通则》第八章属于第 8 条民法地域效力规则的特别法,二者之间不发生"提取公因式"问题,第八章当然不属于分则性规定。无论以《民法通则》第八章为基础加以扩充,作为将来民法典的一编称为"涉外民事关系法律适用法",或者作为民法典之外的单行法即"国际私法法典",均不改变其属于民法典地域效力规则之特别法的性质。国际私法学界主张在民法典之外制定一部比较完善的"国际私法法典",以顺应国际私法法典化之潮流,具有其合理性,笔者自 1998 年至今均是赞成的。个别国际私法学者为了说服立法机关同意制定"国际私法法典",不惜违背法理和常识,否定《民法通则》第 8 条的规定、反对民法典总则编以《民法通则》第 8 条为基础规定民法地域效力规则的原则规定,不能令人信服。

2010 年颁布的《涉外民事关系法律适用法》第 2 条规定,"涉外民事关系适用的法律,依照本法确定"。这就明确了《民法通则》第 8 条是关于民法地域效力的原则规定,《涉外民事关系法律适用法》是关于民法地域效力的特别规则。凡涉外民事关系,应当适用依照《涉外民事关系法律适用法》所确定的法律(可能是外国法、中国法、国际公约),涉外民事关系之外的民事关系,则应当适用中国法。

五、关于人格权是否单独设编

立法例关于人格权的规定大致有五种模式:一是在债权编的侵权行为法部分设置人格权保护的规定,如 1896 年《德国民法典》、1896 年

《日本民法典》；二是在总则编或人法编的自然人一章规定人格权，不在侵权行为法中设保护人格权的特别规定，如1992年《荷兰民法典》、1994年修正后的《法国民法典》、1994年《魁北克民法典》；三是在总则编或人法编的自然人一章规定人格权，同时在债权编的侵权行为法部分规定侵害人格权的侵权责任，如《瑞士民法典》《葡萄牙民法典》《加利福尼亚民法典》《匈牙利民法典》《立陶宛民法典》及我国台湾地区"民法"、我国《澳门民法典》、1959年《德国民法典（修正草案）》；四是在总则编的权利客体一章规定各种人身非财产利益，同时在债权编的侵权行为法部分规定侵害人格权的侵权责任，如《俄罗斯联邦民法典》《白俄罗斯民法典》；五是单独设人格权编，如2003年《乌克兰民法典》。本法采纳第三种模式，在总则编自然人一章设专节规定人格权，同时在侵权行为编设专节规定侵害人格权的侵权责任。

笔者认为民法典不应设立"人格权编"的理由是：(1)基于人格权与人格的本质联系。作为人格权客体的人的生命、身体、健康、自由、姓名、肖像、名誉、隐私等，是人格的载体。因此，人格权与人格相终始，不可须臾分离，人格不消灭，人格权就不会消灭。这是将人格权规定在自然人一章的法理根据。(2)基于人格权与其他民事权利的本质区别。人格权的客体是存在于自然人自身的生命、身体、健康、自由、姓名、肖像、名誉、隐私等人格利益，因此，人格权是存在于主体自身的权利，不是存在于人与人之间的关系上的权利。人格权就像权利能力、行为能力、出生、死亡一样，属于主体自身的事项，因此无所谓"人格权"关系。只有在人格权受到侵害时才涉及与他人的关系，但这种关系属于侵权责任关系，为债权关系之一种。这是人格权不能作为民法典的分则、不能设置"人格权编"而与物权编、债权编、亲属编、继承编并立的法理根据。(3)基于人格权不能依权利人的意思、行为而取得或处分，不适用总则编关于法律行为、代理、时效和期间期日的规定。其他民事权利均可以根据权利人自己的意思，依法律行为而取得，均可以根据自己的意思，依法律行为而处分。而人格权因自然人的出生而当然取得，因权利人的死亡而当然消灭，其取得与人的意思、行为无关，原则上不能处分，即不能转让、不能赠与、不能抵销、不能抛弃。因此,总则编关于法律行为、代理、时效、期间期日等制度,对于其他民事权利均有适用余地,唯独不能适用于人格权。如人格权单独设编而与物权、债权、亲属、继承编并列,不仅割裂了人格权与人格的本质联系,混淆了人格权与其他民事权利的区别,而且破坏了民法典内部的逻辑关系,难以处理总则编关于法律行为、代理、时效、期间期日等制度应否适用于人格权编的难题。

六、关于法人分类

关于法人的分类,究竟是沿袭《民法通则》的做法,分为企业法人和非企业法人,再将非企业法人分为国家机关法人、事业单位法人、社会团体法人,还是按照民法传统理论分为社团法人和财团法人,以及是否先分为公法人、私法人。这是法人这一章最重要的争论。

传统民法理论将法人分为公法人与私法人。区别在于法人设立的法律根据不同,其理论意义和实际价值在于公法人之设立须经特别程序,国家对公法人的财产及其活动有特别措施、特别制度,这些特别措施、特别制度由行政法加以规定。鉴于在民事活动中,无论公法人抑或私法人,其法律地位一律平等,均同等适用民法有关法人制度的基本规则。从民法立法角度而言,明示公法人与私法人之区分实际意义不大。因此,建议遵循《民法通则》的做法,不区分公法人与私法人。

民法理论将法人分为"公益法人"与"营利法人",意在揭示法人设立之不同目的,并据此决定法人设立的不同方式和法律适用上的重大区别。此种分类的缺陷是,无法涵括一些既非公益亦非营利的中间法人,从而留下法律漏洞。现行《民法通则》所规定的企业法人实际上就是营利法人,而国家机关法人、事业单位法人以及社会团体法人,则应属于公益法人。考虑到我国民法更为注重法人在经济生活中的地位和作用,建议沿袭《民法通则》关于区分企业法人与非企业法人的基本思路,借鉴德国和瑞士的立法例,采用"营利法人"与"非营利法人"的分类,且在营利法人中,不再按生产资料所有制区分为全民所有制法人、集体所有制法人。

传统民法理论采"社团法人"与"财团法人"的基本分类,意在揭示法人设立之组织基础为人的结合体抑或财产之结合体,具有重要理论意义。我国立法迄未采用"社团"及"财团"的概念。登记实务中使用的"社会团体"概念,与民法中所谓"社团"的概念并不相同。20世纪后期出现的一人公司(现行《公司法》亦承认一人公司)亦与"社团"为人的结合体的本质不符,"财团"概念也有难为一般人理解之虞。因此,建议不采用"社团法人"与"财团法人"这一分类。虽然民法立法不采用"社团法人"与"财团法人"的分类,但并不妨碍民法理论研究将"社团法人"和"财团法人"的概念作为分析工具,自不待言。

七、关于对法定代表人代表权的限制

法人为社会组织体,法定代表人是法人的代表机关,是法人组织体之一部分。法人必须通过法定代表人实施法律行为,法定代表人的行为也就是法人的行为。因此,法定代表人的代表权因法定代表人之地位而发生,无须股东大会或者董事会等特别授予代表权。

关于法定代表人的代表权是否可以限制以及此种限制的效力,有不同立法例。如《瑞士民法典》虽未有明文规定,但根据解释及判例,认为法定代表人有管理上之无限制的代表权,亦即认为代表权不受限制;《德国民法典》规定,可以通过章程对董事会的代表权加以限制,且此种限制可以对抗第三人;《意大利民法典》规定,此种对代表权的限制,如未经登记,不得对抗善意第三人;《日本民法典》规定,对代表权所加的限制,不得对抗善意第三人。我国台湾地区"民法"规定,对于董事代表权所加之限制,不得对抗善意第三人,与《日本民法典》相同。

现行《民法通则》关于法人可否对法定代表人的代表权进行限制,及法定代表人超越此种限制的行为是否有效,未有明文规定。在制定《合同法》时,为弥补此项立法漏洞,参考《日本民法典》和我国台湾地区"民法"的经验,于第50条规定:"法人或者其他组织的法定代表人、负责人超越权限订立的合同,除相对人知道或者应当知道其超越权限的以外,该代表行为有效。"建议以《合同法》第50条为根据,明文规定对法定代表人代表权限制的规制。

建议条文:"营利法人的章程或者股东大会、社员大会决议,或者非营利法人的章程、组织规章或者成员大会决议对法定代表人的代表权范围的限制,不得对抗善意第三人。"

依本条规定,通过法人章程或者股东大会决议等对法定代表人代表权所加限制,属于内部限制,不发生对抗善意第三人的效力。在法定代表人超越代表权范围实施法律行为时,法人不得以法定代表人的行为超越代表权限为由,主张该行为无效。依反对解释,于第三人为恶意,即明知代表人的行为超越对其代表权的限制时,法人当然可以主张该行为无效,自不待言。另外,在法人内部,法定代表人超越代表权限的行为致法人遭受损失时,当然可以追究法定代表人的民事责任。

附带论及《公司法》第 16 条第 2 款的性质

《公司法》第 16 条第 2 款规定:"公司为公司股东或者实际控制人提供担保的,必须经股东会或者股东大会决议。"违反该条的担保合同效力如何认定?一种观点认为,此条是管理性规范,不导致合同无效;另一种观点认为,此条是效力性规范,违反该条的担保合同应当无效。

不应简单地将《公司法》第 16 条认定为效力性规范或者管理性规范,该条的性质,是对法定代表人代表权的限制。只不过本条是法律规定的限制,建议条文讲的是公司章程的限制。因此,不应仅因违反该条规定就认定担保合同无效,但不应理解为担保合同必定有效。其是否有效的判断标准,是《合同法》第 50 条表见代表规则。《公司法》第 16 条第 2 款关于公司为股东、实际控制人提供担保,须经股东会或者股东大会决议的规定,必须与《合同法》第 50 条关于越权代表的规定相联系,才能判断担保(保证)合同的效力。担保合同相对人明知被担保人(债务人)是担保人公司的股东、实际控制人的,有要求担保人提供股东会决议的形式审查义务,并以是否履行此项审查义务作为判断相对人是否"知道或者应当知道其超越权限"的根据。如法庭根据案件事实,认为相对人(债权人银行)不知债务人为担保人公司的股东、实际控制人,或者虽知道但已履行形式审查义务(如担保人提供不真实的股东会决议),则应当依据《合同法》第 50 条判决该担保合同有效。

八、法律行为概念之争

"法律行为"是《德国民法典》中最抽象、最有特色的制度之一,其在《德国民法典》和民法学中的地位极为重要,被誉为"民法规则理论化之象征""大陆法系民法学辉煌的成就"。但从立法例看,不仅英美法系无法律行为概念,很多大陆法系民法典也未规定法律行为制度。大陆法系民法,属于法国法系的《法国民法典》《荷兰民法典》《魁北克民法典》及拉丁美洲国家的民法典,未规定法律行为;属于德国法系的《奥地利民法典》《瑞士民法典》亦未规定法律行为。这些民法典基本上采取以合同制度代替法律行为制度的立法技术。在民法立法上也一直存在法律行为制度存废的学术争论。

法律行为概念,是对社会生活中各种具体法律行为的抽象和概括,它代表了对人类社会全方位的私法自治的理想和实践。规定或不规定法律行为,对民法典立法影响极大。不规定法律行为制度,仅靠合同制度的准用规则,很难规避重复立法,因为基于身份关系的法律行为、单方法律行为,不可能准用合同规则。有了法律行为制度,才使得制定民法总则和一个抽象概括式的民法典成为可能。民法总则是人—物—行为的三位一体结构。民法总则的设置,在立法技术上解决了民法典对各种具体法律行为重复立法的问题。

室内稿采纳学者建议,用"法律行为"概念代替《民法通则》所谓"民事法律行为"。第五章"法律行为"下设四节:第一节"一般规定";第二节"意思表示";第三节"法律行为的效力";第四节"法律行为附条件和附期限"。

是采用《民法通则》中的"民事法律行为"概念,还是按照大陆法系民法叫"法律行为"? 参加会议的学者对此有激烈的争论。有的学者认为,《民法通则》采用"民事行为""民事法律行为"概念是正确的,而较多学者认为是不适当的。并且,这个争论也涉及民法学界之外其他法学专业的学者,他们认为,民事立法直接采用"法律行为"概念,那其他部门法叫什么"行为"呢?按照他们的意见,民法上的行为就应当是"民事法律行为",经济法上的行为叫"经济法律行为",行政法上的行为叫"行政法律行为",这样才合理?可见这不仅是民法学界内部关于法律概念的争论,还涉及整个法学界。

中国自清末改制,继受德国民法已有一百余年,德国民法的这套概念体系已经成为中国法律文化传统的重要组成部分,成为中国民事立法、民事司法、民法教学和民法理论研究的基础。《大清民律草案》《民国民律草案》和《民国民法典》均采用法律行为概念、规定法律行为制度。1986年制定的《民法通则》,专设第四章规定法律行为制度。正是由于采用法律行为概念,决定了日本、韩国、中国属于大陆法系的德国法系。但《民法通则》起草时,为与其他法律部门用语相区别(例如,经济法学界将经济法上的行为称为"经济法律行为"),在"法律行为"概念前加上"民事"二字,改为"民事法律行为"。

考虑到法律行为是大陆法系民法普遍采用的概念,在比较法上有坚实的理论基础,采用法律行为概念将有助于国际交流,且法律行为是民事主体相互之间以意思表示为要素,以发生私法上效果为目的的行为,属于民法特有概念。其他部门法上的行为,并不存在于平等主体之间,而是存在于不平等主体之间,属于公权力的行使行为。即使称为"某某法律行为",也不至于与民法特有的"法律行为"概念发生混淆。因此,《民法总则》应当坚持采用"法律行为"概念。

九、是否规定法律行为一般有效要件

室内稿第102条:"法律行为具备下列条件的有效:

(一)行为人具有相应的民事行为能力;

(二)意思表示真实;

(三)不违反法律、行政法规的效力性强制规定,不违背公序良俗。"

本条以《民法通则》第55条为基础,文字稍有改动。讨论中一些

学者建议删去本条。理由是,法律已经明确规定了法律行为无效的条件,没有必要正面规定有效条件。的确多数立法例并不规定法律行为的生效要件。例如,《德国民法典》未规定法律行为的生效要件,仅规定各种瑕疵法律行为的种类及效力。考虑到社会生活的复杂性和变动性,即使立法者对立法当时社会生活中的各种案型均设有明确规定(基本上不可能),随着社会生活的发展、变动,仍然会出现一些新型案件在法律上没有具体规定,致法庭难以判断其合同是否有效。由于现行《民法通则》第55条明文规定法律行为的生效要件,在裁判实务中,遇到法律没有具体规定的新型案件,法庭可以直接引用《民法通则》第55条作为认定合同是否有效的裁判依据,例如,20世纪90年代末所谓"婚姻关系上的违约金"案件。实践表明,明文规定法律行为的生效要件,使法庭可以据以裁判法律没有具体规定的案件,增加了法律运用的灵活性,体现了民法对私法自治内容的控制,较好地处理了国家强制与私法自治的关系。建议保留本条。

十、违反禁止性规定的效果

违反法律禁止性规定的法律行为无效。此为各主要国家及地区立法和民法理论一致认可的规则。法律设立禁止性规定,目的在于禁止当事人为损害社会公共利益或他人权利的行为。本条规定违反法律禁止性规定的法律行为无效,将当事人的私法自治和法律行为限定在不损害社会公共利益和他人权利的范围内。

民法理论上将法律分为任意性规定与强制性规定。所谓任意性规定,不具有强制性,允许当事人作不同的约定。任意性规定的意义表现在:一是起示范作用,供当事人订立合同时参考,即当事人可以按照法律规定订立合同;二是起补充作用,对于当事人订立合同未约定某项内容,可按《合同法》关于该项内容的规定予以补充。因为任意性规定不具有强制性,允许当事人作不同的约定,当事人的约定与法律任意性规定不同时,当事人的约定有效。换言之,当事人订立的合同违反法律任意性规定,并不导致合同无效。强制性规定则不同,法律强制性规定不允许当事人违反,如果当事人订立的合同违反法律强制性规定,将发生合同无效或者使当事人遭受其他不利益等后果。

《民法通则》第58条规定:"下列民事行为无效:……(五)违反法律或者社会公共利益的……"所谓"违反法律",未对法律的性质加以区分。《民法通则》刚刚实施的一段时间,实务界未注意到法律任意性规定与强制性规定的区别,处理合同纠纷案件时,只要发现合同约定与法律规定不一致,便一律认定合同无效。

由于《民法通则》对于法律规范未作任意性与强制性的区分,其第58条规定,违反法律的民事行为无效,致《民法通则》施行后一段时间内,很多仅违反任意性规定的合同被法庭认定为无效,损及交易安全和当事人合法权益。因此,《合同法》制定时,区分强制性规定与任意性规定,第52条规定违反法律"强制性规定"的合同无效,将任意性规定排除在外。

但所谓强制性规定,尚有禁止性规定与命令性规定之分,按照民法原理及发达国家和地区的裁判实践,仅违反禁止性规定的行为无效,违反命令性规定的行为并不一定无效。《合同法》第52条未区分禁止性规定与命令性规定,致违反命令性规定的行为被认定为无效,仍不利于保护交易安全及相对人的合法权益。

最高人民法院《关于适用〈中华人民共和国合同法〉若干问题的解释(二)》(法释〔2009〕5号)第14条规定,《合同法》第52条第(五)项规定的"强制性规定",是指效力性强制性规定。实际是将"强制性规定"区分为"效力性规定"与"非效力性(管理性)规定",仅违反"效力性规定"的合同无效。该项解释所谓"效力性规定",相当于民法理论上的"禁止性规定";所谓"非效力性(管理性)规定",相当于"命令性规定"。

附带论及所谓效力性规定与非效力性规定如何判断

最高人民法院《关于适用〈中华人民共和国合同法〉若干问题的解释(二)》将强制性规定分为效力性规定和非效力性规定,但并未对二者作出区分,实务中需要有一个判断标准。通过对现行法律、行政法规的现状和特征进行分析,笔者认为判断标准如下。

什么是效力性规定?效力性规定的对象是行为。所谓行为,在《合同法》上是指合同,超出《合同法》的是指法律行为。有两种规定形式:

(1)直接规定合同或行为的效力。例如,《合同法》第40条是关于格式合同的规定:"格式条款具有本法第五十二条和第五十三条规定情形的,或者提供格式条款一方免除其责任、加重对方责任、排除对方主要权利的,该条款无效。"《合同法》第52条规定的是合同无效的情形,第53条规定的是免责条款无效的情形,规定的都是行为。第51条规定的是无权处分他人财产经追认或事后取得处分权有效,反对解释,权利人不追认、事后未取得处分权便无效,规定的也是行为。即在效力性规定中,大部分规定、规范的对象是行为本身,直接规定合同无效、行为无效。

(2)未明文规定合同或者行为无效,但其条文采用"禁止"一词。国家制定法律时对一些特别重大的损害国家利益、社会公共利益的行为,规定为"禁止"行为,例如走私、设立赌场等。法律条文凡采用"禁止"一词,即应认定其行为无效。例如,《合同法》第272条是关于建设工程合同的规定,其第3款规定:"禁止承包人将工程分包给不具备相应资质条件的单位。禁止分包单位将其承包的工程再分包。建设工程主体结构的施工必须由承包人自行完成。"法律措辞使用的是"禁止",这是由于在《合同法》制定时,建设工程出现了大量非法转包、分包的现象,最终造成"豆腐渣工程",关系到人民群众的人身安全,关系到社会公共利益,因此《合同法》制定时用了最严格的措辞——"禁止"。

通过对上述法条分析可见,所谓效力性规定的特征是直接规范行为,要么直接规定无效,要么用了"禁止"一词。

什么是非效力性规定?非效力性规定属于强制性规定中的另一类,即通常所说的管理性规定。非效力性规定有以下三种类型:

第一类非效力性规定,规定的对象是主体,通常是在民事主体上附加一些特殊条件。如建设工程合同中承包方需要具备一定的资质,借款合同中因为金融管制,出借人必须是银行,招投标中招标公司需要特殊的资质,等等。此时,法律规定的不是行为,而是对于合同一方或者双方当事人特殊的条件、资质要求。

第二类非效力性规定,规定的对象是行为,规定某种行为(合同)须履行特殊程序。例如,一般情况下,签订合同双方意思表示一致即可,但若属于《招标投标法》第3条规定的三种项目,则必须经过特殊的程序即招标投标:(1)大型基础设施、公用事业等关系社会公共利益、公众安全的项目;(2)全部或者部分使用国有资金投资或者国家融资的项目;(3)使用国际组织或者外国政府贷款、援助资金的项目。

第三类非效力性规定,规定主体进行某些行为事先必须取得行政许可。如最高人民法院《关于审理融资租赁合同纠纷案件适用法律问题的解释》第3条规定:"根据法律、行政法规规定,承租人对于租赁物的经营使用应当取得行政许可的,人民法院不应仅以出租人未取得行政许可为由认定融资租赁合同无效。"法律、行政法规规定某类合同的当事人预先需要取得行政许可,与非效力性规定中的第一种类型,即对主体附加特殊的资质、资格有区别。因为此时直接规定的是行为,即若从事某类特殊行为、订立某类特殊合同预先需取得到行政许可。

综上,非效力性规定包含三类:第一类是对主体附加特殊的资质、资格要求;第二类是某种行为(合同)需经过特殊的程序;第三类是某些合同要取得行政许可。

从现行法的规定可以看出,对于非效力性规定,大多数并未规定违反的后果。最高人民法院在司法解释中就一些具体的规定表过态:违反非效力性规定不影响合同效力。如最高人民法院《关于审理融资租赁合同纠纷案件适用法律问题的解释》第3条规定,"人民法院不应以出租人未取得行政许可为由认定融资租赁合同无效"。最高人民法院《关于适用〈中华人民共和国合同法〉若干问题的解释(一)》第9条规定,"法律、行政法规规定合同应当办理登记手续,但未规定登记后生效,当事人未办理登记手续不影响合同的效力"。即最高人民法院将登记手续分为两类：一类是法律上规定以登记为生效要件的（如不动产所有权，《物权法》规定了登记生效主义），另一类虽然规定了要履行登记手续，但是未规定登记生效的，按照最高人民法院的意见未登记不影响合同的效力。

《合同法》在起草时曾参考日本的经验。日本的经验是，违反了效力性规定的合同无效；违反非效力性规定的，在合同尚未履行的情形下认定为无效，在合同已经履行的情形下认定为有效。例如，商业银行向关系人发放一笔贷款，合同签订后尚未履行，进入诉讼后根据《商业银行法》的精神，这一行为涉及公共利益、交易安全且尚未履行，可以认定合同无效。同样，建设工程合同中应招标投标而未采取招标投标的，进入仲裁或诉讼程序后，首先应考虑合同是否已经履行，若尚未履行则可认定其无效。因为《招标投标法》规定的是责令纠正，可以采取重新招标的方式纠正；若合同已经履行，如桥梁、隧道已建成或者修建一半，则不宜认定合同无效，而应采取对违反方予以行政制裁等措施。

室内稿第114条："违反法律、行政法规的效力性强制规定或者违背公序良俗的法律行为无效。"

本条以《合同法》第52条及最高人民法院上述司法解释为根据，明文规定"违反法律、行政法规的效力性强制规定"的法律行为无效。笔者认为，本条规定是正确的，但其中"效力性强制规定"非民法固定概念，建议用"禁止性规定"取而代之。因为，实务中所谓"效力性强制规定"即是"禁止性规定"。

建议修改为："违反法律、行政法规的禁止性规定或者违背公序良俗的法律行为无效。"

十一、是否规定虚伪表示与隐藏行为

虚伪表示，是指表意人与相对人通谋所为的虚假的意思表示无效，但表意人和相对人不得以其无效对抗善意第三人。依据本条，虚伪表示在虚伪表示的当事人即表意人与相对人之间发生无效的法律后果；在虚伪表示的当事人与第三人之间的法律后果，则应分为两种情形：一

是第三人知道当事人之间的意思表示为虚伪表示的，即属于恶意第三人，则该虚伪表示的无效可以对抗该恶意第三人；二是第三人不知道当事人之间的意思表示为虚伪表示的，即属于善意第三人，则该虚伪表示的无效不能对抗该善意第三人。

虚伪表示，是大陆法系民法采用的法律概念。虚伪表示，亦称虚伪的意思表示、假装行为，指表意人与相对人都知道表示的意思非自己真意，双方串通而为与真意不一致的意思表示。虚伪表示的特征在于，当事人之间欠缺效果意思，都不想使行为真正发生法律上的效力。如以逃避债务为目的虚伪的财产赠与，双方当事人都不希望发生赠与的效力。《民法通则》未规定虚伪表示，而社会生活中当事人为规避法律强制性规定或逃避债务所为虚伪表示，并不鲜见。因此，建议根据民法原理及发达国家和地区的立法经验，明文规定虚伪表示、隐藏行为。

所谓"隐藏行为"，是指为虚伪表示所掩盖的依当事人真实意思订立的法律行为。例如，为规避房屋买卖的税负而订立赠与合同，赠与合同为虚伪表示，而买卖合同是隐藏行为。隐藏行为是与虚伪表示联系在一起的，无虚伪表示也就无所谓隐藏行为，有隐藏行为必定有虚伪表示。但存在虚伪表示，却不一定有隐藏行为，例如为逃避债务、规避执行而订立虚假的赠与合同、买卖合同，属于虚伪表示，但没有隐藏行为。

关于隐藏行为的法律规则是，虚伪表示无效，隐藏行为是否有效取决于隐藏行为本身是否符合该行为的生效要件。例如，伪装赠与而实为买卖，赠与行为属于虚伪表示应当无效，所隐藏的买卖行为是否有效，应依有关买卖合同的规定判断。如隐藏行为符合法律关于买卖合同生效要件的规定，则应有效，否则即为无效。

建议条文："表意人与相对人通谋所为的虚假的意思表示无效，但表意人和相对人不得以其无效对抗善意第三人。"

建议条文："虚伪表示所掩盖的真实意思表示，符合法律规定条件的有效。"

十二、关于欺诈与胁迫的效果

按照民法原理及发达国家和地区的立法例,欺诈为法律行为撤销的原因,因欺诈手段成立的法律行为属于可撤销行为。但现行《民法通则》第 58 条规定欺诈的法律行为为无效。在制定《合同法》时,关于如何规定欺诈的法律效果发生分歧,一种意见主张规定为可撤销,另一种意见主张仍依《民法通则》规定为无效。最终采取折中办法,分设两个条文:《合同法》第 52 条第(一)项规定,一方以欺诈的手段订立合同,损害国家利益的,该合同无效;第 54 条第 2 款规定,一方以欺诈的手段,使对方在违背真实意思的情况下订立的合同,受损害方有权请求人民法院或者仲裁机构予以变更或者撤销。

《合同法》上述条文,依欺诈是否损害国家利益而规定不同的法律效果,与民法理论及各主要国家和地区的立法例不符,且在裁判实务中增加了操作难度。《合同法》施行以来的裁判实践表明,对于以欺诈手段订立的合同,人民法院、仲裁机构往往适用《合同法》第 54 条第 2 款的规定,而不适用第 52 条第(一)项的规定。因此本条依民法理论和多数立法例,统一规定欺诈的法律效果为可撤销。如法律行为的目的或者内容损害国家利益,因国家利益属于"公共秩序"的核心内容,人民法院或者仲裁机构当然可以依据公序良俗原则认定其无效,自不待言。

所谓胁迫,是指以不法加害威胁他人,使其产生恐惧心理,并基于其恐惧心理而为意思表示的行为。按照民法原理及发达国家和地区的立法例,胁迫与欺诈相同,均为意思表示得撤销的原因。鉴于胁迫之违法性较欺诈更为严重,因此不论胁迫人是否为对方当事人,表意人均得撤销其意思表示,并且此撤销得对抗善意第三人。

现行《民法通则》第 58 条规定,因胁迫所为的民事行为无效,着重于胁迫行为的违法性,在法理上并非毫无理由。但考虑到民事生活之复杂性及民法之私法性,因胁迫成立的法律行为,如受胁迫一方当事人不主张其无效,法院不可能依职权确认其无效。因此,现行《合同法》

以是否损害国家利益为标准区分胁迫的效果,《合同法》第52条规定,一方以欺诈、胁迫的手段订立的合同,损害国家利益的,该合同无效;第54条第2款对此处的以胁迫手段订立的合同,规定为可撤销。这种依是否损害国家利益而规定不同法律后果的做法,与民法理论及多数立法例不合,且在裁判实务中增加了操作难度。

值得注意的是,室内稿在总结裁判实践的基础上,采纳学者建议,统一规定欺诈、胁迫的法律效果为可撤销,并将最高人民法院司法解释中的判断标准上升为法律条文,笔者认为是正确的。

室内稿第107条:"一方以欺诈手段,使对方违背真实意思的情况下实施的法律行为,受欺诈方有权请求人民法院或者仲裁机构撤销。

一方故意告知对方虚假情况,或者故意隐瞒真实情况,诱使对方作出违背真实意思的意思表示的,构成欺诈。"

室内稿第108条:"一方以胁迫手段,使对方违背真实意思的情况下实施的法律行为,受胁迫方有权请求人民法院或者仲裁机构撤销。

以给对方及其亲友的人身、财产等造成损害为要挟,迫使对方作出违背真实意思的意思表示的,构成胁迫。"

室内稿第109条:"第三人实施欺诈或者胁迫行为,使一方在违背真实意思的情况下实施的法律行为,对方知道或者应当知道该欺诈或者胁迫行为的,受欺诈方或者受胁迫方有权请求人民法院或者仲裁机构撤销。"

十三、显失公平与乘人之危

室内稿第111条:"显失公平的法律行为,受损害方有权请求人民法院或者仲裁机构撤销。

一方利用优势或者利用对方没有经验,致使双方的权利与义务明显违反公平原则的,可以构成显失公平。"

室内稿第112条:"乘人之危的法律行为,受损害方有权请求人民法院或者仲裁机构撤销。

一方乘对方处于危难之机,为牟取不正当利益,迫使对方作出违背真实意思的意思表示,严重损害对方利益的,可以构成乘人之危。"

所谓显失公平的法律行为,又称"暴利行为"。民法对显失公平的法律行为予以调控,目的在于保护居于弱势地位的当事人的利益。显失公平的法律行为的构成要件是:(1)须给付与对待给付之间显失均衡。学说上称为客观要件。(2)须一方利用了对方处于急迫、没有经验或者轻率等不利情势,学说上称为主观要件。显失公平的法律效果为可撤销,法律赋予因法律行为显失公平而受不利益的一方当事人以撤销权。

现行《民法通则》将传统民法上的显失公平行为(暴利行为)一分为二,一称"乘人之危",另一称"显失公平"。所谓"乘人之危",是指一方当事人乘对方处于危难之际,为牟取不正当利益,迫使对方作出不真实的意思表示而成立的法律行为。乘人之危的法律效果为无效。所谓"显失公平",并不要求有主观要件,凡合同双方给付显失均衡,致一方遭受重大损害的,均可构成显失公平,受重大损害的一方有权请求法院予以变更或撤销。

现行法上的乘人之危与显失公平共同本质在于双方当事人的权利义务显失均衡。二者的差别仅在于,前者强调一方利用了对方处于危急等不利情势,即学说上所称的主观要件,后者不强调主观要件,且在法律效果上,前者属于无效,后者属于可撤销。从理论上说,这样的区别规定并非毫无道理。但从裁判实务言之,乘人之危的适用条件过严,而显失公平的适用条件过宽。如乘人之危案件的受害人不主张无效,法院和仲裁机构不可能认定该法律行为无效,且受害人不依关于乘人之危的规定主张无效,转而依关于显失公平的规定主张撤销,完全可以达到法律保护受害人利益、维护市场交易公正性之目的。

因此,建议将室内稿上述乘人之危和显失公平两个条文加以合并,仍称显失公平,参考《德国民法典》第138条第2款和我国台湾地区"民法"第74条,并结合最高人民法院有关解释,设为一个条文。

建议条文:"显失公平,是指当事人一方乘他方无经验、判断力欠缺、显著意志薄弱或者处于强制状态而订立双方权利义务显失均衡的法律行为。

受不利益的他方当事人可以撤销其意思表示。"

十四、关于重大误解

室内稿第 106 条："基于重大误解实施的法律行为,行为人有权请求人民法院或者仲裁机构撤销。

行为人因对行为的性质、对方当事人,以及标的物的种类、质量、规格或者数量等的错误认识,使行为的后果与自己的真实意思相悖,已经或者可能造成较大损失的,可以构成重大误解。"

传统民法理论严格区别错误与误解两个概念。错误指表意人非故意的表示与意思不一致。误解指相对人对意思表示内容了解错误。如受要约人误将出租房屋之要约理解为出卖而为承诺。传统民法为保护无过失的表意人,规定错误的意思表示为无效或可撤销。至于误解,因关于意思表示之生效采到达主义,不以相对人之了解为必要,则不允许因误解而主张无效或撤销。

我国民法之立法思想,在保护双方当事人利益上务求公平,《民法通则》第 59 条规定"行为人对行为有重大误解的"属于可撤销的民事行为。《合同法》第 54 条第 1 款规定,"因重大误解订立的"合同,当事人一方有权请求人民法院或者仲裁机构变更或者撤销。所谓误解,依学者通说,不仅包括传统民法上的错误,即表意人无过失的表示与意思不符,也包括传统民法上的误解,即相对人对意思表示内容之了解错误。所谓重大误解,当然指误解之情节重大者。最高人民法院《关于贯彻执行〈中华人民共和国民法通则〉若干问题的意见(试行)》第 71 条规定:"行为人因对行为的性质、对方当事人、标的物的品种、质量、规格和数量等的错误认识,使行为的后果与自己的意思相悖,并造成较大损失的,可以认定为重大误解。"

考虑到《民法通则》自创"重大误解"概念,体现民法维护交易双方利益平衡的法律思想,经最高人民法院解释适用后,已为广大法官、律师和当事人所掌握,在裁判实务中并未发生混淆和不当,应当维持。笔者认为,个别学者认为《民法通则》规定"重大误解"是出于翻译错误,建议改为"错误"的意见,难以令人信服。因此,《民法总则》应当维持"重大误解"概念不变。

十五、不承认物权行为独立性与无因性

有学者主张把买卖合同与交付行为区分开来,买卖合同(属于负担行为)仅使当事人负担交货、付款的债权债务,交付行为(属于处分行为、物权行为)才发生物权变动的效果。这是德国民法的物权行为理论。按照这一理论,像买卖一幅画这样的交易,被设计为三个法律行为:双方订立的买卖合同是债权行为,使双方负担交付标的物和付款的债权债务;双方还须就这幅画的所有权移转订立一个物权合同,据以发生该画所有权的变动;双方还须就价款(货币)所有权的移转订立一个物权合同,据以发生该价款所有权的变动。在买卖合同之外,存在两个物权合同,称为物权行为的独立性,且物权行为的效力不受买卖合同无效的影响,称为物权行为的无因性。这套理论的全称叫物权行为独立性和无因性理论。要在民法课堂上讲清楚,让学生理解,颇不容易。

物权行为独立性和无因性理论,是萨维尼发明的,为《德国民法典》所采用,据说有很多优点。但是,仅德国民法和我国台湾地区"民法"采用此理论。德国民法学者起主导作用的《欧洲民法典草案》和《欧洲合同法原则》均不采用此理论。王泽鉴先生有一篇研究物权行为独立性和无因性理论的论文,其中详细介绍了物权行为理论的来龙去脉、理论依据、优点、现状和问题,然后进行批驳。特别要注意,王泽鉴先生是德国慕尼黑大学法学博士,导师是德国民法权威拉伦茨教授。王泽鉴先生把德国民法的很多制度、理论、学说、判例和方法,介绍到我国台湾地区,最后传播到我国大陆,但他唯独不赞成物权行为独立性和无因性理论,认为此理论违背社会生活经验,不宜照搬。王泽鉴先生否定物权行为独立性和无因性理论的主张,对中国大陆民事立法产生了重大影响。

物权行为独立性和无因性理论难道一点道理都没有吗?德国人搞

了一百多年，难道就没有一点儿优点？我国一些有名的教授极力主张，肯定也有他的道理。但法律生活中的道理，没有绝对真理可言，往往是"公说公有理，婆说婆有理"。解决社会生活中的同一问题，往往有不同的方案，各个方案有各自的优点，也可能有各自的缺点。不同国家、不同民族、不同时代的立法，采纳不同的立法理论和立法方案，是由各自的国情、民族性、法律传统和历史条件等因素决定的。

现行《物权法》关于物权变动，采纳债权合同加登记（交付）的立法模式，不采纳德国的物权行为独立性和无因性理论模式，是在什么时候决定的呢？不是在《物权法》制定的时候，而是在《合同法》制定的时候。先说买卖合同定义，如果采纳德国模式，就应该这样规定：买卖合同是一方交货、对方付款的债权债务的协议，绝对不能涉及标的物所有权移转问题。请看现行《合同法》第130条的规定："买卖合同是出卖人转移标的物的所有权于买受人，买受人支付价款的合同。"依此定义，买卖合同直接发生物权变动（所有权移转）的效果。这是我国民法不采纳德国物权行为独立性和无因性理论的关键性标志。再看《合同法》第135条的规定，出卖人应当履行"向买受人交付标的物""并转移标的物所有权的义务"。再看第133条的规定："标的物的所有权自标的物交付时起转移，但法律另有规定或者当事人另有约定的除外。"所谓"法律另有规定"，是指房屋所有权必须办理所有权过户登记；所谓"当事人另有约定"，是指所有权保留约款。最后看第132条第1款的规定，"出卖的标的物，应当属于出卖人所有或者出卖人有权处分"。上述条文，都是严格按照债权合同加登记（交付）的物权变动立法模式设计和制定的。

按照债权合同加登记（交付）的物权变动立法模式，根据《合同法》第51条的规定，无权处分他人财产合同，如权利人不追认、处分人事后也没有取得处分权的，该合同无效。不要看到现行法使用了"处分""无权处分"这样的字眼，就误认为现行法采用了负担行为与处分行为、债权行为与物权行为这样的立法思路和模式。现行法所谓"处分"，是指所有权定义中所包含的"处分"权能。请注意《民法通则》第

71条的规定:"财产所有权是指所有人依法对自己的财产享有占有、使用、收益和处分的权利。"据此,所有权人所为的"处分"及依据所有权人的授权所为的"处分",属于"有权处分";反之,既没有所有权也没有获得所有权人的授权的人所为的"处分",构成"无权处分"。《合同法》第51条规定了无权处分他人财产合同的效力,有的学者总想解释为"合同有效、处分行为无效",但无法绕过法律条文的文义。《合同法》设计人、起草人,为准确体现立法意旨,避免发生解释歧义,经仔细斟酌后明确规定:如经权利人追认,则"该合同有效",如权利人不予追认,则"该合同无效"。没有给所谓"买卖合同有效、仅处分行为无效"的主张留下任何解释余地。

为什么《合同法》不采纳德国物权行为理论模式?归根结底,是因为当时设计立法方案的六位教授、两位法官,受王泽鉴先生那篇研究物权行为独立性和无因性理论的论文的影响,都不赞成德国物权行为理论模式。1998年1月第八届全国人大常委会副委员长王汉斌委托九位学者、专家成立民法起草工作小组,负责起草物权法草案和民法典草案。同年3月,民法起草工作小组召开第一次会议,讨论我预先起草的《物权法立法方案》。该立法方案,关于物权变动,建议不采纳德国物权行为模式,而采取债权合同加登记(交付)的立法模式。讨论中没有人对此表示不赞成。会议最后决定,委托我按照该立法方案起草物权法草案。我主持的物权法立法研究课题组原有八位成员,全都不赞成德国物权行为理论立法模式。《物权法立法方案》是在课题组八位成员充分讨论的基础上由我执笔完成的。无论是提交立法机关的《物权法草案》,还是立法机关最终通过的《物权法》,均严格贯彻了立法方案所确定的物权变动模式,未给所谓物权行为留下任何解释余地。

值得注意的是,民法总则立法提上日程,有的学者建议改变现行《合同法》和《物权法》中的物权变动模式,在《民法总则》法律行为部分区分规定债权行为与物权行为,但多数民法学者不赞同。室内稿关于法律行为一章坚持现行《合同法》和《物权法》不承认物权行为独立性和无因性的立法思想,不仅未规定所谓物权行为概念,也未规定所谓

"无权处分行为",而将现行《合同法》第51条"无权处分(他人财产)合同"规则留待民法典合同编规定。这样处理是值得赞同的。

十六、关于是否规定间接代理

是否规定间接代理,这是一个特别重要的问题。《合同法》制定时,发生过激烈的争论,最后在《合同法》中规定了间接代理。现在是不是要再倒退回去,严格按照大陆法民法理论,只承认直接代理?现在民法总则草案中只规定直接代理,在将来制定的民法典合同编保留间接代理,这样行不行?

在立法例上,关于代理概念,有直接代理与间接代理之分。所谓直接代理,指代理人在代理权限内,以被代理人名义所为之意思表示或者所受之意思表示,直接对被代理人发生效力的代理。所谓间接代理,指行为人以自己名义、为被代理人之计算而为法律行为,其法律效果先对间接代理人发生,再依内部关系移转于被代理人。

大陆法系传统民法理论所谓代理,是指直接代理。所谓间接代理,被视为类似代理之制度,而非真正代理。大陆法系的德国民法、日本民法及我国台湾地区"民法"所规定的代理,均限于直接代理。其代理概念,要求代理人必须以被代理人的名义实施法律行为。现行《民法通则》关于代理的规定,坚持代理人须以被代理人的名义实施法律行为,与德国、日本及我国台湾地区"民法"的规定相同,仅指直接代理。现行《合同法》制定时,关于是否规定间接代理曾发生激烈争论。最终立法机关采纳多数学者、专家的意见,参考英美法代理制度及《欧洲合同法原则》,在直接代理之外规定了间接代理(《合同法》第402条、第403条)。可见我国现行法上的代理,已突破大陆法系传统民法理论,采用了包括直接代理和间接代理的广义的代理概念。

现行《合同法》突破狭义代理概念,规定间接代理,符合中国发展现代化市场经济,特别是发展国际经济贸易及与国际公约和惯例接轨的要求,编纂民法典当然应坚持现行《合同法》成功的立法经验,以现行《民法通则》和《合同法》有关代理的规定为基础,广泛参考借鉴大陆法系和英美法系的代理立法和理论,规定广义概念的统一的代理法。

建议第六章代理,参考《欧洲合同法原则》代理章的结构,分设三节:第一节规定代理的一般规则,采用广义代理概念,涵盖直接代理与间接代理;第二节规定直接代理;第三节规定间接代理。下面介绍间接代理的重要条文。

(一)间接代理的定义

建议条文:"代理人为被代理人的利益,以自己的名义与第三人实施法律行为的,为间接代理。"

大陆法系民法所谓"间接代理",是指代理人为了被代理人的利益,以自己的名义与第三人实施法律行为,其法律效果间接地归属于被代理人。类似制度在英美法中被称为"被代理人身份不公开的代理"。在被代理人身份不公开的代理关系中,代理人事实上得到了被代理人的授权,拥有代理权,但他在订立合同时不向第三人(相对人)披露代理关系存在的事实,既不明示以被代理人的名义,也不明示为被代理人的利益,而以自己的名义作出或接受意思表示,因此第三人并不知道被代理人的存在,往往认为代理人就是交易的对方当事人。二者的差别在于:按照大陆法,间接代理关系中的被代理人不能直接介入代理人与第三人订立的合同关系,第三人也不能直接对被代理人行使权利;而按照英美法,未公开身份的被代理人可以行使合同介入权,直接对第三人主张权利,第三人一经发现被代理人的存在,也可以直接对被代理人主张权利。本条规定的间接代理,是参考英美法被代理人身份不公开的代理。

(二)间接代理的效力

建议条文:"间接代理的法律效果首先归属代理人,再由代理人移转给被代理人。"

间接代理包含了两重法律关系,即被代理人和代理人的内部关系、代理人和第三人的外部关系,与直接代理无异,也是为了被代理人的利益。其最终法律后果还是归属被代理人,只不过先由代理人承担法律后果,再由代理人将这些后果转移于被代理人。在发生纠纷时,一般先由代理人承担对第三人的法律责任,然后代理人再对被代理人行使代位求偿权,追索其承担的相关损失和费用。

按照合同关系的相对性原则,合同关系只能约束合同双方当事人。间接代理人虽然为了被代理人的利益,但是以自己的名义与第三人订立合同,因代理人没有明示自己的代理人身份,在第三人看来,合同的对方当事人就是代理人。在这种情况下,当然应由代理人先承担合同关系的法律后果,然后代理人再依其与被代理人之间的内部关系,将法律后果移转于被代理人。

需说明的是,本条规定是关于间接代理法律效力的一般原则,在被代理人行使介入权、第三人行使选择权时,被代理人与第三人(合同对方当事人)相互可以直接行使合同关系上的权利义务,是本条原则之例外。

(三)代理人的披露义务

建议条文:"代理人丧失清偿能力,或者代理人对被代理人有根本违约行为,或者在合同债务的履行期限届满之前已明确代理人将会违约,被代理人有权要求代理人披露第三人的姓名或者名称和地址。

代理人丧失清偿能力,或者代理人对第三人有根本违约行为,或者在合同债务的履行期限届满之前已明确代理人将会违约,第三人有权要求代理人披露被代理人的姓名或者名称和地址。"

本条第1款规定,如代理人丧失了债务清偿能力,或者对被代理人实施了根本性的违约行为,或者在合同债务的履行期限届满之前,就已明确代理人将会违约,被代理人有权要求代理人披露第三人的姓名(名称)和地址。本条第2款规定,如代理人丧失了债务清偿能力,或者对第三人实施了根本性的违约行为,或者在合同债务的履行期限届满之前,就已明确代理人将会违约,第三人有权要求代理人披露被代理人的姓名(名称)和地址。

在间接代理中,被代理人行使介入权、第三人(相对人)行使选择权,均须以代理人履行披露义务为条件。现行《合同法》第403条已规定被代理人的介入权、第三人的选择权,及代理人的披露义务。但该条规定的被代理人行使介入权的条件较为苛刻,不利于对被代理人利益的保护。因此,以《合同法》第403条的规定为基础,参考《联合国国际货物销售合同公约》第6条第(二)项、《欧洲合同法原则》第3:02条的规定及英美代理法,设立本条。

(四)被代理人的介入权

建议条文:"代理人向被代理人披露第三人后,被代理人可以行使代理人代被代理人从第三人处取得的权利,但第三人与代理人订立合同时如知道该被代理人就不会订立合同的,或者被代理人如行使介入权将与代理人和第三人所订合同中的明示或者默示条款相抵触的除外。

被代理人应当将其行使介入权的意思分别通知代理人和第三人。在收到通知之后,第三人不得再向代理人履行给付义务。"

本条第1款规定,代理人向被代理人披露第三人后,被代理人可以行使代理人代被代理人从第三人取得的权利。但第三人与代理人订立合同时如知道该被代理人就不会订立合同的,或者被代理人如行使介入权将与代理人与第三人所订合同中的明示或者默示条款相抵触的除外。所谓被代理人的介入权,指身份不公开的被代理人有权以自己的名义直接介入代理人与第三人所订立的合同关系,并直接对第三人行使权利,在必要时还有权对第三人起诉或者提起仲裁。被代理人一旦行使介入权,就必须取代代理人对第三人承担合同债务与责任。本条第2款规定被代理人应当将其行使介入权的意思分别通知代理人和第三人。在收到通知之后,第三人不得再向代理人履行给付义务,只能向被代理人履行给付义务。以《合同法》第403条第1款的规定为基础,参考《联合国国际货物销售合同公约》和《欧洲合同法原则》的经验及英美代理法,设立本条。

(五)第三人的选择权

建议条文:"代理人向第三人披露被代理人后,第三人可以选择代理人或者被代理人作为相对人主张其权利,但第三人不得变更选定的相对人。

第三人应当将其行使选择权的意思分别通知代理人和被代理人。在收到通知之后,被代理人不得再向代理人履行给付义务。"

所谓第三人的选择权,指代理人因被代理人的原因或者其他原因对第三人不履行义务时,第三人不仅可以要求代理人履行合同债务、向代理人提起诉讼或者仲裁,也可以要求被代理人履行合同债务、向被代理人提起诉讼或者仲裁。本条第 1 款规定,第三人一旦选定其中一人,就不能再对另外一人主张权利。第三人对其中一人提起诉讼或者仲裁程序本身,就是他作出选择的关键证据。即使其对判决或者裁决不服,也无权再对另外一人提起诉讼或者仲裁。本条第 2 款规定,第三人应当将其行使选择权的意思分别通知代理人和被代理人。在收到通知之后,被代理人不得再向代理人履行给付义务。以《合同法》第 403 条第 2 款的规定为基础,参考《联合国国际货物销售合同公约》和《欧洲合同法原则》及英美代理法,制定本条。

十七、关于时效

讨论会上一个重要争论是,要不要规定取得时效?如果要规定取得时效,规定在民法总则还是规定在物权编?诉讼时效的普通时效期间,现行《民法通则》规定为 2 年,学界和实务界一致认为 2 年太短。王卫国教授特别提到 2002 年有个统计,仅因为《民法通则》规定的诉讼时效期间(2 年)太短,就使银行、金融机构损失 3000 多亿元人民币,现在的问题是,改为 3 年或者 5 年?是否明文规定哪些请求权适用诉讼时效、哪些请求权不适用诉讼时效?是否规定人身伤害请求权适用长期时效期间,例如规定为 10 年或者 20 年。关于侵害未成年人人格权益的请求权,特别是未成年少女遭受性侵害的请求权,要不要特别规定其时效期间的起算时点,例如规定为自受害人成年并脱离家庭关系之时起算。

民法时效,分为取得时效与诉讼时效。取得时效以占有之事实状态为要件,诉讼时效以权利不行使之事实状态为要件;取得时效为权利取得之根据,诉讼时效为权利消灭之原因。现行《民法通则》仅规定诉讼时效,未规定取得时效。

关于诉讼时效的效力,有三种立法例:(1)实体权消灭主义。诉讼时效的效力为直接消灭实体权。日本民法采取此种立法主义。(2)诉权消灭主义。诉讼时效完成后,其实体权利本身仍然存在,仅诉权归于消灭。因诉权消灭,其实体权利不能请求法院强制执行。1922年《苏俄民法典》及匈牙利旧民法典采此种立法主义。(3)抗辩权发生主义。诉讼时效完成后,义务人因而取得拒绝履行的抗辩权。如义务人自动履行的,视为抛弃其抗辩权,该履行应为有效。《德国民法典》《葡萄牙民法典》《国际商事合同通则》《欧洲民法典草案》均采取此种立法主义。现行《民法通则》关于诉讼时效的效力究竟属于何种主义,未有明文规定,学者多解释为诉权消灭主义。而最高人民法院《关于审理民事案件适用诉讼时效制度若干问题的规定》(法释〔2008〕11号)第3条规定:"当事人未提出诉讼时效抗辩,人民法院不应对诉讼时效问题进行释明及主动适用诉讼时效的规定进行裁判。"显而易见,我国采抗辩权发生主义。近年关于编纂民法典的讨论中,多数学者亦主张采抗辩权发生主义。

关于诉讼时效的客体,也有不同立法例。多数立法例,如《德国民法典》《俄罗斯联邦民法典》《土库曼斯坦民法典》及我国《澳门民法典》等,以请求权为诉讼时效的客体。少数立法例,如《日本民法典》,以债权或所有权以外的财产权为诉讼时效的客体。但日本的判例学说却以请求权为诉讼时效的客体。现行《民法通则》关于诉讼时效的客体未有明确规定,但依学者通说,诉讼时效的客体,限于以债权请求权为主的请求权。

考虑到诉讼时效是法律对债权的限制,取得时效是法定的物权取得方法,二者显有差别,因此,建议民法典总则编规定诉讼时效制度,另在物权编规定取得时效制度。

(一)明文规定诉讼时效的客体

建议条文:"请求权适用诉讼时效,但下列请求权除外:

(一)基于身份关系的抚养费、扶养费和赡养费的请求权;

(二)基于财产共有关系的分割请求权;

(三)基于所有权及其他物权的排除妨害请求权、消除危险请求权、确认权利请求权、已登记不动产所有人的返还请求权;

(四)基于不动产相邻关系的停止侵害请求权、排除妨害请求权;

(五)基于投资关系的收益分配请求权;

(六)基于存款关系的支付存款本金和利息的请求权;

(七)基于债券关系的还本付息请求权。"

本条规定诉讼时效的客体为请求权,但列举规定以下七种请求权不适用诉讼时效:(1)规定抚养费、扶养费、赡养费请求权不适用诉讼时效。理由是,受抚养、扶养或赡养者一般是年幼、年老或其他缺乏劳动能力的人,抚养费、扶养费、赡养费是这些人生活的来源,若无此等费用,将严重影响他们的生活,甚至生存。(2)基于财产共有关系的分割请求权不适用诉讼时效。理由是,共有财产分割请求权,性质上属于形成权,不是真正的请求权。(3)排除妨害请求权和消除危险请求权,为所有权及其他物权的消极功能和重要内容,基于物权的性质和效力,不应适用诉讼时效。确认权利的请求权,目的是解决权利纷争,由其目的和性质决定,不应适用诉讼时效。不动产物权采登记生效主义,非经登记不生效力,若规定已登记不动产物权返还请求权适用时效,将与不动产登记制度相抵触,因此已登记不动产所有人的返还请求权不适用诉讼时效。(4)基于不动产相邻关系的停止侵害请求权、排除妨害请求权,不适用诉讼时效,理由亦在于权利的目的,即这类权利的目的是解决权利纷争及发挥物权的效用。(5)所谓投资,是指自然人、法人或其他法律主体将一定货币或实物投入企业、公司,以取得股权并获取收益的行为。依据本法关于原物与孳息关系的规定,股息、红利属于股东权的孳息,因此不应适用诉讼时效。(6)存款人可以随时要求金融机构支付其存款本金及利息,是由存款合同的性质决定的,也是世界金融业的通行做法。因此本条规定,存款人要求金融机构支付其存款本金及利息的权利不适用诉讼时效。(7)基于债券关系的还本付息请求权,不适用诉讼时效。理由是,债券是一种需要遵循严格程序在证券市场公开发行的有价证券,其性质和功能决定其还本付息请求权不应适用诉讼时效。

(二)普通时效期间

室内稿第146条:"诉讼时效期间为五年(另一方案:三年),法律另有规定的除外。"

建议修改为:"普通诉讼时效期间为三年。"

现行《民法通则》规定的普通时效期间为2年,特别时效期间为1年,另有最长时效期间为20年。在关于起草民法典的讨论中,民法学者一致认为《民法通则》规定的普通时效期间过短,对保护当事人的合法权益不利,有必要予以适当延长。但考虑到现代化市场经济的发展要求加快经济流转,通信手段的现代化使行使权利更加方便,导致普通时效期间缩短的趋势。因此在总结《民法通则》实施以来的司法实践的基础上,着重参考《德国民法典》《俄罗斯联邦民法典》等的经验,在增设10年长期时效期间的同时,将普通时效期间改为3年为宜。

(三)增加规定长期时效期间

建议条文:"下列请求权的诉讼时效期间为十年:

(一)人身伤害的损害赔偿请求权,从加害行为发生时、义务违反时或者损害被发现时开始计算;

(二)基于所有权及其他物权的返还请求权,从权利发生时开始计算;

(三)基于借款合同的返还本金和利息的请求权,从权利可以行使时开始计算;

(四)基于劳动合同、雇佣合同的工资、报酬请求权,从合同终止时开始计算;

(五)基于建筑物买卖合同的所有权和基地使用权的移转请求权,及对待给付请求权,从买卖合同生效时开始计算;

(六)基于土地使用权出让、转让合同的土地使用权设定或者移转请求权,及对待给付请求权,从合同生效时起开始计算;

(七)基于不动产抵押合同的抵押权设定请求权,从抵押合同生效时开始计算；

（八）基于生效判决和裁决的给付请求权，从判决或者裁决确定时开始计算；

（九）基于可执行的调解书和公证证书的给付请求权，从权利确定时开始计算；

（十）基于继承关系的损害赔偿请求权，从继承权或者受遗赠权受侵害时开始计算；

（十一）经破产程序所确定的可执行的请求权，从破产程序终结时开始计算。"

本条着重参考《德国民法典》和《俄罗斯联邦民法典》的经验，在3年普通时效期间之外，设10年长期时效期间，并明文规定适用长期时效期间的十一种请求权。这里稍作说明。

人身伤害的损害赔偿请求权适用长期时效期间。主要理由是，自然人的生命、健康、身体受到的伤害，带给受害者或其亲友的痛苦更为深重，对其生活的影响更为巨大。在致人死亡的情形，人死不能复生，该伤害绝无弥补的可能，不仅给受害人亲友造成最深重的痛苦，而且使那些依赖受害人抚养和赡养的人的生活陷于困境。在致人残疾的情形，轻则致受害人丧失劳动能力，重则致受害人生活不能自理，必然使受害人自己的生活及受其抚养和赡养的人的生活遭受重大困难。可见，人身伤害的损害赔偿请求权，相对于其他损害赔偿请求权有适用长期时效期间的理由。所谓人身伤害的损害赔偿，包括精神损害赔偿在内。

不动产物权采登记生效主义，非经登记不生效力，若规定已登记不动产物权返还请求权适用时效，将与不动产登记制度相抵触，本章关于诉讼时效客体的条文，已经明文规定已登记不动产所有人的返还请求权不适用诉讼时效。因此，本条规定适用长期时效期间的基于所有权及其他物权的返还请求权，仅指未经登记的所有权及其他物权的返还请求权。

基于借款合同的返还本金和利息的请求权，适用长期时效期间。

主要理由是,如借款合同适用短期时效期间,仅因3年普通时效期间经过即可拒绝还款,将完全摧毁市场信用。

基于劳动合同、雇佣合同的工资、报酬请求权适用长期时效期间,主要是基于对弱者保护的考虑。因劳动者是经济生活中的弱者,靠出卖劳动力换取微薄的工资、报酬,维持自己和家庭成员的生活,其社会地位卑微,掌握信息有限,很难及时向雇主主张权利。

基于建筑物买卖合同的所有权和土地使用权的移转请求权及对待给付请求权,基于土地使用权出让、转让合同的土地使用权设定或者移转请求权及对待给付请求权,以及基于不动产抵押合同的抵押权设定请求权,均适用长期时效期间。主要理由是,这些请求权均产生于不动产物权。因不动产物权往往具有较大的经济价值和社会效用,且对当事人的生产、生活影响巨大,为维护社会秩序的稳定,有必要适用长期时效期间。

基于生效判决和裁决的给付请求权、基于可执行的调解书和公证证书的给付请求权、经破产程序所确定的可执行的请求权,适用长期时效期间。主要理由是,以上请求权均产生于公权力的行使,具有很强的公示效果和证据力,事关裁判权和人民法院的权威,规定适用长期时效期间体现了对国家公权力的尊重。自改革开放以来,所谓"执行难"问题愈演愈烈,即证明了确保这类请求权实现的重大意义。这一规定借鉴了《德国民法典》《意大利民法典》《日本民法典》及我国台湾地区"民法"、我国《澳门民法典》等的经验。

基于继承权或受遗赠权所产生的损害赔偿请求权适用长期时效期间。主要理由是,继承权和受遗赠权往往与不动产相关,且关系到家庭关系的稳定,加强对继承权人和受遗赠权人的保护,实际上是对家庭秩序和整个社会秩序的保护。

(四)关于时效的主张

室内稿第147条第2款:"人民法院不得依职权适用诉讼时效。"

建议修改为:"时效应当由其受益人或者受益人的代理人通过诉讼或者仲裁主张,才能适用。

法院或者仲裁庭不得依职权适用时效,也不得就时效问题进行释明。"

按照民法原理及发达国家和地区的立法例,时效只能由当事人主张而不能由法庭主动援用。例如《法国民法典》第2223条规定:法官不得自动援用时效的方法。《日本民法典》第145条规定:除非当事人援用时效,法院不得根据时效进行裁判。但苏联及东欧社会主义国家民法出于计划经济和单一公有制的要求,允许法庭依职权适用时效。例如1964年《苏俄民法典》第82条规定:不论双方当事人申请与否,法院均应适用诉讼时效。

现行《民法通则》关于法院可否主动适用诉讼时效无明文规定。在《民法通则》施行后的一段时间,民法理论和裁判实务因受苏联及东欧社会主义民法理论的影响,曾经认为法庭和仲裁庭可以依职权适用诉讼时效,而无须当事人主张。自20世纪90年代以来,民法理论和实务界已经注意到,法庭不待当事人主张而主动适用诉讼时效,违背民法时效制度的本质和市场经济的要求,加之《民法通则》规定的诉讼时效期间过短,更加不利于对公民和企业合法权益的保护。2008年最高人民法院《关于审理民事案件适用诉讼时效制度若干问题的规定》(法释〔2008〕11号)第3条规定:"当事人未提出诉讼时效抗辩,人民法院不应对诉讼时效问题进行释明及主动适用诉讼时效的规定进行裁判。"迄今,法院和仲裁机构已经纠正不待当事人主张而主动适用诉讼时效的做法。

(五)规定时效完成的效力

室内稿第147条第1款:"诉讼时效期间届满后,义务人自愿履行的,不受诉讼时效限制;义务人同意履行或者为履行提供担保的,不得以诉讼时效期间届满为由抗辩。"

建议修改为:"诉讼时效期间届满后,义务人可以拒绝履行。

时效期间届满后,义务人向权利人作出同意履行义务的意思表示、自愿履行义务、承认债务或者提出担保的,不得以诉讼时效期间届满或者不知道时效为由进行抗辩或者请求返还。"

立法例关于诉讼时效的效力,有不同立法主义,即所谓诉权消灭主义或请求权消灭主义、实体权消灭主义和抗辩权发生主义。三种立法主义各有其理由。但在分析和考察各主要国家及地区民法的具体规定及裁判实践后发现,三种立法主义未必有实质上的差别。无论民法典采何种立法主义,关于诉讼时效效力的内容都是一致的。(1)诉讼时效完成后,债务人可以拒绝履行债务。我国《澳门民法典》第297条、我国台湾地区"民法"第144条、《德国民法典》第214条、《土库曼斯坦民法典》第163条都有明文规定。《法国民法典》《意大利民法典》《日本民法典》《俄罗斯联邦民法典》及《越南民法典》等虽无明文规定,因采实体权消灭主义,债权既已消灭,债务人当然有权拒绝履行债务。采用请求权或诉权消灭主义的民法典,请求权或诉权既然已经消灭,权利人不能通过法院强制义务人履行义务,则义务人有权拒绝履行,当是题中应有之义。(2)对时效完成的债务的给付,不得要求返还。现行《民法通则》第138条、我国台湾地区"民法"第144条、我国《澳门民法典》第297条、《德国民法典》第214条、《意大利民法典》第2940条、《俄罗斯联邦民法典》第206条、《土库曼斯坦民法典》第163条、《越南民法典》第389条均有明文规定。《日本民法典》虽无规定,但判例学说亦采此立场。《法国民法典》虽无明文规定,但依其第2221条的规定,对时效完成的债务仍为履行的,构成默示抛弃时效利益,当然不得再要求返还。(3)时效的完成,不影响时效完成前已经适于抵销的债务的相抵。我国台湾地区"民法"第337条、我国《澳门民法典》第841条、《德国民法典》第215条、《意大利民法典》第1242条、《日本民法典》第508条、《土库曼斯坦民法典》第453条,均有明文规定。《法国民法典》虽无明文规定,但依其第1290条的规定,"债的抵销得依法律之效力当然发生,即使债务人不知,亦然"。时效完成前适于抵销的债务,自两债务并存时起,当然发生抵销的法律效力,自然不受此后完成时效的影响。

《德国民法典》、我国台湾地区"民法"等规定对时效完成后的债务表示承认或为其提供担保的,准用债务人就时效完成的债务为履行的规则。按照最高人民法院《关于超过诉讼时效期间当事人达成的还款协议是否应当受法律保护问题的批复》(法复〔1497〕4号)、《关于超过诉讼时效期间借款人在催款通知单上签字或盖章的法律效力问题的批复》(法释〔1999〕7号)的规定,义务人与债权人达成还款协议,或者在债权人的催款通知单上签字或盖章,被视为对时效完成的债务的承认。根据最高人民法院上述解释并参考《德国民法典》、我国台湾地区"民法"的经验,设立本条第2款。

(六)时效规定的强行性

建议条文:"当事人不得变更时效期间的长短及其计算方法。变更时效期间及其计算方法的合意无效。

预先抛弃时效的意思表示无效。"

关于法律规定的时效期间,当事人是否可以合意变更,有三种立法主义:(1)时效规定属于强行性规定,不得由当事人依自由意思予以排除,时效期间不得由当事人协议予以延长或缩短,时效利益不得由当事人预先予以抛弃。当事人关于排除时效适用、变更时效期间或预先抛弃时效利益的约定,依法当然无效。瑞士、意大利、葡萄牙、希腊、俄罗斯、魁北克、巴西等国家和地区民法采此规定。日本民法虽无明文规定,但民法学者作同样解释。(2)允许当事人约定减轻时效,尤其是缩短时效期间,但不允许约定加重时效,尤其是延长时效期间。奥地利、荷兰、丹麦等国民法采此规定。《法国民法典》2008年修正前、《德国民法典》2001年修正前原第225条亦同。(3)允许当事人约定减轻或加重时效,但设有一定限制。《法国民法典》(2008年修正)、《德国民法典》(2001年修正)、《匈牙利民法典》《西班牙民法典》《爱沙尼亚民法典》等均属此列。《国际商事合同原则》(2004年新版)、《欧洲合同法原则》《欧洲民法典草案》亦规定,当事人可协议变更时效的规定,特别是缩短或者延长时效期间。

现行《民法通则》对此未有明文规定,但学者意见及裁判实践多认为诉讼时效期间的规定属于强行性规定,不得变更。考虑到诉讼时效制度的本质是对民事权利的法定限制,关乎社会公共利益和法律秩序的统一,允许改变时效的立法例,其实行效果如何,尚待观察研究,且我国从计划经济向市场经济转轨不久,实行诉讼时效的时间不长,一旦允许当事人约定变更时效期间,难免为居于优势地位的当事人滥用,导致法律秩序混乱。建议本法维持第(1)种立法主义。

(七)增加关于未成年人受性侵害的请求权的特别规定

鉴于对未成年人的性侵害行为的特殊性,损害后果往往极为严重且受害人很难获得法律保护,发达国家和地区的民法典对这类请求权的诉讼时效设有特别规定。例如《德国民法典》第208条(基于性的自主决定权受侵害的请求权的时效中止)规定:"基于性的自主决定权受侵害的请求权,于受害人满二十一周岁前,时效不开始进行。时效开始时受害人与加害人存在共同生活关系的,于共同生活关系解除前,诉讼时效停止进行。"建议参考上述立法例,增设关于未成年人受性侵害请求权的特别规定。

建议条文:"基于性的自主决定权受侵害的请求权,于受害人满十八周岁前,诉讼时效不开始进行。

基于性的自主决定权受侵害的请求权,受害人与加害人处在家庭共同生活关系中的,于受害人满十八周岁并且脱离家庭共同生活关系之前,诉讼时效不开始进行。"

所谓性的自主决定权,是指性不受他人支配的权利。本条立法目的是未成年人的性的自主决定权不受侵害的权利。所谓家庭共同生活关系,是指家庭成员基于婚姻关系或者亲属关系长期共同生活在一个家庭之中。本条第1款适用于家庭关系之外的人对未成年人的性侵害案件,本条第2款适用于家庭共同生活关系中的人对未成年人的性侵害案件。

对《民法总则草案(征求意见稿 2016年5月20日修改稿)》的修改建议[*]

前 言

《民法总则草案(征求意见稿)》(以下简称"征求意见稿")是在《民法总则草案(2015年8月28日民法室室内稿)》(以下简称"室内稿")的基础上,增加了第五章民事权利,变成十章,即第一章一般规定;第二章自然人;第三章法人;第四章其他组织;第五章民事权利;第六章民事法律行为;第七章代理;第八章民事权利的行使和保护;第九章期间和时效;第十章附则。共158条。

《民法总则草案(征求意见稿2016年5月20日修改稿)》(以下简称"修改稿")是在征求意见稿的基础上,将第九章"期间和时效"分解为两章,即第九章"诉讼时效和除斥期间",第十章"期间的计算",将原第八章"民事权利的行使和限制"中的第132条、第133条、第134条,移至第一章一般规定(第9条、第8条、第7条),并将章名改为"民事责任"(第八章),变成十章,即第一章一般规定;第二章自然人;第三章法人;第四章其他组织;第五章民事权利;第六章民事法律行为;第七章代理;第八章民事责任;第九章诉讼时效和除斥期间;第十章期间的计算;第十一章附则。共175条。

下面介绍修改稿在征求意见稿的基础上所作的重要改动:(1)将自然人出生时间和死亡时间由"以户籍登记的时间为准"改为"以出生

---

[*] 本文写作于2016年5月30日。

证明、死亡证明记载的相应时间为准"(第15条)。(2)新增遗嘱监护(第25条第3款)。(3)死亡宣告撤销时配偶未再婚的,其夫妻关系自撤销死亡宣告之日起自行恢复,增加"但是","任何一方不愿意自行恢复的除外"(第45条)。(4)增加规定个体工商户无法区分个人经营和家庭经营的,债务以家庭财产承担(第50条第1款)。(5)增加规定"法人的董事、理事等执行机构成员为清算义务人"(第61条第2款)。(6)增加规定营利性法人超越经营范围的法律行为效力评价标准(第71条)。(7)增加规定捐助法人的内部治理规则(第82、83条)。(8)完善人格权规定,增加规定"人身自由、人格尊严受法律保护"(第95条),增加规定"身体权""婚姻自主权"等人格权类型(第96条)。(9)将"不作为的默示"修改为"沉默"(第112条第2款)。(10)删除意思表示瑕疵情形的法律行为变更权(第119—123条)。(11)将乘人之危和显失公平合并(第123条)。(12)规定恶意串通法律行为无效并完善其表述(第127条)。(13)增加规定间接代理(第136条)。(14)增加规定作为被代理人的法人、其他组织终止时的代理行为有效规则(第148条第2款)。(15)将第九章章名改为"诉讼时效和除斥期间",并增加第十章规定"期间的计算"。(16)增加规定赡养费、抚养费、扶养费请求权不适用诉讼时效[第164条第(四)项]。

修改稿在征求意见稿的基础上作了实质性的修改、补充和完善,使法律结构更加合理,并增强了概念的准确性、法律的逻辑性和可操作性。但尚有进一步修改完善的余地,特提出如下修改建议。

第一,第6条规定:"民事主体从事民事活动,应当遵循诚实信用原则,自觉维护交易安全。"建议改用《合同法》第6条原文:"当事人行使权利、履行义务应当遵循诚实信用原则。"

理由:关于诚实信用原则的表述,《合同法》第6条较为准确,建议沿用。修改稿新增"自觉维护交易安全"一语,含义不明,且交易安全的维护是由民法多项制度,如善意取得制度、表见代理制度、法定代表人越权行为制度等保障其实现,立法例上找不到将"维护交易安全"作为民事主体一般义务的先例。并且"交易安全"是民法理论用来作为立法政策考量的一种"价值取向",似不宜作为法律概念使用。

第二,建议保留《民法通则》关于国际条约适用的规定。

理由:现行《民法通则》第142条第2款规定:"中华人民共和国缔结或者参加的国际条约同中华人民共和国的民事法律有不同规定的,适用国际条约的规定,但中华人民共和国声明保留的条款除外。"按照这一规定,我国缔结或者参加的国际条约,除声明保留的条款之外,是我国现行法之一部分。适用规则是,如国际条约的规定与我国民事法律的规定不同,则应适用该国际条约的规定;如国际条约的规定与我国民事法律的规定相同,则应适用我国民事法律的规定。此项规则虽然规定在《民法通则》第八章,但其性质上不属于国际私法(冲突法)的内容,因此2010年制定的《涉外民事关系法律适用法》未作规定。显而易见,在制定《涉外民事关系法律适用法》时,立法机关已经注意到《民法通则》第142条不属于《涉外民事关系法律适用法》的内容,而应当在民法典编纂时规定在《民法总则》中。建议《民法通则》第142条内容不变,纳入《民法总则》,安排在关于法律适用原则的条文之后。

第三,建议完善胎儿利益保护条文。

理由:第16条:"涉及胎儿利益保护,胎儿出生时为活体的,其出生前即视为具有民事权利能力。"本条在文字表述上仍有进一步斟酌的必要。条文中"胎儿出生时为活体的"一句,容易使人产生误解,误将"胎儿出生时为活体",作为胎儿享有民事权利能力的必要条件,要求等待其活着出生之后才可以向法院起诉。而按照立法目的,胎儿自母亲怀孕之时起就被视为具有民事权利能力,无须等到其出生之时,即可行使继承权、损害赔偿请求权及相应的诉权。如果"胎儿将来出生时为死体",因保护胎儿利益的法律政策目的落空,则溯及于母亲怀孕之时否定其民事权利能力。换言之,从反面将"胎儿将来出生时为死体",作为溯及于母亲怀孕之时消灭其民事权利能力的条件。建议本条稍作修改,分设为两款,第1款规定:"凡涉及胎儿利益保护的,胎儿视为具有民事权利能力。"第2款规定:"胎儿出生时为死体的,其民事权利能力视为自始不存在。"

第四,建议删除第33条关于恢复监护人资格的规定。

理由:按照本法第32条的规定,撤销监护人资格有严格的条件和程序,无论依据其中的严重损害被监护人身心健康,还是怠于履行监护职责,或者其他严重侵害被监护人合法权益的情形,撤销其监护人资格,并且指定了"最有利于被监护人的"新监护人,被打乱的监护秩序已经恢复,不宜仅仅因"确有悔改"即恢复原监护人的监护资格,并终止新监护人的监护资格,再次打乱刚刚恢复的监护秩序。并且,所谓"确有悔改"极难通过证据认定,终止新的监护人的监护资格,必然引起矛盾。因此,创设此项"监护资格恢复制度"风险极大,建议删除。

第五,建议恢复征求意见稿第33条关于先行中止监护和设置临时监护人的规定,作为本法第33条:"人民法院撤销监护人资格之前,可以视情况先行中止其履行监护职责,由被监护人住所地的居民委员会、村民委员会、法律规定的有关组织或者民政部门担任临时监护人。"

理由:撤销监护之诉,必然耗费相当长的时间,有必要规定人民法院中止监护的权限以及临时监护的设置,以防止诉讼期间原监护人继续损害被监护人的权益。

第六,第41条关于死亡宣告申请的规定,建议增加第2款:"下落不明的自然人无利害关系人或者利害关系人不申请宣告死亡的,由当地人民检察院申请宣告死亡。"

理由:宣告死亡的目的在于保护长期下落不明的自然人的利害关系人的合法利益,并消除因自然人下落不明所造成的民事法律关系的不确定状态。多数国家和地区立法例均规定唯有失踪人的利害关系人才能申请宣告失踪人死亡,而未考虑国家公权力之直接介入。但考虑到自然人长期下落不明而不能宣告其死亡,与其有关的民事法律关系将一直处于不确定状态,例如遗产不能依法继承,身份关系不能消灭、债权债务关系不能了结,对于社会经济法律秩序之维护殊为不利。且自改革开放以来,已经发生利害关系人出于侵占下落不明的自然人的财产,损害其他利害关系人合法权益,以及冒领退休金、养老金、补助金等违法目的,故意不提出死亡宣告申请的社会问题,因此建议采纳《意大利民法典》(第 62 条第 2 款)和我国台湾地区"民法"(第 8 条第 1 款)的立法经验,增设本款规定由人民检察院依职权提出死亡宣告申请。

第七,建议第 57 条删除"信赖登记的"一语。第 57 条:"法人的实际情况与其登记的事项不一致的,不得对抗信赖登记的善意第三人。"删除"信赖登记的",即改为:"法人的实际情况与其登记的事项不一致的,不得对抗善意第三人。"

理由:民法善意第三人概念,即已含有信赖登记(或其他表象)之意。所谓"善意第三人",指信赖登记簿的记载、不知该记载与实际权利状况不符的买受人。如现行《物权法》第 106 条关于善意取得的规定,并未额外规定"信赖登记"。添加"信赖登记"字样,易使人误解为除善意之外另有信赖要件,进而要求第三人证明自己信赖登记,不利于对善意第三人的保护,与立法目的不符。

第八,第 71 条:"营利性法人应当在登记的经营范围内从事经营活动。超越登记的经营范围从事经营活动的,依法承担相应的责任,但是除违反法律、行政法规的效力性强制性规定外,民事法律行为有效。"建议删除条文第 1 句,改为:"营利性法人超越登记的经营范围从事经营活动的,除违反法律、行政法规的效力性强制性规定外,民事法律行为有效。"

理由:1993 年《公司法》第 11 条第 3 款沿袭《民法通则》第 42 条,规定,"公司应当在登记的经营范围内从事经营活动"。2005 年修订《公司法》已删除此项规定。本条重新规定"营利性法人应当在登记的经营范围内从事经营活动。超越登记的经营范围从事经营活动的,依法承担相应的责任",与现行《公司法》的规定及法律发展趋势不合。建议删除该不合时宜之规定,使本条变更为关于超越经营范围的行为的效力规则:"营利性法人超越登记的经营范围从事经营活动的,除违反法律、行政法规的效力性强制性规定外,民事法律行为有效。"此项规则,是将最高人民法院《关于适用〈中华人民共和国合同法〉若干问题的解释(一)》第10条"当事人超越经营范围订立合同,人民法院不因此认定合同无效。但违反国家限制经营、特许经营以及法律、行政法规禁止经营规定的除外"司法解释规则,提升为法律明文规定,具有重要理论和实践意义。

第九,建议删除第72条、第73条。第72条:"营利性法人从事经营活动,必须遵守法律、行政法规,遵守社会公德、商业道德,诚实信用,接受政府和社会公众的监督,承担社会责任。"第73条:"公司应当保护职工的合法权益,参加社会保险,加强劳动保护,实现安全生产。"

理由:这两个条文,与本法第6条诚信原则、第8条遵守法律和公序良俗原则重复。按照民法原理,所谓诚实信用,即是市场经济的道德标准,遵守诚信原则,与遵守商业道德同其意义。经济学和商事法学所倡导企业承担社会责任,乃是提倡公司、企业于履行法定义务之外,出资赞助救灾、环保、济贫等慈善事业。所谓"社会责任",与受国家强制力保障的法律义务性质不同,不应在民法上规定。法人的活动均应守法,不独营利性法人为然,也不独经营活动为然。所谓保护职工的合法权益、加强劳动保护、实现安全生产,属于劳动法、安全生产法的内容。这些内容勉强纳入《民法总则》,不具有行为规范和裁判规范的意义、功能,缺乏实益,徒增混淆,建议删去。

第十,建议恢复室内稿第79条规定,文字稍作修改,作为本法第72条:"营利性法人的权力机构或者执行机构的决议内容,违反法律、行政法规的效力性强制性规定的,该决议无效。"(第1款)"营利性法人的权力机构或者执行机构的决议程序违反法律、行政法规的强制性规定或者法人章程规定,或者决议内容违反法人章程规定的,相关成员可以请求人民法院撤销。相关成员自知道或者应当知道决议之日起三个月内或者自决议作出之日起一年内未行使撤销权的,其撤销权消灭。"(第2款)

理由:鉴于本法第83条第2款已恢复室内稿(第84条)关于捐助法人决议撤销的规定,理当相应恢复关于营利性法人决议撤销的规定。

同时,亦应于第 83 条增设一款,规定捐助法人决议内容违反效力性强制性规定的无效。

第十一,第 114 条第 1 款关于有相对人的意思表示解释的规定,建议删除其中"受领人的合理信赖"一句。

理由:依民法原理及法学方法论,意思表示的解释,非依据任何一方的理解和信赖,而是按照具有理性之人处于同等情形应有之理解和信赖,以确定其意义。且所谓"受领人的合理信赖",亦应按照意思表示"所使用的词句,结合相关条款、行为的性质和目的、习惯以及诚信原则"综合判断,不可能存在独立于"所使用的词句,结合相关条款、行为的性质和目的、习惯以及诚信原则"之外的"受领人的合理信赖"。特此建议删去,否则有使当事人缠讼及法官滥用自由裁量权之虞。

第十二,第 118 条关于虚假行为的规定,建议增设关于隐藏行为的效力规则,作为第 2 款:"以虚假的意思表示隐藏其他法律行为的,适用关于其他法律行为的规定。"

理由:本条仅规定虚假表示(虚伪表示)而未规定隐藏行为,宜予补全。所谓"隐藏行为",是指为虚伪表示所掩盖的依当事人真实意思订立的法律行为。例如,为规避房屋买卖的税负而订立赠与合同,赠与合同为虚伪表示,而买卖合同是隐藏行为。隐藏行为是与虚伪表示联系在一起的。关于隐藏行为的法律规则是,虚伪表示无效,隐藏行为并不当然无效,隐藏行为是否有效取决于隐藏行为本身是否符合该行为的生效要件。例如,伪装赠与而实为买卖,赠与行为属于虚伪表示应当无效,所隐藏的买卖行为是否有效,应依有关买卖合同的规定判断。如隐藏行为符合法律关于买卖合同生效要件的规定,则应有效,否则即为无效。

第十三,建议第 157 条第 1 款,恢复征求意见稿的 5 年普通诉讼时效期间。

理由:主要国家和地区民法规定的普通时效期间一般较长,例如《法国民法典》规定的普通时效期间为 5 年,特别时效期间为 10 年、

20年,长期时效期间为30年。新《荷兰民法典》规定的普通时效期间为20年,特别时效期间为5年等。《日本民法典》规定的普通消灭时效期间债权为10年,所有权外的财产权为20年。我国台湾地区"民法"规定的普通时效期间为15年,特别时效期间有5年、2年等。虽然《德国民法典》规定的普通时效期间为3年,但德国民法采双重诉讼时效,普通时效期间为3年,称为主观时效期间,另有20年的客观时效期间。本法未采纳学者关于双重时效期间的建议,在普通时效期间3年之外,并没有10年或者20年的客观时效期间,考虑到我国的实际情况,3年时效期间显然太短,故建议普通诉讼时效期间恢复为5年。

第十四,建议参考借鉴发达国家和地区的立法例,增加未成年人受性侵害的请求权诉讼时效期间计算的特别规则。建议条文:"基于性的自主决定权受侵害的请求权,于受害人满十八周岁前,诉讼时效不开始进行。"(第1款)"基于性的自主决定权受侵害的请求权,受害人与加害人处在家庭共同生活关系中的,于受害人满十八周岁并且脱离家庭共同生活关系之前,诉讼时效不开始进行。"(第2款)

理由:鉴于对未成年人(不限于女性)的性侵害行为的特殊性,其损害后果往往极为严重,且受害人很难获得法律保护,发达国家和地区的民法典对这类请求权的诉讼时效期间起算时点设有特别规定。例如,《德国民法典》第208条规定:"基于性的自主决定权受侵害的请求权,于受害人满二十一周岁前,时效不开始进行。时效开始时受害人与加害人存在共同生活关系的,于共同生活关系解除前,诉讼时效停止进行。"考虑到中国社会的传统观念,遭受性侵害未成年人的家庭往往不敢、不愿寻求法律保护,长期隐瞒子女受侵害的事实,更有甚者反而对受害未成年子女百般作践,将受害人逼上绝路,造成更严重的后果,致这类案件的加害人往往能够逃脱法律惩罚,社会正义难以伸张。有的受害人成年之后掌握了法律知识,打算寻求法律保护,却被法官、律师、法学教授告知诉讼时效期间早已届满,即使法院受理案件,依据现行诉讼时效规则,也不可能获得胜诉判决,造成终身遗恨。传统观念及现行诉讼时效制度严重不利于遭受性侵害未成年人之法律保护,这就是中国国情。在德国,不存在未成年人受性侵害的家庭认为丢人现眼、不可告人的传统观念,尚且有对受性侵害未成年人保护不周之虞,因而在诉讼时效制度创设特别保护规则。我国民法诉讼时效制度更有设置此项特别保护规则的必要,恳请立法机关特别留意于此。

民法总则草案与民法典编纂若干问题[*]

同学们好,很高兴见到大家。这是我第三次在四川大学法学院讲类似的主题:民法总则草案与民法典编纂若干问题。不知道大家有没有关注民法典的立法工作。作为法学院的老师应该关注这次民事立法,这是中国民事立法史上的一件大事,也是中国历史上的一个重大事件。我们亲身经历这样一个过程,将是人生中非常重要的记忆。

在立法阶段,我和在座的老师、同学一样,都是作为一个公民,作为一个法律人,作为一个爱国者,来关注、参与这次立法。我第一次在这里讲的时候,同学们提了很多意见,有些意见提得非常好,对我有非常大的启发和促进作用。第二次在这里讲的时候,提问题好像不如第一次那么踊跃。这次我希望多听听同学们的意见——宏观的、具体的、抽象的、微观的意见都可以。我也是四川大学法学院的一员,特别想利用这次机会和大家一起讨论、研究应该怎样向立法机关提出修改建议,应该提出什么样的建议来促进民法典的完善。今天晚上讲座的时间为两个半小时,我讲的部分尽量不超过一个小时,其余时间用来听取大家的意见,回答大家的问题。如果大家提的问题多,可以再延长时间。

首先,我先给大家简单介绍一下现阶段的立法情况。对于这次立法,我们要记住几个关键点,最重要的是2014年十八届四中全会通过的中共中央《关于全面推进依法治国若干重大问题的决定》(以下简称"决定"),这是我们党的历史上第一次作这样的决定。在中国,我们一

---

[*] 本文源自作者于2016年10月12日在四川大学法学院的讲座。

定要实现依法治国,人民群众呼吁法治,不就是呼吁"依法治国"的主题吗?党中央的决定回应了全国人民对法治的呼吁,体现了中央在法治道路上不断前进的决心。中央的这个文件提出加快推进法治建设,意义非常重大。我在第一次或第二次的讲座中,可能也讲到了这个问题。

对此,作为法学院的学生,作为将来的法律人,同学们一定要理解。党中央提出编纂民法典是慎重的,这个任务在1979年就提出来了,如果要算得更早一些的话,是1954年宪法提出来的。1954年就启动了民法典编纂工作,后来失败了。1962年再次启动,再次失败。根本原因,是因为当时的政治体制、经济体制不允许。

1979年编纂民法典的决定也是中央政治局常委会作出的,遗憾的是,当时在党和国家的文件中没有写"民法典"三个字,导致三十多年来不断有人提出疑问:民法典是不是不要了?三十多年了,对于要不要制定民法典,一直没有一个明确的说法。2014年的决定宣布编纂民法典有特别重大的意义,党中央当年提出了这个目标,三十多年过去了,不能不了了之,一定要实现,我们不能没有民法典,永远是一个单行法的体系。中央提出要实现中国梦,中国梦是中华民族几千年、几百年来孜孜追求的梦想,经济上腾飞,政治上完善,国家要强大,人民要幸福。实现中国梦,实现民族复兴这样一个伟大事业,如果没有民法典,仅靠一个单行法的体系是做不到的。

中央为什么要提出编纂民法典的目标呢,是不是单纯为了完善我们的法律体系,为了保证裁判的公正、统一?并不完全是。保证裁判的公正、统一,用其他方法也能做到,英美法系的判例法照样能保证裁判的公正、统一。那么编纂民法典有什么意义呢?最重要的是发挥民法典的教育作用,将民法典作为生活教科书、法治教科书和文明教科书。改革开放三十多年来,社会急剧变革,经济快速发展,在物质文明方面快速实现了现代化。但是我们在精神方面、文明方面还不能与经济的高速发展相适应。我们可以感受到,改革开放三十多年来,在各个领域发生的各种问题都与一个问题有关系,就是缺乏信仰,特别是缺乏法律信仰。我们用什么来教育我们的人民、教育我们的干部呢？现在看来，就是民法典。

有的同学会说，这只是我个人的想法。我可以告诉大家，这是有依据的。决定第一部分有这样一句话，"部分社会成员尊法信法守法用法、依法维权意识不强"。过去党中央文件都是讲"守法依法"。此外，决定中使用的"部分社会成员"这个表述，也是非常特殊的。过去最常用的表述是"个别人""个别干部"，再严重一些，则会用"一些人""一些领导干部"。用"部分社会成员"这是第一次，这种表述将高级领导干部、中级领导干部、基层领导干部、普通人民群众，全部都包含在内了。决定第五部分有这样一句话："法律的权威源自人民的内心拥护和真诚信仰。"这是第一次提出法律的信仰问题。为什么要编纂民法典，就是要用民法典来教育全体社会成员，发挥民法典生活教科书、法治教科书和文明教科书的作用，使我们的民族树立起法律信仰。

中国之所以要编纂民法典，是要用这样一部充分体现民主、法治、人权精神的进步的、完善的、科学的民法典，作为全民族的教科书。中华民族有五千年文明史，具有各种优良传统和美德，唯独缺乏现代民主、法治、人权的传统和法律信仰。需要用这样一部民法典教育每一个人，如何做人、如何做事、如何务工、如何经商、如何从政、如何为官，如何行使权利、如何履行义务，当自己的合法权益遭受侵害时，如何运用法律规定的手段获取救济，等等。我们必须认认真真地接受这样一部民法典的教育和熏陶，树立起法律信仰，才能担当起时代所赋予的神圣使命。

埃塞俄比亚是有三千年历史的文明古国。1928年海尔·塞拉西登基，1930年加冕为皇帝。1936年，意大利军队入侵，占领埃塞俄比亚全境。海尔·塞拉西流亡英国。1941年，海尔·塞拉西率领的军队和盟军一道击败意大利军队，埃塞俄比亚光复。海尔·塞拉西回到了亚的斯亚贝巴，决心进行法制改革，开启埃塞俄比亚历史的新纪元。他颁布了帝国第二部宪法，创建了海尔·塞拉西一世大学，其法律系人员主要由加拿大魁北克迈克基尔民法学院的毕业生组成。为了改革，埃塞设立了法典编纂委员会。由于缺乏足以担当立法的人才,海尔·塞拉西邀请法国著名比较法学家勒内·达维德起草民法典。我们经常听到这样的提问,中国是否具备编纂民法典的条件?我在这里举埃塞俄比亚的例子,就是要说明没有哪个国家是在各项条件具备之后才编纂民法典的。《埃塞俄比亚民法典》于1960年5月5日,即海尔·塞拉西即位30周年纪念日颁布,于同年9月11日生效。

海尔·塞拉西为什么要请外国人来制定民法典,当然是因为不具备条件。但是,埃塞俄比亚不能等待所谓条件具备,必须立即编纂自己的民法典。海尔·塞拉西说:制定民法典的目的,是要使"朕的帝国的社会结构的法律框架实现现代化""重要的是法律对朕的帝国的每个公民都明确和可以理解,这样他们就可以没有困难地确定他们生活中的权利义务如何,而这一工作向来是由民法典完成的"。用现在的话表达,就是要用这样一部民法典作为生活教科书、法治教科书和文明教科书,教育改造帝国的每一个公民,使帝国实现现代化。举《埃塞俄比亚民法典》的例子,是要说明民法典可以用来教育人民,对实现国家和民族的现代化,具有非常重大的作用。

另外一个例子是日本。日本的明治维新是在落后的封建社会基础上进行的,目的是要学习西方的经济、政治和法律制度,实现日本的现代化。这次改革使日本成为亚洲第一个走上工业化道路的国家,跻身于世界强国之列。日本明治维新是世界史上的一件大事,维新的重要内容之一是全面移植西方法律制度,用以取代日本旧有法制。明治维新期间,日本花了10年的时间起草了8部法典,其中包括民法典。在起草这些法典的时候不可能具备充足的条件,所以请法国人来起草《日本民法典》。法国人起草《日本民法典》当然大量采用《法国民法典》的内容,于是引起一场争论,被称为"法典论争"。后来在法国人起草的民法典(称为旧民法)的基础上进行修订,吸收了当时《德国民法典(第一草案)》的一些内容,最终形成了现在的《日本民法典》(称为新民法)。《日本民法典》无疑在实现日本的现代化、教育国民方面发挥了重要作用。就这样,日本实现了法律的现代化,实现了社会的现代化,从原来一个落后的封建小国,一跃成为世界列强之一。

  我们看待民法典的作用,不要仅仅局限于保障人身权和财产权、保障公正裁判及实现民事立法体系科学化,等等,还要看到编纂民法典更为重大、深远的意义。决定公布以后,立法机关把民法典编纂提上立法日程。编纂民法典,如何编纂?从什么地方入手?2015年年初,全国人大常委会法工委召开了两次专家座谈会,学术界对民法典编纂提出了两个方案:一个方案是分"三步走",是中国民法学研究会会长、人民大学法学院的王利明教授提出的,即第一步制定民法总则,第二步制定人格权法,第三步编纂民法典;另一个方案是分"两步走",是第十二届全国人大代表、中国社科院法学所的孙宪忠教授提出的,即第一步制定民法总则,第二步编纂民法典。

  请大家注意中国人大网公布的《民法总则(草案)》后面的说明,其中提到全国人大常委会"经同有关方面反复研究,编纂工作拟按照两步走的工作思路进行"。大家知道,党中央指定五个单位协助立法机关准备民法典草案,这五个单位是:最高人民法院、最高人民检察院、国务院法制办、中国社会科学院、中国法学会,任务是协助法工委准备民法典草案。这五个单位关于编纂民法典的思路并不一致,因此立法机关需要与五个单位(针对有关方面)反复研究、再三协调,最后作出决定。为此,法工委成立了一个民法典编纂工作协调小组,由五个单位派代表参加,对于民法典编纂的重大问题,例如"两步走""三步走"的问题,民法典设哪些(分)编的问题,在协调小组的会上进行协商讨论决定。

  最终决定采纳"两步走"的方案是在什么时候?法工委发出《民法总则(草案)(征求意见稿)》是在2016年2月初,2月23日法工委张荣顺副主任在协调小组会上宣布采取"两步走"的方案,2月25日北京市人大常委会召开民法总则草案专家讨论会,3月2日中国法学会召开民法总则草案专家讨论会。这两次专家讨论会的主题都是讨论《民法总则(草案)》,实际是传达民法典编纂"两步走"方案的决定。紧接着就是"两会"召开,大会新闻发言人通过答记者问的方式,向社会各界、国内外宣布中国民法典编纂的"两步走"方案。

可见,不是一下子通过媒体、网络宣布这一决定,而是有步骤地,先在协调小组宣布,接着由北京市人大常委会召开地方性的小型专家讨论会,然后由中国法学会召开法学各专业研究会会长、副会长出席的大型专家讨论会,最后由全国人民代表大会新闻发言人向全社会、国内外正式宣布。大会新闻发言人、全国人大常委会副秘书长傅莹,通过答记者问的方式宣布:我们一定要完成中央决定的民法典编纂这个伟大任务,具体的工作是分为两步走:第一步,制定民法总则,作为将来民法典的总则编,争取2017年3月通过;第二步,在现有民事法律基础上,编纂民法典各分编,争取于2020年3月将民法典各分编一并提请全国人民代表大会审议通过,完成统一的中国民法典。

2016年2月《民法总则(草案)》形成以后,就开始征求意见,当时并没有向全国人民征求意见,只是向一些地方人大、政府机关、法学院征求意见。四川大学法学院也收到了草案和征求意见的通知,也有老师提出了修改意见。法工委根据征求到的修改意见对草案进行了几次修改,6月基本上就定下来现在的这个草案,所以2016年6月是民法总则正式法律案最后形成的时间。

2016年6月有两个重大事件,一个是6月14日,中央政治局常委会专门开会讨论民法典编纂和《民法总则(草案)》,由习近平总书记亲自主持。全国人大常委会委员长张德江同志,以全国人大常委会党组书记的身份,在会上向中央政治局常委会汇报民法典编纂和民法总则立法。就是在这次会议上,中央政治局常委会同意了党组关于民法典编纂和民法总则立法的汇报,并且总书记作了重要指示。

2016年10月10日的新闻联播报道了全国人大常委会委员长张德江同志在北京主持的民法总则草案座谈会,在座谈会上听取各界人士对民法总则草案和民法典编纂的意见。委员长强调指出,要全面贯彻党中央的决策部署,认真落实习近平总书记重要指示精神,本着对党和人民高度负责的态度,努力编纂出一部体例科学、结构严谨、规范合理、具有中国特色、体现时代精神的民法典,为实现中华民族伟大复兴的中国梦提供坚实有力的法治保障。座谈会主要是传达中央政治局常委会的决定和习近平总书记的重要指示,要求社会各界把思想统一到中央决定的精神上来,切实担当起编纂民法典的历史使命。

可见,民法典编纂是一项重要的政治行为,不是仅凭学术界几名教授就能完成的,这并不是否认学术界的作用。学术界的任务是提供编纂方案、建议草案。中国社会科学院就提出了一个建议草案,中国人民大学的王利明教授和杨立新教授各提出一个建议草案,中国政法大学的李永军教授、北京航空航天大学的龙卫球教授、中国社会科学院的孙宪忠教授也都提了民法总则建议草案。民法典的编纂是一个国家具有重大政治意义的事件,是由执政党领导的,是要贯彻执政党的意志、人民的意志,是一个重大的政治行为,不单纯是法学者的行为。

另外一个重大事件,就是6月28日第十二届全国人大常委会第二十一次会议对《民法总则(草案)》进行了第一次审议,即初审,标志着《民法总则(草案)》正式进入立法程序。在这之前的专家讨论及征求意见稿都是立法准备程序。顺便讲一下,这个立法准备程序,在外国是由司法部完成的。作为立法机关的议会,只负责审议法律案,不负责法律案的草拟准备工作。我们国家的立法体制有所不同,全国人大常委会既审议法律案,也负责起草法律案。全国人大常委会下设一个工作机构叫法制工作委员会,简称法工委,专门负责法律案的准备工作。《民法总则(草案)》经过常委会第一次审议之后,由委员长会议决定,将草案在新闻媒体公布,向社会各界征求修改意见。据中国人大网的数据显示,从7月5日到8月4日,立法机关共收到社会各界人士13802人提出的65000余条修改意见和建议。

《民法总则(草案)》还将在全国人大常委会第二十四次会议上,进行第二次审议。一个法律案经过常委会第一次审议以后,就会交由全国人大法律委员会负责审议修改。法律委员会是全国人大的一个专门委员会,它的职责是统一审议修改法律案。前面谈到,在进入立法审议程序之前,法律案的准备工作是由法制工作委员会进行的。在法制工作委员会内部设立了一个负责起草修改法律条文的小组,在关于《民法总则(草案)》的说明中,称之为"工作专班"。《民法总则(草案)》经常委会第一次审议后,便交给法律委员会进行审议。但常委会审议中提出的意见,以及从社会各界征求到的意见,仍由法工委进行梳理、归类、分析、研究,提出处理意见,再提交法律委员会进行审议。某个条文是否修改、如何修改,法工委可以提出建议,由法律委员会审议决定。法律委员会决定某个条文是否应修改、如何修改,具体的文字工作仍由法工委完成。

按照立法惯例,《民法总则(草案)》至少要经全国人大常委会审议三次,10月是第二次审议,12月、2017年2月还会进行第三次甚至第四次审议,最后由常委会决定提请2017年3月召开的第十二届全国人大第五次会议审议通过。按照《立法法》的规定,基本法律由全国人民代表大会通过,其他法律可以由全国人大常委会通过,民法总则以及将来的民法典属于民事基本法,理应由全国人民代表大会通过。

最后通过的民法总则,肯定与目前这个草案有差别。我个人的看法,法律的结构不会改变,章节不会改变,基本的内容如基本原则、法律适用、民事主体、法人分类等基本制度不会有大的变动。民事法律行为概念,曾经改成法律行为,现在又改成民事法律行为,也不大可能再改回去了。

顺便指出,民事法律行为一章,特别是其中第三节,逻辑性十分严密。先看第121条,从正面规定法律行为的三项有效要件:第一项要求有相应的行为能力;第二项要求意思表示真实;第三项要求不违反效力性强制性规定和公序良俗。后面的法律条文属于本条的展开,分别规定违反这三项要件的后果:第122条、第123条规定不具备相应行为能力的后果;第124条至第131条分别规定意思表示不真实的各种情形的后果;第132条和第133条规定违反效力性强制性规定和公序良俗的后果。这些条文是关于各种请求权基础的规定,极具操作性,并且修改了现行法(《合同法》)中的很多条款,大家要多加关注。到2017年3月民法总则正式通过并生效,将会对裁判实务和民法教学产生重大影响,对每一个法律人都是非常重要的。

民法典通过的时间也已经确定。按照立法计划,民法典的各分编草案将在 2018 年进入立法审议程序,常委会将进行分段审议。什么叫分段审议呢?就是常委会这次会议审议其中一编,下一次会议再审议另外一编。

2020 年通过的中国民法典有多少分编现在还不清楚。《民法总则(草案)》的说明中有这样一段话:"民法典将由总则编和各分编组成,目前考虑分为物权编、合同编、侵权责任编、婚姻家庭编和继承编等。"除总则编外,列举了物权编、合同编、侵权编、婚姻家庭编、继承编。继承编后面有一个"等"字,这个"等"字是什么意思?2002 年 12 月经过第九届全国人大常委会一审后来被废弃的民法典草案,其中有涉外民事关系法律适用编,说明中的这个"等"字,是否暗示涉外民事关系法律适用编?

还可以从另外一件事发现一些线索,即中国法学会成立了负责起草民法典各分编的小组,有物权编小组、合同编小组、侵权责任编小组、婚姻家庭编小组和继承编小组。共五个起草小组,没有涉外民事关系法律适用编小组。如果已经决定民法典设涉外民事关系法律适用编,中国法学会就一定会成立相应的起草小组;如果已经决定民法典不设涉外民事关系法律适用编,前述说明中那段话,在继承编后面就不应该有"等"字。我的理解是,说明中那个"等"字暗示,民法典是否包含涉外民事关系法律适用编,还有待于全国人大常委会最终决定。

我先讲到这里,下面请同学们提问,利用这个机会我们一起讨论。

同学: 梁老师,您好。我的问题是关于《民法总则(草案)》的,刚才您也提到了《民法总则(草案)》中已经使用了"民事法律行为"这一新的术语,但是第二章仍然用了民事行为能力这一术语,是不是应该使用民事法律行为能力,而不是民事行为能力?使用民事法律行为这个术语之后,是不是会兼具了以前《民法通则》时期民事行为这个术语的弊端,同时也暴露了法律行为这个合法性矛盾争端。谢谢老师!

梁慧星: 谢谢这位同学,你提了非常重要的问题。民法总则起草过程中一个重要的争论就是法律行为概念之争,是沿用《民法通则》中的民事法律行为概念,还是用大陆法系国家和地区通用的法律行为概念。在 2015 年 9 月的专家讨论会上,绝大多数学者都主张与大陆法国家接轨,与民法原理接轨,就叫法律行为。但也有个别学者认为,《民法通则》创设民事法律行为概念是科学的,主张保留。当时的(内部)草案采用了法律行为概念,与民法原理以及其他国家和地区的立法接轨,但是遭到民法学界以外的法学者的抵制。理由很简单,他们认为法律行为是法学上通用的概念,不仅民法可以用,其他部门法也可以用,如果民法典规定采用法律行为概念,其他部门法就不能再用类似概念,例如行政法律行为、经济法律行为。所以,我们看到现在的草案采用民事法律行为概念。按照我的理解,立法机关是为了避免在个别概念上纠缠。

采用民事法律行为概念,似乎有点往后倒退,但是从实质上看,叫民事法律行为与叫法律行为并没有实质区别。按照民法原理,所谓法律行为,是指以意思表示为要素、以私权变动为目的的行为。第 112 条关于民事法律行为的定义是:"民事法律行为是指自然人、法人或者非法人组织通过意思表示设立、变更、终止民事权利和民事义务的行为。"不就是以意思表示为要素、以私权变动为目的的行为吗?可见,我们称之为民事法律行为,别人称之为法律行为,二者本质完全相同。

还要注意,《民法通则》不只发明了民事法律行为概念,还发明了民事行为概念。1985 年起草《民法通则》时,局限于当时中国法学教育和法学理论研究的水平,以及我们过去长期封闭、缺乏与外国交流的特殊背景,起草人误认为法律行为一定是合法有效的,不合法的、无效的、可撤销的行为都不能叫法律行为。于是发明了两个概念,用民事法律行为概念指称合法有效的行为,用民事行为指称不合法的、无效的、可撤销的行为。或者说,《民法通则》起草人首先发明了民事行为概念,然后在民事行为概念之下发明了民事法律行为概念。现在来看,《民法通则》起草人的认识有误。

所谓法律行为,是指以意思表示为要素,以民事权利义务的变动为目的的行为。不分有效或无效、合法或不合法、是否可撤销,都叫法律行为。现在的草案,虽然沿用了民事法律行为概念,却废弃了民事行为概念,凡属于以意思表示为要素,以民事权利义务变动为目的,不论其合法或不合法、有效或无效、是否可撤销,统称民事法律行为。其结果是,现在的民事法律行为概念,与德国民法、日本民法、韩国民法以及我国台湾地区"民法"中的法律行为概念是同一个概念。只是我们在法律行为概念前加了"民事"两个字,有表示它的存在范围的意思;其他国家和地区的法律行为概念前没有加"民事"两个字,但按照它们的习惯和理解,法律行为当然是"民事"上的概念。

举一个类似的例子,《物权法》中的建筑物区分所有权,前边加了"业主的"三个字。那么外国法中的建筑物区分所有权难道不是"业主的"? 可见,加上"业主的"和不加"业主的",其实没有区别,它们是同一个制度、同一个概念。同样,法律行为概念前加上"民事"两个字,是同一个法律概念在文字表述上的区别,是在我国特定的立法背景下产生的。请大家注意,法律概念的文字表述和法律概念本身是不一样的,理解任何法律概念一定要看它的定义,定义才决定概念。

补充一下,这位同学的问题是,草案既然采用"民事法律行为"概念,是否也应当将民事行为能力概念改称"民事法律行为能力"? 我的意见是不必要。我们叫民事权利能力、民事行为能力,实际上按照民法原理和立法例,叫"权利能力""行为能力"。民法上所谓"能力",是指一种法律资格。权利能力,指享有民事权利、负担民事义务的法律资格;行为能力,指按照自己的意思获取民事权利、负担民事义务的法律资格。此外,还有责任能力,是指能够独自承担民事责任的法律资格。它们都是民事(民法)上的法律概念,《民法通则》起草人在权利能力、行为能力概念前加上"民事"两个字,以表明其存在的范围罢了。我们的法律采用"法律行为"概念,或者采用"民事法律行为"概念,不影响我们对民事权利能力概念、民事行为能力概念的理解。应当认为,在我国特定历史条件、法律背景之下,采用"民事法律行为""民事权利能力""民事行为能力"概念,也具有某种合理性。

同学:梁老师,您好。我想问一个关于人格权保护的问题。第99条讲自然人的人身自由、人格尊严受法律保护。请问为什么不像我国台湾地区"民法"第18条更进一步规定,人格权受侵害时,得请求除去其侵害;有受侵害之虞时,得请求防止之,以排除过错责任的适用,强化对人格权的保护?

梁慧星:这位同学的问题比较细,讲的是第五章第99条,他的疑问是这个条文规定的是对自然人的人身自由、人格尊严的保护,为什么不反过来规定遭受侵犯时的保护措施。实际上是说一个条文的表述,是正面表述,还是反面表述。法律条文的表述,应特别注意其可操作性,亦即要求适用范围、构成要件、法律效果一定要明确具体。但民法上有些条文比较抽象,例如诚信原则、公平原则,条文表述就比较抽象。这类条文主要是宣示某个原则、某个判断标准。当然,这类条文也可以稍微具体一些,例如规定违背诚实信用原则的行为无效。

第99条规定:"自然人的人身自由、人格尊严受法律保护。"起草人是把这个条文作为一般人格权规定的。民法上有所谓的一般人格权和具体的人格权,第99条规定一般人格权,第100条列举规定具体的人格权。具体的人格权,就是特定的人格权类型,是人格权的类型化。人格权是自然人对自己的人格利益所享有的权利,人格权是列举不完的。因此就发明了一般人格权,作为一个兜底条款。遇到侵害人格利益的案件,如果不能纳入现行法明文规定的具体人格权类型,德国的办法是,发明一般人格权,就像一个筐子,遇到侵害人格利益的案件,如果不能归入具体人格权的类型,统统放入一般人格权这个筐里,用侵害一般人格权作为裁判依据。

举一个例子,四川曾发生过一起案件,在一起交通事故中,丈夫面部、嘴唇受到损害,于是他的妻子起诉到法院,诉由是加害人侵害了她的亲吻权。因为丈夫嘴唇受到损害,她享受不到一般女人所能享受的跟丈夫亲吻那样一种利益。这是一种人格利益,却无法归入具体的人格权类型。这种针对权利之外的利益受侵害提起的诉讼,法院在裁判时还要考虑很多判断因素,比如这个利益是否合法?合法的话是否应当保护?适不适宜用侵权法来保护?以亲吻权案为例,法官认为这是合法的人身利益似乎应该保护,但考虑到交通事故的受害人已经获得残疾赔偿金,另外再对其妻子所谓的亲吻权进行赔偿是否合理?如果赔偿亲吻权,会不会导致将来大量的人身损害案件受害人的配偶都这样起诉?因此,法官驳回了原告的请求。

这是发生在若干年前的案件,当时法律没有规定一般人格权,因此作为侵害人格利益案件处理。同样的案件,在《民法总则》生效后,就可以作为侵害一般人格权案件处理。结合亲吻权案件,我们可以看到,一般人格权受侵害是否都要追究侵权责任、都要判决给予赔偿,是否还有其他因素需要考虑?本条只是从正面规定一般人格权受法律保护,而没有从反面规定一般人格权受侵害应当追究侵权责任,是不是也有这样的考虑,即并非一般人格权受侵害都要追究侵权责任。现在从正面规定,只说一般人格权"受法律保护",这样规定比较灵活,由法官针对具体案情考虑应否保护和如何保护。

这位同学问,为什么不像我国台湾地区"民法"第18条的规定那样,更进一步规定,"人格权受侵害时,得请求除去其侵害;有受侵害之虞时,得请求防止之",以排除过错责任的适用?这里先介绍一下,我国台湾地区"民法"关于人格权的保护,分别规定在总则编和债编。总则编第18条规定"人格权受侵害之救济",第19条规定"姓名权受侵害之救济";债编第192条规定"侵害生命权之财产上损害赔偿",第193条规定"侵害身体健康权之财产上损害赔偿",第194条规定"侵害生命权之非财产上损害赔偿",第195条规定"侵害其他人格或身份法益之非财产上损害赔偿"。总共有6个条文,其立法特点是:(1)具体人格权类型太少,只有生命权、姓名权、身体健康权三种;(2)第18条相当于一般人格权的规定;(3)条文表述从反面规定人格权受侵害之救济方法。

我们的人格权保护立法模式的特点是,由民法总则(编)规定一般人格权和若干具体人格权类型,由侵权责任法(编)规定侵害人格权的救济,即侵害人格权的侵权责任。此外,还在总则编第八章第180条规定承担民事责任的主要方式,其中前三种民事责任方式为停止侵害、排除妨碍、消除危险,相当于我国台湾地区"民法"第18条第1款规定的

"请求除去"侵害和"请求防止"侵害。按照我国（大陆）民法理论和裁判实务，停止侵害（请求权）、排除妨碍（请求权）和消除危险（请求权），不以过错为要件，与我国台湾地区"民法"第18条规定的除去侵害、防止侵害不以过错为要件是相同的。

关于第99条，有人认为"人身自由"是具体的人格权，不是一般人格权，借这个机会谈一下我的看法。"人身自由"的含义非常广泛，例如，警察把一个小贩抓起来了，最后查清小贩是无辜的，公安机关要赔礼道歉、赔偿损失，因为侵害了公民的人身自由。学生不去上课，老师可以批评他甚至按照学校规定处分他，但不能派人强迫他去听课，因为那样做会侵害学生的人身自由。人身自由还包括迁徙自由，农民要到城里打工、到城里定居，不能限制他，这是他的人身自由（就业自由、居住自由、迁徙自由）。可见对人身自由很难下定义。

所谓自由，大体可以分为人身的自由和精神的自由。其中，精神自由包括思想自由、言论自由、信仰自由、学术自由、创作自由，等等，大都规定在宪法、公法之中；而人身自由，不是全部属于私法领域，如就业自由、居住自由、迁徙自由就属于公法。因为人身自由的范围不确定，不能把人身自由规定为一个具体的人格权类型。民法原理和立法例都不将人身自由作为具体的人格权类型。人身自由具有抽象人格权的属性，与公法上的基本人权存在联系。考虑到人身自由具有一般性和抽象性，第99条将人身自由与人格尊严作为一般人格权一并规定，是适当的。

同学：梁老师，我还有一点疑问，按照目前我国的法律，一个人的人格权受到侵害，请求权基础应该是《侵权责任法》第6条过错责任原则，而依据我国台湾地区"民法"第788条的规定，不问过错就可以要求排除侵害、消除影响、排除妨碍，我们为什么不规定无过错责任原则，以彰显对人格权的特殊保护？

梁慧星：第99条规定的一般人格权，只是给我们提供一个请求权基础，弥补具体人格权类型的不足。在受害人根据这个条文起诉之后，法院将按照《侵权责任法》的相应规定来处理。这位同学提到，侵害人格权要适用《侵权责任法》第 6 条过错责任原则,但是要注意,《侵权责任法》可能对于某些侵权案型规定了无过错责任或者过错推定,因此不能说侵害人格权案件都适用《侵权责任法》第 6 条过错责任原则。例如,交通事故致人死亡或者残疾,属于侵害人格权中的生命权或者侵害身体健康权,就不适用《侵权责任法》第 6 条过错责任原则,而应当按照《侵权责任法》第六章的规定追究无过错责任;再如,网络侵害人格权中的名誉权、肖像权、隐私权,应当适用《侵权责任法》第 36 条的规定,不以被告(网络用户、网络服务商)具有过错为条件。前面已经谈到,如果请求停止侵害、排除妨碍、消除危险,同样不以被告有过错为条件。《民法总则》通过后,将对现行《侵权责任法》进行修改、完善,作为民法典的侵权责任编,当然会仔细研究侵害人格权的哪些案型应当适用无过错责任,哪些案型应当适用过错责任,哪些案型应当适用过错推定? 现在还说不清楚。

补充一下,刚才提问中谈到我国台湾地区"民法"中关于停止侵害、消除危险的规定。我国台湾地区"民法"称为"除去侵害""防止侵害",总则编第 18 条规定为人格权受侵害的救济方法,属于侵权责任;物权编第 767 条规定为所有权受侵害的救济方法,称为所有人的物上请求权,第 962 条规定为占有受侵害的救济方法,称为占有人的物上请求权。债权编侵权行为部分没有关于"除去侵害""防止侵害"的规定。我国台湾地区"民法"上的"除去侵害""防止侵害",无论属于人格权侵害的救济方法,还是物上请求权,均不要求被告(加害人)有过错,这与我国(大陆)民法的规定是一致的。

同学:梁老师,您好。我想问的是,民事权利客体在民事法律中可以说非常重要,但是我看了《民法总则(草案)》全文,先是规定了基本原则,然后规定了民事主体,紧接着是民事权利,接下来是民事法律行为,没有详细规定民事权利客体这样一个概念,我想问一下为什么这样安排? 谢谢。

梁慧星:民法总则是否专设一章规定民事权利客体,是民法总则起草过程中另外一个重要争论。中国法学会的《民法总则(建议草案)》

有民事权利客体一章。2015年9月法工委召开的专家讨论会进行过讨论,讨论会上大多数人认为,很难全面列举规定权利客体,赞同立法机关不设权利客体一章。鉴于社会生活的复杂性,究竟可以对哪些东西享有权利,很难规定清楚。例如手机的"流量","流量"是什么东西?重要不重要,需不需要规定?一旦要在法律上予以规定,就必须先解决"流量"的权利归属,是属于物权还是属于债权?这些问题都难以决断。一方面,列举不全,另一方面,一旦要规定,很难判断属于什么权利。

另外,像人体分离的组织、细胞、血液、眼角膜、器官、精子、卵子、受精卵、胚胎,等等,这些东西重要不重要呢?当然重要。需不需要法律加以规定呢?当然需要。但是,应该怎么规定?将它们规定为权利客体,等同于民法上的物,与房屋、汽车、电脑、手机等并列,适当不适当?特别是受精卵、胚胎,是有生命的,不能简单地视为物。

所以说,关于应否专章规定权利客体,并不取决于重要性,关键在于立法技术上的难题,一旦要规定就要下定义,就要归类,许多东西归到哪一类都不合适。因此,决定民法总则不规定,由特别法加以规定,例如由关于器官移植、关于技术生育的法律法规去规定,就可以回避归类、定性的难题。另外,第五章民事权利已经规定了人格权、物权、债权、知识产权等权利,一旦规定了权利,客体也就在其中了。如果民事权利一章未涉及,可以由特别法规定,即使没有特别法规定也不要紧,还可以作为民事利益予以保护。《侵权责任法》第2条规定侵权法保护民事权利和民事利益,还有《合同法》上的违约责任也保护民事利益。

顺便谈到,草案第104条关于物权客体的规定,提到"虚拟财产",把虚拟财产作为物权的客体,这是沿用《物权法》把无线电频谱、空间作为物权客体的思路。现在的问题是,虚拟财产作为物权的客体,是否适当?空间、无线电频谱和虚拟财产有没有区别?第103条第2款规定,物权具有直接支配性和排他性。无线电频谱属于电磁波,是一种客观存在,可以通过仪器予以检测、区分、控制和利用。国家掌握无线电频谱资源,其中一些波段许可民商领域主体经营利用,一些波段许可军队专用。因此,无线电频谱是可以控制和支配的,符合作为物权客体的特定性、支配性和排他性。空间更不用说,我们购买的商品房,就是由墙壁和天花板围起来的空间,符合作为物权客体的条件。

虚拟财产是假想出来的,如手机、电脑游戏中的装备、钱币以及货币,现在还有"比特币"。这些东西存在于一个由参与者形成的关系(圈子)里,加入这个关系(圈子)的人承诺遵守预先拟定的合同(协议),按照合同(协议)的规定,认可、接受、交易该虚拟财产。无论是网络游戏中的虚拟财产还是"比特币",只在承诺遵守网络游戏、"比特币"的合同(协议)的参加者的关系(圈子)里,才被视为"财产"并互相交易;一旦超越其关系(圈子),不仅不被视为"财产",而且将归于"虚无"。它与我们存在手机银行、支付宝里的钱、手机上抢的"红包",是完全不同的,因为我们在某个银行开立有一个实名账户,并且在账户里存入了一定金额的钱。包括"比特币"在内的所谓虚拟财产,是虚拟的、假设的,不是客观存在,不符合作为物权客体的条件,建议从本条中删除。

2016年,在中日民商法研究会第十五届大会上,有三位日本教授的报告涉及虚拟财产(虚拟货币),特别提到东京地方法院[平成27年(2015年)8月5日]的一个判决,在这个判决中有这么一段话:作为所有权的客体,其一,须是有体物;其二,须具有排他支配的可能性;其三,须非人格性。本案中的虚拟货币,不符合有体物性,不具备排他支配的可能性,因此否定其作为所有权客体,否定其取回权。这个案件涉及取回权问题,经营"比特币"的公司破产,原告要求行使取回权。法院认定,"比特币"不是所有权的客体,原告不能依据所有权行使取回权,判决驳回原告的请求。东京地方法院的这个判决,值得我们参考。

补充一下,删除第104条中的"虚拟财产",并不等于说虚拟财产不受法律保护。虽然虚拟财产不能作为物权客体受《物权法》的保护,但可以作为"民事利益"用侵权责任或者违约责任予以保护。裁判实践中,一些地方法院就是将虚拟财产作为合法民事利益追究加害人的侵权责任或者违约责任的。

同学：梁老师，您好。我想问一下无因管理的规定。我国《民法通则》第93条规定了无因管理，现在的《民法总则（草案）》第106条有类似的规定，请问梁老师，我们的民法典会不会像我国台湾地区"民法"或者《德国民法典》那样把无因管理规定得细致些，具体如关于管理利益、管理费用或者管理损害会不会有一些具体的规定。另外，在无因管理中，如果本人拒绝返还管理费用或者管理人拒绝返还管理利益时产生的义务违反会不会导致一般民事意义上的责任？

梁慧星：《民法通则》第93条规定无因管理制度，立法目的就是鼓励人与人之间的互相帮助，但是条文比较简单，只是提供一个请求权基础。草案第106条几乎是《民法通则》第93条原文，"没有法定或者约定义务、为避免他人遭受损失进行管理或者服务"，这是构成要件；"有权请求受益人偿付由此而支付的必要费用"，这是法律后果。起草人认为，这样规定就可以了，不打算对构成要件和法律效果作进一步的详细规定。这与别的立法不同，正如提问中所说，我国台湾地区"民法"关于无因管理，有7个条文，规定得比较详细。本条只是一个原则性规定，只规定一个请求权基础，具体案件交给法院去解决。

在最高人民法院关于《民法通则》的司法解释中，对无因管理的解释，已经对条文所谓"必要费用"作了扩大解释。什么叫必要费用呢？就是你做这件事情会产生一定数额的费用，别人做这件事情也会产生同样数额的费用，就叫必要费用。但最高人民法院在解释"必要费用"的时候说，管理人因管理他人事务而遭受的损失，也属于"必要费用"。本来按照严格解释，"必要费用"不包括管理人遭受的损失，但是最高人民法院解释的时候，为了贯彻无因管理制度，鼓励、倡导人们互相帮助的立法目的，扩张了"必要费用"这个概念的文义。

另外，如果被管理人不主动支付必要费用怎么办？按照法律规定，被管理人不主动支付，管理人有权根据本条规定起诉，法院会依据本条规定判决他必须支付；如果他仍拒不支付，就申请强制执行判决。这种情形，能否认为必要费用的支付具有民事责任的性质？我现在认为不具有民事责任的性质,这个问题可以研究。

同学:我看了王泽鉴老师的著作,其中讲到,德国、日本及我国台湾地区"民法"都规定了失权期间,为什么在2015年年初中国法学会的专家建议稿之后,删除了这个规定?

梁慧星:除斥期间也就是失权期间。除斥期间,是形成权的有效期间,期满不行使权利,该权利就消灭。例如草案第131条规定撤销权的期间,就是除斥期间。除斥期间与失权期间实质上并无差别,只是表述不同。所以没有必要在除斥期间之外再加入一个失权期间。(张家勇教授补充:所谓失权期间的失权是诚实信用原则适用的结果,虽然它有描述时间经过的效果,但此期间不是一个确定的期间,实质上也并不是一个期间问题。)

顺便讲一个问题,就是哪些权利规定了存续期间。所有权有期间吗?没有。债权有期间吗?债权因履行而消灭,似乎不发生期间问题。至于债务的履行期限,与此所谓权利存在期间不同。除斥期间是针对形成权规定的,如果一个权利属于形成权,法律就应当设定一个权利存续期间。什么是形成权呢?例如撤销权、解除权,就是形成权。所谓形成权,是指仅依权利人单方面的意思,可以决定权利人与相对人之间的法律关系的发生、变更和消灭,这样的权利就叫形成权。为这样的权利规定的存续期间,就叫除斥期间。按照形成权的性质,它不应当永远存在。因为权利人单方面的意思就能决定对方权利的变更和消灭,这种状态如果一直存在,就会一直让相对人处在惶恐不安的状态,使法律秩序不能稳定,对方的利益也得不到保障。所以,对形成权一定要规定除斥期间。

但是法律规定难免会存在漏洞,遇到某一种权利属于形成权,但法律上没有规定除斥期间的情况,应当如何处理呢?按照诚实信用原则,这种没有期间限制的权利,长期存在必定损害相对人的合法利益,因此法院在裁判中发明了一个制度,叫作权利失效,也可以叫作权利过期。权利失效制度,是德国民法判例中发明的。某一种权利是形成权,但法律上没有规定除斥期间,法官不允许这样的权利长期存在,以免损害他人的利益,损害交易安全,在经过相当长的时间之后权利人要求行使权利,法官将根据诚实信用原则,判决不允许其行使权利,这就是权利失效。我国法院也有这样的判决。由于时间关系,不再细说,有兴趣的同学可以继续研究。

同学:梁老师,您好。《民法总则(草案)》第 7 条规定了民事主体从事民事活动应该保护环境、节约资源,促进人与自然和谐发展。《环境保护法》于 2015 年 1 月 1 日生效,对环境保护规定得比较全面,在此背景下,《民法总则(草案)》第 7 条有什么意义呢?

梁慧星:这是一个非常重要的问题。草案第 7 条规定,"民事主体从事民事活动,应当保护环境、节约资源,促进人与自然和谐发展",是不是一点意义没有呢?是有一定的意义的,至少宣示一种价值取向。但这样的内容不见得都要规定在民法典中。2016 年 8 月 24 日,中国法学会召开了法学家高端论坛,论坛的主题就是讨论民法典编纂,中国法学界的各个专业的权威学者基本上都出席了。我从网上看到清华大学张卫平教授在论坛上的发言。他说:我听了一整天的会,我发现大家的发言都有这样一个目的,就是尽量要"打进去、拉出来",或者要"安插卧底"。他用这样通俗性的表达,说明很多学者希望趁民法典编纂之机,把本专业的一些内容加入民法典,这叫"打进去",或者把本不属于民法的内容伪装一下,暗藏在民法典里面,这叫"卧底"。他说:唯有我们民诉法学界没有这样的想法,我们只希望民法典编纂注意与程序法的协调,我们只有这一个目的。

草案第 7 条规定的内容,实质上是《环境保护法》最基本的原则和基本原理,对于《环境保护法》具有非常重大的意义。规定在民法总则中当然不是一点意义没有,问题是在民法各项制度中如何贯彻、如何体现。因此,有人建议删除,有人建议保留。我的态度是保留也可,删除也可。立法过程中难免有各种理论、学说、意见、方案的冲突和博弈,难免有调和、有折中、有让步,不可能完全按照某个理论、学说,民法(私法)与公法的界限也不可能划分得非常清楚。立法中一定要避免出错,一旦出现了错误,很难纠正。存在立法漏洞、不完善,可以通过最高人民法院颁布的司法解释弥补,学者也可以提出自己的学理解释供法院参考。至于出现几条"无害条款"有什么要紧? 哪一部法律没有几条无害条款。回到这位同学的问题,我的回答是,第 7 条这种无害条款,保留也可以,删除也可以,虽然不会有什么作用,也不至于有什么害处。你还可以继续研究草案 186 个条文中还有没有其他无害条款。

同学:梁老师,您好。《民法总则(草案)》第 175 条规定的是委托代理,有学者提出代理权本身并不是来自委托,而是来自其他授权行为;委托代理产生代理,劳务、雇佣也产生代理,并不是委托才产生代理,而且委托作为一种负担行为,怎么能产生代理呢? 所以说,委托代理这一术语是不是值得商榷?

梁慧星:代理权的取得大多数情况下来源于被代理人的授权。被代理人把代理权授予代理人,至于授予代理权的方式,可能是委托书,或者其他方式,同时代理人也可以是基于某种法律关系获得代理权。例如商场里的售货员,老板并没有给他委托书,但是售货员上班的时候就有了代理权,下班离开工作岗位就没有代理权了。这种情况是基于劳动关系产生的代理权。再如公司、企业的总经理、业务经理、部门经理,都是基于他在公司、企业担任的职务获得的代理权。

另外一种代理叫作法定代理。例如,子女一出生,父母就是他们的法定代理人,父母的代理权直接来源于法律的规定。还有指定代理,按照失踪宣告制度,人民法院判决宣告某人失踪时,要为该失踪人指定一位财产代管人,财产代管人的代理权,既不是来源于法律规定,也不是来源于被代理人的委托授权,而是来源于法院的指定。理论上,以代理权的取得作为标准,可以将代理分为委托代理、法定代理、指定代理。

委托代理也可以称为授权代理,或者意定代理。委托代理的代理权来自被代理人的授权。被代理人的授权,如果采用书面形式,称为授权委托书。我在前面说过,要把概念的表述和概念本身分开,理解任何概念,不能仅凭该概念的文字表述,要根据法律定义。如果法律上没有定义,则要根据民法理论上的定义。

补充一下,为什么有的人不赞成"委托代理",可能是将委托代理之所谓"委托"与"委托合同"弄混了。在早期的民法理论中,曾经将授权代理与委托合同混为一谈。后来的民法理论注意到授权代理与委托合同的区别:它们是两种不同的法律关系。授权代理,多数情形是以委托合同为基础关系。例如,甲委托乙替自己在某个城市购买一套商品房,甲、乙之间有一个委托合同关系,甲再写一份授权委托书给乙,当乙替甲购买商品房时,须向开发商(出卖人)出示该授权委托书,然后乙在购房合同中应由买房人签字的位置,注明"代理人乙代签"字样。从这个例子可见,甲、乙之间的委托合同属于内部关系、基础关系;授权委托书,是甲、乙之间委托合同的外部关系,甲出具该授权委托书,其对象是开发商(出卖人)。按照代理法原理,所谓授权委托书,准确的名称是"授权行为"。授权行为分为明示与默示,出具一个授权书面文件(授权委托书、委托书)属于明示授权。前面举例,售货员上班站到售货柜台的位置,就拥有代理权,属于默示授权。

正如这位同学提问中所说,委托代理,代理权不是直接来自委托(合同),而是来自被代理人的授权行为。基于雇佣关系、劳动关系、聘用关系、单位内部组织关系等,都可能产生委托代理。并且委托合同并不一定发生代理。例如,甲委托乙在自己出国期间替自己照看住房,照看住房属于事实行为,无须与他人发生法律关系,因此无须对乙授予代理权。因为社会生活习惯,将授予代理权的书面文件称为授权委托书,或者委托书,于是民法通则将授权代理、意定代理称为"委托代理",只是文字表述的差别,我们将"委托代理"理解为区别于法定代理和指定代理的基于被代理人的明示或者默示授权所产生的代理就行了。谢谢你的提问。

今晚的讲座就到这里,谢谢大家。

对《中华人民共和国民法总则（草案）》的解读、评论和修改建议[*]

一、概述

民法总则立法工作正式启动后完成的重要草案，迄今有4个。

2015年9月14日至16日法工委召开民法总则草案专家讨论会，会上讨论了《民法总则草案（2015年8月28日民法室室内稿）》（以下简称"室内稿"），是法工委民法室内部的草案，不是法工委的正式草案。室内稿共160条，分为九章：第一章一般规定；第二章自然人；第三章法人；第四章其他组织；第五章法律行为；第六章代理；第七章民事权利的行使和保护；第八章期间与时效；第九章附则。

2016年2月，法工委向有关单位发送《民法总则草案（征求意见稿）》（以下简称"征求意见稿"）。该稿共158条，在室内稿基础上增加了第五章"民事权利"，变为十章：第一章一般规定；第二章自然人；第三章法人；第四章其他组织；第五章民事权利；第六章民事法律行为；第七章代理；第八章民事权利的行使和保护；第九章期间和时效；第十章附则。征求意见稿在室内稿基础上作了以下重要修改：（1）删除基本原则可适用性的规定（室内稿第10条）；（2）增设临时监护人（第27条第3款、第33条）；（3）删除监护权的中止（室内稿第28条）；（4）法人解散事由中删除目的完成或无法完成；（5）法人分类改采营利法人、非营利法人二分法；（6）将法律行为改为民事法律行为；（7）删除意思表

---

[*] 本文原载《华东政法大学学报》2016年第5期。

示撤销(室内稿第 100 条);(8)区分有相对人和无相对人的意思表示而定不同的解释规则(第 99 条);(9)无行为能力人所为法律行为无效规则中删除纯获利益行为有效之例外;(10)新增虚伪表示(第 103 条);(11)删除重大误解、欺诈、胁迫、显失公平、乘人之危的定义性规定;(12)修改第三人胁迫的效果;(13)增设撤销权的 5 年客观除斥期间;(14)删除代理人欠缺行为能力不影响代理行为效力的规定(室内稿第 124 条);(15)删除法定代理人转委托的规定(第 129 条)。

2016 年 5 月,法工委完成《民法总则草案(征求意见稿 2016 年 5 月 20 日修改稿)》(以下简称"征求意见稿修改稿")。该稿共 175 条,在征求意见稿的基础上将第九章"期间和时效"分解为两章,即第九章"诉讼时效和除斥期间"、第十章"期间的计算",将原第八章"民事权利的行使和保护"中的第 132 条、第 133 条、第 134 条删改后移入第一章"一般规定"(第 9 条、第 8 条、第 7 条),并将章名改为"民事责任"(第八章),变为十一章:第一章一般规定;第二章自然人;第三章法人;第四章其他组织;第五章民事权利;第六章民事法律行为;第七章代理;第八章民事责任;第九章诉讼时效和除斥期间;第十章期间的计算;第十一章附则。修改稿在征求意见稿的基础上进行了如下重要改动:(1)将自然人出生时间和死亡时间由"以户籍登记的时间为准",改为"以出生证明、死亡证明记载的相应时间为准"(第 15 条);(2)新增遗嘱监护(第 25 条第 3 款);(3)删除委托监护;(4)死亡宣告撤销时配偶未再婚的,其夫妻关系自撤销死亡宣告之日起自行恢复,增加"但是","任何一方不愿意自行恢复的除外"(第 45 条);(5)增加规定个体工商户无法区分个人经营和家庭经营的,债务以家庭财产承担(第 50 条第 1 款);(6)增加规定"法人的董事、理事等执行机构成员为清算义务人"(第 61 条第 2 款);(7)增加规定营利性法人超越经营范围的法律行为效力评价标准(第 71 条);(8)增加规定捐助法人的内部治理规则(第 82 条、第 83 条);(9)完善人格权规定,增加规定"人身自由、人格尊严受法律保护"(第 95 条),增加规定"身体权""婚姻自主权"等人格权类型(第 96 条);(10)将"不作为的默示"修改为"沉默"(第 112

条第2款);(11)删除意思表示瑕疵情形的法律行为变更权(第119条至第123条);(12)将乘人之危和显失公平合并(第123条);(13)规定恶意串通法律行为无效并完善其表述(第127条);(14)增加规定间接代理(第136条);(15)删除指定代理;(16)增加规定作为被代理人的法人、其他组织终止时的代理行为有效规则(第148条第2款);(17)将第九章章名改为"诉讼时效和除斥期间",并增加第十章规定"期间的计算";(18)增加规定赡养费、抚养费、扶养费请求权不适用诉讼时效[第164条第(三)项]。

2016年6月28日,第十二届全国人大常委会第二十一次会议初审《中华人民共和国民法总则(草案)》(以下简称"草案")之后,在中国人大网正式公布,向社会公众征求修改意见。草案共186条,在征求意见稿修改稿基础上加以增修,第四章章名改为"非法人组织",仍为十一章,即第一章一般规定;第二章自然人;第三章法人;第四章非法人组织;第五章民事权利;第六章民事法律行为;第七章代理;第八章民事责任;第九章诉讼时效和除斥期间;第十章期间的计算;第十一章附则。草案在征求意见稿修改稿基础上进行了如下重要改动:(1)将胎儿利益保护规定改为"涉及遗产继承、接受赠与等胎儿利益的保护,胎儿视为具有民事权利能力。但是,胎儿出生时未存活的,其民事权利能力自始不存在"。(2)"宣告"无行为能力、限制行为能力,改为"认定"无行为能力、限制行为能力(第23条)。(3)在具有监护资格的人范围前增设"依次"担任,明确监护人顺序(第26条、第27条)。(4)最后顺位的具有监护资格的人,由"关系密切的其他亲属、朋友"改为"其他愿意承担监护责任的个人或者有关组织"[第26条第2款第(三)项、第27条第(四)项],并从有监护资格的成年人监护人中删除"其他近亲属"。(5)失踪人财产代管人的范围由配偶、父母、成年子女和"关系密切的其他亲属、朋友"改为配偶、父母、成年子女和"其他愿意担任财产代管人的人"(第38条第1款)。(6)法人的条件中,删除"能够独立承担民事责任",另设一条规定:"法人以其全部财产独立承担民事责任。"(第56条)该条规定更为科学准确,因能够独立承担民事责任,系法人成立后的当然效果,而非法人成立的条件。(7)将法人一章中原先分散多处的法人设立依法须经批准的规定,统一规定于一款之中(第54条第3款),立法技术显有改进。(8)删除"营利性法人应当在登记的经营范围内从事经营活动"(原第71条第一句),与《公司法》等现行法保持一致。(9)删除原第73条:"公司应当保护职工的合法权益,参加社会保险,加强劳动保护,实现安全生产。"(10)捐助法人的目的由"公益目的或者其他非营利目的"(原第81条第1款)改为"公益目的"(第86条第1款)。(11)其他组织改为"非法人组织"。(12)知识产权的客体中删除"发现"(第108条)。(13)规定隐藏行为(第124条第2款)。(14)规定不适用表见代理的情形(第152条第2款),系恢复室内稿第132条第2款规定,但删除其中的"营业执照"一语。(15)在民事责任一章中增设按份责任、连带责任、修复生态环境、正当防卫、紧急避险的规定。(16)规定分期履行债务的诉讼时效起算(第168条)。

与此前各稿相比较,应当肯定草案在法律结构合理性、概念准确性、制度目的性、体系逻辑性及法律规范可操作性等方面确有很大进步。草案基本上体现了民法的时代精神和中国特色,但尚有进一步修改完善的余地。

二、关于一般规定

(一)调整对象

在一部法律中专设第一章规定本法最抽象的内容,如立法目的、调整对象、基本原则等,称为一般规定,这是中国的立法惯例。草案将第一章章名改为基本原则,尚不足以概括本章全部内容,仍以采用一般规定之章名为宜。第2条规定调整对象(亦即适用范围),是以《民法通则》的条文为依据,稍有改动。本条与《民法通则》第2条的差别在于,将"财产关系"和"人身关系"的顺序调换了。《民法通则》的规定是"财产关系和人身关系",现在的条文是"人身关系和财产关系"。这与若干年前民法学界关于民法调整对象的争论有关。因为有学者批评《民法通则》只重视财产关系、不重视人身关系,即所谓"重物轻人"。

笔者认为,民法典的编纂体例及条文安排,是按照逻辑关系,而不是按照重要性。因为逻辑关系是客观的,重要性是主观的、因人而异的。按照逻辑关系安排,有利于排除法官的任意性,以保障裁判的公正性和统一性。因此,虽然第 2 条将人身关系和财产关系的顺序颠倒过来了,但不能因此认为人身关系比财产关系更重要。顺便指出,本条规定的"人身关系",是指婚姻、家庭关系,亦即所谓"身份关系",不是所谓"人身权关系"。民法上本无所谓"人身权关系"或者"人格权关系"。

(二) 基本原则

第 3 条至第 8 条规定民法基本原则,即平等原则(第 3 条)、意思自治原则(第 4 条)、公平原则(第 5 条)、诚信原则(第 6 条)、保护环境原则(第 7 条)和公序良俗原则(第 8 条)。法律上明文规定基本原则,亦属于中国立法惯例。平等原则、意思自治原则、公平原则,属于民法的基础性原理,是不言自明的。这样规定的立法例很少。即使诚信原则,最初也只是债权法的原则,后来才逐渐被提升至民法基本原则的地位。中国民事立法明文规定民法基本原则,与中国曾经长期实行计划经济体制、缺乏民法思想、理论和制度传统有关。实行改革开放,发展社会主义市场经济,需要向全社会传播民法所赖以存在的平等、意思自治(合同自由)、公平、诚实信用等基础性原理和思想观念。同时,明文规定民法基本原则,也便于发挥民法基本原则的立法指导作用。

第 8 条关于公序良俗原则的规定,值得注意。《民法通则》本没有规定公序良俗原则,其第 7 条规定:"民事活动应当尊重社会公德,不得损害社会公共利益,扰乱社会经济秩序。"其中所谓"社会公德"和"社会公共利益",被学者和法官解释为民法理论所谓"公共秩序与善良风俗"。"社会公德"相当于"善良风俗","社会公共利益"相当于"公共秩序"。草案第 8 条反映了学术界和实务界的一致要求,放弃原来的"社会公德"和"社会公共利益"概念,采用大陆法系民法通用的公共秩序和善良风俗概念,明文规定公序良俗原则,具有重大的理论意义和实践意义。

公序良俗与诚信原则性质相同,均属于将某种道德标准上升为法律规则,公序良俗属于家庭生活关系中的道德标准,诚实信用属于经济生活关系领域。两者的目的和功能均在于补充法律规定的不足,只在没有法律规定可资遵循的情形,才有两者发挥作用的余地。无论在规定公序良俗原则的条文中添加"应当遵守法律",还是在规定诚信原则的条文中添加"应当遵守法律",都将造成逻辑矛盾和理解适用的混淆。因此,建议将公序良俗原则条文中的"应当遵守法律"一句删去。

草案第6条第2款规定:"民事主体从事民事活动,应当自觉维护交易安全。"室内稿和征求意见稿并无此规定,系征求意见稿修改稿新增。建议删除本款,理由是:《民法总则》将作为民法典的总则编,不仅适用于民法典的财产关系法(物权法、合同法和侵权责任法)部分,而且适用于民法典的人身关系法(婚姻家庭法和继承法)部分,条文所谓"民事活动"绝不限于市场交易活动,如买卖、租赁、抵押等,还包括与市场交易无关的自然人之间的无偿借贷、赠与、遗赠、遗赠扶养、结婚、离婚、收养、抚养、赡养、监护等,显而易见,不能要求从事与市场交易无关的民事活动的民事主体"自觉维护交易安全"。且所谓"交易安全",是民法理论用来进行立法政策考量的一项"判断基准"(价值取向),是立法机关创设多项法律制度,例如,不动产登记公信力、善意取得、表见代理、法定代表人越权行为等的立法目的和政策依据,而不是用以拘束民事主体的义务规范。所谓"交易安全"属于不确定概念,没有明确的内涵和外延。什么是"交易安全"?什么叫"自觉维护"?很难判断,是故在发达国家和地区民法典立法例上,找不到将"自觉维护交易安全"规定为民法基本原则或者民事主体一般义务的先例。

(三)民法法源和法律适用

草案第10条规定:"处理民事纠纷,应当依照法律规定;法律没有规定的,可以适用习惯,但是不得违背公序良俗。"这是一个十分重要的条文,是关于民法法源的规定。按照民法原理和立法例,民法法源分为三个层次:第一层次是"法律规定";第二层次是"习惯";第三层次是"法理"。所谓"法理",指公认的民法原理。值得注意的是,本条关于民法法源的规定,只规定了第一层次"法律规定"和第二层次"习惯",

没有规定第三层次"法理"。

草案第 10 条不规定"法理"作为第三层次的民法法源,有其理由。按照中国国情,在法律规定和习惯之外还有最高人民法院制定的各种司法解释。最高人民法院司法解释被认为具有相当于法律规定的效力,可以作为裁判案件的依据。最高人民法院司法解释多数情形是针对现行法律规定如何理解、解释、适用所进行的解释,针对没有法律规定的案型,创设裁判规则,以弥补法律规定不足的司法解释也不少。例如,最高人民法院《关于适用〈中华人民共和国合同法〉若干问题的解释(二)》第 26 条,创设情事变更规则;最高人民法院《关于审理买卖合同纠纷案件适用法律问题的解释》第 2 条创设预约合同规则、第 3 条创设买卖合同特别效力规则,即其著例。此外,最高人民法院近年还推行指导性案例制度,所发布的指导性案例亦可作为法官裁判案件的依据。

质言之,按照我国国情,法官裁判既没有法律规定也没有相应习惯的案件,还要看最高人民法院针对本类案型是否有司法解释规则,是否有相应的指导性案例,可资引为裁判依据,并不像立法例和传统民法理论那样,直接适用法理。如果照搬立法例和传统民法理论,明文规定法理作为第三层次的法源,则最高人民法院司法解释和指导性案例将被排斥于民法法源之外,这显然是不适当的。是否可以将最高人民法院司法解释、指导性案例和法理,都明文规定为民法法源,还有待于理论的深入研究和实践经验的观察。此外,考虑到我国法官队伍人数众多而素质参差不齐,如果法律明文规定"可以适用法理",难免导致"法理滥用",损及司法公正性和统一性的风险。至于立法虽未明文规定"可以适用法理",并不排除法官于裁判既没有法律规定和习惯也没有相应的司法解释和指导性案例的案件时,可以参考"公认的法理",自不待言。

草案第 11 条规定:"其他法律对民事关系另有特别规定的,依照其规定。"本条规定了特别法优先适用原则。对于特别法优先适用原则本身,并无解释的必要。有必要说明的是,何者为一般法(基本法),何者为特别法,在《民法总则》生效之前和生效之后,是有差别的。《民法总则》通过并生效之前,现行民事立法是以《民法通则》及若干民事单行法构成的体系。其中,《民法通则》是一般法(基本法),《合同法》《物权法》《侵权责任法》等民事单行法属于特别法。法官裁判案件,发现《民法通则》和民事单行法(《合同法》《物权法》《侵权责任法》)对于本案均有规定,而二者规定不同时,根据特别法优先适用原则,应当适用民事单行法(《合同法》《物权法》《侵权责任法》)的规定,而不适用《民法通则》的规定。

但在《民法总则》通过并生效之后,民事立法是以民法总则作为民法典的总则编,合同法、物权法、侵权责任法、继承法、婚姻家庭法(婚姻法、收养法)等民事单行法将作为民法典的分则,经过适当立法程序编纂为一部完整的民法典。民法总则与合同法、物权法、侵权责任法、继承法和婚姻家庭法之间不发生一般法(基本法)与特别法的关系,它们都属于作为一般法(基本法)的民法典的构成部分。有鉴于此,一旦《民法总则》通过并生效,法官审理案件时发现民法总则与民法典构成部分(如合同法)有不同规定时,就不能根据特别法优先适用原则,而应当根据新法废改旧法的原则,适用民法总则的规定,而不适用属于民法典分则的合同法的规定。

质言之,草案第 11 条规定的特别法优先适用原则,其条文中的"其他法律"一语,不包括合同法、物权法、侵权责任法、继承法、婚姻家庭法,而是指将置于民法典之外的公司法、票据法、海商法、保险法、证券法、著作权法、专利法、商标法等民(商)事单行法。这些民(商)事单行法属于特别法,民法总则及合同法、物权法、侵权责任法、继承法、婚姻家庭法(虽然还没有编纂成一部完整的民法典)则属于一般法(基本法)。这一点具有特别重大的意义。

草案第 12 条规定:"在中华人民共和国领域内的民事活动,适用中华人民共和国法律,中华人民共和国法律另有规定的除外。"这是关于民法地域效力规则的规定。条文中的"法律另有规定",是指现行《涉外民事关系法律适用法》。值得注意的是,有的国际私法学者不赞成民法总则规定民法的地域效力规则,认为《民法通则》既然规定第八章涉外民事关系的法律适用,就不应该再规定第 8 条地域效力规则。实际是没有正确理解《民法通则》第 8 条与第八章之间的逻辑关系。

《民法通则》第 8 条属于民法地域效力规则的原则规定,第八章属于民法地域效力规则的特别规则(即第 8 条"但书"所谓"法律另有规定")。二者之间不发生"提取公因式"问题,不构成总则与分则的关系。以《民法通则》第八章为基础制定的、2010 年颁布的《涉外民事关系法律适用法》第 2 条规定,"涉外民事关系适用的法律,依照本法确定",这就明确了《涉外民事关系法律适用法》与《民法通则》第 8 条的关系:《民法通则》第 8 条是关于民法地域效力的原则规定,《涉外民事关系法律适用法》是关于民法地域效力的特别规则。凡涉外民事关系,应当适用依照涉外民事关系法律适用法所确定的法律(可能是外国法、中国法、国际公约),涉外民事关系之外的民事关系,则应当适用中国法。无论是现行《涉外民事关系法律适用法》将来编入民法典作为民法典的一编,还是在其基础上制定独立于民法典的中国国际私法法典,均不改变其属于民法地域效力规则之特别法的性质,均不妨碍民法总则规定民法地域效力的原则规定。

需注意,本章遗漏了关于中国缔结或者参加的国际条约的规定。建议保留《民法通则》第 142 条第 2 款适用国际条约的规定和第 3 款适用国际惯例的规定。

理由:现行《民法通则》第 142 条第 2 款及第 3 款规定:"中华人民共和国缔结或者参加的国际条约同中华人民共和国的民事法律有不同规定的,适用国际条约的规定,但中华人民共和国声明保留的条款除外。中华人民共和国法律和中华人民共和国缔结或者参加的国际条约没有规定的,可以适用国际惯例。"按照《民法通则》第 142 条第 2 款的规定,我国缔结或者参加的国际条约,除声明保留的条款之外,是我国现行法之一部分。其适用规则是,如国际条约的规定与我国民事法律的规定不同,则应适用该国际条约的规定;如国际条约的规定与我国民事法律的规定相同,则应适用民事法律的规定。按照《民法通则》第 142 条第 3 款的规定,如果我国现行法律和我国缔结或者参加的国际条约都没有规定,可以适用有关国际惯例。

《民法通则》起草人将上述规则放在规定涉外民事关系的法律适用的第八章,是基于上述规则的适用对象为"涉外民事关系",但其性质并不属于狭义的国际私法(冲突法)。因此,2010年在《民法通则》第八章基础上制定的《涉外民事关系法律适用法》未作相应规定。显而易见,《涉外民事关系法律适用法》的起草人认为《民法通则》第142条第2款及第3款性质上属于民法实体法,而不属于冲突法。《涉外民事关系法律适用法》生效后,《民法通则》第八章第142条第2款及第3款依然有效存在,而除此之外的该章其他条文均被废止。

现在制定《民法总则》及将来编纂民法典,如何处理(安排)现行《民法通则》第142条第2款及第3款关于国际条约和国际惯例的规定?有两个方案可供选择。方案一:第142条第2款及第3款不变,在前面增加表述适用对象的文句,安排在民法总则第一章末尾,作为第13条:"中华人民共和国缔结或者参加的国际条约同中华人民共和国的民事法律有不同规定的,适用国际条约的规定,但中华人民共和国声明保留的条款除外。"(第1款)"中华人民共和国法律和中华人民共和国缔结或者参加的国际条约没有规定的,可以适用国际惯例。"(第2款)这样安排,坚持了《涉外民事关系法律适用法》起草人认为上述规则性质上不属于冲突法(狭义的国际私法)的立场。方案二:《民法总则》不作相应规定,而将《民法通则》第142条第2款及第3款留待将来编纂民法典时,纳入涉外民事关系法律适用编(第七编),规定在该编第一章"一般规定"中。这样安排,着眼于上述规则的适用对象为涉外民事关系,而不计较其究竟属于实体法规则还是冲突法规则,并修正了现行《涉外民事关系法律适用法》限于冲突法(狭义的国际私法)的立场。

应当认为上述两个方案都是可行的。草案未作相应规定,显然是采纳了第二个方案。但需特别注意的是:在《民法总则》生效(未规定国际条约和国际惯例的适用规则)之后,民法典编纂(将要规定国际条约和国际惯例的适用规则)完成并生效之前这一期间,我国是否仍将适用缔结或者参加的国际条约以及某种条件下适用国际惯例,就将处于不确定状态。在我国国际地位、影响力和话语权日益提升,中国作为负责任的大国,正积极参与各种国际规则(条约和惯例)的制定和修改的当下,尤其要避免出现上述"不确定状态",绝对不能容许引发国际社会对于中国适用国际条约和国际惯例一贯立场的"猜疑",损害中国作为一个负责任大国的声誉和形象。有鉴于此,特建议民法总则改采第一个方案(将来编纂民法典时仍可将上述条文从民法总则编移入涉外民事关系法律适用编)。

三、关于自然人制度

(一) 胎儿利益保护

本章是在《民法通则》第二章规定基础上制定的,其中最重要的一个改动,是创设胎儿利益特别保护制度。按照传统民法理论,胎儿属于母亲身体之一部分,因此在出生之前遭受侵害,不能作为民事主体享有损害赔偿请求权。《民法通则》严格贯彻传统理论,未设置保护胎儿利益的特别规则,仅有《继承法》第28条规定分割遗产时应为胎儿预留份额的规定,对胎儿利益的保护非常不利。学界一致认为属于立法漏洞。实务界已经有认可胎儿损害赔偿请求权的案例。起草人接受学术界和实务界的建议,创设胎儿利益特别保护规则,规定在第16条:"涉及遗产继承、接受赠与等胎儿利益的保护,胎儿视为具有民事权利能力。但是,胎儿出生时未存活的,其民事权利能力自始不存在。"

条文中的"视为"一语,为民法技术性概念,其含义是,胎儿因为未出生、属于母亲身体之一部分,按照自然人的权利能力始于出生的规定(第13条),本不具有民事权利能力,但基于保护胎儿利益的法律目的,将胎儿当作具有民事权利能力的民事主体对待。换言之,胎儿因未出生,还不算一个民事主体(自然人),为了实现保护胎儿利益的法律目的,本法把胎儿当作已出生的自然人对待,使之具有民事权利能力。这样规定的结果,如果胎儿在母亲怀孕期间遭受侵害,就可以行使损害赔偿请求权,向法院提起人身伤害的侵权之诉;如果在出生之前父亲死亡,胎儿可以享有继承权,作为第一顺序继承人参与遗产分配,或者在继承权受侵害时,向法院提起侵害继承权的侵权之诉。如果胎儿死产,因为胎儿利益保护的法律目的落空,因此视为其自始不具有民事权利能力。胎儿视为具有民事权利能力这个制度非常重要,创设此项制度,体现了我国民法对生命高度尊重的人道主义精神。

(二)行为能力

本章另一个重大变动是把无行为能力与限制行为能力的界限,由《民法通则》规定的"十周岁"改为"六周岁"。因为随着社会的发展进步,未成年人从上小学开始就要参加很多民事活动,需要实施各种各样的民事法律行为,例如,乘坐公交,购买各种文具、玩具和生活用品等。按照原来的规定,10周岁之前为无行为能力人,进行这些民事活动必须由法定代理人代理。这既不可能也不合理。

学界和实务界一致认为,将10周岁作为限制行为能力起点是不适当的。学者建议的修改方案有两个:一是维持行为能力的"三分法",只是将具有限制行为能力的年龄适当降低;二是把民事行为能力的"三分法"改为"两分法",只规定完全行为能力和限制行为能力,成年人具有完全行为能力、未成年人具有限制行为能力。从现在的草案看,立法机关采纳的是第一个方案,其优点是对原制度变更不大,会比较稳妥。这一方案也有缺点,不满6周岁的孩子参与民事活动也很常见,日常生活中购买简单文具、生活用品,难道都要求法定代理人代理,否则认定为无效?如果采纳"两分法",不仅符合民法发展的最新趋势,这些难题也能迎刃而解。

(三)成年监护

值得注意的是,在监护制度这一节中,取消了精神病人的概念,并新创成年监护制度。中国老龄化问题日益突出,不仅带来所谓"人口红利"消退,而且带来很多社会问题。例如,新闻媒体上经常报道的电话诈骗,上当的大多是老年人。因为老年人随着年龄的增长往往智力衰退,难以判断真假,容易上当受骗。此外,老年人往往难以照管自己的财产,生活需要人照顾,医疗、保健等问题需要有人帮助其决策。发达国家和地区的立法经验是创立成年监护制度,为智力等有障碍的成年人设置监护人,由监护人来照顾其生活,管理其财产,帮助理财及决定看病、住院、手术、疗养等重大事项,并充当代理人。成年监护制度规定在草案第27条至第31条。另在第33条第3款规定成年监护的基本原则:"成年人的监护人履行监护职责,应当最大程度地尊重被监护人的意愿,保障并协助被监护人独立实施与其智力、精神健康状况相适应的民事法律行为。"成年监护人履行监护职责,必须严格遵循此项基本原则。此项基本原则体现了成年监护制度的立法目的及其与未成年人监护制度的区别。草案第31条规定:"具有完全民事行为能力的成年人,可以与近亲属、其他愿意承担监护责任的个人或者有关组织事先协商,以书面形式确定自己的监护人。监护人在该成年人丧失或者部分丧失民事行为能力时,承担监护责任。"这是成年监护制度所特有的监护人决定方式,称为意定监护。也即成年人可以在自己智力正常的时候,预先选定自己信得过的亲人、友人或者社会保障机构作为自己的监护人,待自己将来年老智力衰退时,由自己选定的人担任监护人。意定监护的特别重大意义在于,由成年人预先选定自己信赖的亲友和机构担任监护人,更有利于对被监护人利益的保护,切实贯彻成年监护制度的法律目的,当然也可以减轻人民法院指定监护人的工作量。应当指出,本条在制度设计和文字表述上稍嫌粗糙,有必要进一步斟酌完善。例如,协商确定自己的监护人,属于特别重大的民事法律行为,应当规定必须订立书面协议,并经公证生效。鉴于社会生活的复杂性,当初认为值得信赖的人,在经过若干时间之后可能被认为不可信赖,应当允许指定人在自己智力正常时撤销该协议,另外被选定监护人或者被指定人已经智力衰退的,由其他亲友或者社会保障机构请求人民法院撤销该协议,并另行指定监护人。

(四)本章修改建议

此外,对"自然人"一章还有以下几点修改建议:

(1)第24条关于自然人住所的规定,不属于本节"民事权利能力和民事行为能力"的内容。建议另设一节,作为本章第五节"住所",移入本条,并增加一条:"在中华人民共和国领域内无户籍登记的,其经常居所视为住所。"

(2)建议删除第35条关于恢复监护人资格的规定。

理由:按照第34条的规定,撤销监护人资格有严格的条件和程序,无论依据严重损害被监护人身心健康,或者怠于履行监护职责,或者其他严重侵害被监护人合法权益的情形,撤销监护人资格,并且指定了"最有利于被监护人的"新监护人,被打乱的监护秩序已经恢复,不宜仅仅因"确有悔改"即恢复原监护人的监护资格,并终止新监护人的监护资格,再次打乱好不容易恢复的监护秩序。并且,所谓"确有悔改"极难通过证据认定,终止新的监护人的监护资格,亦必然挑起矛盾冲突。可见创设此项"监护资格恢复制度"风险极大。按照生活经验,被人民法院依法撤销监护人资格后,确有悔改表现有必要恢复其监护人资格的,应当属于极特殊的个案,针对生活中的特殊个案创设一项新的制度,在立法政策上失之偏颇。建议删去。

(3)建议恢复征求意见稿第33条关于先行中止监护和设置临时监护人的规定,作为本法第35条。

理由:撤销监护之诉,必耗费相当长的时间,有必要规定法院中止监护的权限以及临时监护的设置,以防止诉讼期间原监护人继续损害被监护人权益。

建议条文:"人民法院撤销监护人资格之前,可以视情况先行中止其履行监护职责,由被监护人住所地的居民委员会、村民委员会、法律规定的有关组织或者民政部门担任临时监护人。"

(4)建议第43条增加人民检察院提出死亡宣告申请的规定,作为该条第2款。

理由:宣告死亡的目的在于保护长期下落不明的自然人的利害关系人的合法利益,并消除因自然人下落不明所造成的民事法律关系的不确定状态。多数国家和地区立法例,均规定唯有失踪人的利害关系人才能申请宣告失踪人死亡,而未考虑国家公权力之直接介入。但考虑到自然人长期下落不明而不能宣告其死亡,与其有关的民事法律关系将一直处于不确定状态。例如,遗产不能依法继承,身份关系不能消灭,债权债务关系不能了结,对于社会经济法律秩序之维护殊为不利。且自改革开放以来,已经发生利害关系人出于侵占下落不明的自然人的财产、损害其他利害关系人合法权益,以及冒领其退休金、养老金、补助金等违法目的,故意不提出死亡宣告申请的社会问题,因此建议采纳《意大利民法典》(第62条第2款)和我国台湾地区"民法"(第8条第1款)的经验,增设本款规定由人民检察院依职权提出死亡宣告申请。

建议条文:"下落不明的自然人无利害关系人或者利害关系人不申请宣告死亡的,由当地人民检察院申请宣告死亡。"

四、关于法人制度

(一)法人分类

关于第三章法人,争论集中在法人的分类上。民法传统的分类,是以法人本质的不同分为社团法人与财团法人。作为法人基础的组织体分为两种:其一,人结合而成的组织体,如公司、社会团体,称为社团;其二,财产的结合体,如基金会、寺庙等宗教场所,称为财团。前者称为社团法人,后者称为财团法人。民法教科书和立法例通常采取社团法人与财团法人的分类。但我国《民法通则》没有采取社团法人与财团法人的分类,而采取了另一种分类法,将法人区分为企业法人与非企业法人,非企业法人再分为机关法人、事业单位法人和社会团体法人。就法人的目的而言,企业法人属于营利性法人,非企业法人属于非营利性法人。

关于民法总则应如何处理法人的分类,学者建议两种方案:一是严格遵循大陆法系民法传统理论,分为社团法人与财团法人,社团法人属于非营利性法人,社团法人内部再分为营利性社团法人与公益性社团法人;二是以《民法通则》关于企业法人与非企业法人的分类为基础,突出法人目的之属于营利性与非营利性,将企业法人改称营利性法人,将非企业法人改称非营利性法人。

值得注意的是,此前的室内稿采纳前一种方案,分为社团法人(第三节)、财团法人(第四节)。因为机关和事业单位既不是社团也不是财团,无法纳入社团法人与财团法人的分类,故另外规定机关和事业单位法人(第二节)。实则机关和事业单位属于社团、财团之外的第三种组织体,其与社团同属于人结合而成的组织体,区别在于,机关和事业单位没有成员(股东、会员),故无法纳入社团概念。此外,我国《公司法》上的一人公司,也不符合社团的概念。

这里补充说明,传统民法理论依法人的目的,将法人分为营利性法人与公益性法人。后来发现两者之间有一个中间地带,即既不以营利为目的又不符合公益目的的中间法人。民法上的营利性和公益性概念,有其严格的定义。所谓营利性,不等同于赚钱,将所赚的钱分配给法人的成员(股东),属于法律所谓的营利性。将所赚的钱用于发展法人目的事业,并不分配给法人的成员(会员),不属于法律所谓的营利性。例如,一些学会、协会也有收益(办培训班的收费),但只能用于发展目的事业,并不分配给自己的会员,因此不属于营利性法人。所谓公益性之"公益",是指社会公共利益,即社会一般人都能够享受的利益。例如,学校、医院、博物馆等属于公益性法人。一些组织体,虽然不以营利为目的,却也不是以社会公共利益为目的,如各种俱乐部,称为中间法人。日本在20世纪80年代曾经制定《中间法人法》,后来废弃。现今民法立法和理论的发展趋势,只以是否营利作为标准,将法人分为营利性法人与非营利性法人。

显而易见,立法机关注意到室内稿采社团法人与财团法人分类的缺点,注意到民法立法和理论的发展趋势,故自征求意见稿始至草案,放弃社团法人与财团法人的分类法,改采学者建议的另一种方案,即依法人目的之是否营利,分为营利性法人(第二节)与非营利性法人(第三节);非营利性法人内部,再分为事业单位法人、社会团体法人、捐助法人和机关法人。将法人区分为营利性法人与非营利性法人,消除了既非营利性也不符合公益性的中间法人,符合民法立法和理论发展的趋势,能够与《民法通则》的分类相互衔接,有利于保持法律制度的稳定,值得赞同。

(二)法定代表人制度的完善

在法人这一章,还有一个重大改动值得注意,即对法定代表人制度的完善。草案第57条规定:"依照法律或者法人章程规定,代表法人从事民事活动的负责人,为法人的法定代表人。"(第1款)"法定代表人以法人名义从事的民事活动,其法律后果由法人承受。"(第2款)"法人的章程或者权力机构对法定代表人的代表权范围的限制,不得对抗善意第三人。"(第3款)第1款规定谁是法人的法定代表人,几乎是《民法通则》第38条的原文。第2款及第3款是新增的,具有特别重大的理论意义和实践意义。下面稍作分析。

第2款规定:"法定代表人以法人名义从事的民事活动,其法律后果由法人承受。"按照法人组织体说,法定代表人和法人是一个主体,法定代表人是法人的代表机关,法定代表人的行为就是法人自己的行为,法定代表人以法人名义实施民事法律行为,其后果(所产生的权利义务和责任)应当由法人承担。这一款的意义有两点:其一,表明我国民事立法采纳法人组织体说;其二,表明我国民事立法规定法定代表人的权限性质为代表权,这就为接下来规定法定代表人的越权行为的效力奠定了理论根据。

第3款规定:"法人的章程或者权力机构对法定代表人的代表权范围的限制,不得对抗善意第三人。"这一款明文规定法定代表人的越权行为的法律效力,具有重大的理论意义和实践意义。关于法定代表人越权行为的效力,取决于对法定代表人权限范围限制的性质。民法解释论上曾经有法人权利能力限制说、法人行为能力限制说与法定代表人之代表权限制说。按照法人权利能力限制说,法定代表人的越权行为属于绝对无效;按照法人行为能力限制说,法定代表人的越权行为属于相对无效;按照法定代表人之代表权限制说,法定代表人的越权行为属于有效,但不得对抗善意第三人。其中,代表权限制说为现今民商法学界之通说。第3款明文规定采法定代表人之代表权限制说,有利于在社会主义市场经济条件下交易安全与交易公平两项价值之兼顾。

顺便指出,因《民法通则》未对法定代表人越权行为的效力进行规定,为弥补这一立法漏洞,不得已在《合同法》制定过程中参考代理制度中的表见代理规则,创设第 50 条越权行为效力规则,称为"表见代表"。因此,法院审理公司法定代表人超越权限订立合同(如担保合同)纠纷案件时,须依据《合同法》第 50 条表见代表规则进行裁判。在本法生效之后,人民法院审理同类案件,就应当适用本法第 57 条第 3 款关于法定代表人的越权行为规则,而不再适用《合同法》第 50 条表见代表规则。在将《合同法》编纂为民法典的合同编时,可以考虑删除第 50 条表见代表规则。

(三)超越经营范围法律行为的效力规则

草案第 77 条规定:"营利性法人超越登记的经营范围从事经营活动的,依法承担相应的责任,但是除违反法律、行政法规的效力性强制性规定外,民事法律行为有效。"此项规则,是将最高人民法院《关于适用〈中华人民共和国合同法〉若干问题的解释(一)》第 10 条规定的"当事人超越经营范围订立合同,人民法院不因此认定合同无效。但违反国家限制经营、特许经营以及法律、行政法规禁止经营规定的除外",提升为法律明文规定,具有重要理论和实践意义。本条在表述上尚待斟酌,因无论是否超越经营范围,法律行为都可能因其他原因而无效。建议后半句改为"但是除违反法律、行政法规的效力性强制性规定外,不影响民事法律行为的效力"。此外,非营利性法人超越创办宗旨或业务范围所为法律行为的效力问题,草案亦应予以明确。

(四)关于法人及非法人组织制度的修改建议

(1)建议删除第 61 条中的"信赖登记的"一语。第 61 条规定:"法人的实际情况与其登记的事项不一致的,不得对抗信赖登记的善意第三人。"理由:民法善意第三人概念,即已含有信赖登记(或其他表象)之意。所谓"善意第三人",指信赖登记簿的记载、不知该记载与实际状况不符的第三人。如现行《物权法》第 106 条关于善意取得的规定,并未额外规定"信赖登记"。添加"信赖登记"字样,易使人误解为除善意之外另有信赖要件,进而要求第三人证明自己信赖登记,不利于对善意第三人的保护,与立法目的不符。

（2）建议删除第 78 条："营利性法人从事经营活动,必须遵守法律、行政法规,遵守社会公德、商业道德,诚实信用,接受政府和社会公众的监督,承担社会责任。"理由：本条规定的内容与第 6 条诚信原则、第 8 条遵守法律和公序良俗原则重复。按照民法原理,所谓诚实信用,即是市场经济的道德标准,遵守诚信原则,与遵守商业道德同其意义。经济学和商事法学所倡导的企业承担社会责任,乃是提倡公司、企业于履行法定义务之外,出资赞助救灾、环保、济贫等慈善事业。所谓"社会责任",与受国家强制力保障的法律义务性质不同,不应在民法上规定。法人的活动均应守法,不独营利性法人为然,也不独经营活动为然。这些内容勉强纳入民法总则,不具有行为规范和裁判规范的意义、功能,缺乏实益,徒增混淆,建议删去。

（3）建议恢复室内稿关于营利性法人决议无效及撤销的规定（第 79 条）,将文字稍作修改,作为本法第 78 条,并相应增加关于捐助法人决议无效及撤销的规定。理由：鉴于第 88 条第 2 款已恢复室内稿关于捐助法人决议撤销的规定,理当相应恢复关于营利性法人决议撤销的规定。建议条文：第 78 条："营利性法人的权力机构或者执行机构的决议内容违反法律、行政法规的效力性强制性规定的,该决议无效。"（第 1 款）"营利性法人的权力机构或者执行机构的决议程序违反法律、行政法规的强制性规定或者法人章程规定,或者决议内容违反法人章程规定的,相关成员可以请求人民法院撤销。相关成员自知道或者应当知道决议之日起三个月内或者自决议作出之日起一年内未行使撤销权的,其撤销权消灭。"（第 2 款）

同时,亦应相应地规定捐助法人决议内容违反效力性强制性规定的无效。建议条文："捐助法人的决策机构、执行机构或者其法定代表人作出的决议、决定内容违反法律、行政法规的效力性强制性规定的,该决议、决定无效。"（第 1 款）"捐助法人的决策机构、执行机构或者其法定代表人作出的决议、决定程序违反法律、行政法规的强制性规定或者捐助法人章程规定,或者决议内容违反捐助法人章程规定的,捐助人等利害关系人或者主管机关可以请求人民法院予以撤销。"（第 2 款）

（4）关于第四章非法人组织，在第 91 条第 2 款中，建议删除"营利性法人或者非营利性法人依法设立的分支机构"。理由：法人分支机构的设立、行为名义及责任承担，规定在法人一章第 70 条："法人可以依法设立分支机构。法律规定分支机构应当办理登记的，依照其规定。分支机构以自己的名义从事民事活动，由此产生的民事责任由法人承担。"按照第 70 条的规定，法人的分支机构，属于法人组织体的一部分，并非法人以外的另一民事主体。第 91 条第 2 款却将法人的分支机构列入非法人组织，导致混淆。此外，法人分支机构不发生单独解散和单独清算问题，法人解散时进行清算，将对属于该法人总部及该法人分支机构的资产一并清算。非法人组织一章关于非法人组织解散、清算的规定，绝不可能对法人分支机构适用。

五、关于民事权利

这一章内容并未出现在室内稿中，而是征求意见稿新增的。新增这一章必定有其特殊的法律目的。按照笔者的理解，草案增设第五章规定各种民事权利，透露出立法机关的三项立法意图。

立法意图之一，不采纳学者关于专章规定民事权利客体的建议。因为本章规定了各种民事权利，其权利客体也包含在其中。例如，第 104 条规定了物权的客体物，包括动产和不动产；第 108 条列举规定了知识产权的各种客体。也就没有必要再设专章规定民事权利客体。在 2015 年 9 月的专家讨论会上，曾经讨论过中国法学会的"民事权利客体章"专家建议稿（共 16 个条文）。多数学者认为，社会生活不断发展变化，不断衍生许多新的事物，不排除将来有规定为权利客体的可能，但问题是法律规定列举不完全，且一旦列举规定很难决定其属于何种权利。例如，手机"流量"、死者人格利益、遗体等，属于什么权利很难说清楚。本法不作规定，并不影响其作为民事利益受法律保护。至于脱离人体的器官、血液、骨髓、组织以及精子、卵子等，则应以特别法予以规定为宜。有鉴于此，立法机关未采纳学者关于设立民事权利客体章的建议，代之以设置本章。

立法意图之二,将来编纂的中国民法典不设人格权编。有人会说,本章只用两个条文列举规定了自然人的人格权和法人的人格权(第99条、第100条),怎么能够据此断定将来的民法典不设人格权编?当然,单看这个条文是不够的,还需要结合2016年两会开幕时全国人大新闻发言人对记者提问的回答,以及2016年7月5日与草案一并公布的《关于〈中华人民共和国民法总则(草案)〉的说明》。发言人回答说:"这次我们下决心一定要把编纂民法典这件事完成,从做法上来讲,要分两步走,第一步制定民法总则,第二步在现行民事单行法基础上全面整合编纂中国民法典。"全国人大发言人的这一回答,不是其个人的意思,而是全国人大常委会的意思。《关于〈中华人民共和国民法总则(草案)〉的说明》中指出:"民法典将由总则编和各分编(目前考虑分为合同编、物权编、侵权责任编、婚姻家庭编和继承编等)组成。总则编规定民事活动必须遵循的基本原则和一般性规则,统领各分编;各分编在总则编的基础上对各项民事制度作具体可操作的规定。总则编和各分编形成一个有机整体,共同承担着保护民事主体合法权益、调整民事关系的任务……编纂工作拟按照'两步走'的工作思路进行:第一步,编纂民法典总则编(即中华人民共和国民法总则),经全国人大常委会审议后,争取提请2017年3月召开的十二届全国人大第五次会议审议通过;第二步,编纂民法典各分编,拟于2018年上半年整体提请全国人大常委会审议,经全国人大常委会分阶段审议后,争取于2020年3月将民法典各分编一并提请全国人民代表大会会议审议通过,从而形成统一的民法典。按照进度服从质量的要求,具体安排可作必要调整。'两步走'的工作思路得到了各方面认同,理论界和实务界都认为符合立法规律,体现了实事求是的精神,是可行的。"本章第99条、第100条关于人格权的规定,结合"两会"全国人大新闻发言人的"答记者问"和《关于〈中华人民共和国民法总则(草案)〉的说明》,完全可以推知立法机关编纂民法典将不设立人格权编。

立法意图之三,编纂中国民法典将不设置债权总则编。2003年,中国政法大学王卫国教授主持的中国民法典论坛第一场,我与江平教授之间，就民法典是否应设置债权总则编进行辩论。当时我的主张是一定要设债法总则编。主要理由是，如果不设债法总则编，债权概念和债的发生原因就没有地方规定。债权概念和债的发生原因（除了合同）不可能安排在合同编。债权概念如此之重要，没有债权概念不仅影响民商法律，还将影响整个法律体系。保留债权总则编，有利于建立严密的民法逻辑体系和民法理论体系，但其结果必然要分解现行《合同法》。诸如债的履行、债的转让、债权人代位权与债权人撤销权、债的消灭等内容，要从《合同法》总则部分分离出来，规定到债权总则编。而《合同法》被分解，法官裁判合同纠纷案件，不仅要查找《合同法》的规定，还要查找债权总则编的规定，难免增加操作的难度。可见，设置债权总则编，也是有利有弊，现行《合同法》被分解就是弊。现在看来，立法机关不主张设置债法总则编，目的在于保持现行《合同法》的完整性。征求意见稿新增第五章民事权利，规定了债权概念和债的发生原因（草案第105条），这就解决了债权概念和债的发生原因不便规定在《合同法》中的难题。至于本应属于债权总则编的其他内容，当然仍旧保留在合同法（编）。应当承认，在《民法总则》中增设本章，规定债权概念和债的发生原因之后，民法典不再设债权总则编，这是可以赞同的。

本章第105条第2款债权发生原因中，建议删除"单方允诺"。理由：按照民法原理和立法例，作为债权关系发生原因的"单方允诺"，亦即"悬赏广告"。民法理论和实务界关于悬赏广告的性质历来存在单方行为说与契约（合同）说的争论。最高人民法院《关于适用〈中华人民共和国合同法〉若干问题的解释（二）》第3条，以及《最高人民法院公报》1995年第2期"李珉诉朱晋华、李绍华悬赏广告酬金纠纷案"，对悬赏广告已采契约说。最高人民法院《民事案件案由规定》亦将"悬赏广告纠纷"列为合同纠纷（案由73）。可见，悬赏广告契约说是我国最高人民法院的确定立场。顺便提及，我国台湾地区"民法"债编在1999年修正时，亦将悬赏广告明定为契约。建议尊重最高人民法院既定立场，于第105条第2款删除作为债权发生原因的"单方允诺"，以免导致立法、理论和实务的混乱。

六、关于民事法律行为制度

(一)法律行为概念变迁

在 2015 年 9 月召开的专家讨论会上,有关本章最激烈的争论就是概念之争。多数学者赞同室内稿称"法律行为",少数学者主张沿用《民法通则》中的"民事法律行为"概念。自征求意见稿始直至草案,采用"民事法律行为"概念。应该承认,草案比室内稿倒退了半步。为什么会有这样的评价呢?因为《民法通则》并不是简单地将"法律行为"概念改为"民事法律行为"概念,同时还发明了"民事行为"概念。《民法通则》起草人的意思是,民事法律行为必须是完全合法、有效的,凡无效的、可撤销的都不能称为民事法律行为。现在看来,这与我国曾经长期实行计划经济体制、不存在民法立法和理论的传统,在制定《民法通则》时,因民法教学和理论研究刚恢复不久,起草人还未能正确理解法律行为概念之本质有关。《民法通则》施行已有 30 年之久,我国民法理论和学术研究有了长足进步,主张采用大陆法系民法体系通用概念"法律行为"成为学界共识,因此室内稿采纳学者建议用"法律行为"概念取代"民事法律行为"概念。

为什么征求意见稿又从"法律行为"概念退回到"民事法律行为"概念呢?我的推测是,因为有法理学者和别的部门法学者提出不同意见,他们说,民法典采用"法律行为"概念,别的法律部门就没有办法再使用类似概念,例如,"经济法律行为""行政法律行为"等。他们主张,民法仍然叫"民事法律行为",给别的部门法和部门法学留下继续使用类似概念的余地。我理解立法机关的意思是,避免在个别概念上纠缠。请特别注意,征求意见稿虽然继续采用"民事法律行为"概念,却同时废弃了"民事行为"概念。用民事法律行为概念,指称民事主体之间,以意思表示为要素,以设立、变更、终止民事权利义务关系为目的的行为,无论其属于确定有效、部分有效、确定无效、可撤销还是效力未定。此民事法律行为概念与大陆法系民法通用的"法律行为"概念是完全等同、别无二致的。"民事"二字,仅在表明专属于民法领域之法律概念而已。质言之,在废弃"民事行为"概念之后,"民事法律行为"概念已经抛弃《民法通则》起草人赋予的特别含义,与大陆法系民法"法律行为"概念已毫无区别。可见,草案并未退回到《民法通则》的立场,是值得赞同的。

(二)法律行为有效要件

草案第121条规定:"具备下列条件的民事法律行为有效:(一)行为人具有相应的民事行为能力;(二)意思表示真实;(三)不违反法律、行政法规的效力性强制性规定,不违背公序良俗。"本条以《民法通则》第55条规定为基础,文字稍有改动。需要说明的是,在关于制定《民法总则》的讨论中,一些学者建议删去本条。理由是,法律已经明确规定了法律行为无效、可撤销的条件,没有必要再正面规定有效条件。的确,多数立法例并不规定法律行为的有效条件。例如,《德国民法典》未规定法律行为的有效要件,仅规定各种瑕疵法律行为的效力。但考虑到社会生活的复杂性和变动性,即使立法当时对社会生活中的各种案型均设有明确规定,随着社会生活的发展、变动,仍然还会出现一些在法律上没有具体规定的新型案件。因《民法通则》第55条规定法律行为的有效要件,法庭遇到法律没有具体规定的新型案件,可以直接引为裁判依据。征求意见稿保留此项规定的理由在此。

值得注意的是,《民法通则》第55条规定中第(三)项要件是"不违反法律或者社会公共利益"。本条用"公序良俗"取代"社会公共利益",理由已述。此处为什么将"违反法律"一语改为"违反法律、行政法规的效力性强制性规定"?按照民法立法和民法原理,法律规范有强制性与任意性之分,二者区别在于,强制性规范不允许当事人违反,而任意性规范不具有强制性,当事人的约定与法律任意性规定不同,不影响约定的效力。《民法通则》第55条、第85条未区分强制性与任意性规定,致《民法通则》刚刚实施的一段时间内,法庭裁判合同纠纷案件,只要发现合同约定与法律规定不一致,便一律认定合同无效,损及交易安全和当事人的合法权益。因此在《合同法》制定时,其第52条明定违反法律、行政法规的"强制性规定"的合同无效,将任意性规定排除在外。

但所谓强制性规定,尚有禁止性规定与命令性规定之分,按照民法原理及发达国家和地区的裁判实践,仅其中违反禁止性规定的行为无效,而违反命令性规定的行为并不一定无效。《合同法》第52条未区分禁止性规定与命令性规定,致违反命令性规定的行为被认定为无效,仍不利于保护交易安全及相对人的合法权益。最高人民法院《关于适用〈中华人民共和国合同法〉若干问题的解释(二)》第14条解释说,《合同法》第52条第(五)项规定的"强制性规定",是指效力性强制性规定。实际是将"强制性规定"区分为"效力性规定"与"非效力性(管理性)规定",仅违反"效力性规定"的合同无效。所谓"效力性规定",相当于民法理论上的"禁止性规定";所谓"非效力性(管理性)规定",相当于"命令性规定"。草案将此项司法解释纳入法律条文,值得肯定。

(三)创设虚伪表示和隐藏行为规则

草案完整规定了关于虚伪表示和隐藏行为的规则。第124条规定:"行为人与相对人串通,以虚假的意思表示实施的民事法律行为无效,但是双方均不得以此对抗善意第三人。行为人以虚假的意思表示隐藏的民事法律行为,依照有关法律规定处理。"虚伪表示,是大陆法系民法采用的法律概念,指表意人与相对人双方串通而为与其真实意思不一致的意思表示。虚伪表示的特征在于,当事人双方都不想使其行为发生法律上的效力。如以逃避债务为目的假装财产赠与,双方当事人都不希望发生赠与的效力。《民法通则》未规定虚伪表示,而社会生活中当事人为规避法律强制性规定或逃避债务所为虚伪表示,并不鲜见。按照本条规定,虚伪表示的民事法律行为在双方当事人之间应当无效,但在当事人与第三人之间,则应分为两种情形。第三人知道当事人之间的意思表示为虚伪表示的,即属于恶意第三人,则双方可以该虚伪表示的无效对抗该恶意第三人;第三人不知道当事人之间的意思表示为虚伪表示的,即属于善意第三人,则双方不得以该虚伪表示的无效对抗该善意第三人。值得注意的是，征求意见稿仅规定虚伪表示，而未规定虚伪表示掩盖之下的隐藏行为。草案在规定虚伪表示的同时，增加规定隐藏行为，值得赞同。

(四) 统一欺诈、胁迫的法律效果

第126条至第128条规定欺诈和胁迫的法律效果。按照民法原理和立法例，欺诈和胁迫均为法律行为撤销的原因，因欺诈或者胁迫手段成立的法律行为，属于可撤销行为。但《民法通则》第58条规定欺诈、胁迫的法律效果为无效。《合同法》制定时，关于如何规定欺诈、胁迫的法律效果发生分歧，一种意见主张规定为可撤销，另一种意见主张仍依《民法通则》规定为无效。最终采取折中办法，分设为两个条文：第52条第(一)项规定，一方以欺诈、胁迫的手段订立合同，损害国家利益的，该合同无效；第54条第2款规定，一方以欺诈、胁迫的手段所订立的合同，其效果为可撤销。

《合同法》上述条文，依欺诈、胁迫之是否损害国家利益而规定不同的法律效果，与民法理论及主要国家和地区的立法例不符，且在裁判实务中徒然增加操作难度。自《合同法》施行以来的裁判实践表明，对于以欺诈、胁迫手段订立的合同，人民法院、仲裁机构往往适用《合同法》第54条第2款的规定，而不适用第52条第(一)项的规定。如法律行为的目的或者内容损害国家利益，因国家利益属于"社会公共利益"的核心内容，则人民法院或者仲裁机构可依据《合同法》第52条第(四)项的规定，认定其无效。立法机关在总结裁判实践经验的基础上，采纳学者建议，将欺诈、胁迫的法律效果统一规定为可撤销，是完全正确的。

(五) 合并显失公平和乘人之危

自征求意见稿修改稿始，草案将显失公平与乘人之危的法律行为合并，规定于第129条，概称为显失公平的法律行为，值得赞同。《民法通则》规定的显失公平和乘人之危，来源于传统民法理论和立法例上的同一制度，称为"显失公平行为"或"暴利行为"。《德国民法典》第138条第2款规定："法律行为，如系乘他人之强制情况、无经验、欠缺判断能力或显著意志薄弱,使其对自己或他人的财产为财产上利益之约定或给付,而此财产利益与给付相比显失公平时,尤应无效。"我国台湾地区"民法"第74条第1款规定:"法律行为,系乘他人之急迫、轻率或无经验,使其为财产上之给付或为给付之约定,依当时情形显失公平者,法院得因利害关系人之声请,撤销其法律行为或减轻其给付。"显失公平行为的构成要件是:(1)须给付与对待给付之间显失均衡。学说上称为客观要件。(2)须一方利用了对方处于急迫、没有经验或者轻率等不利情势。学说上称为主观要件。其法律效果为可撤销,法律赋予因法律行为显失公平而受不利益的一方当事人以撤销权。

但《民法通则》制定时,受当时南斯拉夫新债法的影响,将传统民法显失公平行为(暴利行为)一分为二:一为"乘人之危",指一方当事人乘对方处于危难之际,为牟取不正当利益,迫使对方作出不真实的意思表示而成立的法律行为,其法律效果为无效(《民法通则》第58条),后《合同法》改为可撤销(《合同法》第54条第2款);二为"显失公平",侧重于合同双方给付显失均衡的客观要件,其法律效果为可撤销(《民法通则》第59条、《合同法》第54条)。

考虑到现行法上的乘人之危与显失公平的本质均在于双方当事人的权利义务显失均衡,二者的差别仅在于,前者强调一方利用了对方处于危急等不利情势,即学说上所称的主观要件;而后者不强调主观要件。且在法律效果上,均属于可撤销。从理论上说,这样的区别规定并非毫无道理。但从裁判实务言之,乘人之危的构成要件过严,而显失公平的构成要件过宽。经调查,主张乘人之危的案件有274件,其中最高人民法院65件、高级人民法院219件,获得法院支持的仅有1件(高级人民法院判决),其他273件均被法院以证据不足或不构成乘人之危为由予以驳回。可见主张乘人之危而获得法院支持的可能性极小,而主张显失公平获得法院支持的可能性相对较大。有鉴于此,立法机关将乘人之危与显失公平合并为一个条文,仍称"显失公平"(实则将乘人之危作为构成显失公平的主观要件)。将乘人之危与显失公平合并规定为一项制度,不仅符合民法原理和立法例,也将更有利于双方当事人合法权益之保护,更能实现维护市场交易公正性之目的,并方便法院裁判。

(六)删除可撤销法律行为的"变更"效力

自征求意见稿修改稿始,草案从可撤销民事法律行为条文中删除"变更"效力。民法原理和立法例于法律行为的意思表示存在瑕疵情形,赋予受损害一方撤销权,通过撤销权之行使,消灭有瑕疵法律行为的效力,使当事人双方恢复到成立该法律行为之前的状态,以纠正当事人之间的不公正。但现行《民法通则》和《合同法》却在撤销权之外赋予变更的效力。此项"变更"效力,亦可解释为附着于撤销权的另一项形成权,即"变更权"。此项变更权之行使,将依权利人单方的意思而变更双方之间的权利义务,使权利人单方的意思具有拘束对方当事人的效力,有悖于本法明文宣示的"平等原则"(第3条)、"意思自治原则"(第4条),有悖于民事法律行为非依合意不得变更的基本原理。显然属于矫枉过正。

就裁判实践言之,法院因当事人行使撤销权而撤销有瑕疵的法律行为,恢复当事人未实施该法律行为之前的状态,不仅最为公平合理,亦最为方便。通过裁判文书网检索到四川省2015年度适用《合同法》第54条规定的案件共91件,其中原告请求撤销合同的有89件、请求变更合同的有2件;原告请求撤销合同的有89件,其中获得法院支持的有31件,法院未予支持的有54件;原告请求变更合同的有2件,均被法院以证据不足为由予以驳回。显而易见,此所谓"证据不足",应非法庭据以认定案件事实的证据不足,而是据以按照原告要求变更合同的证据不足。大多数当事人之所以不选择行使变更权,显然是考虑到法院难以仅依自己单方的意思作出变更判决,即使法院作出变更判决,被告方也难免继续缠讼不休。不如依法行使撤销权易于获得法院支持,且法院一旦判决撤销合同、恢复订立合同之前的状态,被告方也将难以借口不公平而继续缠讼。可见,对有瑕疵法律行为赋予变更效力(变更权),不仅是一种矫枉过正的做法,且于法院公正裁判案件、保护当事人合法权益并非有利。有人认为,从鼓励交易的角度考虑,应保留变更权。但是，鼓励交易仅仅是《合同法》的一项立法政策，不能以此破坏私法自治和合同自由原则；且所谓鼓励交易，指的是鼓励自愿的交易，对于依一方当事人的意思强加于对方的交易，法律绝无鼓励之理。立法机关从重大误解、欺诈、胁迫、显失公平法律行为的规定中，删除"变更"效力，值得赞同。

(七) 本章修改建议

此外，关于本章另有一项文字修改建议。建议第120条关于有相对人的意思表示解释的规定中，删除"受领人的合理信赖"一句。理由：依民法原理及法学方法论，意思表示的解释，非依据任何一方的理解和信赖，而是按照具有理性之人处于同等情形应有之理解和信赖，以确定其意义。且所谓"受领人的合理信赖"，亦应按照意思表示"所使用的词句，结合相关条款、行为的性质和目的、习惯以及诚信原则"综合判断，不可能存在独立于"所使用的词句，相关条款、行为的性质和目的、习惯以及诚信原则"之外的"受领人的合理信赖"。特此建议删去，以免导致当事人缠讼及法官滥用自由裁量之虞。

七、关于代理制度

民法所谓代理，有直接代理与间接代理之分。所谓直接代理，指代理人在代理权限内，以被代理人名义所为之意思表示或者所受之意思表示，直接对被代理人发生效力的代理。所谓间接代理，指行为人在代理权限内，以自己名义、为被代理人之计算而为法律行为，其法律效果先对间接代理人发生，再依内部关系移转于被代理人的代理。

大陆法系传统民法理论所谓代理，是指直接代理。所谓间接代理，是指被视为类似代理之制度，而非真正代理。大陆法系的德国民法、日本民法及我国台湾地区"民法"所规定的代理，均限于直接代理。其代理概念，要求代理人必须以被代理人的名义实施法律行为。现行《民法通则》关于代理的规定，坚持代理人须以被代理人的名义实施法律行为，与德国、日本民法的规定相同，仅指直接代理。现行《合同法》制定时，关于是否规定间接代理曾发生激烈争论。最终立法机关采纳多数学者专家的意见,参考英美代理法及《欧洲合同法原则》,在直接代理之外,规定了间接代理(第402条、第403条)。可见我国现行法上的代理,已突破大陆法系传统民法理论,采用了包括直接代理和间接代理的广义代理概念。

编纂民法典及制定民法总则时,如何对待《合同法》上的间接代理,有两个方案。第一个方案是,将现行《民法通则》规定的直接代理制度,与《合同法》上的间接代理规则加以整合,制定既符合中国发展现代化市场经济,特别是发展国际经济贸易的要求,又与国际公约和惯例接轨的代理法,即在第一节一般规定中规定广义代理概念,然后在第二节规定直接代理,在第三节规定间接代理。第三节间接代理,在《合同法》第402条、第403条规定的基础上,完善代理人披露义务、被代理人的介入权和相对人的选择权三项制度。第二个方案是,民法总则仍然规定直接代理,作为我国代理法的一般规则,而将间接代理保留在《合同法》中,作为我国代理法的特别规则。

毋庸置疑,第一个方案应为最佳选择,可以利用民法典编纂的机会实现代理法的现代化;第二个方案维持现行代理法的双轨制,迁就现实、过于保守,且失去借民法典编纂实现代理法现代化之历史机遇。编纂民法典之历史机遇,可遇不可求,一旦错过,实在可惜。室内稿、征求意见稿代理章未有只言片语提及间接代理。征求意见稿修改稿规定间接代理(第136条),草案予以维持(第142条),值得赞同。

八、关于诉讼时效和除斥期间

(一)普通诉讼时效期间

诉讼时效的普通时效期间,现行《民法通则》规定为2年,学界和实务界一致认为2年太短,王卫国教授特别提到2002年有个统计,仅因为《民法通则》规定的诉讼时效期间(2年)太短,就使银行、金融机构损失3000多亿元人民币。室内稿、征求意见稿将普通时效期间改为5年,征求意见稿修改稿、草案改为3年。

建议第167条第1款规定普通诉讼时效期间为5年。

理由:现行《民法通则》诉讼时效制度,参考当时苏联和东欧国家的立法经验,其主要特征是诉讼时效期间过短,且不待当事人主张而由法庭主动适用。其立法目的,不是为了保护私权(民事权利),而是为了促进所谓"经济流转",体现当时单一公有制的计划经济体制的本质和要求。其缺点是,对合法民事权利的保护不周,不适应社会主义市场经济的要求。现实生活中,仅仅经过2年的时效期间,债务人就可以"理直气壮"地拒绝还债,与社会主义市场经济的道德观念、公平正义、诚实信用抵触太甚,使合法经营的企业特别是银行和金融机构蒙受了巨额财产损失,是反复形成金融机构巨额不良资产的主要原因之一。近年来,虽经最高人民法院通过司法解释予以缓和补救,如规定非经当事人主张法庭不得主动适用,但时效期间过短的缺点,终究不能靠司法解释予以补救。

各主要国家及地区民法规定的普通诉讼时效期间一般较长。例如,欧洲的《瑞士债务法》,普通时效期间为10年,租金等短期时效期间为5年;英国1980年《时效法》,时效期间为6年;《意大利民法典》,为10年;《希腊民法典》,为20年;《西班牙民法典》,为15年;《波兰民法典》,为10年;《葡萄牙民法典》,普通时效期间为20年,租金等短期时效期间为5年;《马耳他民法典》,为30年;匈牙利2013年新《民法典》,为5年。亚洲的《日本民法典》,为10年和20年;《柬埔寨民法典》,为5年;《泰国民商法典》,为10年。非洲的《埃塞俄比亚民法典》,为10年。北美洲加拿大的《魁北克民法典》,为10年。南美洲的巴西2002年新《民法典》,为10年;《智利民法典》,为5年。我国香港特别行政区《时效条例》,简单合约和侵权行为时效期间为6年;我国《澳门民法典》,普通时效期间为15年,租金等三类债权短期时效期间为5年;我国台湾地区"民法",为15年。值得注意的是,《德国民法典》(2001年修正)缩短普通时效期间为3年,却同时规定了10年(客观)时效期间和30年(人身损害赔偿请求权)时效期间,并且规定当事人可以特约延长诉讼时效期间(上限为30年)。《法国民法典》2008年改革诉讼时效,规定普通诉讼时效期间为5年,同时规定人身损害赔偿请求权的诉讼时效期间为10年,其中虐待和性侵未成年人的诉讼时效期间为20年。

考虑到我国经过三十多年的改革,社会主义市场经济体制已经确立,中国已经成为世界第二大经济体。中国国内市场已经与国际市场有机连接,中国已经成为世界制造大国和投资大国,中国政府和金融机构向各国提供贷款、中国企业到世界各国投资设厂,承建如高速公路、高速铁路等基础设施。中国和中国企业在国际经济贸易关系中通常居于债权人地位,民法总则规定诉讼时效制度,就绝不应只着眼于国内民事主体合法权益之保障,而更应当着眼于在国际范围内、国际经贸关系中,如何更好地保障中国和中方债权人的合法权益。应特别注意,《民法通则》规定的普通诉讼时效期间过短,对中国和中方债权人合法权益之保护极为不利。此外,从国家利益角度出发,应当提倡和鼓励中方企业在与外方谈判签订合同时,尽量争取约定以中国法律作为合同准据法(准据法条款)、约定由中国国内商事仲裁机构仲裁(仲裁条款)。显而易见,《民法通则》规定的诉讼时效期间过短,将成为主要障碍。特此建议第167条第1款规定普通诉讼时效期间为5年。

(二)人身损害赔偿请求权的长期诉讼时效期间

建议增设人身损害赔偿请求权的诉讼时效期间为10年,作为第167条第2款。

理由:中国实行企业"走出去"战略和"一带一路"倡议,虽然没有具体统计数字,但肯定有许许多多从事企业管理、工程技术、医疗卫生、文化教育的中国人在世界各地工作。每年有数十万中国人在世界各国及地区求学,出境旅游的人数更多,根据国家旅游局统计公报,2002年以来中国内地居民出境游人次保持着17%的复合增长,2014年达1.09亿人次,2015年达1.2亿人次。如此众多的中国人在境外工作、生活、学习、旅游,一旦不幸遭受人身损害,如何保障他们的损害赔偿请求权的实现?前面谈到,《德国民法典》规定的人身损害赔偿请求权的诉讼时效期间为30年,《法国民法典》规定的人身损害赔偿请求权的诉讼时效期间为10年。而现行《民法通则》第136条规定人身损害赔偿的诉讼时效期间是1年,现在的草案未设置人身损害赔偿诉讼时效期间,而不区分财产性损害赔偿和人身损害赔偿,一律适用普通诉讼时效期间(3年),显然是不适当的。特此建议参考《德国民法典》和《法国民法典》的立法经验,规定人身损害赔偿请求权的诉讼时效期间为10年,作为第176条第2款,将现在的第2款改为第3款。

(三)未成年人受性侵害的请求权诉讼时效期间起算的特别规则

建议参考借鉴发达国家立法例,增设未成年人受性侵害的请求权诉讼时效期间起算的特别规则。

理由:预防和惩戒性侵未成年人犯罪是当今世界各国共同面对的重大课题。据美国国家失踪及受虐儿童中心(NCMEC)的统计:美国有1/5的女孩和1/10的男孩在18岁以前遭受过性侵犯。我国的形势亦不容乐观。据搜狐新闻《数字之道》第112期(2012年12月12日)报道,我国媒体公开报道的性侵未成年人案件,1998年为2948起;1999年为3619起;2000年为3080起。2000年后无统计数字,据媒体估计,案件数呈"急速增加"之趋势。据对2006年至2008年媒体报道的340起案件进行分析的结果:熟人加害的占68%。其中,监护人加害的占20%(父包括生父、养父、继父,占65%);老师、校长加害的占10%;邻居、亲友等加害的占34%;陌生人加害的占32%。另据女童保护组织《2013—2014年儿童安全教育及相关性侵案件情况报告》统计,2013年5月23日至2014年5月22日,全国公开曝光性侵未成年人案件达192起,是2013年的1.5倍。受害未成年人以8岁到14岁小学生居多。被公开报道年龄的343名受害者中,8岁到14岁的293人(含6名男生),占总人数的85.42%。

2013年10月23日,最高人民法院、最高人民检察院、公安部、司法部联合发布《关于依法惩治性侵害未成年人犯罪的意见》,并公布3起性侵未成年人犯罪典型案例。2014年1月2日,为依法惩治性侵未成年人犯罪,最高人民法院再公布3起严重性侵未成年人犯罪的典型案例,以指导司法机关实际办案。

据中国之声《新闻纵横》报道,2016年5月28日,中国"女童保护"

项目成立三周年发布会在北京举行。发布会上,"女童保护"项目负责人孙雪梅介绍,2015 年全年媒体公开报道的性侵未成年人案例总计 340 起,其中七成以上是熟人作案,有 29 起是家庭成员加害。孙雪梅指出,媒体曝光的案件只是冰山一角,还有很多隐藏的案件没有被报道出来。说明中国性侵未成年人犯罪形势仍然严峻。

鉴于对未成年人的性侵害行为的特殊性,受害人自己属于限制行为能力人或者无行为能力人,不可能自己寻求法律保护。于监护人疏于履行监护职责甚至监护人就是加害人的情形,受害人往往得不到法律保护。受害人成年之后自己寻求法律保护,却因诉讼时效期间超过被法院拒绝受理或者予以驳回。为了给受性侵未成年人预留其成年之后寻求法律保护之机会,发达国家立法例有三种方案:方案一,为受性侵害未成年人的损害赔偿请求权规定足够长的时效期间,保障其成年之后能够寻求法律保护(诉讼时效期间尚未超过)。例如,《法国民法典》第 2226 条第 2 款规定:"对未成年人实施拷打或野蛮行为、暴力或性侵犯造成损害的,诉讼时效期间为 20 年。"方案二,规定受性侵害未成年人的损害赔偿请求权诉讼时效期间,于受害人成年且能够行使诉权之前不开始计算,以确保其成年之后能够获得法律保护。例如,《德国民法典》第 208 条规定:"基于性的自主决定权(sexuellen Selbstbestimmung)受侵害的请求权,于受害人满 21 周岁前,时效不开始进行。时效开始时受害人与加害人处在家庭共同生活关系的,于共同生活关系终止前,诉讼时效不开始进行。"方案三,将受性侵未成年人损害赔偿请求权诉讼时效与性侵害犯罪行为的追诉时效相联系,规定于性侵害犯罪行为追诉时效届满之前诉讼时效亦不届满,以保障受害人可以行使损害赔偿请求权。例如,新《荷兰民法典》第 3∶310 条第 4 款规定:对不满 18 周岁的女性的性侵害犯罪行为,损害赔偿的诉讼时效在犯罪的追诉时效届满前不届满。其中,方案二,即《德国民法典》第 208 条的规定,最为简便,易于操作。

考虑到我国社会传统观念,遭受性侵害未成年人的家庭、监护人(家长)往往不敢、不愿寻求法律保护,长期隐瞒子女受侵害的事实,有的甚至对受害未成年子女百般作践,将受害人逼上绝路,造成更严重的后果。更遑论性侵未成年人案件中,有20%案件的加害人就是该受害未成年人的监护人,导致这类案件的加害人往往能够逃脱法律惩罚,社会正义难以伸张。受害人成年之后,寻求法律保护,却因诉讼时效期间早已届满,被人民法院依据《民法通则》诉讼时效规则裁定驳回起诉或者判决败诉,造成终身遗恨。可见,我国传统观念及现行《民法通则》诉讼时效制度,严重不利于对遭受性侵害未成年人的法律保护。在德国,不存在受性侵害的未成年人的家庭、家长认为丢人现眼、不可告人的传统观念,尚且有对受性侵害未成年人保护不周之虞,因而在诉讼时效制度创设特别保护规则,则中国民法诉讼时效制度就更有设置此项特别保护规则的必要。特此建议参考《德国民法典》的经验,创设未成年人受性侵害的损害赔偿请求权诉讼时效期间起算的特别规则。

建议条文:"未成年人受性侵害的损害赔偿请求权的诉讼时效期间,自受害人年满十八周岁之日开始计算。"(第1款)"受害人与加害人处在家庭共同生活关系中的,其诉讼时效期间,自受害人年满十八周岁并且脱离家庭共同生活关系之日开始计算。"(第2款)

对《民法总则草案（二次审议稿）》的修改建议*

第一，建议将第8条最后一句"不得滥用权利损害他人合法权益"移作第9条第2款："民事主体不得滥用权利损害他人合法权益。"并且删除第9条原第2款："民事主体行使权利的同时，应当履行法律规定的或者当事人约定的义务，承担相应责任。"

理由：二审稿于第8条规定公序良俗原则的条文，新增最后一句"不得滥用权利"，形成同一个条文规定"公序良俗原则"和"禁止权利滥用原则"的局面。按照民法原理，公序良俗原则是民事法律行为的效力界限，违反公序良俗的民事法律行为无效，行为人不可能因此获得权利，也当然不发生权利行使的问题。而禁止权利滥用原则，是对已经存在权利之行使所设置的限制。禁止权利滥用是诚实信用原则的要求，诚信原则是禁止权利滥用的立法和法理根据。民法理论认为禁止权利滥用原则，是诚信原则的下位原则。因此，禁止权利滥用原则，既不能与诚信原则并立（规定在同一条文），更不能与公序良俗原则并立（规定在同一条文）。禁止权利滥用原则，既然属于对权利行使的限制，理当与规定权利享有、权利保护的原则（条文）合并规定，或者安排在规定权利享有、权利保护原则的条文之后。

第9条第1款规定"民事主体的人身、财产权利和其他合法权益受法律保护，任何组织或者个人不得侵犯"，可称为"民事权益保护原

---

* 本文写作于2016年11月20日。

则",相当于外国立法例所谓"私权保护原则"。将禁止权利滥用原则作为本条第 2 款,准确体现了本法关于民事权利之行使不得超过其正当界限、不允许滥用权利损害他人合法权益之价值取向和立法政策。且第 1 款规定权利保护、第 2 款规定权利行使之限制,逻辑严密,便于理解和适用。

原第 2 款条文"民事主体行使权利的同时,应当履行法律规定的或者当事人约定的义务,承担相应责任",与本法第 171 条关于民事责任的一般规定重复,而且存在明显理论错误。因为行使权利的同时未必附有义务和责任。按照民法原理,权利与义务相互对应,在民事权利义务关系中,往往一方当事人享有某种民事权利,相对方当事人负担相应的民事义务。这是民事权利义务关系的一般情形,绝大多数民事法律行为发生的权利义务关系莫不如此。而民事主体在享有某种权利的同时也负担某种义务,属于特别情形或者例外情形(例如附义务的赠与、遗赠扶养协议等)。特此建议删除第 9 条原第 2 款。

第二,建议保留《民法通则》第 142 条第 2 款适用国际条约的规定和第 3 款适用国际惯例的规定。

理由:现行《民法通则》第 142 条第 2、3 款规定:"中华人民共和国缔结或者参加的国际条约同中华人民共和国的民事法律有不同规定的,适用国际条约的规定,但中华人民共和国声明保留的条款除外。中华人民共和国法律和中华人民共和国缔结或者参加的国际条约没有规定的,可以适用国际惯例。"按照第 2 款的规定,我国缔结或者参加的国际条约,除声明保留的条款之外,是我国现行法之一部。其适用规则是,如国际条约的规定与民事法律的规定不同,则应适用该国际条约的规定;如国际条约的规定与民事法律的规定相同,则应适用民事法律的规定。按照第 3 款的规定,如果我国现行法律和我国缔结或者参加的国际条约都没有规定,可以适用有关国际惯例。

《民法通则》起草人将上述规则规定在规定涉外民事关系的法律适用的第八章,是基于上述规则的适用对象为"涉外民事关系",但其性质并不属于狭义的国际私法(冲突法)。因此,2010 年在《民法通则》第八章基础上制定《涉外民事关系法律适用法》，对此未作相应规定。显而易见，《涉外民事关系法律适用法》的起草人，认为《民法通则》第142条第2、3款性质上属于民法实体法，而不属于冲突法。致《涉外民事关系法律适用法》生效后，《民法通则》第八章第142条第2、3款依然有效存在，而除此之外的该章其他条文均被废止。

现在制定《民法总则》及将来编纂民法典，如何处理（安排）现行《民法通则》第142条第2、3款关于国际条约和国际惯例的规定？有两个方案可供选择。方案一：第142条第2、3款不变，在前面增加表述适用对象的文句，安排在《民法总则》第一章末尾，作为第13条："中华人民共和国缔结或者参加的国际条约同中华人民共和国的民事法律有不同规定的，适用国际条约的规定，但中华人民共和国声明保留的条款除外。"（第1款）"中华人民共和国法律和中华人民共和国缔结或者参加的国际条约没有规定的，可以适用国际惯例。"（第2款）这样安排，坚持了《涉外民事关系法律适用法》起草人认为上述规则性质上不属于冲突法（狭义国际私法）的立场。方案二：《民法总则》不作相应规定，而将《民法通则》第142条第2、3款留待将来编纂民法典时，纳入涉外民事关系法律适用编（第七编），规定在该编第一章一般规定中。如《涉外民事关系法律适用法》不纳入民法典，而作为单行法存在于民法典之外，则通过修订《涉外民事关系法律适用法》，将《民法通则》第142条第2、3款补入。这样安排，着眼于上述规则的适用对象为涉外民事关系，而不计较其究竟属于实体法规则还是冲突法规则，并导致现行《涉外民事关系法律适用法》限于冲突法（狭义国际私法）立场的修正。

应当认为上述两个方案都是可行的。《民法总则草案》未作相应规定，显然是采纳了第二个方案。但需特别注意的是：在（未规定国际条约和国际惯例的适用规则之）《民法总则》通过生效之后，民法典编纂（有涉外民事关系法律适用编）完成并生效之前，或者民法典不包含涉外民事关系法律适用编、于修订涉外民事关系法律适用法增加关于国际条约和国际惯例适用规则之前的这一期间，我国是否仍将适用自已缔结或者参加的国际条约以及某种条件下适用国际惯例,就将处于不确定的状态。必定会引起国内外各界对此的"猜疑"。

在我国国际地位、影响力和话语权日益提升,中国作为负责任的大国,正积极参与各种国际规则(条约、协定和惯例)的制定和修改的当下,尤其要避免出现上述"不确定状态",绝对不能容许引发国际社会对于中国适用国际条约和国际惯例一贯立场的"猜疑",损害中国作为一个负责任大国的声誉和形象。有鉴于此,特建议《民法总则》改采第一个方案(将来仍可将上述条文从民法总则编移入民法典涉外民事关系法律适用编,或者移入作为单行法的《涉外民事关系法律适用法》)。

第三,建议在第二章增加规定第五节"住所"。第25条移至本节,并增加两个条文:"无民事行为能力人和限制民事行为能力人,以其法定代理人的住所为住所。""在中华人民共和国领域内无户籍登记和经常居所的,其居所视为住所。"

理由:第25条关于自然人住所的规定,不属于本节"民事权利能力和民事行为能力"的内容。建议另设一节,作为本章第五节"住所",移入本条。鉴于无行为能力人、限制行为能力人,由法定代理人代受意思表示、代收法律文书,故为保护无行为能力人、限制行为能力人的利益,立法例上一般规定以其法定代理人的住所为住所。现行法及草案规定自然人以其户籍登记居所为住所,在未成年人由父母以外之人监护的情形,以及成年人监护的情形,被监护人的户籍登记居所与监护人住所往往不一致。如适用上述一般规定,将导致不利于无行为能力人、限制行为能力人的情况发生,例如,法定代理人无法代收法律文书等。此外,以户籍登记的居所为住所,不适合在我国无户籍登记也无经常居所的外国人、无国籍人等,建议增加相应规定。

第四,建议第44条后增加人民检察院提出死亡宣告申请的规定。建议条文:"下落不明的自然人无利害关系人或者利害关系人不申请宣告死亡的,由当地人民检察院申请宣告死亡。"

理由:宣告死亡的目的在于保护长期下落不明的自然人的利害关系人的合法利益,并消除因自然人下落不明所造成的民事法律关系的不确定状态。多数国家和地区立法例均规定唯有失踪人的利害关系人才能申请宣告失踪人死亡,而未考虑国家公权力之直接介入。但考虑到自然人长期下落不明而不能宣告他死亡,与其有关的民事法律关系将一直处于不确定状态,例如,遗产不能依法继承,身份关系不能消灭,债权债务关系不能了结,对于社会经济法律秩序之维护殊为不利;且自改革开放以来,已经发生利害关系人出于侵占下落不明的自然人的财产、损害其他利害关系人合法权益,以及冒领退休金、养老金、补助金等违法目的,故意不提出死亡宣告申请的社会问题。因此建议采纳《意大利民法典》(第62条第2款)和我国台湾地区"民法"(第8条第1款)的立法经验,增加本款规定由人民检察院依职权提出死亡宣告申请。

第五,建议恢复一审稿第77条并修改为:"营利法人超越登记的经营范围从事经营活动的,除违反法律、行政法规的效力性强制性规定外,不影响民事法律行为的效力。"

理由:一审稿第77条:"营利法人超越登记的经营范围从事经营活动的,依法承担相应的责任,但是除违反法律、行政法规的效力性强制性规定外,民事法律行为有效。"此项规则是将最高人民法院《关于适用〈中华人民共和国合同法〉若干问题的解释(一)》第10条"当事人超越经营范围订立合同,人民法院不因此认定合同无效。但违反国家限制经营、特许经营以及法律、行政法规禁止经营规定的除外",提升为法律明文规定,具有重要理论和实践意义。20世纪80年代以来,对于法人超越经营范围订立的合同,法院多认定为无效,致严重妨碍交易安全。《关于适用〈中华人民共和国合同法〉若干问题的解释(一)》第10条规定,对超越经营范围行为明文采取原则上有效、例外无效之立场,对于交易安全和交易秩序之保障具有重大意义。

最高人民法院的上述立场,符合我国新近立法及国际立法趋势。我国1993年《公司法》第11条第3款沿袭《民法通则》第42条,规定"公司应当在登记的经营范围内从事经营活动",2005年修订的《公司法》已删除此规定。我国法上所称法人的经营范围,大致相当于外国民法所称"法人目的范围"。各主要国家及地区渐趋废除法人目的范围之限制,如英美法上曾有所谓越权法则(doctrine of ultra vires),认定公司超越目的之行为无效,现今已被废止;法国法上亦认定相对人不得以公司超越业务范围为由主张公司行为无效。①

二审稿删除本条规定,或许是认为本条与第147条重复(第147条规定,违反法律、行政法规效力性强制性规定的民事法律行为无效)。然而,本条具有独立的意义,不能被其他条文所代替。删除本条规定,将导致实务上以超越代表权行为效力规定,来处理超越经营范围法律行为的效力问题,将使问题复杂化,并发生不适当的后果。根据民法理论,法人的代表人实施超越经营范围的行为,可认为属于超越代表权行为,则依照现行《合同法》第50条关于越权代表的规定以及草案第59条第3款关于代表权范围限制不得对抗善意第三人的规定。当第三人(实为相对人)知道或者应当知道法人超越经营范围时,第三人与法人之间所为民事法律行为无效。以相对人是否知道或应当知道超越经营范围而确定民事法律行为之无效或有效,将增加法院事实认定的难度和复杂性,并妨碍交易的确定性和安全性。

现行《公司法》《合伙企业法》等不禁止企业从事超越经营范围的经营活动(违反特别限制者除外),企业超越一般经营范围的活动在实践中所在多有。一旦实施了此种行为,如适用越权代表的规定(第59条第3款),必将认定为此种行为无效。鉴于法人经营范围依法须登记公示,法院将根据民法"具有理性之人"标准认定相对人"应当知道"(交易对方)超越了经营范围,否定其主张"不知道"的抗辩。其结果是,法人超越经营范围的民事法律行为,将一律被认定为无效。这显然违背最高人民法院既定的一贯立场。按照最高人民法院《关于适用〈中华人民共和国合同法〉若干问题的解释(一)》第10条的规定,凡超越经营范围的行为,如不违反国家限制经营、特许经营以及法律、行政

---

① 参见〔法〕伊夫·居荣:《法国商法》,罗结珍、赵海峰译,法律出版社2004年版,第200页。

法规禁止经营规定（也无其他法定无效事由），则应一律有效，而不考虑相对人是否知道或应当知道超越经营范围。

一审稿第77条将最高人民法院《关于适用〈中华人民共和国合同法〉若干问题的解释（一）》第10条解释规则提升为法律条文。如果保留一审稿第77条的规定，则超越经营范围行为的效力依是否违反效力性强制性规定而定，无须考虑相对人对此是否知道或者应当知道：法律、行政法规禁止经营、限制经营等规定，性质上属于效力性强制性规定，违反此种规定的民事法律行为无效；如未违反，则民事法律行为的效力不受影响。无论法庭还是当事人均易于掌握、易于判断。

此外，本条在表述上尚待斟酌，因无论是否超越经营范围，民事法律行为仍可因其他原因而致无效。故建议改为"除违反法律、行政法规的效力性强制性规定外，不影响民事法律行为的效力"。

第六，建议第61条关于法人住所的规定，改为一审稿原第59条："法人以登记的住所为住所。法人的主要办事机构所在地与住所不一致的，其主要办事机构所在地视为住所。法人依法不需要办理登记的，其主要办事机构所在地为住所。"

理由：二审稿第61条规定，"法人以其主要办事机构所在地为住所"，系维持现行《民法通则》第39条规定，不如一审稿第59条规定优越，建议恢复后者。法人住所的确定，关系到法律文书送达、诉讼管辖等事项。实践中普遍存在法人登记住所位于某地，而将主要办事机构设于另一地的情形。一段时间以来，不少地区为吸引公司、企业入住，颁行各种优惠政策、措施，尽量为公司登记提供便利，但许多公司入住之后，基于实际经营需要，仍将主要办事机构设在别处，导致登记住所和主要办事机构所在地不一致。一旦法人因歇业、倒闭等原因进入破产清算程序或者普通程序，法律文书就难以及时送达而不得不采用公告送达方式，按照法律规定，公告送达须刊登公告后经过60日才发生送达效力，延时费力、徒增讼累，损害相对人合法权益。另外，对于法人有多个办事机构的情形，相对人和法院往往难以判断何者为"主要"办事机构所在地。一审稿第59条有意修改《民法通则》第39条的规定:首先规定"法人以登记的住所为住所";然后规定"登记住所与法人主要办事机构所在地不一致的,其主要办事机构所在地视为住所";最后规定"法人依法不需要办理登记的,其主要办事机构所在地为住所"。其判断标准清晰,便于解决实践中的问题,更符合社会实际需要。

第七,建议第86条增加一款,为营利法人出资人对法人决议的撤销权设置除斥期间。建议条文:"出资人自知道或者应当知道决议之日起三个月内或者自决议作出之日起一年内未行使前款规定撤销权的,其撤销权消灭。"(第3款)

理由:撤销权属于形成权,为防止形成权长期存续致法律关系不确定、损及利害关系人权益和交易安全,立法应当为形成权设置除斥期间,使之因除斥期间届满而消灭。例如二审稿第146条为意思表示瑕疵情形撤销权所设除斥期间,《合同法》第75条为债权人撤销权所设除斥期间。本条来源于《公司法》第22条,该条为公司决议的撤销权设有作出决议之日起60日的除斥期间。公司决议作出之后,如允许出资人在经过较长期间之后仍可主张撤销,将对法人治理造成不利影响,并损害相对人合法权益。故本条有必要设置除斥期间。

考虑到《公司法》第22条第2款规定的60日期间过短,且一律自决议作出之日起算,也不尽合理。例如,开会未通知股东,致股东在决议作出之日起60日后才知悉已作出决议,则将因期间经过而丧失行使撤销权之机会。故建议同时设置3个月主观除斥期间(自知道或应当知道时起算)和1年客观除斥期间(自决议作出时起算),以与草案关于意思表示瑕疵法律行为撤销权除斥期间(第146条)和《合同法》关于债权人撤销权除斥期间(第75条)的规定相协调。

第八,建议将第59条第3款、第86条第2款、第97条第2款、第165条第2款中的"善意第三人",改为"善意相对人"。

理由:民法上的善意相对人概念、善意第三人概念,最容易混淆。按照合同相对性原理,一个(独立的)合同关系(A—B)中,双方当事人互为"相对人",于一方(A)有影响合同效力的事由(无处分权、超越代表权、超越代理权、超越经营范围)时,相对方(B)对此事由"不知",即属于"善意相对人";反之,相对方(B)对此事由"明知",即属于"恶意相对人"。

民法上的"第三人",指合同双方当事人之外的、与一方存在某种法律关系的特定人。其中,《合同法》上的"第三人"与《物权法》上的"第三人",亦有不同。《合同法》上的"第三人",指连续(交易)合同(A—B、B—C)关系中,后一合同(B—C)关系的受让人C。如果C对于前合同(A—B)关系存在无效、可撤销事由"不知",即为"善意第三人";反之,如果C对于前合同(A—B)关系存在无效、可撤销事由"明知",即为"恶意第三人"。草案第139条、第145条使用"善意第三人"的概念,是准确的。《物权法》上的"第三人",指重复交易(一物二卖)合同(A—B、A—C)关系中,后一合同(A—C)关系的受让人C。如果C对于前一合同(A—B)关系的存在"不知",即为"善意第三人";反之,如果C对于前一合同(A—B)关系的存在"明知",即为"恶意第三人"。例如,《物权法》第24条规定特别动产物权变动未经登记不得对抗"善意第三人",其所谓"第三人"即指重复交易(A—B、A—C)后一合同(A—C)关系的买受人C。最高人民法院《关于适用〈中华人民共和国物权法〉若干问题的解释(一)》第6条对此有解释。

第59条第3款规定:"法人的章程或者权力机构对法定代表人的代表权范围的限制,不得对抗善意第三人。"第86条第2款规定:"营利法人的权力机构、执行机构的会议召集程序、表决方式违反法律、行政法规、法人章程,或者决议内容违反法人章程的,营利法人的出资人可以请求人民法院予以撤销,但营利法人依据该决议与善意第三人形成的民事法律关系不受影响。"第97条第2款规定:"捐助法人的决策机构、执行机构或者其法定代表人作出的决定违反捐助法人章程的,捐助人等利害关系人或者主管机关可以请求人民法院予以撤销,但捐助法人依据该决定与善意第三人形成的民事法律关系不受影响。"第165条第2款规定:"法人或者非法人组织对执行其工作任务的人员职权范围的限制,不得对抗善意第三人。"这几个条文中的"善意第三人",

均应为"善意相对人"。观之二审稿第166条第2、3款使用"善意相对人"概念、第167条使用"相对人"概念,及草案第六章第二节意思表示使用"相对人"概念、第138条使用"善意相对人"概念,即可明白。

第九,建议第135条关于有相对人的意思表示解释的规定中,删除"受领人的合理信赖"一句。

理由:依民法原理及法学方法论,意思表示的解释,非依据任何一方的理解和信赖,而是按照"具有理性之人"处于同等情形应有之理解和信赖,以确定其意义。且所谓"受领人的合理信赖",亦应按照意思表示"所使用的词句,结合相关条款、行为的性质和目的、习惯以及诚信原则"综合判断,不可能存在独立于"所使用的词句,相关条款、行为的性质和目的、习惯以及诚信原则"之外的"受领人的合理信赖"。特此建议删去,以免有导致当事人缠讼及法官滥用自由裁量权之虞。

第十,建议第181条第1款规定普通诉讼时效期间为5年。

理由:现行《民法通则》诉讼时效制度,参考当时苏联和东欧国家的立法经验,其主要特征是诉讼时效期间过短,且不待当事人主张而由法庭主动适用。因为在单一公有制体制之下,企业财产属于国家所有,企业相互之间清偿债务及追究违约责任,不过是将金钱从国家左边口袋掏出来,再放入国家右边的口袋罢了。其民事立法,并不是为了保护民事权利,其规定尽量短的诉讼时效期间,是为了促进所谓"经济流转"。因此,《民法通则》诉讼时效制度不适应社会主义市场经济的要求。现实生活中,仅仅2年的时效期间经过,债务人就可以"理直气壮"地拒绝还债,与社会主义市场经济的道德概念、公平正义、诚实信用抵触太甚,使合法经营的企业特别是银行和金融机构蒙受了巨额财产损失,是反复形成金融机构巨额不良资产的主要原因之一。近年来虽经最高人民法院通过司法解释予以缓和、补救,如规定非经当事人主张法庭不得主动适用,但时效期间过短的缺点,终究不能靠司法解释予以妥善解决。

现今主要国家及地区民法规定普通诉讼时效期间一般较长。例如,欧洲的《瑞士债务法》,普通时效期间为 10 年,租金等短期时效期间为 5 年;英国 1980 年《时效法》,时效期间为 6 年;《意大利民法典》,为 10 年;《希腊民法典》,为 20 年;《西班牙民法典》,为 15 年;《波兰民法典》,为 10 年;《葡萄牙民法典》,普通时效期间为 20 年,租金等短期时效期间为 5 年;《马耳他民法典》,为 30 年;匈牙利 2013 年新《民法典》,为 5 年。亚洲的《日本民法典》,为 10 年和 20 年;《柬埔寨民法典》,为 5 年;《泰国民商法典》,为 10 年。非洲的《埃塞俄比亚民法典》,为 10 年。北美洲加拿大的《魁北克民法典》,为 10 年;南美洲的巴西 2002 年新《民法典》,为 10 年;《智利民法典》,为 5 年。我国香港特区《时效条例》,简单合约和侵权行为时效期间为 6 年;我国《澳门民法典》,普通时效期间为 15 年,租金等三类债权短期时效期间为 5 年;我国台湾地区"民法",为 15 年。值得注意的是,《德国民法典》(2001 年修正)缩短普通时效期间为 3 年,却同时规定了 10 年(客观)时效期间和 30 年(人身损害赔偿请求权)时效期间,并且规定当事人可以特约延长诉讼时效期间(上限为 30 年)。《法国民法典》2008 年改革诉讼时效,规定普通诉讼时效期间为 5 年,同时规定人身损害赔偿请求权的诉讼时效期间为 10 年,其中虐待和性侵未成年人的诉讼时效期间为 20 年。

考虑到我国经过三十多年的改革,社会主义市场经济体制已经确立,中国已经成为世界第二大经济体,中国国内市场已经与国际市场有机连接,中国已经成为世界制造大国和投资大国,中国政府和金融机构向各国提供贷款、中国企业到世界各国投资设厂,承建如高速公路、高速铁路等基础设施,中国和中国企业在国际经济贸易关系中通常居于债权人地位,民法总则规定诉讼时效制度,就绝不应只着眼于国内民事主体合法权益之保障,而更应当着眼于在国际范围内、国际经贸关系中,如何更好地保障中国和中方债权人的合法权益。应特别注意,《民法通则》规定的普通诉讼时效期间过短,对中国和中方债权人合法权益之保护极为不利。此外,从国家利益角度出发,应当提倡和鼓励中方企业在与外方谈判签订合同时,尽量争取约定以中国法律作为合同准据法(准据法条款)、约定由中国国内商事仲裁机构仲裁(仲裁条款),显而易见,《民法通则》规定的诉讼时效期间过短,将成为主要障碍。特此建议第181条第1款规定普通诉讼时效期间为5年。

第十一,建议增加规定人身损害赔偿请求权10年诉讼时效期间,作为第181条第2款。

理由:中国实行企业"走出去"战略和"一带一路"倡议,虽然没有具体统计数字,但肯定有许许多多从事企业管理、工程技术、医疗卫生、文化教育的中国人在世界各地工作,每年有数十万中国人在世界各国及地区求学,出境旅游的人数更多。根据国家旅游局统计公报,2002年以来,中国内地居民出境游人次保持着17%的复合增长,2014年达1.09亿人次,2015年达1.2亿人次。如此众多的中国人在境外工作、生活、学习、旅游,一旦不幸遭受人身损害,如何保障他们的损害赔偿请求权的实现?前面谈到,《德国民法典》规定的人身损害赔偿请求权的诉讼时效期间为30年,《法国民法典》规定的人身损害赔偿请求权的诉讼时效期间为10年。而现行《民法通则》第136条规定人身损害赔偿的诉讼时效期间是1年,现在的草案未设置人身损害赔偿诉讼时效期间,而不区分财产性损害赔偿和人身损害赔偿,一律适用普通诉讼时效期间(3年),显然是不适当的。特此建议参考《德国民法典》和《法国民法典》的立法经验,规定人身损害赔偿请求权的诉讼时效期间为10年,作为第181条第2款。将现在的第2款改为第3款。

第十二,建议将第185条第2款修改为:"诉讼时效期间届满后,义务人自愿履行的,不得请求返还;义务人承认义务、分期履行、部分履行、提供担保、请求延期履行、制定清偿计划或者表示同意履行的,不得以诉讼时效期间届满为由抗辩。"

理由:二审稿第185条第2款规定:"诉讼时效期间届满后,义务人自愿履行的,不受诉讼时效限制。"本款维持现行《民法通则》第138条的规定。按照民法原理,诉讼时效期间本身并不限制义务人的履行,即使在时效期间届满之后,也不发生是否"受诉讼时效限制"的问题,《民法通则》第138条的表述显然有误。其应有的意思是,诉讼时效期间届满后,义务人自愿履行的,不得以时效期间届满为由请求返还。

本款将一审稿第169条第2款第2句"义务人同意履行的,不得以诉讼时效期间届满为由抗辩"删除,导致法律漏洞,建议恢复。同时,"同意履行"一词文义过于狭窄,有必要涵盖更广泛的情形。

政策是法律的依据和内容，法律是政策的规范化*

——"政策"与"法源"关系辨

按照马克思主义法学原理，法律是通过国家立法程序予以规范化（法律化）并以国家强制力保障其实施的国家意志。法律的本质特征，一是规范性，经立法机关制定为法律规范，具有明确的适用范围、构成要件和法律效果，可以作为法院裁判的依据（即"法源"）；二是国家强制性，即由国家强制机关（公安、法院、检察院、羁押场所、监狱等）作为后盾，对违法行为人予以惩戒，保障法律的实施。这是法律与其他一切意识形态、行为规则（风俗习惯、宗教教规、团体内部规范）的根本区别所在。

执政党的各项政策，经国家立法机关、通过立法程序制定为国家法律后予以颁布，使执政党的政策法律化，具有了法律的规范性和强制性，才能要求全体国民一体遵行，才能作为法院裁判案件的根据（即"法源"）。质言之，政策是法律的依据和内容，法律是政策的规范化（法律化）。现行各项法律，实质上都是党的各项政策的法律化（规范化）。政策在经立法机关、立法程序予以规范化成为现行法律之前，不具有规范性和国家强制性，不能在法院裁判中引用，作为判决依据。这是政策不能作为"法源"的根本原因。

---

* 本文写作于2017年1月3日。

例如,改革开放、引进外资政策,经立法机关制定为《中外合资经营企业法》《中外合作经营企业法》予以贯彻实施;国有土地使用权出让政策,通过《城镇国有土地使用权出让和转让暂行规定》予以贯彻实施;国家、集体、私人财产权平等保护政策,通过《物权法》予以贯彻实施;农村土地承包政策,通过《农村土地承包法》和《物权法》中的农村土地承包经营权制度予以贯彻实施。即使在法律很不完备的条件下,党的政策在经立法机关、立法程序制定为法律规范(法律化)之前,法院裁判案件也不能直接适用,而是由最高人民法院通过司法解释权之行使,将党的各项民事政策制定为具有某种规范性的司法解释规则,才能作为法院裁判的依据,才能成为"法源"。

例如,20世纪60年代初,民法领域仅有一部《婚姻法》,人民法院审理婚姻案件之外的民商事案件,缺乏裁判规范。因此最高人民法院收集归纳整理当时党中央有关政策文件中涉及各类民事关系的政策精神,制定为具有某种规范性的司法解释文件,即《关于贯彻执行民事政策几个问题的意见》(1963年8月28日),下发各级人民法院,作为裁判民商事案件的根据。《关于贯彻执行民事政策几个问题的意见》,是最高人民法院行使司法解释权,根据当时党中央关于处理民事案件的政策精神所制定的司法解释规则。显而易见,当时法院裁判民事案件所适用的、判决书中所引用的"法源"(裁判依据),是此司法解释文件,而不是直接引用"政策"。

可见,在当时历史条件下,党的民事政策尚且须经最高人民法院司法解释权之行使、转化为具有某种规范性的司法解释规则,才能成为法院裁判的依据即"法源"。在中国走上法治之路、贯彻党的十八届四中全会《关于全面推进依法治国若干重大问题的决定》的当下,如果将"政策"规定为"法源",将有损中国法治伟业。

对《民法总则草案(三次审议稿)》的修改建议*

第一,建议恢复二次审议稿第 7 条关于"绿色原则"("民事主体从事民事活动,应当保护生态环境、节约资源,促进人与自然和谐发展")的规定,同时删除三次审议稿第 133 条("民事主体行使民事权利,应当节约资源、保护生态环境;弘扬中华优秀文化,践行社会主义核心价值观")。

理由:(1)本法规定"绿色原则"(二次审议稿第 7 条:"民事主体从事民事活动,应当保护生态环境、节约资源,促进人与自然和谐发展。")作为一项民法基本原则,符合当今时代的要求。(2)"绿色原则"是民事主体从事民事活动、生产活动和消费活动的行为准则。(3)"绿色原则"是民法典侵权责任编规定、追究环境侵权行为的民事责任的法理基础和立法根据。(4)当今中国自然环境遭受严重破坏,空气、水、土壤被严重污染,可以说与权利主体行使权利没有关系,因为任何人都没有破坏环境、污染环境的权利。因此"绿色原则"规定在第五章民事权利中,不合逻辑。(5)"绿色原则"与价值观不是同一层次、同一性质的问题,规定在同一个法律条文(三次审议稿第 133 条:"民事主体行使民事权利,应当节约资源、保护生态环境;弘扬中华优秀文化,践行社会主义核心价值观。"),造成逻辑矛盾。(6)党中央提倡的社会主义核心价值观,已经体现在本法平等原则(第 3 条)、意思自由

---

* 本文写作于 2017 年 1 月 4 日。

原则(第4条)、公平原则(第5条)、诚信原则(第6条)、公序良俗原则(第7条)等民法基本原则,以及各项具体的民事法律制度之中。三次审议稿第133条第2句又规定"践行社会主义核心价值观",不仅画蛇添足,而且启人疑窦,难道还有不包含自由、平等、公平、诚信等核心价值的所谓"核心价值观"?(7)所谓价值观,属于极抽象的概念,在第133条作为一个具体条文中的一句加以规定,使之沦为一个"摆错位置的空头口号",歪曲和贬低了社会主义核心价值观。(8)第11条明文规定,凡在中华人民共和国领域内的"民事活动",除法律另有规定外,均应当适用本法。要求在中国境内从事民事活动的外国人、无国籍人"践行社会主义核心价值观",不仅不符合党和国家的政策,并且势必成为在涉外民商事合同签订时,双方当事人选择中国法作为合同准据法、选择中国作为仲裁地及选择在中国仲裁机构仲裁案件的极大障碍。特此建议,恢复二次审议稿第7条关于"绿色原则"的规定,同时删除现稿第133条。

第二,建议删除第9条"法律法规规定"中的"法规"二字,或者修改为:"法律、行政法规规定"。

理由:二次审议稿本条的表述为"法律规定",三次审议稿改为"法律法规规定"不妥。因为"法规"包括"行政法规"和"地方性法规",仅"行政法规"属于法源,可以在裁判中作为判决依据。最高人民法院解释,"地方性法规"不得作为裁判的依据,不得在判决书中引用"地方性法规"。另外,《合同法》一律规定为"法律、行政法规"(如第10条、第44条、第52条等),虽然《物权法》仅规定"法律规定"(如第5条、第6条、第7条、第8条等),但《物权法》中的"法律规定"均被理解、解释为包括"行政法规"在内。最后,本法其他条文亦采用"法律、行政法规"(如第56条、第144条等)的表述。因此,建议本条"法律法规规定"一语,或者删除"法规"二字,或者修改为"法律、行政法规规定"。

第三,建议第14条第二句"以登记的时间为准",恢复为(二次审议稿)"以户籍登记的时间为准"。

理由:世界主要国家及地区均有户籍登记制度,而户籍登记为自然人身份的"基础资信"。除"户籍登记"外,其他"登记"甚多,诸如干部登记、职工登记、学生登记、党员登记、军人登记,等等。这些"登记",在证据法上的证据效力均低于"户籍登记"。第14条立法目的,自然人出生、死亡时间之认定,第一位的证据是出生证明、死亡证明;在没有出生证明、死亡证明的情形下,应当以第二位的证据"户籍登记"为准。出生证明、死亡证明和户籍登记的证据效力,属于推定的证据效力,于有异议时,可以用经法庭判断认定为真实的其他证据予以推翻。

出生证明、死亡证明作为第一位证据的理由是,根据社会生活经验,自然人出生、死亡均有医生在场,由医生接生和判断是否死亡,并及时出具出生证明、死亡证明。"户籍登记"作为第二位证据的理由是,国家专设户籍登记管理制度和户籍登记管理机关,记载自然人的身份资料信息(包括出生时间、死亡时间),鉴于户籍登记管理制度和户籍登记机关的公信力,户籍登记的证据效力理当高于其他非国家单位(企业、机关、学校)和军队、党团等内部的"登记"。且法庭依据户籍登记认定自然人出生、死亡时间,不必对户籍登记记载时间的真实性进行判断(推定为真实),即以之为准,此与不动产登记簿相同。

于当事人对户籍登记记载时间的真实性提出异议时,法庭将责令异议人举出相反的证据。这种情形,异议人可以举出其他的登记(如入学登记、入党登记、职工登记等)及其他证据(人证),以证明真实的出生时间、死亡时间。但这些证据,包括各种登记(书面证据)和证言(人证),必须由法庭进行真实性判断;仅在经法庭判断认可其真实性时,才采用这些证据(各种登记和证言),此即第14条第三句的规定。

现在第14条第二句将"户籍登记"改为"登记",将被理解为,户籍登记与其他一切登记具有相同的证据效力,无论有无户籍登记,法庭均可不经过真实性判断,而直接以其他登记(如干部登记、职工登记、党员登记、学生登记等)的时间为准。这样做,不仅背离立法本意,而且必定造成法律秩序的混乱。特此建议第14条第二句恢复为以"户籍登记"的时间为准。

第四,再次建议保留《民法通则》第142条第2款适用国际条约的规定和第3款适用国际惯例的规定。

现行《民法通则》第142条第2、3款规定："中华人民共和国缔结或者参加的国际条约同中华人民共和国的民事法律有不同规定的,适用国际条约的规定,但中华人民共和国声明保留的条款除外。"(第2款)"中华人民共和国法律和中华人民共和国缔结或者参加的国际条约没有规定的,可以适用国际惯例。"(第3款)按照第2款的规定,我国缔结或者参加的国际条约,除声明保留的条款之外,是我国现行法之一部分。其适用规则是,如国际条约的规定与我国民事法律的规定不同,则应适用该国际条约的规定;如国际条约的规定与我国民事法律的规定相同,则应适用我国民事法律的规定。按照第3款的规定,如果我国现行法律和我国缔结或者参加的国际条约都没有规定,可以适用有关国际惯例。

《民法通则》起草人将上述规则规定在规定涉外民事关系的法律适用的第八章,是基于上述规则的适用对象为"涉外民事关系",但其性质并不属于狭义的国际私法(冲突法)。因此,2010年在《民法通则》第八章基础上制定的《涉外民事关系法律适用法》,未作相应规定。显而易见,《涉外民事关系法律适用法》的起草人认为《民法通则》第142条第2、3款性质上属于民法实体法,而不属于冲突法。致《涉外民事关系法律适用法》生效后,《民法通则》第八章第142条第2、3款依然有效存在,而除此之外的该章其他条文均被废止。

现在制定《民法总则》及将来编纂中国民法典,如何处理(安排)现行《民法通则》第142条第2、3款关于国际条约和国际惯例的规定,有两个方案。方案一:第142条第2、3款不变,在前面增加表述适用对象的文句,安排在《民法总则》第一章末尾,作为第一章第12条:"中华人民共和国缔结或者参加的国际条约同中华人民共和国的民事法律有不同规定的,适用国际条约的规定,但中华人民共和国声明保留的条款除外。"(第1款)"中华人民共和国法律和中华人民共和国缔结或者参加的国际条约没有规定的,可以适用国际惯例。"(第2款)这样安排,坚持了《涉外民事关系法律适用法》起草人认为上述规则性质上不属于冲突法(狭义的国际私法)的立场。方案二:《民法总则》不作相应规定,将《民法通则》第142条第2、3款留待将来编纂民法典时纳入涉外民事关系法律适用编(第七编),规定在该编第一章一般规定中。如《涉外民事关系法律适用法》不纳入民法典,而作为单行法存在于民法典之外,则通过修订《涉外民事关系法律适用法》,将《民法通则》第142条第2、3款补入。

但须特别注意,采用第二个方案存在的风险。在(未规定国际条约和国际惯例的适用规则)《民法总则》通过生效之后,民法典编纂(有涉外民事关系法律适用编)完成并生效之前,或者民法典不包含涉外民事关系法律适用编、于修订《涉外民事关系法律适用法》增加关于国际条约和国际惯例适用规则之前的这一期间,中华人民共和国是否仍适用自己缔结或者参加的国际条约以及某种条件下适用国际惯例,就将处于不确定状态。将会引起国内外各界对此的"猜疑"。在我国国际地位、影响力和话语权日益提升,中国作为负责任的大国,正积极参与各种国际规则(条约、协定和惯例)的制定和修改的当下,尤其要避免出现上述"不确定状态",绝对不能容许引发国际社会对于中国适用国际条约和国际惯例一贯立场的"猜疑",损害中国作为一个负责任大国的声誉和形象。

再补充一个理由:关于国际条约、国际惯例的适用,我国已经采取由国内法专设条文明确规定中国法院可以适用国际条约和国际惯例的模式,中国法院适用国际条约和国际惯例的法律依据是《民法通则》第142条第2、3款的规定,这种模式已经执行达30年之久,为国内外所熟知。现在《民法总则》却未设相应的规定(条文),按照新法废改旧法的原理,被理解为《民法总则》废除了《民法通则》第142条第2、3款关于中国法院可以适用国际条约和国际惯例的规定,就是合乎法理的。虽然实际上中国法院不会因此就不再适用国际条约、国际惯例,而是在有关案件裁判中引用国际条约、国际惯例作为判决依据,但就法理而言,这样的判决将被认定为法律适用错误。

按照共同遵循的法理,既然规定中国法院可以适用国际条约、国际惯例的法律规定(《民法通则》第 142 条第 2、3 款)，已经被现行国内法(《民法总则》)废除，则中国法院再适用国际条约、国际惯例就是于法无据。这不仅会引发中国法院应否再适用国际条约、国际惯例及适用国际条约、国际惯例作出是否构成法律适用错误的疑问，并且当事人将中国法院适用国际条约、国际惯例的判决拿到外国法院申请承认和执行时，难免有被有些外国法院以此为借口，予以刁难甚至拒绝承认和执行的风险。特建议《民法总则》改采第一个方案，将《民法通则》第 142 条第 2、3 款规定在第一章末尾。

第五，建议本法第二章第三节增设由居民委员会、村民委员会提出死亡宣告申请的规定。

理由：宣告死亡的目的在于保护长期下落不明的自然人的利害关系人的合法利益，并消除因自然人下落不明所造成的民事法律关系的不确定状态。多数国家和地区立法例，均规定唯有失踪人的利害关系人才能申请宣告失踪人死亡，而未考虑国家公权力之直接介入。但考虑到自然人长期下落不明而不能宣告其死亡，与其有关的民事法律关系将一直处于不确定状态，例如遗产不能依法继承、身份关系不能消灭、债权债务关系不能了结，对于社会经济法律秩序之维护殊为不利。且自改革开放以来，已经发生利害关系人出于侵占下落不明的自然人的财产、损害其他利害关系人合法权益，以及冒领下落不明的自然人就退休金、养老金、补助金等违法目的，故意不提出死亡宣告申请的社会问题。

按照中国之国情，退休人口数量庞大，他们领取养老金并不亲自到社保机构领取，而是由社保机构定期将养老金汇入其银行账户，该退休人员及其配偶、子女甚至不必到银行提取现金，用银行卡甚至手机即可使用该金额。退休人员长期失踪而其配偶、子女不申请宣告死亡(甚至确实死亡而其子女隐匿不报)，而社保机构照常定期向该长期失踪甚至确实死亡的退休人员账户汇付养老金、社保金的情形，已经所在多有。

针对此社会问题，《意大利民法典》(第 62 条第 2 款)和我国台湾地区"民法"(第8条第1款)的立法经验,是明文规定由检察机关提出死亡宣告申请。此前笔者多次建议,增加规定由人民检察院依职权提出死亡宣告申请,迄今未被采纳。经再考虑,自然人长期失踪的事实,人民检察机关的确不容易查知,而最易于查知的,是该自然人所在的居民委员会、村民委员会。既然本法已经明确规定"居民委员会、村民委员会具有基层群众性自治组织法人资格"(第100条),则由居民委员会、村民委员会提起死亡宣告申请,就是合理、合法且简便易行的方案。

特此建议于第二章第44条增设第3款规定:"自然人符合本法规定的宣告死亡条件,如果没有利害关系人或者利害关系人不提出死亡宣告申请的,应当由该自然人所在的居民委员会、村民委员会向人民法院申请宣告该自然人死亡。"

第六,再次建议增加规定人身损害赔偿请求权的10年诉讼时效期间,作为第191条第2款。

理由:中国实行企业"走出去"战略和"一带一路"倡议,虽然没有具体统计数字,但肯定有许许多多从事企业管理、工程技术、医疗卫生、文化教育的中国人在世界各地工作,每年有数十万中国人在世界各主要国家及地区求学,出境旅游的中国人数量更多。根据国家旅游局统计公报,2002年以来,中国内地居民出境游人次保持着17%的复合增长,2014年达1.09亿人次,2015年达1.2亿人次。如此众多的中国人在境外工作、生活、学习、旅游,一旦不幸遭受人身损害,如何保障他们的损害赔偿请求权的实现?而外国民法,要么规定的普通诉讼时效期间很长(例如20年、30年),要么在规定较短的普通诉讼时效期间的同时,特别为人身损害赔偿请求权设较长的诉讼时效期间。例如,《德国民法典》规定普通诉讼时效期间为3年,人身损害赔偿请求权的诉讼时效期间为30年;《法国民法典》规定普通诉讼时效期间为5年,人身损害赔偿请求权的诉讼时效期间为10年。

现行《民法通则》第136条规定人身损害赔偿的诉讼时效期间是1年,现在的《民法总则草案》未设置人身损害赔偿诉讼时效期间,而不区分财产性损害赔偿和人身损害赔偿,一律适用普通诉讼时效期间(3

年),显然是不适当的,难免发生若中国人与外国人在同一侵权行为中遭受损害,而中国人的损害赔偿请求权超过3年就不再受法律保护,外国人的损害赔偿请求权经过10年甚至更长的时间之后还能够受到法律保护的情形。

《民法通则》对人身损害赔偿请求权与财产损害赔偿请求权规定适用同一诉讼时效期间,已经不符合法律发展的时代潮流和我国《宪法》强调人权保护的精神。现今民法理论,承认人身(生命、身体、健康)的价值远高于财产的价值,法律对人身的保护应优于对财产的保护。本法第2条关于民法调整范围的规定,将《民法通则》第2条规定的调整"财产关系和人身关系",改为调整"人身关系和财产关系";本法第五章民事权利,也将《民法通则》第五章列举规定的财产权在先、人身权在后的顺序,改为人身权在先、财产权在后。由此可以看出,《民法总则》之立法指导思想,反映中国推行改革开放和社会主义市场经济三十多年,取得伟大经济成就、向实现全面小康社会迈进的当下,将更加重视和强化对人民群众各种人身权益的法律保护。因此,改变对人身损害赔偿的诉讼时效与财产损害的诉讼时效一体对待的陈旧过时做法,对人身损害赔偿规定长于财产损害赔偿的诉讼时效期间,就是顺理成章的正确选择。特此建议参考《德国民法典》和《法国民法典》的立法经验,规定人身损害赔偿请求权的诉讼时效期间为10年,作为第191条第2款,将现在的第2款改为第3款。

对《民法总则草案（三次审议稿）》的补充修改建议*

第一，建议恢复二次审议稿第71条关于清算义务人怠于履行清算义务的责任的规定。

理由：现行法缺乏关于清算义务人责任的规定，仅《公司法》有所涉及，关于非营利法人则毫无规定。二次审议稿第71条规定："清算义务人怠于履行清算义务，造成法人财产损失的，应当在造成损失范围内对法人债务等承担责任。清算义务人怠于履行清算义务，导致法人主要财产、账册、重要文件等灭失，无法进行清算的，对法人债务等承担连带责任。"此项规定填补了现行法中法人制度的漏洞，使法人制度更加完善。鉴于实践中经常发生清算义务人违反义务的行为，本条具有重要意义，对于保护法人的债权人、出资人等不可或缺。且清算义务人本应履行妥善保管财产、账册等义务，履行此类义务并不困难，只要尽到义务，即不必为法人债务承担责任，而不规定清算义务人违反义务须承担连带责任，则难以真正起到督促清算义务人履行义务的作用，故本条规定并非过苛。特此建议予以恢复。

第二，建议第140条增加采取公告方式作出意思表示的前提条件，修改为："法律规定或者当事人约定可以公告方式作出意思表示的，以公告方式作出的意思表示，公告发布时生效。"

理由：按照民法原理及立法例，意思表示并非当然可以采用公告方

---

* 本文写作于2017年1月4日。

式,采用公告方式作出意思表示须以有法律规定或者当事人约定为前提条件。因为以公告方式作出意思表示,相对人往往难以得知(不可能经常查阅公告,且在何处公告,也不可能有统一的标准)。本条如果不增加前提条件,将有滥用公告方式为意思表示侵害相对人合法权益之虞,即表意人可以随意采用公告方式作出意思表示(例如解除合同的意思表示),使相对人在不知情的情况下承受不利后果。特此建议增加"法律规定或者当事人约定"一句作为以公告方式作出意思表示的限制条件。

第三,建议在第186条后增加一条,规定自助行为:"权利受侵害,因情况紧急,不能及时请求国家机关保护时,为保护自己权利,扣留义务人的财物或者拘束义务人的自由的,行为人不承担民事责任。依照前款规定,扣留他人财物或者拘束他人自由后,应当及时向人民法院或者其他有权处理的机关请求处理。请求被驳回或者请求迟延的,行为人应当承担损害赔偿责任。自助行为超过必要限度的,行为人应当承担相应的损害赔偿责任。"

理由:现代法律关于权利保护,以公力救济为原则。但绝对禁止私力救济,有时难免对权利人保护不周。因法院并非到处都是,而其他机关亦非随处均有,因而遇紧急情形来不及请求公力救济时,作为例外容许自助行为。我国《民法通则》对于自助行为未有明文规定,但在实际生活中权利人采取自助行为以实现其权利,且被法院依据自助行为(法理)免除权利人侵权责任的实例,不乏其例。经查中国裁判文书网,法院适用自助行为(法理)的判决有287件。

例如,有裁判见解指出:"合法的自助行为是指权利人受到不法侵害后,为保全或者恢复自己的权利,在情势紧迫而不能及时请求国家机关予以救助的情况下,依靠自己的力量对他人的财产或者自由施加适当的扣押、约束或者其他相应措施的行为。"[①]又如,法院认为:魏辛庄经济合作社作为土地发包方,阻拦未经其书面同意的非承包方耕种土

---

① 广东省江门市中级人民法院(2015)江中法民一终字第382号民事判决书。

地的行为,是对集体土地的一种管理行为和物权保护行为,因是自助行为而不具有违法性。故魏辛庄经济合作社阻拦吕永全耕种的行为并不构成侵权。② 特此建议明文规定自助行为,弥补法律的不足,为法院裁判这类案件提供明确的法律依据。

第四,建议第 195 条第 2 款后增加一句,即"诉讼时效期间届满后,义务人自愿履行的,不得请求返还;义务人承认义务或者表示同意履行的,不得以诉讼时效期间届满为由抗辩"。

理由:本条将一次审议稿(第 169 条第 2 款第 2 句)"义务人同意履行的,不得以诉讼时效期间届满为由抗辩"一句删除,导致法律漏洞,建议恢复。同时,"同意履行"的限定过于狭窄,有必要涵盖更广泛的情形。其他立法例上一般规定为承认义务等,可供参考。

---

② 参见北京市第二中级人民法院(2013)二中民终字第 10449 号民事判决书。

对《民法总则草案（三次审议稿）》的两点修改建议*

第一，建议将第 148 条修改为："行为人对行为内容有重大误解而实施的民事法律行为，行为人有权请求人民法院或者仲裁机构予以撤销。"

理由：《民法通则》第 59 条规定"行为人对行为内容有重大误解的"民事行为可以撤销。据此，重大误解限于内容错误，排除了动机错误。动机错误不得撤销，符合民法原理，有利于保护相对人的合理期待和交易安全。《民法总则草案（三次审议稿）》第 148 条仅抽象规定，基于重大误解实施的法律行为可以撤销。这样的规定不如《民法通则》规定得准确，已经在学术界引起了一些误解。

关于动机错误不属于重大误解的相关案例，例如：

（1）马中德与宜城市明松矿业公司、陈海兵确认合同效力纠纷案判决："依《中华人民共和国民法通则》第五十九条第一款第（一）项，行为人对行为内容有重大误解的，可请求撤销，故因重大误解可得撤销的事由限于就行为内容的意思表示错误，动机错误不属于可撤销范围。从协议内容看，马中德就其与明松矿业公司共同赔偿陈海兵损失赔偿的意思表示是明确的。至于其基于何种考虑或理由作出此种意思表示，以及其考虑是否能够实现，不构成撤销事由。"[①]

---

* 本文写作于 2017 年 2 月 15 日。
① 湖北省荆门市中级人民法院（2015）鄂荆门民一终字第 00025 号民事判决书。

（2）杨甲磊与毛永房屋租赁合同纠纷上诉案判决："动机与表示行为不符并不属重大误解的范畴。如使动机错误产生'重大误解'法律效力,则会严重损害交易安全。故上诉人误将动机错误认为系重大误解是对法律的错误理解,对其这一主张,本院不予支持。"②

第二,建议将第 200 条第（一）项修改为："下列请求权不适用诉讼时效的规定:（一）请求停止侵害、排除妨碍、消除危险、消除影响、恢复名誉、赔礼道歉……"

理由:停止侵害、排除妨碍、消除危险属于物权请求权,不适用诉讼时效,与之性质相同的消除影响、恢复名誉、赔礼道歉请求权,系为保护人格权而设,也不应适用诉讼时效。如上诉人周月彬与被上诉人周冰、南宁市国欢日用杂品有限公司姓名权纠纷案判决："因姓名权是一种人格权,其本质上属于绝对权、对世权,除姓名权本人之外,任何人都是义务主体,都负有不得侵犯他人姓名权的义务。基于人格权被侵害产生的停止侵害、恢复名誉、赔礼道歉、消除影响请求权不适用诉讼时效的规定。即人格权请求权系基于支配权而产生,与支配权的存在共存,若适用诉讼时效的规定,则影响人格权的绝对支配效力,影响人的人格和生存,故不具有财产利益内容的人格权请求权不适用诉讼时效制度。"③

---

② 江苏省徐州市中级人民法院(2012)徐民终字第 0691 号民事判决书。
③ 广西壮族自治区南宁市中级人民法院(2013)南市民一终字第 741 号民事判决书。

中国民法总则的制定[*]

引言：中国民法典编纂与民法总则立法概况

中国自改革开放以来，分别制定了《民法通则》（1986年）、《继承法》（1985年）、《婚姻法》（1980年）、《收养法》（1991年）、《担保法》（1995年）、《合同法》（1999年）、《物权法》（2007年）、《侵权责任法》（2009年）、《涉外民事关系法律适用法》（2010年）等一系列民事法律，在经济社会发展中发挥了重要作用。近年来，人民群众和社会各方面对编纂民法典的呼声很高。编纂民法典的主客观条件已经具备。

2014年10月23日通过的中共中央《关于全面推进依法治国若干重大问题的决定》确定了"编纂民法典"的立法目标。因此，全国人大常委会按照中共中央的决定，将民法典编纂工作提上日程。民法学界关于民法典编纂形成两种思路：中国民法学研究会会长、中国人民大学法学院王利明教授建议分三步走：第一步制定民法总则；第二步制定人格权法；第三步编纂民法典。第十二届全国人大代表、中国社会科学院法学研究所孙宪忠教授建议分两步走：第一步制定民法总则；第二步编纂民法典。

全国人大常委会经同有关方面反复研究，最后决定民法典编纂工作按照"两步走"的思路进行：第一步，在现行《民法通则》的基础上，制定作为民法典总则编的民法总则，经全国人大常委会审议后，争取提请2017年3月召开的第十二届全国人大第五次会议审议通过；第二步，

---

* 本文原载《北方法学》2017年第1期。

在各民事单行法的基础上,编纂民法典各(分则)编,拟于2018年上半年整体提请全国人大常委会审议,经全国人大常委会分阶段审议后,争取于2020年3月将民法典各(分则)编一并提请第十三届全国人民代表大会审议通过,从而形成统一的民法典。①

按照全国人大常委会的工作部署,自2015年3月以来,全国人大常委会法制工作委员会牵头成立了由最高人民法院、最高人民检察院、国务院法制办、中国社会科学院、中国法学会五个单位组成的"民法典编纂工作协调小组",并组织了专门负责起草的"工作小组"②,积极开展民法典编纂工作。在深入开展调查研究、梳理分析主要问题、广泛听取各方面意见的基础上,协调小组各成员单位密切配合,工作小组抓紧工作,形成了《中华人民共和国民法总则草案(征求意见稿)》③,于2016年2月2日印发地方人大、中央有关部门和部分全国人大代表、法学教学研究机构和一些社会组织征求意见。法制工作委员会根据各方面的意见和建议,对"征求意见稿"作了反复修改,并分别召开协调小组会议和专题会议,听取协调小组各参加单位、部分全国人大代表和专家学者的意见建议,对草案进行修改完善。

2016年6月14日,习近平总书记主持召开中央政治局常委会会议,听取了全国人大常委会党组《关于民法典编纂工作和民法总则(草案)几个主要问题的请示》的汇报,原则同意请示,并就做好民法典编纂和民法总则草案审议修改工作作出重要指示。全国人大常委会法制工作委员会根据党中央的重要指示精神,对草案又作了进一步修改完善,形成正式的法律草案。

---

① 民法典将由民法总则编与物权编、合同编、侵权责任编、婚姻家庭编、继承编和涉外民事关系法律适用编组成。
② 全国人大常委会的文件中称为"工作专班"。
③ 2016年2月《中华人民共和国民法总则草案(征求意见稿)》包括十章:第一章一般规定;第二章自然人;第三章法人;第四章其他组织;第五章民事权利;第六章民事法律行为;第七章代理;第八章民事权利的行使和保护;第九章期间和时效;第十章附则。共158条。此前,2015年9月法制工作委员会在北京召开专家讨论会,会上讨论的是法制工作委员会民法室的内部草案(简称室内稿),包括九章,共160条。

2016年6月28日,第十二届全国人大常委会第二十一次会议对《中华人民共和国民法总则(草案)》(以下简称《民法总则草案》)进行了初审(第一次审议)④,并将该草案在中国人大网正式公布,向社会公众征求修改意见。《民法总则草案》包括十一章:第一章基本原则;第二章自然人;第三章法人;第四章非法人组织;第五章民事权利;第六章民事法律行为;第七章代理;第八章民事责任;第九章诉讼时效和除斥期间;第十章期间的计算;第十一章附则。共186条。与征求意见稿相比,该草案在法律结构合理性、概念准确性、制度目的性、体系逻辑性及法律规范可操作性等方面确有提高,但尚有进一步修改完善的余地。按照立法计划,将根据社会各界意见修改完善,经全国人大常委会二次、三次审议修改完善后,提请2017年3月召开的第十二届全国人大第五次会议审议通过。下面着重介绍《民法总则草案》对《民法通则》的重要修改和新增内容。

一、一般规定

(一)调整对象

第2条规定调整对象(亦即适用范围)⑤,是以《民法通则》第2条的规定为依据,但将"财产关系"和"人身关系"的顺序调换了。《民法通则》的规定是"财产关系和人身关系",现在的条文是"人身关系和财产关系"。所谓"人身关系",是指婚姻家庭关系,亦即所谓"身份关系"。这与此前民法学界关于民法调整对象的争论有关,当时有学者批评《民法通则》是"重物轻人"。按照本条规定,将来编纂的民法典是否会将"人身关系法"(婚姻家庭编、继承编)安排在"财产关系法"(物权编、合同编、侵权责任编)的前面?

(二)基本原则

第3条至第8条规定了民法的基本原则,即平等原则(第3条)、意

---

④ 按照惯例,一项法律案至少须经全国人大常委会进行三次审议。例如《物权法草案》经常委会审议了六次。

⑤ 《民法总则草案》第2条规定:"民事法律调整作为平等民事主体的自然人、法人和非法人组织之间的人身关系和财产关系。"

思自治原则(第4条)、公平原则(第5条)、诚信原则(第6条)、保护环境原则(第7条)和公序良俗原则(第8条)。法律明文规定基本原则,属于中国立法惯例,这与中国曾经长期实行计划经济体制、缺乏民法传统有关。实行改革开放,发展社会主义市场经济,需要向全社会传达民法所赖以存在的平等、意思自治(合同自由)、公平、诚实信用等基础性原理和思想观念,也便于发挥民法基本原则的立法指导作用。

其中,明文规定公序良俗原则,值得注意。《民法通则》未采用"公序良俗"概念。⑥ 其中所谓"社会公德"和"社会公共利益"被学者和法官解释为"公共秩序与善良风俗"。《民法总则草案》反映了学术界和实务界的一致要求,采用大陆法系民法通用的"公共秩序和善良风俗"概念,具有重要的理论意义和实践意义。

(三) 民法法源

第10条是关于民法法源的规定。⑦ 按照民法原理和立法例,民法法源分为三个层次,第一层次是"法律规定";第二层次是"习惯";第三层次是"法理"。所谓"法理",指公认的民法原理,日本法和韩国法称为"条理"。值得注意的是,本条关于民法法源的规定,只规定了第一层次的"法律规定"和第二层次的"习惯"。本条未规定"法理"的法源地位,理由是,按照中国的国情,在法律规定和习惯之外,还有最高人民法院制定和发布的各种司法解释,被认为具有相当于法律规定的效力,可以作为裁判案件的依据。

最高人民法院司法解释多数情形是对现行法律规定如何理解适用进行的解释,但针对法律未有规定的案型,创设规则、弥补法律不足的情形也不少。例如,最高人民法院《关于适用〈中华人民共和国合同

---

⑥ 《民法通则》第7条规定:"民事活动应当尊重社会公德,不得损害社会公共利益,扰乱社会经济秩序。"

⑦ 《民法总则草案》第10条规定:"处理民事纠纷,应当依照法律规定;法律没有规定的,可以适用习惯,但是不得违背公序良俗。"

法〉若干问题的解释(二)》第 26 条创设情事变更规则[8];最高人民法院《关于审理买卖合同纠纷案件适用法律问题的解释》第 2 条创设买卖预约规则[9]、第 3 条创设买卖合同特别效力规则[10],即其著例。此外,最高人民法院近年推行指导性案例制度,亦可作为法官裁判案件的参考。质言之,按照中国国情,法官裁判案件,于既没有法律规定也没有相应习惯的情形,还要看最高人民法院是否有司法解释规则、是否有指导性案例,可资引为裁判依据。立法虽未明文规定"法理"的法源地位,并不是不可以参考"法理",自不待言。

(四)特别法优先适用

第 11 条规定了特别法优先适用原则。[11] 有必要说明的是,何者为一般法(基本法),何者为特别法,在本法生效之前和生效之后,是有差别的。在本法通过生效之前,现行民事立法是以《民法通则》及若干民事单行法构成的立法体系。其中,《民法通则》是一般法(基本法),《合同法》《物权法》《侵权责任法》等民事单行法,属于特别法。但在本法通过生效之后,本法(《民法总则》)将作为民法典的总则编,《合同法》《物权法》《侵权责任法》《继承法》及"婚姻家庭法"(《婚姻法》《收养法》)等单行法将作为民法典的各(分则)编,经过适当立法程序组成一

---

[8] 最高人民法院《关于适用〈中华人民共和国合同法〉若干问题的解释(二)》第 26 条规定:"合同成立以后客观情况发生了当事人在订立合同时无法预见的、非不可抗力造成的不属于商业风险的重大变化,继续履行合同对于一方当事人明显不公平或者不能实现合同目的,当事人请求人民法院变更或者解除合同的,人民法院应当根据公平原则,并结合案件的实际情况确定是否变更或者解除。"

[9] 最高人民法院《关于审理买卖合同纠纷案件适用法律问题的解释》第 2 条规定:"当事人签订认购书、订购书、预订书、意向书、备忘录等预约合同,约定在将来一定期限内订立买卖合同,一方不履行订立买卖合同的义务,对方请求其承担预约合同违约责任或者要求解除预约合同并主张损害赔偿的,人民法院应予支持。"

[10] 最高人民法院《关于审理买卖合同纠纷案件适用法律问题的解释》第 3 条规定:"当事人一方以出卖人在缔约时对标的物没有所有权或者处分权为由主张合同无效的,人民法院不予支持。"(第 1 款)"出卖人因未取得所有权或者处分权致使标的物所有权不能转移,买受人要求出卖人承担违约责任或者要求解除合同并主张损害赔偿的,人民法院应予支持。"(第 2 款)

[11] 《民法总则草案》第 11 条规定:"其他法律对民事关系另有特别规定的,依照其规定。"

部完整的民法典。本法与其他原单行法之间,不构成一般法(基本法)与特别法的关系。如本法的规定与《合同法》等的规定不一致,应适用"新法变更旧法的原则"。第 11 条所称"其他法律"一语,是指置身于民法典之外的《公司法》《票据法》《海商法》《保险法》《证券法》《著作权法》《专利法》《商标法》等民(商)事单行法。

二、自然人

(一)胎儿利益保护

第 16 条创设了胎儿利益特别保护制度[12],值得重视。《民法通则》拘泥于传统民法理论,认为胎儿属于母亲身体之一部分,胎儿在出生之前,不能享有损害赔偿请求权和遗产继承权,对胎儿利益保护非常不利。[13] 学界一致认为这属于立法漏洞。实务界已经有认可胎儿损害赔偿请求权的案例。本条采纳学术界和实务界的建议,规定了胎儿视为有民事权利能力制度,弥补了立法的不足,值得肯定。

(二)行为能力

《民法通则》规定自然人年满"十周岁"具有限制民事行为能力(第 12 条)。随着社会的发展进步,未成年人从上小学开始就要参加各种民事活动,需要实施各种民事法律行为。按照原来的规定,年满 10 周岁之前为无民事行为能力人,进行民事活动必须由法定代理人代理。这既不可能也不合理。学者的建议方案有两个:一是维持行为能力的"三分法",适当降低具有限制行为能力的年龄;二是把民事行为能力的"三分法"改为"两分法",只规定完全行为能力和限制行为能力,成年人具有完全行为能力、未成年人具有限制行为能力。起草人采纳了第一个方案。

(三)成年监护

废止"精神病人禁治产制度",新创成年监护制度。中国老龄化问

---

[12] 《民法总则草案》第 16 条规定:"涉及遗产继承、接受赠与等胎儿利益的保护,胎儿视为具有民事权利能力。但是,胎儿出生时未存活的,其民事权利能力自始不存在。"

[13] 仅《继承法》第 28 条规定:"遗产分割时,应当保留胎儿的继承份额……"

题日益突出,不仅带来所谓"人口红利"消退,而且带来很多社会问题。起草人参考发达国家(例如日本)的立法经验,创设成年监护制度,以资因应。其中,第 27 条规定指定监护人[14],第 31 条规定意定监护人[15],第 33 条第 3 款规定成年监护的基本原则。[16] 现在的规定还较粗略,仍有完善的余地。

三、法人制度

(一)法人分类

关于法人的分类,学者提出的建议方案有两个:一是按照民法理论和发达国家立法例,分为社团法人与财团法人;二是沿用《民法通则》分为企业法人与非企业法人的经验,分别改称"营利性法人"和"非营利性法人"。2015 年 9 月讨论的室内稿曾经采取第一个方案,但难以区分"机关法人"和"事业单位法人"。因为"机关"和"事业单位"虽可称为"人合组织体",但没有"成员"(股东、会员),难以纳入"社团"概念,且我国《公司法》上的"一人公司",也不符合社团(人合组织体)概念。因此,起草人放弃第一个方案,转而采用第二个方案,按照法人目的划分,分为营利性法人(第二节)与非营利性法人(第三节),非营利性法人包括事业单位法人(第 82、83 条)、社会团体法人(第 84、85 条)、捐助法人(第 86 条第 1 款)、宗教法人(第 86 条第 2 款)、机关法人(第 89、90 条)。这种分类消除了既非营利性也不符合公益性的中间法人,符合民法立法和理论发展的趋势,能够与《民法通则》的分类

---

[14] 《民法总则草案》第 27 条规定:"无民事行为能力或者限制民事行为能力的成年人,由下列人员中有监护能力的人依次担任监护人:(一)配偶;(二)父母;(三)子女;(四)其他愿意承担监护责任的个人或者有关组织,经被监护人住所地的居民委员会、村民委员会或者民政部门同意的。"

[15] 《民法总则草案》第 31 条规定:"具有完全民事行为能力的成年人,可以与近亲属、其他愿意承担监护责任的个人或者有关组织事先协商,以书面形式确定自己的监护人。监护人在该成年人丧失或者部分丧失民事行为能力时,承担监护责任。"

[16] 《民法总则草案》第 33 条第 3 款规定:"成年人的监护人履行监护职责,应当最大程度地尊重被监护人的意愿,保障并协助被监护人独立实施与其智力、精神健康状况相适应的民事法律行为。"

相衔接,有利于保持法律制度的稳定,值得赞同。

(二)法定代表人制度

法定代表人制度规定在第57条。⑰ 第1款规定法定代表人,沿用《民法通则》第38条规定。新增第2款和第3款,具有重要的理论意义和实践意义。第2款规定,法定代表人以法人名义从事的民事活动,由法人承受其后果。法定代表人为法人代表机关,其行为既是法人自己的行为,所产生的权利义务和责任,理当由法人享有和承担。表明我国民事立法采纳"法人组织体说"。第3款规定了法定代表人越权行为的效力规则。民法解释论上曾经有"权利能力限制说""行为能力限制说"与(法定代表人的)"代表权限制说"。按照"权利能力限制说",法定代表人的越权行为属于绝对无效;按照"行为能力限制说",法定代表人的越权行为属于相对无效;按照"代表权限制说",法定代表人的越权行为属于有效,但不得对抗善意第三人。"代表权限制说"为现今民商法学界之通说,第3款规定采此说,有利于市场交易安全与交易公平两项价值之兼顾。

顺便指出,因《民法通则》未设置法定代表人越权行为效力规则,为弥补这一立法漏洞,《合同法》制定时参考表见代理规则,设置第50条规定越权行为效力规则,称为"表见代表"⑱。因此,法院审理公司法定代表人超越权限订立合同(如担保合同)纠纷案件时,须依据《合同法》第50条表见代表规则进行裁判。在本法生效之后,人民法院审理同类案件,就应当适用本法第57条第3款法定代表人越权行为效力规则。在将《合同法》编纂为民法典的合同编时,似可考虑删除第50条。

---

⑰ 《民法总则草案》第57条规定:"依照法律或者法人章程规定,代表法人从事民事活动的负责人,为法人的法定代表人。法定代表人以法人名义从事的民事活动,其法律后果由法人承受。法人的章程或者权力机构对法定代表人的代表权范围的限制,不得对抗善意第三人。"

⑱ 《合同法》第50条规定:"法人或者其他组织的法定代表人、负责人超越权限订立的合同,除相对人知道或者应当知道其超越权限的以外,该代表行为有效。"

(三) 超越经营范围法律行为效力规则

第 77 条创设了超越经营范围法律行为的效力规则。[19] 此项规则是将最高人民法院《关于适用〈中华人民共和国合同法〉若干问题的解释(一)》第 10 条解释规则[20]提升为正式法律条文,具有重要理论和实践意义。

四、关于民事权利

(一) 不规定民事权利客体(章)

本法设置第五章规定各种民事权利,表明起草人拒绝学者关于专章规定民事权利客体的立法建议。规定了各种民事权利,权利客体也就包含在其中了。例如,第 108 条列举规定了知识产权的各种客体。[21]在 2015 年 9 月的专家讨论会上,曾经讨论过中国法学会的"民事权利客体章"专家建议稿(共 16 个条文)。多数学者认为,社会生活不断发展变化,不断衍生许多新的事物,不排除将来有规定为权利客体的可能。但问题之一是难以完全列举,问题之二是很难决定其属于何种权利。例如手机"流量""死者人格利益""遗体"等,属于什么权利很难说清楚。本法不作规定,并不影响其作为民事利益受法律保护。至于脱离人体的器官、血液、骨髓、组织以及精子、卵子等,则以特别法予以规定为宜。

---

[19] 《民法总则草案》第 77 条规定:"营利性法人超越登记的经营范围从事经营活动的,依法承担相应的责任,但是除违反法律、行政法规的效力性强制性规定外,民事法律行为有效。"

[20] 最高人民法院《关于适用〈中华人民共和国合同法〉若干问题的解释(一)》第 10 条规定:"当事人超越经营范围订立合同,人民法院不因此认定合同无效。但违反国家限制经营、特许经营以及法律、行政法规禁止经营规定的除外。"

[21] 《民法总则草案》第 108 条第 2 款规定:"知识产权是指权利人依法就下列客体所享有的权利:(一)作品;(二)专利;(三)商标;(四)地理标记;(五)商业秘密;(六)集成电路布图设计;(七)植物新品种;(八)数据信息;(九)法律、行政法规规定的其他内容。"

（二）不设"人格权编"

本章列举规定各种人格权[22]，表明起草人拒绝人格权单独立法（设编）的建议，而坚持当今人格权保护的中国经验。所谓人格权保护的中国经验包含三个要点：一是人格权类型化（第100条）加上一般人格权（第99条）；二是侵权法保护（《侵权责任法》第2条）；三是承认人格权具有财产价值（《侵权责任法》第20条）。所谓人格权保护的中国经验，与当今发达国家和地区人格权保护的共同经验是完全一致的。

（三）不设"债权总则编"

第105条规定了债权的定义和债的发生原因[23]，表明编纂中国民法典将不设"债权总则编"。民法典是否设债权总则编，是民法学界重大争论点之一。民法典设置债权总则编，有利有弊。利在维持民法逻辑体系和民法理论体系，弊在分解现行《合同法》，诸如债的种类、债的履行、债权的变更与转让、债权人代位权与债权人撤销权、债权债务关系的消灭等内容，须从《合同法》总则部分分离出来，规定到债权总则编。起草人不主张设置债法总则编，目的在于保持现行《合同法》的完整性。本法规定债权的概念和债的发生原因，解决了债权概念和债的发生原因难以纳入《合同法》的难题，至于债权总则的其他内容，则仍保留在《合同法》总则（予以完善）。

五、民事法律行为

（一）法律行为概念之争

《民法通则》发明"民事法律行为"概念和"民事行为"概念。以

---

[22] 《民法总则草案》第99条规定："自然人的人身自由、人格尊严受法律保护。"第100条规定："自然人享有生命权、健康权、身体权、姓名权、肖像权、名誉权、荣誉权、隐私权、婚姻自主权等权利。法人、非法人组织享有名称权、名誉权、荣誉权等权利。"

[23] 《民法总则草案》第105条第2款规定："债权是因合同、单方允诺、侵权行为、无因管理、不当得利以及法律的其他规定，权利人请求特定义务人为一定行为的权利。"第106条规定："没有法定的或者约定的义务，为避免他人利益受损失进行管理或者服务的，有权请求受益人偿还由此而支付的必要费用。"第107条规定："没有合法根据，取得不当利益，造成他人损失的，应当将取得的不当利益返还受损失的人。"

"民事法律行为"指称合法有效的行为,用"民事行为"概念指称违法的、无效的、可撤销的行为。现在看来,这与制定《民法通则》时民法教学和理论研究刚恢复不久,起草人还未能正确理解法律行为概念本质有关。《民法通则》施行已30年,中国民法理论和学术研究有了长足进步,主张采用大陆法系民法通用的"法律行为"概念,废弃"民事法律行为"概念和"民事行为"概念,已成为学界共识。

2015年9月室内稿采用了"法律行为"概念,却受到其他法学专业学者的反对,理由是,如民法典采用"法律行为"概念,别的法律(法学)专业就难以再使用类似概念,如"经济法律行为""行政法律行为"等。笔者认为,起草人为了避免纠缠个别概念,仍然采用"民事法律行为"概念。值得注意的是,现在的"民事法律行为"概念[24]已经抛弃《民法通则》起草人赋予的特别含义,而与大陆法系民法中的"法律行为"概念毫无区别。

(二)保留关于法律行为有效要件的规定

第112条规定的法律行为有效要件是以《民法通则》第55条为基础,文字稍有改动。[25] 在关于制定《民法总则》的讨论中,一些学者建议删去本条。理由是,法律已经明确规定了法律行为无效条件、可撤销条件,没有必要再从正面规定法律行为的有效条件。但考虑到社会生活的复杂性和变动性,仍然还会出现一些在法律上没有具体规定的新型案件。保留法律行为有效要件的规定,遇到未有法律具体规定的新型案件,法庭可以直接引用本条作为裁判依据。这就增加了法律的灵活性。值得注意的是,《民法通则》第55条规定中第(三)项要件是"不违反法律或者社会公共利益"。本条用"公序良俗"取代"社会公共利益",并将"违反法律"一语改为"违反法律、行政法规效力性强制性规

---

[24] 《民法总则草案》第112条规定:"民事法律行为是指自然人、法人或者非法人组织通过意思表示设立、变更、终止民事权利和民事义务的行为。"

[25] 《民法总则草案》第121条规定:"具备下列条件的民事法律行为有效:(一)行为人具有相应的民事行为能力;(二)意思表示真实;(三)不违反法律、行政法规的效力性强制性规定,不违背公序良俗。"

定",这是采用了最高人民法院的解释用语。[26] 该项司法解释将"强制性规定"区分为"效力性规定"与"非效力性(管理性)规定"。笔者认为,中国民法实务界采用所谓"效力性规定"一语,是受日本的影响。[27]

(三)创设虚伪表示和隐藏行为规则

新增关于虚伪表示和隐藏行为的规则。[28]《民法通则》未规定虚伪表示,而社会生活中当事人为规避法律强制性规定或逃避债务所为虚伪表示和隐藏行为并不鲜见。为弥补立法漏洞,特创设第124条。

(四)统一欺诈、胁迫的法律效果

第126条至第128条规定了欺诈和胁迫的法律效果。[29] 按照民法原理和立法例,欺诈和胁迫均为法律行为撤销的原因。但《民法通则》第58条规定欺诈、胁迫的法律效果为无效。《合同法》制定时,关于如何规定欺诈、胁迫的法律效果发生分歧,一种意见主张规定为可撤销,另一种意见主张仍依《民法通则》规定为无效。最终采取折中办法,分为两个条文,依欺诈、胁迫之是否损害国家利益而规定不同的法律效果[30],这与民法理论及各主要国家及地区的立法例不符,且在裁判实务中徒增操作困难。起草人在总结裁判实践经验的基础上,采纳学者建议,将欺诈、胁迫的法律效果统一规定为可撤销,值得肯定。

---

[26] 最高人民法院《关于适用〈中华人民共和国合同法〉若干问题的解释(二)》第14条规定:"合同法第五十二条第(五)项规定的'强制性规定',是指效力性强制性规定。"

[27] 在制定《合同法》时,在北京国际饭店召开的中日国际学术研讨会上,王晨教授就此问题报告过日本的经验。

[28]《民法总则草案》第124条规定:"行为人与相对人串通,以虚假的意思表示实施的民事法律行为无效,但是双方均不得以此对抗善意第三人。行为人以虚假的意思表示隐藏的民事法律行为,依照有关法律规定处理。"

[29]《民法总则草案》第126条规定:"一方以欺诈手段,使对方在其违背真实意思的情况下实施的民事法律行为,受欺诈方有权请求人民法院或者仲裁机构予以撤销。"第127条规定:"第三人实施欺诈行为,使一方在违背其真实意思的情况下实施的民事法律行为,对方知道或者应当知道该欺诈行为的,受欺诈方有权请求人民法院或者仲裁机构予以撤销。"第128条规定:"一方或者第三人以胁迫手段,使对方在违背其真实意思的情况下实施的民事法律行为,受胁迫方有权请求人民法院或者仲裁机构予以撤销。"

[30]《合同法》第52条第(一)项规定,一方以欺诈、胁迫的手段订立合同,损害国家利益的合同无效。第54条第2款规定,一方以欺诈、胁迫的手段"使对方在违背真实意思的情况下订立的合同,受损害方有权请求人民法院或者仲裁机构变更或者撤销"。

(五)合并显失公平和乘人之危

将现行法乘人之危与显失公平合并为一项制度。[31] 在制定《民法通则》时,受当时南斯拉夫新债法的影响,将传统民法"暴利行为"制度(《德国民法典》第138条第2款)一分为二:一为"乘人之危",指一方当事人乘对方处于危难之际,为牟取不正当利益,迫使对方作出不真实的意思表示而成立的法律行为,其法律效果为无效(《民法通则》第58条),后《合同法》改为可撤销(《合同法》第54条第2款);二为"显失公平",凡合同双方给付显失均衡,致一方遭受重大损害的,均可构成显失公平,其法律效果为可撤销(《民法通则》第59条、《合同法》54条)。

考虑到现行法上乘人之危与显失公平的共同本质均在于双方当事人的权利义务显失均衡,且法律效果均属于可撤销,从裁判实务言之,则乘人之危的构成要件过严,显失公平的构成要件过宽。主张乘人之危获得法院支持的可能性极小,而主张显失公平获得法院支持的可能性较大。有鉴于此,起草人将乘人之危与显失公平合并为一个条文,仍称"显失公平"(实则将乘人之危作为构成显失公平的主观要件)。这一做法不仅符合民法原理和立法例,而且将更有利于对双方当事人合法权益之保护,更能实现维护市场交易公正性之目的,并方便法院裁判。

(六)删除可撤销法律行为的"变更"效力

民法原理和立法例于法律行为意思表示存在瑕疵情形,赋予受损害一方撤销权,通过撤销权之行使,消灭有瑕疵法律行为的效力,使当事人双方恢复到成立该法律行为之前的状态,以纠正当事人之间的不公正。但现行《民法通则》和《合同法》却在撤销权之外赋予当事人变

---

[31] 《民法总则草案》第129条规定:"一方利用对方处于困境、缺乏判断能力或者对自己信赖等情形,致使民事法律行为成立时显失公平的,受损害方有权请求人民法院或者仲裁机构予以撤销。"

更的效力。㉜ 此项"变更"效力,亦可解释为附着于撤销权的另一项形成权,即"变更权"。此项变更权之行使,将依权利人单方的意思而变更双方之间的权利义务,使权利人单方的意思具有拘束对方当事人的效力,有悖于本法明文宣示的"平等原则"(第3条)、"意思自治原则"(第4条),以及民事法律行为非依法律规定或者双方合意不得变更的基本原理(第115条)。就裁判实践言之,法院因当事人行使撤销权而撤销有瑕疵的法律行为,恢复当事人未实施该法律行为之前的状态,不仅最为公平合理,亦最为方便。大多数当事人之所以不选择行使变更权,显然是考虑到法院难以仅依自己单方的意思作出变更判决,且即使法院作出变更判决,被告方也难免继续缠讼不休。起草人从重大误解、欺诈、胁迫、显失公平民事法律行为的规定中,删除"变更"效力,值得赞同。

六、关于代理制度

大陆法系传统民法理论所谓代理,是指直接代理。间接代理被视为类似代理之制度,而非真正代理。德国民法、日本民法及我国台湾地区"民法"所规定的代理,均限于直接代理。《民法通则》关于代理的规定,坚持代理人须以被代理人的名义实施法律行为,与上述国家和地区相同,即仅指直接代理。《合同法》制定时,关于是否规定间接代理曾发生激烈争论。最终起草人采纳多数学者专家的意见,参考英美代理法及欧洲合同法原则,在直接代理之外规定了间接代理(第402条、第403条)。可见中国现行法上的代理,已突破大陆法系传统民法理论,采用了包括直接代理和间接代理的广义代理概念。

编纂民法典及制定民法总则,对待《合同法》中的间接代理问题有两个方案。一是将《民法通则》规定的直接代理制度与《合同法》上的间接代理规则加以整合,制定既符合中国发展现代化市场经济,特别是

㉜ 《合同法》第54条第2、3款规定:"一方以欺诈、胁迫的手段或者乘人之危,使对方在违背真实意思的情况下订立的合同,受损害方有权请求人民法院或者仲裁机构变更或者撤销。当事人请求变更的,人民法院或者仲裁机构不得撤销。"

发展国际经济贸易的要求,又与国际公约和惯例接轨的代理法。二是民法总则规定直接代理作为代理法的一般规则,将间接代理保留在《合同法》上作为特别规则。起草人采纳第二个方案,仅以 1 个条文规定间接代理的定义。[33]

七、诉讼时效

(一)规定普通诉讼时效期间为 3 年过短

各主要国家及地区民法规定的普通诉讼时效期间一般较长。《民法通则》规定的普通诉讼时效期间为 2 年。草案第 167 条第 1 款规定普通诉讼时效期间为 3 年,仍嫌过短。多数学者建议规定为 5 年。

(二)建议增设人身损害赔偿请求权的长期诉讼时效期间

《民法通则》第 136 条规定人身损害赔偿的诉讼时效期间是 1 年,现在的草案不区分财产性损害赔偿和人身损害赔偿,一律适用普通诉讼时效期间(3 年),显然是不适当的。建议参考《德国民法典》和《法国民法典》[34],规定人身损害赔偿请求权的诉讼时效期间为 10 年。

(三)建议增设未成年人受性侵害请求权诉讼时效特别规则

鉴于对未成年人性侵害行为的特殊性,受害人属于限制行为能力人或者无行为能力人,不可能自己寻求法律保护。于监护人疏于履行监护职责甚至监护人就是加害人的情形,受害人往往得不到法律救济。受害人成年之后自己寻求法律保护,却因诉讼时效期间超过法院拒绝受理或者被驳回。为了给受性侵害未成年人预留其成年之后寻求法律救济之机会,发达国家立法例有三种方案。

方案一,为受性侵害未成年人的损害赔偿请求权规定足够长的时效期间,保障其成年之后能够寻求法律保护(诉讼时效期间尚未超

---

[33] 《民法总则草案》第 142 条规定:"代理人在代理权限内以自己的名义与第三人实施民事法律行为,第三人知道代理人与被代理人之间的代理关系的,该民事法律行为直接约束被代理人和第三人,但是有确切证据证明该民事法律行为只约束代理人和第三人的除外。"

[34] 人身损害赔偿的诉讼时效期间,《德国民法典》规定为 30 年,《法国民法典》规定为 10 年。

过)。例如,《法国民法典》第 2226 条第 2 款规定:"对未成年人实施拷打或野蛮行为、暴力或性侵犯造成损害的,诉讼时效期间为 20 年。"

方案二,规定受性侵害未成年人的损害赔偿请求权诉讼时效期间,于受害人成年且能够行使诉权之前不开始计算。例如,《德国民法典》第 208 条规定:"基于性的自主决定受侵害的请求权,于受害人满 21 周岁前,时效不开始进行。时效开始时受害人与加害人处在家庭共同生活关系中的,于共同生活关系终止前,诉讼时效不开始进行。"

方案三,将受性侵害未成年人的损害赔偿请求权诉讼时效与性侵害犯罪行为的追诉时效相联系,规定于性侵害犯罪行为追诉时效届满之前诉讼时效亦不届满,以保障受害人可以行使损害赔偿请求权。例如,新《荷兰民法典》第 3∶310 条第 4 款规定,对不满 18 周岁的女性的性侵害犯罪行为,损害赔偿的诉讼时效在犯罪的追诉时效届满前不届满。

其中,方案二,因《德国民法典》第 208 条规定最为简便,特此建议参考这一经验,创设未成年人受性侵害损害赔偿请求权诉讼时效期间起算的特别规则,规定:"未成年人受性侵害的损害赔偿请求权的诉讼时效期间,自受害人年满十八周岁之日开始计算。"(第 1 款)"受害人与加害人处在家庭共同生活关系中的,其诉讼时效期间,自受害人年满十八周岁并且脱离家庭共同生活关系之日开始计算。"(第 2 款)

对《民法总则草案（2017年2月16日法律委审议稿）》的修改建议*

第一，建议将第15条改为："涉及遗产继承、接受赠与等胎儿利益保护的，胎儿视为具有民事权利能力。但是胎儿脱离母体时为死体的，其民事权利能力自始不存在。"

理由：原文称"胎儿出生时为死体……"，"出生"意指出而生存。用"脱离母体"一语似更准确。

第二，建议第132条中删除"损害社会公共利益"，恢复为原条文："民事主体不得滥用民事权利损害他人合法权益。"

理由：本条于三次审议稿后增加"社会公共利益"一语，成为"民事主体不得滥用民事权利损害社会公共利益或者他人合法权益"。本条规定了禁止权利滥用原则。社会公共利益是与公序良俗（公共秩序和善良风俗）相当的概念，本法已经用公共秩序和善良风俗概念取代社会公共利益概念，不宜继续使用不一致的概念。按照民法原理，公序良俗原则是民事法律行为的效力界限，违反公序良俗的民事法律行为无效，行为人不可能因此获得权利，也当然不发生权利行使的问题。而禁止权利滥用原则是对已经存在权利之行使所设置的限制。禁止权利滥用是诚实信用原则的要求，诚实信用原则是禁止权利滥用原则的立法和法理根据。民法理论认为禁止权利滥用原则，是诚实信用原则的下位原则。因此，禁止权利滥用原则不能与公序良俗原则并立，也不能作

---

* 本文写作于2017年3月4日。

为公序良俗原则的下位原则。且损害公共利益的行为,将承担行政法、刑法规定的责任,已不属于权利行使。

第三,建议将第 148 条修改为:"行为人对行为内容有重大误解而实施的民事法律行为,行为人有权请求人民法院或者仲裁机构予以撤销。"

理由:《民法通则》第 59 条规定"行为人对行为内容有重大误解的"民事行为可以撤销。据此,重大误解限于内容错误,不包括动机错误。行为人实施民事法律行为的动机,仅存在于行为人的内心,相对人难以获知。因此依照《民法通则》该条规定,动机错误不得撤销,符合民法原理,有利于保护相对人的合理期待和交易安全。仅抽象规定基于重大误解实施的法律行为可以撤销,不如《民法通则》规定准确,已经在理论界和实务界引起了一些误解。

关于动机错误不属于重大误解的相关案例,如:

(1)马中德与宜城市明松矿业公司、陈海兵确认合同效力纠纷案判决:"依《中华人民共和国民法通则》第五十九条第一款第(一)项,行为人对行为内容有重大误解的,可请求撤销,故因重大误解可得撤销的事由限于就行为内容的意思表示错误,动机错误不属于可撤销范围。从协议内容看,马中德就其与明松矿业公司共同赔偿陈海兵损失赔偿的意思表示是明确的。至于其基于何种考虑或理由作出此种意思表示,以及其考虑是否能够实现,不构成撤销事由。"①

(2)杨甲磊与毛永房屋租赁合同纠纷上诉案判决:"动机与表示行为不符并不属重大误解的范畴。如使动机错误产生'重大误解'法律效力,则会严重损害交易安全。故上诉人误将动机错误认为系重大误解是对法律的错误理解,对其这一主张,本院不予支持。"②

第四,建议恢复三次审议稿第 156 条:"超越依法登记的经营范围从事经营活动的,除违反法律、行政法规有关限制经营、特许经营或者

---

① 湖北省荆门市中级人民法院(2015)鄂荆门民一终字第 00025 号民事判决书。
② 江苏省徐州市中级人民法院(2012)徐民终字第 0691 号民事判决书。

禁止经营的规定外,不影响民事法律行为的效力。"

　　理由:三次审议稿此项规则是将最高人民法院《关于适用〈中华人民共和国合同法〉若干问题的解释(一)》第10条"当事人超越经营范围订立合同,人民法院不因此认定合同无效。但违反国家限制经营、特许经营以及法律、行政法规禁止经营规定的除外"提升为法律明文规定,具有重要理论和实践意义。自20世纪80年代以来,对于法人超越经营范围订立的合同,法院多认定为无效,致严重妨碍交易安全。前述司法解释中的该条规定,对超越经营范围行为明文采取原则上有效、例外无效之立场,对于交易安全和交易秩序之保障具有重大意义。

　　删除本条规定,或许是认为本条与第147条重复(第147条规定违反法律、行政法规效力性强制性规定的民事法律行为无效)。然而,本条具有独立的意义,不能被其他条文所代替。删除本条规定,将导致实务中以超越代表权行为效力规定来处理超越经营范围法律行为的效力问题,将使问题复杂化,并发生不适当的后果。根据民法理论,法人的代表人实施超越经营范围的行为,可认为属于超越代表权行为,则依照《合同法》第50条关于越权代表的规定以及草案第59条第3款关于代表权范围限制不得对抗善意相对人的规定,当相对人知道或者应当知道法人超越经营范围时,相对人与法人之间所为民事法律行为无效。以相对人是否知道或应当知道超越经营范围而确定民事法律行为之无效或有效,将增加法院事实认定的难度和复杂性,并妨碍交易的确定性和安全性。

　　《公司法》《合伙企业法》等不禁止企业从事超越经营范围的经营活动(违反特别限制者除外),企业超越一般经营范围的活动在实践中所在多有。一旦实施了此种行为,如适用越权代表的规定(第59条第3款),必将认定为此种行为无效。鉴于法人经营范围依法须登记公示,法院将根据民法"具有理性之人"标准认定相对人"应当知道"(交易对方)超越了经营范围,否定其主张"不知道"的抗辩。其结果是,法人超越经营范围的民事法律行为,将一律被认定为无效。这显然违背最高人民法院既定一贯立场。按照最高人民法院《关于适用〈中华人民共和国合同法〉若干问题的解释(一)》第10条的规定,凡超越经营范围的行为,如不违反国家限制经营、特许经营以及法律、行政法规禁止经营规定(也无其他法定无效事由),则应一律有效,而不考虑相对人是否知道或应当知道超越经营范围。

三次审议稿第156条将最高人民法院《关于适用〈中华人民共和国合同法〉若干问题的解释(一)》第10条解释规则提升为法律条文。如果保留该条规定,则超越经营范围行为的效力依是否违反效力性强制性规定而定,无须考虑相对人对此是否知道或者应当知道。法律、行政法规禁止经营、限制经营等规定,性质上属于效力性强制性规定,违反此种规定的民事法律行为无效;如未违反,则民事法律行为的效力不受影响。无论法庭还是当事人均易于掌握、易于判断。

第五,第166条中的"第三人",建议改为"相对人",即"代理人在代理权限内以自己的名义与相对人实施民事法律行为,相对人知道代理人与被代理人之间的代理关系的,该民事法律行为直接约束被代理人和相对人,但是有证据证明该民事法律行为只约束代理人和相对人的除外"。

理由:本条所称"第三人",即相对人,是指与代理人实施民事法律行为的对方当事人。本章第174条至第176条均采用"相对人"概念,本条也应统一使用"相对人"。

第六,建议删除第175条第4款:"相对人知道或者应当知道代理人无权代理的,相对人和代理人按照各自的过错承担责任。"

理由:本条规定了无权代理。第3款规定:"无权代理人实施的行为未被追认的,善意相对人有权请求无权代理人履行债务或者就其受到的损害请求无权代理人赔偿……"第4款和第3款之间矛盾。相对人知道或应当知道代理人无权代理的,即为"恶意相对人",而不是本条第3款所称的"善意相对人",依照本条第3款的规定,原本无权请求代理人承担责任。且依据民法原理,恶意者不受保护。对于恶意相对人,法律不应保护,而不宜规定恶意相对人和无权代理人分担责任。

恢复《民法总则草案（三次审议稿）》第 155 条的紧急建议*

《民法总则草案（三次审议稿）》第 155 条规定："违反法律、行政法规的效力性强制规定，或者违背公共秩序、善良风俗的民事法律行为无效。"这是现代民法据以限制民事主体滥用意思自治（合同自由）、维护国家重大核心利益（国家政治经济基本制度、国家政治经济财政税收金融治安等秩序、公正竞争秩序、市场交易秩序、家庭生活秩序、社会核心价值观、伦理道德基准、文明程度及生态环境等）的最强有力的法律手段。

当今各主要国家及地区民法典均有明文规定。例如，《法国民法典》（2016 年新债法）第 1162 条规定："合同内容或目的不得违背公序良俗，无论全体当事人是否知情。"第 1179 条第 1 款规定："违反保护公共利益的规则时，绝对无效。"《德国民法典》第 134 条规定："违反法律之禁止规定的法律行为无效，但由该法律另生其他结果者，不在此限。"第 138 条第 1 款规定："违反善良风俗的法律行为无效。"《瑞士债务法》第 20 条规定："合同内容不能、违法或违背公序良俗的，无效。"新《荷兰民法典》第 3:40 条规定："1. 法律行为的内容或目的违背公共秩序或善良风俗的，无效。2. 除从法律规定的目的中得出其他结论者以外，违反法律强制规定的法律行为无效。"新《魁北克民法典》第 1411 条规定："合同原因为法律禁止或违反公共秩序的，合同无效。"第 1413

---

* 本文写作于 2017 年 3 月 9 日。

条规定:"合同标的为法律禁止或违反公共秩序的,合同无效。"2013年新《匈牙利民法典》第6:95条规定:"违反法律或规避法律的合同无效。"第6:96条规定:"显然违背善良风俗的合同无效。"此外,我国台湾地区"民法"第71条规定:"法律行为,违反强制或禁止之规定者,无效。但其规定并不以之为无效者,不在此限。"第72条规定:"法律行为,有背于公共秩序或善良风俗者,无效。"我国《澳门民法典》第273条第2款规定:"违反公共秩序或侵犯善良风俗之法律行为无效。"

按照民法原理,法律行为制度是民事主体实现意思自治的手段。但民事主体之意思自治并非毫无限制,绝不容许民事主体借意思自治(合同自由)超越法律和道德的容许限度,危害国家重大核心利益,法律、行政法规的效力性强制规定、公共秩序和善良风俗,即是对民事主体意思自治的限制。《民法总则草案》第144条已经将不得违反法律、行政法规效力性强制规定、不违背公共秩序和善良风俗,规定为民事法律行为的有效要件。本条顺理成章地再从反面规定,违反法律、行政法规的效力性强制规定,违背公序良俗的民事法律行为无效,作为法庭或者仲裁庭确认法律行为无效的裁判依据。

本条的实质包含三重授权。其一,授权立法机关于制定法律、行政法规之际,针对已经存在或者可能发生的危害国家重大核心利益的行为类型,设立效力性强制规定;其二,授权法庭和仲裁庭主动审查法律行为(合同)的目的和内容(条款、约定),凡违反现行法律、行政法规的效力性强制规定的,即依据本条确认(裁决)其无效;其三,于现行法律、行政法规未有效力性强制规定的情形,授权法庭和仲裁庭主动审查该法律行为(合同)的目的和内容(条款、约定)是否违背公共秩序、善良风俗,法庭或者仲裁庭认为违背公共秩序、善良风俗的,即依据本条确认(裁决)该法律行为(合同)无效。

我国司法实务中适用《合同法》第52条第(四)项"损害社会公共利益"和第(五)项"违反法律、行政法规的强制性规定"的裁判数以万计。在中国裁判文书网,检索判决理由、裁定理由中含"违反法律、行政法规的强制性规定"关键词的民事裁判文书,有293797件(案);检索判决理由、裁定理由中含"损害社会公共利益"关键词的民事裁判文书,有17906件(案)。这充分表明,法律明文规定违反法律和行政法规的效力性强制规定、违背公序良俗的行为(合同)无效,授权法庭和仲裁庭依据此项规定主动审查民事主体的法律行为(合同),确认(裁决)危害国家重大核心利益的法律行为(合同)无效,切实维护国家重大核心利益,属于我国立法和实践的成功经验。

《民法总则草案》参考民法原理、立法例及最高人民法院司法解释,将法律、行政法规强制性规定区分为效力性强制规定与非效力性强制规定。所谓效力性强制规定,亦称禁止性强制规定;非效力性规定,亦称管理性规定、命令性规定。所谓效力性强制规定,除条文直接规定该行为(合同)无效外,明文"禁止"实施该行为(合同),亦属于效力性强制规定。还须特别注意,按照民法原理及裁判实务经验,若干可以作为裁判依据的原则性规定,例如本法中的诚实信用原则、禁止权利滥用原则、《物权法》上的物权法定原则、不动产物权变动的登记生效原则,身份法上的登记生效原则(结婚、离婚、收养)等,亦属于效力性强制规定。除民事法律的上述规定外,刑法关于行为构成犯罪的规定(如以签订合同作为诈骗手段)及行政法关于行为构成行政违法行为的规定,也属于本法所谓效力性强制规定。

公共秩序、善良风俗,简称公序良俗,属于不确定概念。民法学说采类型化研究,将裁判实务中依据公序良俗裁判的典型案件区别为若干公序良俗违反行为类型。法庭或者仲裁庭于案件审理中,发现待决案件事实与其中某一个类型相符,即可依据本条认定其行为无效。这些类型是:(1)危害国家政治、经济、财政、税收、金融、治安等秩序类型;(2)危害家庭关系行为类型;(3)违反性道德行为类型;(4)违反人权和人格尊严行为类型;(5)限制经济自由行为类型;(6)违反公平竞争行为类型;(7)违反消费者保护行为类型;(8)违反劳动者保护行为类型。

也许有人误认为本法第144条已经规定"不违反法律、行政法规的效力性强制规定,不违背公序良俗"为法律行为的有效要件,因此无须再规定本条。须特别说明,第144条关于法律行为有效要件的规定属于概括规定(一般条款),本条(规定违反法律、行政法规效力性强制规定或者违背公序良俗的行为无效)属于具体规定(裁判规范)。法庭或者仲裁庭审理民商事纠纷案件时,凡对于本案事实(行为),现行法律、行政法规有效力性强制规定的,或者现行法律、行政法规无效力性强制规定而(法庭或者仲裁庭认为)违背公共秩序、善良风俗的,即应适用本条认定法律行为无效;仅在现行法律、行政法规无效力性强制规定,并且(法庭或者仲裁庭认为)本案事实不违背公共秩序、善良风俗时,方能适用第144条认定法律行为有效。此外,两个条文的适用效果不同,本条是作为认定行为(合同)无效的裁判依据;第144条是作为认定行为(合同)有效的法律依据。

特别要说明的是,《民法总则草案》中规定可以作为法庭或者仲裁庭认定行为(合同)无效的法律条文很少,删除本条后,仅剩下第145条关于无民事行为能力人实施的行为无效的规定、第147条关于虚伪表示行为无效的规定及第157条关于恶意串通行为无效的规定。其中,第145条的立法目的是保护无民事行为能力人的利益;第147条的立法目的主要是保护第三人利益,仅虚伪表示避税情形涉及国家重大利益;第157条的立法目的主要保护第三人利益,有可能涉及社会公益。三个条文的立法目的(主要立法目的)都不是保护国家重大核心利益,即使涉及国家、社会利益也属于经济利益,更重要的是,均须当事人(受害人)向法庭或者仲裁庭主张无效后,法庭或者仲裁庭才可能予以审查。本条专为维护国家重大核心利益而设,并且授权法庭和仲裁庭,无论当事人是否主张无效,均应依职权主动对涉案行为(合同)的目的和内容进行审查,而一旦经审查发现违反法律、行政法规效力性强制规定、违背公共秩序和善良风俗,即依据本条裁决该行为(合同)无效,对于已经履行的则强制恢复原状,以切实维护国家重大核心利益。

删除本条的结果,是使国家重大核心利益失去保护屏障和(强有力的)法律救济手段。国家重大核心利益任人侵吞、宰割,等于是不设防的领域。在中国法官队伍(仲裁员队伍)水准参差不齐,有些人员只会死抠法律条文,就连已经被刑事庭认定构成犯罪的合同在民法上应否确认为无效都存在争论的当下,希望法庭(仲裁庭)透过法理、学说和各种法律解释方法,适用民法基本原则(例如诚实信用原则)确认层出不穷、花样翻新的危害国家重大核心利益的行为(合同)无效,切实维护国家重大核心利益,无异于痴人说梦。特此建议恢复三审稿第155条。

建议恢复《民法总则草案（三次审议稿）》第 156 条[*]

建议恢复《民法总则草案（三次审议稿）》第 156 条："超越依法登记的经营范围从事经营活动的，除违反法律、行政法规有关限制经营、特许经营或者禁止经营的规定外，不影响民事法律行为的效力。"

理由：三次审议稿此项规则，是将最高人民法院《关于适用〈中华人民共和国合同法〉若干问题的解释（一）》第 10 条"当事人超越经营范围订立合同，人民法院不因此认定合同无效。但违反国家限制经营、特许经营以及法律、行政法规禁止经营规定的除外"提升为法律明文规定，具有重要理论和实践意义。自 20 世纪 80 年代以来，对于法人超越经营范围订立的合同，法院多认定为无效，致使严重妨碍交易安全。最高人民法院《关于适用〈中华人民共和国合同法〉若干问题的解释（一）》的该条规定，对超越经营范围行为明文采取原则上有效、例外无效之立场，对于交易安全和交易秩序之保障具有重大意义。

删除本条规定，或许是认为本条与第 147 条重复（第 147 条规定违反法律、行政法规的效力性强制规定的民事法律行为无效）。然而，本条具有独立的意义，不能被其他条文所代替。删除本条规定，将导致实务上以超越代表权行为效力规定，来处理超越经营范围法律行为的效力问题，将使问题复杂化，并发生不适当的后果。根据民法理论，法人的代表人实施超越经营范围的行为，可认为属于超越代表权行为，依照

---

[*] 本文写作于 2017 年 3 月 10 日。

《合同法》第50条关于越权代表的规定以及草案第59条第3款关于代表权范围限制不得对抗善意相对人的规定,当相对人知道或者应当知道法人超越经营范围时,相对人与法人之间所为民事法律行为无效。以相对人是否知道或应当知道超越经营范围而确定民事法律行为之无效或有效,将增加法院事实认定的难度和复杂性,并妨碍交易的确定性和安全性。

现行《公司法》《合伙企业法》等不禁止企业从事超越经营范围的经营活动(违反特别限制者除外),企业超越一般经营范围的活动在实践中所在多有。一旦实施了此种行为,如适用越权代表的规定(第59条第3款),必将认定为此种行为无效。鉴于法人经营范围依法须登记公示,法院将根据民法"具有理性之人"标准认定相对人"应当知道"(交易对方)超越了经营范围,否定其主张"不知道"的抗辩。其结果是,法人超越经营范围的民事法律行为,将一律被认定为无效。这显然违背最高人民法院既定一贯立场。按照最高人民法院《关于适用〈中华人民共和国合同法〉若干问题的解释(一)》第10条的规定,凡超越经营范围的行为,如不违反国家限制经营、特许经营以及法律、行政法规禁止经营规定(也无其他法定无效事由),则应一律有效,而不考虑相对人是否知道或应当知道超越经营范围。

三次审议稿第156条将最高人民法院《关于适用〈中华人民共和国合同法〉若干问题的解释(一)》第10条解释规则提升为法律条文。如果保留该条规定,则超越经营范围行为的效力依是否违反效力性强制规定而定,而无须考虑相对人对此是否知道或者应当知道。法律、行政法规禁止经营、限制经营等规定,性质上属于效力性强制规定,违反此种规定的民事法律行为无效;如未违反,则民事法律行为的效力不受影响。无论法庭还是当事人均易于掌握、易于判断。

第二部分
民法总则解析

《中华人民共和国民法总则》
若干重要问题解答*

今天这个讲座的时机特殊一些,就是《民法总则》刚通过。《民法总则》太重要,所以说,在它刚通过的时候我们来举行这个讲座也是非常隆重的事。事先就商定好,今天的讲座采取交流的方式。

我先讲一下,这样一部法律在中国的立法史上有极重大的意义。我国是中华法系,所谓中华法系,是诸法合体,以刑为主。历史上我们的法律文化曾经很灿烂,影响东亚国家,(如日本、韩国)、东南亚国家(如越南),等等。但是,那一套法律文化和我们现在的不是一回事。清朝时期,有一百多年的时间,中国成为世界上比较贫弱的国家。世界列强都想在我们的国土上切一块"蛋糕",支取瓜分。我们知道有鸦片战争、甲午中日战争,还有八国联军侵华战争占领了我们的首都。皇帝还有太后都仓皇出逃。当时,慈禧太后和当时的朝廷人士认识到一个问题:中国要富强,一定要学习西方。不仅学习他们的技术,还要学习他们的政治制度,特别是学习他们的法律制度。办工厂、开办学校,这些早就开始进行了。后来最终决心学习它们的法律制度。大家知道,我们学习它们的法律制度,首先就是学习它们的民法,当然还有刑法、诉讼法等。学习民法从什么时候开始的呢?从 1902 年慈禧太后下达实行立宪的上谕开始。1907 年,光绪皇帝下达圣旨,成立了法律修订馆,著名的沈家本先生派代表到日本邀请日本学者来中国,来帮我们起

---

* 本文源自作者于 2017 年 3 月 21 日在暨南大学珠海校区的讲座。

草民法典。所以说中国近代的民事立法始于1907年。但是,在清末的民法典修订以后,辛亥革命把这个封建王朝推翻了,整个中国走向了共和。走向共和之后,当时在北洋政府时期又继续进行民事立法。1925年完成一部《民律草案》。1925年《民律草案》有很特殊的地方,它虽然没有正式通过,但是它已经发给各地方法院参考,并且通过大总统令指示,地方法院在审理案件时,可以把该草案的内容作为法理引用。法官可以引用它,但是不是正式作为法律条文。这一点意义非常重大,标志着我们引进的西方的法律制度已经进入我们的社会,开始在社会生活中运作,开始生根,开始生长。当然,正式的法律颁布是国民政府时期——1927年,南京国民政府成立,并成立立法院组织起草民法典和刑法典。1929年到1931年,三年的时间,立法院把民法典完成。民法著作中经常讲到一个人的名字——史尚宽。史尚宽先生当年刚从德国回来,非常年轻,当年的起草委员会只有几个人。2016年的时候我在网上看到一篇文章,作者的名字叫张生。他介绍,原来制定《中华民国民法》的时候,在起草小组和起草委员会开会时,主要是史尚宽先生的意见。当时之所以只用了三年就颁布了《中华民国民法》,是因为前面有两部草案,即第一草案和第二草案。《中华民国民法》的命途多舛,颁布了不久,日本侵华,占领了东三省,然后又是抗日战争,所以说这部《中华民国民法》在大陆很难说发挥了多大作用。之后,中国共产党领导人民革命建立了中华人民共和国。中华人民共和国成立以后,首先是1954年制定《宪法》,然后起草民法。1954年开始起草民法,1962年又起草民法,都没有成功,这是因为我们过去实行计划经济体制。现代民法的经济基础是市场经济。如果不是市场经济,那就没有必要去订立合同,没有必要搞什么法律行为,严格按照国家计划办事就行了。这样两次起草民法都失败了。1978年改革开放后,第三次起草民法。当时民法起草小组勤奋工作,到1982年的时候,有四个草案。民法教科书上称"民法四稿",第四稿比较完善。但是,当时的中央领导人注意到,改革开放刚刚开始,社会经济生活正在转轨,由计划经济转向市场经济,整个社会在转型,各种经济关系在变动,新的在发生,旧的在消亡,法制在变动当中。在 20 世纪 80 年代初,要制定一部完善的符合中国社会要求的民法典,可能做不到。因此改变了立法的方式,改为先制定单行法。当时这个决定是 1981 年作出的。因此,民法典制定工作就停了,开始制定单行法。这个民事立法方式的改变一直影响到现在,本法生效之前,中国的民事立法体系,是由单行法构成的。在这些单行法中,有一个单行法比较特殊,叫《民法通则》。另外,还有《合同法》《物权法》《侵权责任法》《婚姻法》《继承法》等,由这样的单行法构成的立法体系,应该说,这个民法体系对改革开放,市场经济的振兴、发展,起了很大的作用。但是它也有缺点,这些单行法制定的时间不一样,起草人也不一样,他们是以不同的基础关系来制定的,所以说各个单行法之间有不协调、不一致的地方,包括指导思想,基本精神都不一致。所以说,它不能真正满足现代市场经济对法律调整的要求。这就是我们要制定民法典的原因。我们注意到,在 2013 年全国人大换届之后,中国民法典的编纂一度被放弃了。在立法机关,不再有民事立法的位置,也不再有其他民事单行法的修订。直到 2014 年 10 月《中共中央关于全面推进依法治国若干重大问题的决定》才改变了这种局面。这个决定中出现了五个大字——"编纂民法典"。由此,才又把民法典编纂提上日程。这个时候我们注意到,学术界有关于"三步走"和"两步走"的争论。2016 年 2 月,才决定按照"两步走"的思路进行。什么时候决定的呢?2016 年 2 月 23 日。法工委的副主任张荣顺在民法典编纂小组协调会议上宣布的这个决定。分两步走,先制定《民法总则》,然后在现有单行法的基础上编纂民法典。再紧接着,2016 年的"两会"上宣布了这个决定。紧接着草案和征求意见稿就出来了,然后是人大常委会三次审议,2017 年 3 月 15 日全国人民代表大会正式通过了这部法律。《民法总则》不是一个单行法,在立法时它就是作为中国民法典的第一编民法总则,所以说《民法总则》是民法典的总则编。第二步就是在目前的《合同法》《物权法》等单行法的基础上,编纂民法典的分则各编。我注意到一些新闻报道说"分编"或民法典的"分编",不准确,应当叫"分则编",民法总则是"总则编"。按照立法机关的立法计划,2020 年的大会,通过各分则编。按照这个基本计划,2018年分则编草案就要上常委会进行第一次审议,然后再分阶段进行审议。立法机关的领导解释过,所谓分阶段就是这次常委会启动审议某一编,下一次常委会审议另外的某一编或者两编。然后在2020年的人大会上争取通过,形成完整的民法典。所以说,我们现在可以看到,中国民法典已经像东方初升的太阳一样,已经看到它的光芒露出来了,马上我们就要迎接中国法治史上非常重大的时刻。我以前在社科院读研究生,后来在社科院做民法研究,读一些前人的著作,在他们的著作中,总是讲到一点:我们是在进行着前人的事业。什么事业呢?就是中华民族民事立法事业的现代化。这是一个历史的重任,历史的使命。现在我们期待我们学人和立法机关来完成这个历史的使命,它的意义非常重大。

回过头来,我还讲一下2014年中共中央的决定,为什么如此重视编纂民法典。中央之所以重视民法典的编纂,不仅仅是完善民事立法,不仅仅是保证裁判的公正和统一,更重要的是看重民法典的教科书功能。民法典要作为我们国家、民族的教科书——首先是生活教科书,然后是法治教科书,最后是文明教科书。中华民族需要这部民法典,通过每个人、每个企业学习民法典,提高法治文明水平。经过三十多年的改革,我国已经成为世界第二大经济体,可以说成为一个世界大国,但我们的文明程度还远远不够,我们的人民、企业对于法治的信念不够,按照法律来生活、生产、交易、流通的程度不够。虽然我们过去有很多法律,且有些比较先进,但是由于缺乏对法律的信仰,出了问题,我们首先想到的不是法律,不是从法律上审查自己的行为是否合乎道理、应该如何保护自己的权益、怎样追究对方的责任,而是找熟人和找关系。即使向法院起诉,也要问律师是否认识法院的庭长或者院长。没有把主要精力花在法律上,充分分析案件和准备各种资料来说服法庭,而是存有侥幸之心,希望通过法律之外的手段获取胜诉。

其他国家制定民法典也是注重其教科书功能,如《德国民法典》《日本民法典》《埃塞俄比亚民法典》《韩国民法典》的制定都是如此。拿破仑曾说:"我要使我们国家的农民在煤油灯下看到这部法典,知道怎样生活,怎么样行使和维护自己的权利。"

我要对同志们提点建议,即我们在学习法律的时候要思考一个基本问题——什么是法律?对于此问题,有神意志说、规范说等各种定义。在我们的教科书上,法律是国家的意志,不是神的意志,也不是某个人的意志,它是由国家强制力保障实施的。通过这次立法过程我们看到了国家意志的产生过程——经过三次常委会审议,三次向全国人民征求修改意见,最后通过大会决定,从而诞生了《民法总则》。

因此,面对《民法总则》,我们要考虑的是怎样尽快熟悉它,仔细研究怎么保障它的实施。在座的法官、律师都要考虑《民法总则》生效之后,在打官司、裁判案件、写答辩状和起诉状的时候都要严格按照《民法总则》的规定。法律不仅拘束当事人双方,更要首先拘束法官和律师。所以当前的问题不是急于拿《民法总则》与国外法典进行比较,而是要尽快熟悉它。曾经有著名学者说过,立法者只要改动了一个字,我们法律人就要重新学习。这对法官、律师来说很重要,对教授也是如此。一位民法学教授可能会注意到,总则的某一条与自己的学术观点不一致,基于自己的学术经验觉得其并不完美,但是讲课的时候不能讲自己的那一套,必须严格按照《民法总则》的规定。在关于《民法总则》的专家讨论会上,法工委副主任张荣顺同志在致辞时提到民法教授要依照《民法总则》修改教科书,要贯彻国家的意志力。对于我们的同学来说,更是如此,在参加司法考试时,认为《民法总则》的某一条与老师讲的不符合,与《德国民法典》《日本民法典》不一致,依照这样的思维来作答是行不通的。这就是法律的约束力,我们需要尽快熟悉,知道每一条是如何设计的?针对什么社会问题?为什么选择这个方案?文字表述透露了立法者的什么意图?它要保护什么、抵制什么?虽然没有具体的立法说明书,但是会内会外、网上网下的各种讨论言犹在耳,仍然可以查到一些简短的说明。对于新的立法,需要掌握其立法目的和意思。所以我们要仔细地研究和学习《民法总则》。

主持人:谢谢梁老师为我们梳理了民法百年的发展历史、背景和重大意义,以及这一过程中的各种曲折。

接下来,我代表大家向梁老师请教问题。

第一个问题是,您认为《民法总则》最令人满意的是什么?最遗憾的是什么?如何去弥补这些遗憾?谢谢!

梁慧星:其实,作为一名学者,当这部法律出台的时候,我们不宜去讲其令人最满意和最遗憾的地方,而是要去熟悉它。就个人而言,对于这部法律我深感满意。我自我定位是现实主义者,立法不是学术行为,不是写博士论文,它是复杂的。它有经济体制的要求、社会生活的要求、学术界的要求、立法机关领导思维的要求,是各种方案的折中调和,不可能做到完美。艺术可以做到完美,但是立法不可能做到完美。即便是我们所推崇的德国、日本的民法典也并非那么完美。所以我们不必去想这部法律要如何做到完美,这是不可能做到的。立法是由人来参与的,法律是由人创造的,人的能力是有限的,立法机关、学者的能力也是有限的,社会生活很复杂,有些是想得到却做不到,所以要做到非常完善,经得起学者"鸡蛋里挑骨头"是不太可能的。《德国民法典》在制定的时候,对它的批评也是非常严厉的,也有许多著名学者的否定性评价,其中的某些条文在后来也被认为并非那么好。所以我们不要要求《民法总则》是完美的,它不是艺术品,它是国家意志的体现,在这一过程中难免会有各种调和,受到一些限制。在现在的条件下,这部法律可以说是一部伟大的法律,但是正如"人无完人,金无足赤"一般,它必定会有它的缺点。谢谢!

主持人:谢谢梁老师!听到梁老师的回答,我已经感受到梁老师对民法深深的热爱。《民法总则》的颁布就像新生儿一样,它刚出生很娇嫩,皮肤皱皱巴巴,但是只要我们呵护它,给它营养,让它慢慢长大,它就会越来越可爱,可能将来会有淘气的时候,我们会去引导它,这样它就会越来越完善!

第二个问题是,《民法总则》第10条是关于民法法源的规定,这里有一个创新。这里提到,处理民事纠纷应当依照法律,法律没有规定的可以适用习惯,但是不得违背公序良俗。问题是如何理解这里的法律,它是否包括行政法规?习惯又该如何界定?能不能把法理扩大解释套入习惯作为法源,有没有这种解释空间?请教一下梁老师。

梁慧星:关于法源的规定,我们的教科书上是指法律的渊源,它是大陆法体系里一个特殊的概念。我们通常把它理解为法律的存在形式,也就是在哪里找到裁判的依据,例如,我们通常所说根据某条某款判决如下,这个某条某款在哪里找,这就是法源所要解决的问题。《民法通则》没有提及这一概念,但是我们的教科书仍然要讲法源。用一项条文来规定法源的概念,在德国、法国的民法典中没有,这是《瑞士民法典》的首创。《瑞士民法典》规定裁判民事纠纷有法律依照法律,没有法律有习惯就依照习惯,若两者都没有,法官就要站在立法者的角度自己创设规则来适用,同时要参考公认的法理。在人类民法史上,《瑞士民法典》率先规定了法律的渊源,随后一些国家及地区学习这种方法。我国台湾地区"民法"也规定了法律的渊源,同样的条文在日本、韩国的民法典中也可以找到。也就是说,民法的法源按照原理和立法例可以分为三个层次,第一是法律,第二是习惯,第三是法理。关于法律,也包括行政法规。存在的问题是,为什么我们没有规定法理也可以作为法律的渊源?在立法过程中,很多学者都坚持加上"没有法律没有习惯,依公认的法理",但是立法机关一直未采纳。我认为,我们要试图站在立法者的立场去考虑,而不是作为一个旁观者,或者固守一个教授的学术立场。我认为他们的解释还是有一定道理的,这就是中国的国情。我国最高人民法院发布有司法解释,美国联邦最高法院解释宪法,和我们的情况有些类似,但是美国没有民法典。德国、法国的最高法院是否发布这样的解释?只有我们国家这样解释,且多数情况是对现行法条文怎么适用的解释与理解,在理解与解释时难免有扩张、限缩、补充。但是还有的解释完全是凭空立法。大陆法系的传统对于法官立法往往持批评的态度。现在分析各国学界的发展也不是那么绝对了。我国现行法律解释中的凭空立法很多,比如最高人民法院《关于适用〈中华人民共和国合同法〉若干问题的解释(二)》第26条、最高人民法院《关于审理买卖合同纠纷案件适用法律问题的解释》第2条,等等。最高人民法院为何要作出这些司法解释呢?最高人民法院其实是有权力作出这些司法解释的。仔细研究可以发现,《宪法》赋予最高人民法院审判权,其中包括解释法律的权力。司法解释是根据我国的国情和传统作出的,如果我国也按照其他立法例,没有习惯依照公认的法理,中国一下子不要司法解释是无法做到的。除了司法解释,最高人民法院近年来还提倡参照指导性案例。关于指导性案例,相关文件讲到,如果法官裁判案件,看到本案的基本事实和某个指导性案例的基本事实以及裁判方案、法律适用类似,该法官就要参照这个指导性案例,此处为"参照"而不是"按照",可以在判决书的索引部分引用该案例,但是判决书的根据中不可以引用。如果我们把法律、习惯、司法解释、指导性案例、法理都规定为法源行不行?这也不失为一个方案,但是并不是很有把握,这在过去没有充分的研究,所以立法者采用了一个比较谨慎的办法,只说到习惯,说两个层次。那么接下来自然就要参照司法解释和指导性案例。剩下的问题就是,法理并未提及,可不可以适用呢?我们仔细搜索可以发现,有些案件已经引用法理来裁判了。例如,某案件中,法官根据《合同法》第99条判决诉讼时效经过,债权也可以抵销,此说法不是法律规定,是法理。这个法理可能是中国学者在介绍日本的判例时引进的,法理能不能用关键在于法官,如果法官抠条文,则不太可能适用法理。由此可知,立法者没有明文规定法理是否可引用,是否也是表现出一种担忧呢?担忧如果明文规定法理,法官水平参差不齐,能否准确地理解和适用?会不会导致滥用?这些值得思考一下。刚才说到指导性案例法官可以参照,也就是说法官可以参照指导性案例,也可以不参照,但是不参照就要说明理由。理由可能有两点:第一,两个案件事实有重要的差别;第二,经研究采用此指导性案例可能导致判决不公正。国外的判例也是采用参照的说法,在法律解释学上,有这么一个理论,即法官先假定采用这个判例裁判本案得到一个结果,再假定采用诚实信用原则得到一个结果,比较两个结果,如果一致则参照判例,如果不一致则不参照判例,直接适用诚实信用原则得到的结果。

主持人:第三个问题是关于第16条规定的胎儿的保护问题,涉及遗产继承、胎儿的利益保护以及胎儿是否具有民事权利。胎儿的遗产继承是《继承法》的规定,接受遗赠是新增的。但是,胎儿的损害赔偿请求权为什么没有规定,能不能通过"等"字解释?

梁慧星:《民法通则》最大的不足在于没有保护胎儿的规定,起草人严格遵守第9条的规定,自然人的权利能力始于出生,终于死亡。因此胎儿未出生,不能作为一个独立的自然人、民事主体。《继承法》规定,在遗产中留给遗腹子一个份额,如果胎儿出生为活体,即可继承;如果为死体,留下的这一份再由其他继承人继承。但《继承法》并未承认胎儿具有继承权。所以《民法总则》吸纳了学者的建议,在第16条规定了对胎儿的保护,把胎儿当作一个有生命的人看待,有民事权利能力,法律上使用了"视为"这个词。"视为"和"推定"都是技术性词语,都是把某个事物当作另一个事物看待,但是"视为"是不容许推翻的,是法律作出的认定,"推定"可以推翻。话说回来,胎儿权利能力之所以要特别保护,是因为一些特定事项。一个是继承,因为如果把胎儿当成有权利能力的人,他和他的母亲就是第一顺位继承人,这对他是十分有利的。另一个是受赠与,当今社会亲朋好友之间股权或不动产的赠与经常发生,3岁小孩都可以接受赠与,为什么胎儿不行呢?他也可以是赠与合同的主体,受赠人。这个"等"字就是损害赔偿请求权,学者建议也是这样,但是如果公开明示可能不太好,毕竟这只是少数情况,而且这是对胎儿的保护条款。

现实中,一些法院承认胎儿有损害赔偿请求权的判决已经不少,这里立法者用一个"等"字来暗示,这是我的解释,当然带有推测性质。这个"等"字首先就是指的损害赔偿请求权,因为胎儿作继承人或接受赠与是普遍情况,而遭受损害是以受损害为前提,更特殊一点,没有明示,而是用"等"来暗示。这个"等"字是否还会有其他的意思呢?社会生活很复杂,所以留了"等"字。我要讲,胎儿没有出生,承认他作为主体享受权利,能不能使他承担义务呢?绝对不行。还有就是胎儿没有出生时,他在接受赠与的时候,合同上的当事人怎么写呢?怀胎期间,父母就会为胎儿取一个名字,在过去恐怕较少,将来会不会有很难说。

如果取了名字当然好,如果接受赠与的时候胎儿还没有出生、没有名字,赠与合同上的受赠人是他未来的监护人。包括行使损害赔偿请求权,应该适用监护的规定,由监护人作为法定代理人行使。那么写成监护人的名字会不会出现问题呢?比如说父亲是胎儿的监护人,把自己的一栋别墅赠与胎儿,那赠与合同的赠与人是父亲,受赠人是胎儿,但因为他没有名字,只好写他父亲的名字,那又变成了双方都是胎儿的父亲。我们所说的双方代理这些问题会不会出现呢?这是技术性问题,我的建议是,在办理胎儿受赠与合同履行的时候要注意,受赠人写父亲的名字或母亲的名字、监护人的名字,一定要在合同中写明这个财产是赠与胎儿的,如果不写就混同于别的赠与。在起诉到法院行使损害赔偿请求权的时候,胎儿没有名字,由监护人提起诉讼,监护人又是代理人,代理人在起诉状中就作为原告来起诉了,因此,一定要在起诉状当中明示这个权利是胎儿的。

主持人:谢谢梁老师。第四个问题是关于法人的。这次关于法人的规定有许多创新之处,因为时间所限我就不多说了。我问一个法人分类的问题,《民法总则》中将法人分为营利法人和非营利法人,但是又在第四节设了一个特别法人,特别法人基本上属于公法人。在法人分类问题上,逻辑上应该怎么重新理一下,请教梁老师。

梁慧星:在本法制定过程中,法人的分类争议最大,多数学者的建议是分为社团法人、财团法人。理论上,教科书会讲出很多理由来,但实际上是一个理由:你看别人都是社团法人、财团法人,德国、日本都是分为社团法人、财团法人,为什么我们不分为社团法人、财团法人呢?我们为什么要搞一个营利性法人、非营利性法人呢?这个问题一直都在争论。实际上,一个关键问题在于其他国家的民法典不规定公法人。例如公立大学,如果公立大学属于国家,就属于机构法人或者叫大学法人,它不在民法典中规定。简单来说,其他国家的民法典只规定私法人、民法法人,因此法人的组织体的分类是依据人结合了组织体还是财产结合了组织体来分为社团和财团,这顺理成章,非常简便。但是《民法通则》制定的时候首先规定了机关法人、事业单位法人,这两者都是公法人，都规定在《民法通则》中，《民法通则》在分类问题上当然也考虑过社团法人、财团法人，但当时采取的是我们自己发明的企业法人、非企业法人，也就是企业法人之外的都叫非企业法人，《民法总则》也是沿着这个思路，不能把公立大学从机关法人、事业单位中排除出去吧，实际上公法人、私法人都要在这里规定，因此没有办法规定社团法人、财团法人，规定社团法人、财团法人，这些公法人就无所归属。最后，沿用《民法通则》企业法人、非企业法人的分类，仅仅是把名称改了，企业法人改为营利法人，非企业法人改为非营利法人。还有一个理由，虽然发达国家的民法典规定社团法人、财团法人，但是在社团法人下还要区分公益法人、营利法人。用目的来划分对法人的管理非常重要，哪个国家管理法人都是紧扣它的目的，对以营利为目的的法人管理比较松，登记条件具备就登记，登记机关审查符合申请条件就要赋予法人资格，对非营利公益法人的管理非常严，特许主义、批准主义，这些都是针对非营利公益法人的。所以说法人的目的划分有非常重大的意义，就是法人管理上的重大意义。后来就定了分为营利性法人、非营利性法人，本来想坚持这个两分法，把机关法人放在非营利法人里，和事业单位、社会团体在一起，但后来在第二稿、第三稿的时候分出来一个特别法人，我推测立法机关是要在法律上给一些自治经济组织比如居民委员会、村民委员会一个地位。既然要规定居民委员会、村民委员会，它们与营利不营利毫无关系，要把它们纳入非营利法人就很勉强。这时候考虑到一些学者关于公法人的建议，我们注意到它们带有公法人的性质，既然如此，国家机关正好是公法人，机关法人正好是公法人，典型的公法人，所以说这就是我们的特别法人，因此机关法人和事业单位就分开了，事业单位规定为非营利法人，机关法人就规定在特别法人中。法人分类时，学术研究可能有各种方案，立法机关可能有各种方案，但最终只能采取一个方案，现在采用的营利性法人、非营利性法人的划分延续了企业法人、非企业法人的规定，使这个规定比较有连贯性，特别法人规定有创新，居民委员会、村民委员会究竟在什么情况下作为民事主体来签订合同实施法律行为还很难说。

主持人: 谢谢梁老师。第五个问题是有关民事权利。我比较关心的是第 110 条关于人格权的规定。第 110 条第 1 款关于自然人人格权的规定,我个人是非常满意的,我觉得这样规定就够了,剩下的就交给《侵权责任法》来救济了,不知道我这样的判断是否正确,就是说是不是有这一条就可以把民法典中人格权独立成编这个方案排除掉。另外是与此相关的第 2 款,关于法人和非法人组织的三项权利,虽然与自然人的人格权放在一起,放在第 2 款,但是没有说这是人身权利,可不可以说这就是它的权利而不是人身权,可不可以说就是财产权呢?因为我是反对法人有人格权的,我这种理解不知道对不对。谢谢梁老师。

梁慧星: 首先要说第 109 条、第 110 条还有第 112 条。婚姻家庭关系上的人身权利,这三个条文都是讲人身权利的条文。人身权这个概念也是中国的创设,实际上在传统的理论当中,是身份权和人格权。所以说第 112 条可以说是身份权,即身份关系上的权利,但是《民法通则》用了人身权这个概念来涵盖。特别要注意的是,中国的法律保护人格权、人身权的经验已经有很多年了,《民法通则》就规定了各种人格权、人身权,我们已经有经验了。我们把这个经验改为首先由《侵权责任法》保护,《侵权责任法》第 2 条列举了这些人身权,用侵权责任来保护,《侵权责任法》追究加害人的侵权责任,这是一个经验。德国、日本、美国都是如此,人格权、人身权用侵权责任来保护,追究侵权责任,这是大家共同的经验。另外,在人格权范围内我们规定一些典型的人格权叫特别人格权,最重要、最常用的有生命权、健康权、名誉权、姓名权、肖像权。这些最常见、最常用的人格权也最容易受侵害。办理案件中最容易涉及的人格权,我们又用一些条文把它们规定为不同类型。在《德国民法典》中就有特别人格权,类型比较少,我国台湾地区"民法"上也有这些特别人格权。在民法典总则部分或者在侵权法部分列举一些规定、一些特别的人格权,这是大家共同的经验。列举特别人格权以后发现,社会的发展变化、裁判实务情况很复杂,总是会发现一些新的、列举的那些特别人格权涵盖不了的人格权,特别是德国的特别人格权类型很少,只有几个。《民法通则》颁布在后,所以我们的规定多一点,但是再多也不能穷尽所有,总会有新的套不进这些特别人格权的权利,这个时候采取什么办法呢?德国发明了再给它们额外加一个框子,形成什么都可以塞进去的概念,叫一般人格权。有一个一般人格权就够了,它既不是侵害生命也不是侵害姓名、肖像,反正是侵害人格利益,我们就说他侵犯一般人格权。一般人格权是德国裁判实务的发明,其他一些国家或地区干脆把一般人格权作为法律上的规定,第109条规定的就是一般人格权。一般人格权是指自然人的人格利益的总和,它和特别人格权的关系是,凡是特别人格权没有规定的,就适用一般人格权。但是又遇到一个问题,一般人格权好说,但是要在条文中写下来就不好写,我们不能写"自然人的人格利益的总和受法律保护",所以感兴趣的同学、老师可以查别的民法典,凡是法律上规定了一般人格权的,都有标志性的概念,比如"人身自由""人格尊严"。所以第109条就是一般人格权,我们规定人身自由、人格尊严受法律保护,立法本意不是说只保护人身自由、人格尊严,而是保护自然人一切人格利益,是用这两个概念来表示自然人的人格利益的总和,我们不能把第109条理解成两种人格权,它就是一般人格权。

回过头来,保护人格权,侵权法规定了特别人格权类型,再加上一般人格权,这样就涵盖了所有的人格权了。此外我们还遇到一个新的问题:在现代社会的名人代言问题。我们过去的教科书说人格权是非财产权。什么叫非财产权?不可以财产价值来衡量的叫非财产权。但是如果说人格权是非财产权,这些代言人,代言这个商品,他们的收入不只是几十万元,而是几百万元甚至上千万元。在现实中,一些名人的姓名、肖像、个人的形象有巨大的价值。所以说,德国的实务和理论承认人格权具有财产价值,人格权不是非财产权,而是具有财产价值。我国也面临同样的问题,那怎么办呢。《侵权责任法》第20条规定,侵害他人人身权益造成财产损失的,如果无法计算,就以加害人取得的利益作为受害人的财产损失。这样规定有极为重大的意义。我们的法律承认了人格权具有财产价值,这样的人格权保护不就完善了吗?美国也是由侵权责任法保护人格权,这是共通的。但美国没有人格权的特殊类型和一般人格权的概念,只有一个隐私权,用隐私权把所有的人格权都涵盖了。但是美国也遇到人格权商品化这些问题,名人代言啊,形象、肖像代言啊,他们没办法使一个人格权具有财产价值,他们发明了商品化权。德国、美国、我国的规定都有差别,手段上的差别,但都是当今保护人格权的完善。现在的第110条就是关于特别人格权的规定,这些特别人格权后还加了"等"字,这个"等"字,留给法院裁量。法院审理案件时,如果案件事实套不进列举的这些特别人格权,也照样可以适用。实在不行可以适用第109条,用一般人格权去解决。所以大家注意,法工委副主任张荣顺答记者问的时候有句话:《民法总则》对人格权进行了全面的保护。

另外一个问题是,主持人说他不赞成法人有人格权,这个学术界一直有争议,有人说法人哪有什么人格权呀。但是,不管怎么说,哪个国家都承认公司有商誉,公司的名称类似于自然人的姓名,并且《民法总则》已经规定了。

主持人:我的意思是说,它是应该有这三项权利,但是没说这是人格权,能不能把他视为财产权?

梁慧星:法人这三项权利,首先有财产权的性质,又有人格权的性质,类似于自然人的人格权。还有请大家注意,第109条、第110条、第111条、第112条,都没有说到人格权的概念,说的是人身权利,没有用到教科书上的人格权这个概念来涵盖。这一点立法者有什么深刻的含义,说不清楚。谢谢。

主持人:谢谢梁老师。第六个问题是关于民事法律行为的。《民法总则》第113条对民事法律行为下的定义与《民法通则》下的定义相比,主要有两个方面的区别:第一个是《民法总则》强调了意思表示,第二个是,把合法行为中的"合法"两个字给省去了。所以,我们理解,把"合法"两个字去掉,是清除了苏联民法对我们的影响,现在改了之后,我们可能要从概念上重新进行梳理,民法上的行为这个体系到底应该怎么来界定?原来规定,民事行为是事实行为和法律行为。那么现在,前面用的是民事活动,这里是民事法律行为,然后是事实行为,所以,这个关系是怎么样的,请梁老师为我们梳理一下。谢谢。

梁慧星:这个提问,涉及本法制定过程中另一个重大的争论。多数学者一直坚持直接采用法律行为这个概念,它是大陆法系通行的概念,他们坚持认为《民法通则》发明一个民事法律行为概念是错误的。这个意见在2015年内部草案中就已被采纳,直接规定为法律行为。但是到2016年征求意见稿的时候,又退回到民事法律行为。法工委的同志在一个半公开的场合解释时讲到,是因为《民法总则》直接规定法律行为受到民法学界以外的其他法律部门学者的抵制。首先是法理学、行政法、经济法这些部门法学者的抵制,说民法规定法律行为,那我们就没法用行政法律行为、经济法律行为,或者什么别的法律行为,所以征求意见稿的时候又恢复了"民事"两个字。我的理解是,为了避免纠缠个别概念,这些学术问题争论了几十年都争论不清楚,现在《民法总则》快要制定完成了,因为这一点又来讨论,讨论不清楚,民法学者集中起来和法理学学者争论,何时能争论出个结果呢?所以,它是为了避免纠缠个别概念。但是,本法在起草过程中抓住了一个实质,这个实质就是什么是法律行为,就是民事主体以意思表示为要素,以私权的权利义务的发生、变化为目的的行为,这是任何一个国家或地区的法律行为都具备的,这个民事主体、意思表示、目的、私权利、私义务,就抓住了这个实质,现在的定义,就抓住了这个实质,与其他国家或地区的法律行为的定义是完全一致的。其实这个定义在其他国家或地区民法典上很少出现,在教科书上、理论上出现较多。更重要的是本法废弃了民事行为这个概念,《民法通则》不只发明了民事法律行为概念,它首先发明了民事行为概念,为什么要发明民事行为概念呢?它是把民事法律行为定义为合法的行为。因此,它认为可撤销的、无效的、违法的行为都不是民事法律行为,因此发明了民事行为作为一个上位概念,下面再分,民事法律行为是合法有效的,民事行为可以是可撤销的、无效的、违法的。现在看来,这就是《民法通则》的起草人当年对民法的法律行为概念的理解不那么准确所导致的,不能简单地说我们是受苏联的影响,苏联民法中的概念是不是有"民事"两个字很难说。现在虽然保留"民事"两个字,但是我们和发达国家的法律行为概念是等同的,没有区别。然后再说,这个合法、不合法怎么看?法律行为,是实现意思自治的手段,从这一点来说,法律行为是合法的,它和侵权行为、非法的行为对应。法律行为是民事主体根据自己的意思去设立、变更、终止民事权利、义务,从手段、制度上看,法律行为在民法理论的分类上作为合法行为,与侵权行为作为非法行为相对应,是指它是合法的手段。但是法律行为是合法的行为,与具体的某个法律行为是否合法、是否有效,不是一回事。虽然是合法的行为,但我们还是要评价每个具体的法律行为有效、无效、可撤销、违法、合法、生效不生效,这是不同的结构。现在的教科书首先讲行为,然后再把行为分为合法行为和非法行为,我们把法律行为分在合法行为中,一点问题也没有,不冲突。这一点正是说,在《民法通则》起草时,为什么在这里绕不过呢?起草人讲,既然是合法行为,那就不能涵盖违法行为,不能涵盖无效行为,等等。我们的前辈,理解这一点有不准确的地方,现在我们回到了正途。还有人说加"民事"两个字不好看啊。我说,同志们你要这样看的话,我们《物权法》上那个建筑物区分所有权,前面加了业主的,业主的建筑物区分所有权,还有不是业主的建筑物区分所有权吗?没有关系,只是基于种种原因,多了一个词在那里。这里有了民事两个字就表明它是在民法上。《德国民法典》中叫法律行为,我们还是把它解释为民法上的法律行为。谢谢,这是一个很有理论性的问题。

主持人:谢谢梁老师。第 148 条和第 150 条结合起来说,就是关于欺诈和胁迫的问题,和《合同法》上的规定不一样。《合同法》第 52 条规定,以欺诈或胁迫的手段订立的合同,损害国家利益的,归于无效。然后根据《合同法》第 54 条的规定,就是可变更、可撤销的。《民法总则》这一条就没有区分,没有把国家利益在这个问题中提出来,这个问题衍生出整个《民法总则》与现有的其他民事单行法关系的问题,也就是说,《民法总则》跟《合同法》到底是新法和旧法的关系,还是特别法和普通法的关系。从此也可以类推和《物权法》和《侵权责任法》等的关系。那么在欺诈、胁迫问题上,损害国家利益也归为可撤销的行为了。另外把"变更"两个字删去了,为什么删去了,因为删去之后反而使得当事人的自治空间降低了,请问怎么来理解这个问题。谢谢。

梁慧星: 这是本法除法律行为之外最大的改变。欺诈、胁迫,是意思表示有瑕疵的法律行为,意思表示不自由,这个在法律上没有明确地写出来,我们用意思表示不真实。因此我们解释,不真实当然不自由,不自由当然不真实,是这样来解决它的。欺诈、胁迫的法律效果,在民法理论上都是可撤销的。我们在制定《民法通则》的时候,把以欺诈、胁迫手段使对方实施的民事法律行为规定为无效。结果在实务当中认识到,即使规定为无效,但受欺诈或受胁迫的一方不提出,还是变为有效。所以,制定《合同法》的时候,就想改变这个制度,把欺诈、胁迫行为的法律效果,统一规定为可撤销。但是,在专家讨论会上有争论,一时难以达成统一意见。因此《合同法》不得已就进行了折中,把欺诈、胁迫的法律效果一分为二,第52条第(一)项规定,以欺诈、胁迫手段订立的合同,损害国家利益的无效,给它加上了一个要件"损害国家利益"。第54条第2款,以欺诈、胁迫手段订立的合同,可撤销。这就是《合同法》争论的结果,难以达成一致意见,最终采取了一分为二的办法。在《合同法》实施过程当中,注意到当事人主张适用《合同法》第52条第(一)项,以欺诈、胁迫手段订立的合同,损害国家利益的,就无效,这样的案件不仅很少,得到支持的可能性也很小,因为要证明损害国家利益。对当事人来说,要证明受到欺诈或胁迫,直接根据第54条第2款撤销就够了。法律行为的撤销,是使双方恢复到订立合同之前的状态,对双方是一个最简便、最公正的做法,对法院尤其方便。这是适用第52条第(一)项的案件很少的理由。我们还是回到大陆法系共同的基本原理、立法例,统一的可撤销法律行为就是撤销,这是一个重大的变更。那又想到,万一他有欺诈、胁迫、损害国家利益呢?欺诈、胁迫、损害国家利益,如果不主张适用第52条第(一)项,直接以损害国家利益来认定无效,可以采用违反强制性规定、违反公序良俗,这些可以直接适用,不受任何影响。第二个改变,我们把"变更"删掉了,《民法通则》的起草人,在可撤销的法律行为上加了变更这个概念,他们究竟怎么考虑的,当年没有留下立法理由书。后来有人提出,可能是因为有利于促成交易。好不容易订立了合同,有的合同已经履行了一部分,如果能够使它最后实现,对双方都有利。但是这样规定,附加上一个变更效果以后,导致理论上的冲突,《民法通则》和现在的法律,增加规定法律行为除法律规定和当事人约定之外不得变更。既然是意思表示的结果,用来约束双方,那怎么能够一方要求变更就变更呢,这违背原理,违背法律行为的本质,还给法官出了很大的难题。你原告要求变更,被告不要求变更,若支持原告,就只能按照原告提出来的进行变更。我们注意到,要求变更的案件非常少,要求变更而得到法院支持的案件则少之又少。最后在判决理由部分,法官为什么不支持呢?判决书中是这样说的——证据不足。法官在判决书中说的证据不足,究竟是说原告要求变更的证据不足?还是本案符合可撤销的欺诈、胁迫的证据不足?分不清楚。实际上是法官难以按照原告的要求进行变更。他不能按照原告提出来的要求进行变更,同时也不能按自己的想法进行变更,这就是现实。我这里统计了一个数字,自《合同法》生效到 2015 年,根据《合同法》第 54 条提起的案件,从网上搜索,共有 7688 件,其中原告主张变更的是 478 件,在这 478 件案件中,法院判决支持变更的仅有 91 件。大家想一下,7210 件大家都不主张变更,都主张撤销,主张变更的很少,只有 91 件。还有就是全国有 13 个省、市的法院,从来没有作出过变更的判决,支持变更的只有 2 个省、市,一个就是北京市,有 10 件支持,有很多地方至多有 1 件。这就是立法的时候,为什么把变更删掉了。把变更删掉了,对法院特别方便。因为如果法院作出变更的判决,显然是站在当事人的一方。对方毫无疑问会上诉,毫无疑问会申诉,毫无疑问会上访,不公正,一定是缠讼不休。对于法庭来说,作出一个撤销的判决,恢复到双方订立合同之前的状态,对法官非常方便,对当事人也方便。我有一些做律师的朋友,我问他们,做了二十几年律师,你向法院起诉,主张过变更没有?他们说,从来没有。为什么很多律师从来没有鼓动当事人要求变更呢?因为他们知道,即使法院支持了变更,对方一定缠讼不休,那又何苦呢?所以说,总结了司法实践和裁判经验,最后把欺诈、胁迫、显失公平、重大误解,可撤销法律行为的效果,统一规定为可撤销,把变更删掉。因此,我们现在实际上绕了一个大圈,最后还是回到了民法的基本原理和发达国家和地区的经验上来。谢谢。

主持人:谢谢梁老师。这里还有一个问题就是,《民法总则》与特别法,比如《合同法》《侵权责任法》《物权法》之间的关系应该怎么来界定?

梁慧星:好,这个问题涉及法律的适用。我们知道特别法优先原则,本法第11条就规定了其他法律有特别规定的按照其规定,这就是特别法优先原则。那么,有一个问题,本法与哪些法律构成一般法与特别法的关系?本法和《物权法》《侵权责任法》《合同法》《婚姻法》《收养法》《继承法》构不构成一般法与特别法的关系?不构成。现在立法计划、立法方案已经定下来了,本法是民法典的总则编,而《物权法》《侵权责任法》《合同法》《婚姻法》《收养法》《继承法》,它们经过适当的修改之后会作为民法典的分则编,它们同是一部法律的不同部分,不发生一般法和特别法的关系。那本法和哪些法律会发生一般法和特别法的关系呢?本法和《公司法》《票据法》《海商法》《保险法》《证券法》这些商事单行法,还有知识产权法是一般法和特别法的关系。知识产权法、商法,我们过去把它单独作为一个领域研究,其究竟为商事法还是民事法,过去不清楚。现在来看,它是商事法,商标、专利毫无疑问是商事内容;著作权,不好直接断定是商事内容,但是著作权的转让、出版合同,还是用于赚钱,所以现在把知识产权法认定为商事法也是可以的。可以说,存在于民法典之外的商事单行法和本法构成一般法与特别法的关系,与民法典构成特别法与一般法的关系,而且和《物权法》《合同法》也构成一般法与特别法的关系。就是说《民法总则》第11条所说的其他法律是指《海商法》《保险法》《证券法》等。现在《公司法》要特别对待,虽然它存在于民法典之外,与民法典应该构成一般法与特别法的关系,但是《公司法》是组织法,《民法总则》的法人一章就是组织法。所以说本法法人一章,理论上与《公司法》存在一般法与特别法的关系,但是《民法总则》在制定的时候,特别是这一章,把《公司法》的很多规定直接拉入本法上升为本法的规定,有的规定上升为本法的时候原封不动,有的作了变更。由于《民法总则》和《合同法》不构成一般法和特别法的关系,不一致的时候适用《民法总则》,这是新法改变旧法的原则,这一点好像在大会通过之前讲到了,是新法与旧法的关系。谢谢,这是一个重要的问题。

主持人:谢谢梁老师。另外,代理规定在第162条,法条相当于下了一个定义,通过这个定义可以看出,采用了直接代理概念,没有包括间接代理,我不知道我的理解是不是正确的。然后第171条,关于无权代理的规定跟《合同法》稍有不同,就是它少了一个尾巴,"未追认的对被代理人不发生效力",没有说由"行为人承担责任",把这个删掉了,这个改动怎么理解?谢谢。

梁慧星:关于代理有个最大的问题是,怎么处理直接代理和间接代理的关系。我们是大陆法系国家,我们的传统只是直接代理,但是《合同法》在制定的时候,关于代理应不应该承认间接代理也经过了争论。当时主张规定间接代理的是外经贸部,现在叫商务部。当时外经贸部的条法司司长、最高人民法院的退休法官等,都主张规定间接代理。当时我们面对好多英美的厂商,还要面对国际公约,国际公约大多数采用的是英美的法律规则,因此我们要是坚决不承认间接代理,对实务不利,对经济发展不利,当时是这样的理由。一些民法教授坚持我们是大陆法,从来只承认直接代理,不承认间接代理,间接代理可以用个别的渠道、别的办法,绕弯子去解决。两方争论得很厉害。最后,我记得当时的中国社会科学院法学研究所的谢怀栻先生,在那次会议上作了一个表态。他说,我们还是要与时俱进,承认间接代理,既然大部分国际公约都承认间接代理,还有商事合同通则、欧洲合同法原则也专门规定了间接代理。于是就定下来我们要规定间接代理。间接代理规定在哪里呢?还是规定在第402、403条。由两个主张者参考国际公约来起草。这就标志着我国民法承认了间接代理。本法制定的时候面临两个选择。第一个选择,是趁这个机会把原有的直接代理、间接代理加以整合,先抽象出一个一般规则,然后在第一节规定直接代理,第二节规定间接代理,制定一个现代化的、完善的、新的代理法;第二个选择,还是按照现在的情况,把《合同法》中的间接代理作为代理制度中一个特别规则、一个特别制度来对待。在第二次审议稿、第三次审议稿中,本来在第一节直接代理的定义之后紧接着规定了间接代理,结果后来上会之后,不知道是哪个专家的意见,把间接代理删掉了,但是间接代理在《合同法》中仍然是我国代理法一个特别的制度。虽然没提到它,但它仍然存在。

还有刚才讲到的第 171 条的狭义无权代理,未经被代理人追认的对被代理人不发生效力。原来《合同法》规定由行为人承担责任,最后把这个规定删掉了,是否行为人就能不承担责任呢? 当然不是。《民法总则》第 171 条第 3 款规定:"行为人实施的行为未被追认的,善意相对人有权请求行为人履行债务或者就其受到的损害请求行为人赔偿,但是赔偿的范围不得超过被代理人追认时相对人所能获得的利益。"在《合同法》制定时,有意把这个问题留给理论和实务去解决。立法要辅之以理论,如果被代理人不承担责任,那么谁来承担责任呢? 合同如果不履行的话,是由行为人承担违约责任还是按照侵权责任去解决? 所以后来就把它删掉了。虽然没有规定但行为人是要承担责任的。原来的规定说不清楚究竟是要承担责任还是履行合同,如果履行合同的话,纠结于狭义无权代理签订的合同有效或无效会把问题复杂化,把这些问题留给理论和实务去处理是可以的,所以后来把它删掉了。但现在《民法总则》明确规定了行为人(无权代理人)的责任。

主持人:对于第 185 条,争议比较大,一是英雄烈士很难鉴定,给法官造成很多困惑。法条中没有规定死者人格的保护,只规定了英雄烈士人格的保护,能不能从第 185 条来解释,或者说对死者的人格保护还要找别的途径? 二是损害英雄烈士的名誉是否一定要加上损害公共利益这个要件才需要承担侵权责任? 涉及损害公共利益是否就意味着这一部分应该用公益诉讼的机制来解决?

梁慧星:前面说到对两百多条是否都满意? 其实对刚刚说到的这

一条是不太满意的。这一条是大会审议后,在法律委员会审议的时候加上去的。关于这个条文,法工委征求了我的意见,我当时作了一个表态。时间如此匆忙,突然加一个新的制度,而且对于这个制度要统一意见很容易,我们何不把它留待将来编纂侵权责任编的时候去讨论呢?那时候我们可以充分认真地讨论。这就是我当时关于这个问题是否要归于侵权责任编的意见,就是很明确不同意加上这个条文。但还有很多专家的意见,特别是民政部的意见。该条最后得以加上,有许多人赞赏这个条文。现在来看这个条文,它和死者的名誉是有关的。关于侵害名誉权纠纷案件,最高人民法院有多个司法解释,其中有一个司法解释讲到死者的名誉受侵害时其近亲属享有诉权。近亲属在最高人民法院的司法解释中限定为父母、祖父母、子女、孙子女。这是关于死者保护的重大问题,在《侵权责任法》中没有提到,司法解释中有明确的解释规则。现在来看,这个条文指的应该是死者,所以就面临一个问题,即是由他们(死者)的近亲属起诉?还是由别人起诉?如果由近亲属起诉的话,损害涉及公共利益让其去证明不太合适。构成侵权责任有两个要件,损害英雄烈士的人格,同时损害社会公共利益。这样看的话,它应该作为一个公益诉讼,由代表公共利益的机构起诉,也就是说应由检察院起诉。但公益诉讼制度在我国还不成熟,现在只有少数试点的人民检察院可以提起公益诉讼。所以严格来说死者的近亲属反而没有诉权,更重要的是英雄烈士由谁来定。法律上固然有些瑕疵,但通过理论,通过各界法律人士的努力,将在最高人民法院具体实施过程中去完善它。

主持人:第十个问题,关于第192条诉讼时效的效力问题。原来的规定是诉权消灭说,第192条改为抗辩权发生说,这个改变有没有什么实际意义?如何理解?

梁慧星:诉讼时效这部分变动非常大,但争论最多的就是一般时效期间是3年还是5年。第192条规定的诉讼时效届满,是权益消灭,诉权消灭,还是抗辩权发生?现在改为抗辩权发生。《民法通则》第135条解释为诉权消灭,现在明确把它改为抗辩权发生,在最高人民法院

2009年关于诉讼时效的司法解释中已经作了变更,现在把它作为正式的法律条款。一般诉讼时效很多人主张改为5年,最后还是坚持了为3年,主要是法院的反对。我们还作了一些其他的规定,比如法定代理人的法律代理关系终止何时开始起算?未成年人遭受性侵害等的诉讼时效起算,这些都是重大的改变,对保护人身权、财产权非常重要。我们规定了一些请求权不适用诉讼时效。一般诉讼时效期间如果严格按照公布的时间来看,确实还是太短。将来诉讼时效方面的一个重大问题在于,教授、法官、律师要共同解释适用第188条第2款规定的20年。现在看来,《民法通则》规定的20年时效是一个客观长期时效。德国、法国把时效分为主观时效期间和客观诉讼时效期间,主观时效期间自受害人知道、应当知道时起计算。客观诉讼时效期间自权利发生时起计算。我们当年规定了20年这个期间,但没有充分重视它,因此法官很少适用,并且20年期间后还加了特殊情况下可以延长,这给了法官很大的授权。所以我认为,在本法执行过程中,学者和实务界的法官、律师们,对于20年客观时效期间,要把它用起来。能不能说绝对没有用呢?也不能说绝对没有用。举一个例子,一个孩子10岁的时候被高压电烧掉了两只手;父亲挖煤,煤矿倒塌被压死了;母亲改嫁,只有一个失明的奶奶抚养他。这个孩子成年后,他能用脚来画画写字,在街头卖字。有个律师看见了,就问他:"你怎么受的伤啊?"他就讲,他10岁的时候不懂事,如何在变压器上玩儿一下,两只手就烧掉了。律师告诉他:"《民法通则》有规定,你可以起诉。"就是说在诉讼时效内,孩子的权利受保护,可追究相关人的责任。他成年之后就向法院起诉,一审、二审都败诉,都被驳回,因为诉讼时效期间已过。《民法通则》规定的诉讼时效期间为2年,到他起诉的时候,已经过了14年。后来这个人找到我。我当时不止一次向最高人民法院写材料。我就讲了这一道理。最高人民法院副院长作了批示,最后承认了他的请求权。我举这个例子就是说,20年的最长时效,我们过去适用过。我们的法官、律师,现在要大胆的主张20年客观时效期间。谢谢理解!

主持人: 为什么不采用禁治产制度?这样的话,比完全用年龄为标准可能更好一些。

梁慧星：为什么不用禁治产呢？《民法通则》规定了禁治产。禁治产制度是罗马法规定的。什么叫禁治产呢？对某些民事主体，因为他的辨别能力、意识能力有欠缺等，避免他轻率的行为侵犯自己的财产利益，所以就剥夺他处理、管理财产的行为能力，这就叫禁治产制度。禁止他管家或管理自己的财产。典型的禁治产人是精神病人，在罗马法上还进一步扩大到酗酒人和浪费人。成天喝酒喝得醉醺醺的人都给他归到禁治产范围，这就是禁治产制度在民法上的历史。在制定《民法通则》的时候，规定精神病人适用禁治产制度，但是民法发展到现在，越来越多的人指出禁治产制度的落后。还有，由于人类寿命的延长，成年人到了一定年龄以后也会发生精神智力的障碍，对成年障碍者的保护问题浮现出来。由于人权运动的发展，把一个人叫作精神病人是侮辱性的，把一个人叫作痴呆人，也是侮辱性的。我们过去一段时间，建议把精神病人改名，把痴呆人包括进去。后来发明了一个词，叫作成年障碍者。智力障碍、肢体障碍、听力障碍、视力障碍、语言障碍等都属于成年障碍。成年障碍者，难以处理他个人的财产和一些人身问题。比如说，该不该住院，如果住院的话，该不该手术，采取保守治疗还是采取手术方案；进不进养老院、进不进精神病院等许多问题，人身各方面的问题，自己难以处理。所以就为这样的障碍者设立监护人、照顾人，或者叫作保护人。原来的"精神病人"就被称为"智力障碍人"，这是人类的进步。我们注意到有专门研究这一方面的学者。欧洲、日本等，都有成年障碍者照顾制度。除未成年人监护制度以外，还有成年照顾制度。叫照顾，好听一些，我们把它称为监护制度。我们把精神病人这个概念取消了，禁治产制度废止了，创设了成年监护制度。在现在的条文上讲到了成年监护制度，为他指定监护人，而且在他智力正常的时候，自己还可以通过书面形式指定监护人，叫意定监护。这项制度的确立是一个很大的进步。当今社会老龄化严重，比如说网络诈骗，主要针对老年人，所以这项制度是适应社会需要的。但是这个制度也不完善，我们没有用成年障碍这个概念，只是用了"不能辨认自己行为能力、不能完全辨认自己行为能力"这样的表述，因此，现在的成年监护制度，它的对象被限制为智力障碍者。肢体障碍者、视力障碍者、语言障碍者呢？从法条文字上看，是没有纳入成年监护制度的。这是一个缺陷。有待于将来学者的研究、最高人民法院的解释，或者说法官在审理类似案件时，对肢体障碍、语言障碍，可以比照智力障碍，通过司法解释扩大它的适用范围。谢谢。

主持人： 谢谢梁老师，这里还有一个问题。这次《民法总则》把民事行为能力从10周岁下降到8周岁，这是否可以看作一个刑事责任年龄下降的征兆。您怎么理解。

梁慧星： 民事行为能力从10周岁下降到8周岁，这和刑事责任年龄是没有关系的，刑事责任年龄是由《刑法》规定的。民事责任能力年龄是由民法决定的。民法规定民事责任能力是由行为能力确定的。所以，有民事行为能力，就有民事责任能力；有限制行为能力，就有部分的民事责任能力。无行为能力，就没有民事责任能力，他就不承担责任，而由他的监护人承担责任。限制行为能力人只能承担部分责任，剩下的部分也是由他的监护人承担。这和《刑法》上的规定是不一样的。我顺便讲一下，关于8周岁还是6周岁的问题，一审稿、二审稿、三审稿都是规定为6周岁，后来大会上一些代表一再呼吁要求提高。他们说6周岁的孩子，虽然已上小学，但是他懂什么呀，所以一再要求提高。我个人觉得，规定6周岁、7周岁还是8周岁没有大的差别。它是要解决随着科学技术的发展，特别是网络游戏、手机购物、手机游戏这些东西的发展所带来的问题。这些游戏的主体，很明显大多是未成年人。成年人整天忙着工作，哪有空玩这些游戏。所以这些孩子玩网络游戏，和网络游戏服务商订立的合同有效还是无效？几十个孩子在网上网购，合同有效还是无效？它就涉及这样的问题。严格按照《民法通则》的规定，10周岁才有限制行为能力，10周岁以下的未成人实施的民事行为通通无效。他玩儿了这些网络游戏，合同却无效；他在网上买了这些东西，合同却无效。无效就是家长什么时候想起来要退货，商家就要退。当然现实生活中不见得都去退，但法律是这样规定的。这就是降低民事能力年龄的原因。而且在立法上,学者针对这个问题提出了两个方案:一个是把行为能力的三分法改为两分法,有完全行为能力,剩下的都是限制行为能力。18周岁有完全行为能力,不满18周岁的都是限制行为能力人,包括1周岁、半岁,刚生下来的婴儿,都是限制行为能力人。两分法最大的优点就是,规定6周岁,那5周岁的孩子订立的网络游戏、网购的合同,就无效;提高到8周岁,那么7周岁的孩子订立的合同就无效。可是现在一些孩子三四岁就开始玩网络游戏了,你也说它无效?所以两分法是开放的,能够为法院裁判提供方便。但是立法者仍然采纳了三分法。维持三分法,降低限制行为年龄这个方案,刚开始降到了6周岁,从上小学开始。他要上学,可能就需要打出租车、坐公交、买学生用品等。他跟学校之间也有一个合同。买零食、玩具,玩网络游戏就更不用说了。当初定为6周岁,绝大多数学者都赞同,后来在会议上有人反对,反对的人是想到孩子太小,他不能做这些事。《民法总则》不是要限制他不能做,而是说,这些合同一旦订立了,就都有效。这才符合社会的现实需要。一些代表就想6周岁的孩子懂什么呀,就给他限制行为能力,但是有些行为,还是给予了限制,比如说他不能把房子卖掉。我国台湾地区规定的是7周岁,结果恢复到8周岁。7周岁的孩子,都已经上学了。7周岁的北京孩子上学,他要坐公交、打出租,可能要坐好远。出租车司机说,你是7周岁的小孩子,订立的合同无效,我不载你。很明显,这不符合实际。现在已经规定为8周岁,剩下的问题,由法官来解决。这就是关于民事行为能力年龄的介绍,现在就是8周岁。谢谢!

主持人:谢谢梁老师!

《中华人民共和国民法总则》的时代意义*

2017年3月15日,第十二届全国人民代表大会第五次会议通过了《中华人民共和国民法总则》(以下简称《民法总则》)。《民法总则》确立了民法典的基本制度、框架,有效协调了民法与商法之间的关系,消除了原先存在的《民法通则》与有关单行法律之间的冲突和矛盾,规范了社会生活的基本规则,标志着我国民法典编纂的第一步已经顺利完成。《民法总则》是在广泛征求社会各界意见和建议、专家学者反复讨论和论证的基础上形成的,它的制定体现了科学立法、民主立法的精神,为民法典编纂工作开了一个好头。万事开头难,有了这个《民法总则》,接下来我国民法典编纂工作也就顺理成章,真正驶入快车道了。我们要深刻认识《民法总则》的时代意义,进一步做好民法典编纂工作。

一、《民法总则》来之不易

自中华人民共和国成立以来,我国在1954年至2001年近半个世纪的时间里四次启动民法典编纂工作,致力于制定一部属于自己的民法典。然而,由于各种各样的原因,四次尝试编纂民法典的努力均未能取得预期结果。党的十八届四中全会提出编纂民法典的任务后,全国人民代表大会常务委员会随即启动第五次民法典编纂工作,并作出了先制定《民法总则》再系统整合民事法律的"两步走"的民法典编纂工

---

* 本文原载《人民日报》2017年4月13日,第7版。

作部署。经过两年多的论证、征求意见、修改,《民法总则》按预定进程顺利制定出来,民法典编纂工作由此迈出关键性一步。

我国要实现几代人孜孜以求的"民法典之梦",面临诸多困难和挑战。鉴于之前民法典编纂工作一再受挫的教训,一些人担忧这次民法典编纂工作也难以顺利完成。这次民法典编纂工作之所以能够按预期目标顺利推进,是各方面力量共同努力、各种因素共同作用的结果。从外部环境来说,社会主义市场经济体制的确立,为民法典的编纂奠定了经济体制基础。民法典被称为市场经济的基本法,社会主义市场经济的发展呼唤民法典的制定。从民法学自身来说,经过改革开放三十多年的发展,我国的民法理论研究已经有了一个质的飞跃,在批判借鉴外国法学理论、制度、概念的基础上形成了比较完整的中国民法学体系。此外,从司法实践来看,法官已具备比较好的法学素养,形成了较为正确的适用法律的思维。同时,人们的法律意识、权利意识有了很大提高,更加希望自己的权利能够得到法律保护,这是制定民法典的群众基础。

《民法总则》的制定彰显了党和国家编纂民法典的坚定决心,打消了一部分人对我国民法典立法能力的怀疑。《民法总则》的顺利通过,也推动我国民法典编纂工作真正驶入快车道。在接下来的三年时间内,我们还要完成民法典分则各编的整合修订工作,任务十分艰巨。这需要相关部门、民法学界乃至整个社会群策群力、再接再厉,为编纂一部结构合理、体系完备、规范科学的中国民法典继续努力。

二、《民法总则》把对人的权利的保护提升至前所未有的高度

民法是私法的基本法,它以对人的保护为核心,以权利为本位,系统全面地规定了自然人、法人、非法人组织在民事活动中享有的各种人身、财产权益。因此,民法典被视为现代法治文明的扛鼎之作,被誉为法治健全完善的标识。

自 20 世纪 70 年代末期以来,我国将与人的权利保护相关的立法工作列入民主法治建设的重要议程。虽然受历史条件限制无法编纂一

部系统的民法典,但还是制定了一系列民事单行法。如 1980 年的《婚姻法》、1985 年的《继承法》、1986 年的《民法通则》、1991 年的《收养法》、1995 年的《担保法》、1999 年的《合同法》、2007 年的《物权法》、2009 年的《侵权责任法》等,这些法律在经济社会发展中发挥了重要作用。但是,由于这些法律相对比较散乱、零碎,在保护人的权利方面的能力受到一定限制,不可能像民法典那样发挥出整体效应。《民法总则》是系统编纂民法典的开篇之作,它秉承体系性法律思维方法,遵循民事主体、民事权利、民事行为、民事责任的科学编纂结构,以人的保护为核心,对普遍适用于民法典分则各编的一般原则、概念、规则和制度进行了系统规定,把对人的权利的保护提升至前所未有的高度。在具体内容方面,增加了对胎儿利益、个人信息、一般人格权、特定人格权的保护等,这些都体现了对个人权利保护的加强。《民法总则》在《民法通则》的基础上修改完善了民事权利体系,强化了保护民事权利的观念,在世界上开创了在民法总则中全面系统规定民事权利的立法模式,我国人权保护法治建设由此进入一个新时期。

三、《民法总则》为民法典分则各编的体系化、科学化奠定了坚实基础

《民法总则》的制定表明我国民法典在编纂体例上采纳了潘德克顿编制体例。在潘德克顿编制体例下,《民法总则》是对民法典其他各分编进行"提取公因式"的结果。也就是说,《民法总则》是将民法典各分编中最常用的、一般性的法律原则、法律规范抽取出来,置于民法典之首。这种立法技术的优点是,一方面保持了民法体系和结构的明晰性,另一方面能够使民法典面对社会的发展具有对抗"法律老化"的能力,在社会变迁中保持一定活力。但是,先总则后分则的编制体例也存在一些缺点,这就是在适用法律的时候时常需要把处于不同编章的条款进行组合。这实际上对法律人提出了更高的要求,理解、适用民法规范需要系统全面地掌握民法典的内容。

《民法总则》为民法典分则各编的制定确立了指导思想、价值取向,并且设立了框架结构,民法典分则各编的编纂工作必须在《民法总

则》的指导下展开。接下来,我们即将展开现行民事法律规范系统整合、修订完善工作。这一工作必须遵循《民法总则》所确立的基本原则、基本结构和基本概念,只有这样才能编纂出一部适应中国特色社会主义发展要求,符合我国国情和具体实际,体例科学、结构严谨、规范合理、内容协调一致的民法典。

四、《民法总则》的颁布表明我国已初步形成自己的民法思想体系

著名法学家萨维尼在回答"法律源于哪里"这个问题时认为,法律来自立法者的意志是一个误解,他认为"法律源于人民"。我国是社会主义国家,法律理应是人民共同意志的体现。我国在20世纪初进行法治变革时,选择、移植了大陆法系中的德国民法模式,我国民法的概念、原则、制度和理论体系很多方面是向德国法学习的。但是,移植并非照抄照搬,我国民法的理论和实践对德国法那一套民法体系、概念进行了适应我国国情的修正,并根据我国的客观实际进行了创新发展,由此形成了具有自身特色的民事立法理论。前四次民法典编纂工作最终没有取得成功,其中固然存在经济、政治、社会等方面的原因,但另外一个不能忽视的重要原因是我国当时还没有形成自己成熟的民法思想体系。改革开放三十多年来,我国民法学者经过持续的学术研究和理性思考,并从司法裁判工作中汲取经验,以我国现实民事问题为导向,在学习借鉴他人的基础上逐渐形成了自己的民法思想体系。这为《民法总则》的制定奠定了坚实的思想理论基础、提供了系统的智力支持。例如,《民法总则》中关于营利性法人和非营利性法人的分类,尽管不少人提出不同观点,但这种分类是立足我国具体国情提出来的,虽然在学理上不能说是最好的,但更贴近我国实际,更容易让人理解和接受。因此,《民法总则》的颁布也可以看作我国民法思想体系已经初步形成的标志。

我们甚至可以期待,借助《民法总则》制定这个契机,在一定程度上复兴中华法律思想。法律的素材源自一个民族的历史,源自一个民族自身内在的特质。脱离本民族历史的民法不可能是一部有生命力的法典。我国《民法总则》所采取的以民事权利为轴心的结构体系,完全是中国式的,对大陆法系传统民法总则的编制方法进行了大胆的超越和革新,鲜明地反映了我国民法典对中国本土元素的高度重视。例如,《民法总则》对《民法通则》结构体系的继承和发展,充分展示了我国民法对自身历史的尊重。制定具有自身文化传统特点的民法典,无疑有利于复兴中华法律思想,提高中华法律思想在当今时代和世界的影响力。当然,吸取中华法律思想精华也要遵循民法的基本原则、基本理念,不能任意而为。接下来,在修订民法典分则各编的立法过程中,我国的法律文化传统必然会成为立法者和参与民法典制定工作的相关单位和人员需要考虑的一个重要因素。在这个过程中,要做到既体现中华法律思想又与民法基本原则相一致。随着民法典分则各编修订工作的顺利推进,我国一定能成功编纂出民法典,为实现"两个一百年"奋斗目标、实现中华民族伟大复兴的中国梦提供强有力的法治保障。

《中华人民共和国民法总则》的若干问题[*]

引 言

中国自20世纪70年代末期开始实行改革开放,1979年启动民法典立法进程,在起草了四个民法典草案之后,于1981年6月宣布暂停民法典起草,改为先分别制定民事单行法,待将来条件具备时再编纂民法典的立法方针。至2010年,分别制定了《婚姻法》(1980年)、《民法通则》(1986年)、《继承法》(1985年)、《收养法》(1991年)、《担保法》(1995年)、《合同法》(1999年)、《物权法》(2007年)、《侵权责任法》(2009年)、《涉外民事关系法律适用法》(2010年)等一系列民事单行法,形成以《民法通则》统率各民事单行法的立法体系。

2014年10月中共中央《关于全面推进依法治国若干重大问题的决定》明确提出"编纂民法典"的立法目标。因此,全国人大常委会将民法典编纂工作提上日程。民法典编纂工作按照"两步走"的思路进行,第一步,在《民法通则》的基础上,制定作为民法典总则编的《民法总则》;第二步,在各民事单行法基础上,编纂民法典(分则)各编,拟于2020年3月全国人大大会通过一部完整的民法典。

《民法总则》已经第十二届全国人大第五次会议于2017年3月15日表决通过,将自2017年10月1日起施行。各分则编的编纂工作正在进行中。对《民法总则》新增和有重要修改的重要条文作简要介绍。

---

[*] 本文写作于2017年8月30日。

一、法律结构

《民法总则》包括十一章,第一章基本规定;第二章自然人;第三章法人;第四章非法人组织;第五章民事权利;第六章民事法律行为;第七章代理;第八章民事责任;第九章诉讼时效;第十章期间计算;第十一章附则。共 206 条。与《民法通则》的结构比较,只是在第三章法人之后增加了第四章"非法人组织",同时删去自然人一章的"个人合伙"和法人一章的"联营",将《民法通则》第四章"民事法律行为和代理"分设为两章,即第六章民事法律行为、第七章代理,并增设第十章期间计算。显而易见,《民法总则》基本上维持了《民法通则》的结构。下面对保留民事权利章(第五章)和民事责任章(第八章)稍作说明。

（一）保留民事权利章

《民法总则》保留民事权利章(第五章)的主要理由：一是立法机关决定民法典分则(设合同编、侵权行为编)不设债权总则编,"债权概念和债的发生原因"无所归属,《民法总则》保留民事权利章,其中规定"债权概念和债的发生原因"(第 118 条至第 122 条),可以解决合同编难以规定"债权概念和债的发生原因"的难题。二是立法机关不采纳关于民法典设立人格权编的建议,坚持中国民法保护人格权的既有经验(与德国、日本等大陆法系国家的经验相同),《民法总则》则保留民事权利章,其中规定各"特别人格权"类型(第 110 条)、"一般人格权"(第 109 条)及"婚姻家庭关系上的人身权利"(第 112 条),而将"人格权的民法保护",即侵害人格权及其他人身权利的侵权责任规定在侵权行为编。三是《民法总则》设民事权利章,可以对分散于民法典各分则编和各民商事特别法中的各种民事权利,作总括性列举规定,并增加关于权利保护[①]、

[①] 《民法总则》第 113 条规定："民事主体的财产权利受法律平等保护。"第 117 条规定："为了公共利益的需要,依照法律规定的权限和程序征收、征用不动产或者动产的,应当给予公平、合理的补偿。"

权利行使②及其限制③的基本规则,构成整个私法领域的"民事权利总则"。

无须讳言,民事权利章对各种民事权利的列举规定中,有若干法律条文,例如关于物权的规定、关于知识产权的规定、关于继承权的规定等,会使人产生"重复规定、意义不大"的印象。但应注意,也有许多法律条文具有实质性意义,除前述关于"债权概念""特别人格权"类型和"一般人格权"等规定之外,如第 113 条关于财产权利平等保护的规定、第 117 条关于征收、征用应给予公平、合理补偿的规定,弥补现行《宪法》和《物权法》相关规定的不足,强化对私权的法律保护;如第 130 条规定民事权利行使不受干涉的原则、第 132 条规定禁止权利滥用原则、第 111 条规定个人信息保护等,弥补了现行制度的漏洞,值得重视。

(二)保留民事责任章

值得注意的是,学界对于《民法总则》是否保留民事责任章存在意见分歧。的确,无论大陆法系中的德国法系或者法国法系的民法典,大体在合同法中规定违约责任、侵权法中规定侵权责任、物权法中规定物上请求权,其余具有民事责任性质的制度,则或者附带规定于合同法,如缔约过失责任,或者附带规定于物权法,如不可量物侵害责任。将各种属于民事的责任类型,合并称为"民事责任"于民法典总则编专章规定的立法例迄今罕见。传统民法理论也受立法(或者民法分科)的局限,往往对侵权责任、违约责任、物上请求权等作个别研究(论述),而将侵权责任、违约责任、物上请求权、缔约过失责任及分散在民商事特别法中的责任,合并称为"民事责任"予以总括研究的著作极少。④ 但日本的情况有所不同,特别值得注意。日本民法学者对"民事责任"进

---

② 《民法总则》第 130 条规定:"民事主体按照自己的意愿依法行使民事权利,不受干涉。"第 131 条规定:"民事主体行使民事权利时,应当履行法律规定的和当事人约定的义务。"

③ 《民法总则》第 132 条规定:"民事主体不得滥用民事权利损害国家利益、社会公共利益或者他人合法权益。"

④ 主要指英文文献和德文文献。

行总括研究的著作颇多,最早的是团野新之所著《民事责任论》(岩松书店 1922 年出版、1925 年再版)。其他重要著作有,石本雅男著《民事责任的基本理论》(有斐阁 1979 年出版);中井美雄等编《民事责任的规范构造:中川淳先生古稀纪念论文集》(世界思想社 2001 年出版);饭塚和之著《民事责任的诸相与司法判断》(尚学社 2012 年出版)等。既然有必要对各类民事责任作总括的理论研究,那么在民法典的总则编设置民事责任章,作为民法典分则各编关于各类民事责任规定及民商事特别法关于各类民事责任规定的总则,也就具有其合理性。

无须讳言,《民法总则》民事责任章(第八章)的 12 个条文中,若干条文会给人以"重复规定、意义不大"的印象,但不可否认的是,另外很多条文具有实质性意义。例如第 177 条关于按份责任的规定、第 178 条关于连带责任的规定、第 186 条关于责任竞合的规定、第 187 条关于民事责任优先原则的规定,无疑属于民事责任的总则性规定,规定于任何分则编或者民商事特别法均有欠当。此外,第 183 条关于保护他人使自己受伤害的规定、第 184 条自愿实施紧急救助的规定⑤、第 185 条关于英烈人格侵害的规定⑥,弥补了此前法律的不足,亦值得重视。

二、调整对象

法律专设一个条文规定调整对象(亦称调整范围),属于中国立法惯例。《民法总则》第 2 条规定调整对象:"民法调整平等主体的自然人、法人和非法人组织之间的人身关系和财产关系。"是以《民法通则》第 2 条的规定为依据,但将"财产关系"和"人身关系"的顺序颠倒了。《民法通则》的规定是"财产关系和人身关系",现在的条文是"人身关系和财产关系"。当然不能因此就认为人身关系比财产关系更重要。《民法总则》将两者的位置颠倒过来,把人身关系摆在财产关系的前

---

⑤ 《民法总则》第 184 条规定存在法律漏洞,应采目的限缩方法将"因救助人重大过失造成受助人重大损害的案型"排除在外。

⑥ 《民法总则》第 185 条规定以"英烈人格侵害和损害社会公共利益"为责任构成要件,属于公益诉讼。

面,推测立法者的意思是,中国经过三十多年的改革开放和发展市场经济的当下,民事立法应当更加关注人身关系的法律调整,更加关注人民群众非财产权利(人格权、人身权)的实现。

顺便指出,按照本条规定所体现的立法者的意思,将来民法典分则各编的编排顺序,有必要参考法国法系民法典的做法,将"人身关系法"(婚姻家庭编、继承编)安排在"财产关系法"(物权编、合同编、侵权责任编)的前面。

三、基本原则

《民法总则》第3条至第9条规定了民法的基本原则,即民事权利保护原则(第3条)、平等原则(第4条)、意思自治原则(第5条)、公平原则(第6条)、诚信原则(第7条)、公序良俗原则(第8条)、保护环境原则(第9条)。

法律明文规定基本原则,亦属于中国立法惯例。与《民法通则》的规定相比较,《民法总则》增加了保护环境原则(第9条)和公序良俗原则(第8条),将民事权利保护原则(第3条)置于诸原则之首,同时删去"等价有偿"(《民法通则》第4条)和"法律没有规定的,应当遵守国家政策"(《民法通则》第6条)两项原则,值得重视。

《民法总则》第3条规定:"民事主体的人身权利、财产权利以及其他合法权益受法律保护,任何组织或者个人不得侵犯。"学者称为民事权利保护原则,是以《民法通则》第5条[7]的规定为基础,而将《民法通则》所谓"民事权益"区分为"人身权利、财产权利以及其他合法权益"。此项原则相当于传统民法所谓"私权神圣"之基本原理(原则),属于不言自明,立法例罕有规定。考虑到中国在改革开放前长期实行计划经济体制,否认"私权""私利",《民法通则》第5条明文规定此项原则,具有极其重大的意义。

---

[7] 《民法通则》第5条规定:"公民、法人的合法的民事权益受法律保护,任何组织和个人不得侵犯。"

中国改革开放和社会主义市场经济的实践表明,正是因为承认和保护私权激发了人民群众的生产积极性和创造性,才取得现今经济社会发展的成就,同时在私权保护方面还存在很多不足之处,有必要进一步强调和强化对私权的法律保护。此项原则,《民法通则》规定在第 5 条(在平等原则、公平原则和诚信原则之后),《民法总则草案》规定在第 9 条(在平等原则、意思自治原则、公平原则、诚信原则、公序良俗原则和保护环境原则之后)。在全国人大大会审议中,根据人大代表的意见,将其位置提前规定在第 3 条,置于各项原则之首,作为第一项民法基本原则,其强调私权保护之立法者意思,非常明显。

第 9 条规定:"民事主体从事民事活动,应当有利于节约资源、保护生态环境。"学者称为"保护环境原则"或者"绿色原则",本属于环境保护法的基本原则。在中国经济高速发展的同时造成自然环境严重破坏的当下,本法规定为民法基本原则,当然有其重大意义。

四、民法法源

第 10 条是关于民法法源的规定。⑧ 按照民法原理和立法例,民法法源分为三个层次,第一层次是"法律规定";第二层次是"习惯";第三层次是"法理"。所谓"法理",指公认的民法原理,日本法和韩国法称为"条理"。

虽然本条明文规定的民法法源仅有法律和习惯两项,但根据中国裁判实践应当肯定,尚有第三项法源"最高人民法院发布的司法解释",及第四项法源"指导性案例",以及第五项法源"法理"。

最高人民法院制定了很多司法解释,司法解释被认为具有相当于法律的效力,裁判中可以被援引为裁判依据。但最高人民法院司法解释可区分为两种类型,第一类是"法条解释型"司法解释,例如对《合同法》第 73 条债权人代位权的解释(法释〔1999〕19 号第 12 条、第 13

---

⑧ 《民法总则》第 10 条规定:"处理民事纠纷,应当依照法律;法律没有规定的,可以适用习惯,但是不得违背公序良俗。"

条)、对《合同法》第 74 条债权人撤销权的解释(法释〔2009〕5 号第 18 条、第 19 条)、对《合同法》第 52 条第(五)项"法律、行政法规的强制性规定"的解释(法释〔2009〕5 号第 14 条);第二类是"补充漏洞型"司法解释,例如对买卖预约的解释(法释〔2012〕8 号第 2 条)、对情事变更原则的解释(法释〔2009〕5 号第 26 条)、对侵害死者人格利益侵权责任的解释(法释〔2001〕7 号第 3 条)、对哪些债权请求权不适用诉讼时效的解释(法释〔2008〕11 号第 1 条)。严格言之,具有民法法源地位的司法解释,仅指"补充漏洞型"司法解释。

最高人民法院发布的指导性案例,类似于日本的判例。所谓指导性案例,是经过最高人民法院筛选的,对案件事实、裁判要旨进行概括和归纳,并附上关键词、相关法条,赋予某种法律效力。依据最高人民法院《〈关于案例指导工作的规定〉实施细则》第 9 条的规定,各级人民法院正在审理的案件,在基本案情和法律适用方面,与最高人民法院发布的指导性案例相似的,应当参照相关指导性案例的裁判要点作出裁判。依此规定,法官对于指导性案例是参照适用,而不是直接适用。

最高人民法院发布的指导性案例亦可分为两种类型:一是"法条解释型"案例,例如第 33 号案例解释《合同法》第 52 条第(二)项恶意串通行为无效、第 83 号案例解释《侵权责任法》第 36 条第 2 款的"通知"和"必要措施";二是"补充漏洞型"案例,例如第 50 号案例创设"夫妻同意人工生殖子女视为婚生子女"规则、第 65 号案例创设"专项维修资金不适用诉讼时效"规则。严格言之,具有民法法源地位的指导性案例,仅指"补充漏洞型"案例。

虽然本条未明文规定"法理"为法源,并不等于裁判中不能适用法理。裁判实践表明,法庭裁判案件,在既没有可以适用的法律、习惯,也没有相应的司法解释、指导性案例时,可以引用相关法理作为裁判依据。例如,最高人民法院在(2014)年民提字第 71 号民事判决书,引用民法关于"虚伪表示无效不得对抗善意第三人"的法理作为裁判依据。

五、创设胎儿利益保护与成年监护制度

第 16 条创设胎儿利益特别保护制度[9],值得重视。《民法通则》拘泥于传统民法理论,认为胎儿属于母亲身体之一部分,胎儿在出生之前,不能享有损害赔偿请求权和遗产继承权,对胎儿利益保护非常不利[10],属于立法漏洞。此前实务界已有认可胎儿损害赔偿请求权的案例。本条规定胎儿视为有民事权利能力制度,弥补了立法的不足,值得肯定。

中国老龄化问题日益突出,不仅带来所谓"人口红利"消退,而且带来很多社会问题。《民法总则》参考发达国家(如日本)的立法经验,废止"精神病人禁治产制度",新创成年监护制度。其中,第 28 条规定指定监护人[11];第 33 条规定意定监护人[12];第 35 条第 3 款规定成年监护的基本原则。[13] 值得注意的是,本法未采用"成年障碍者"概念,而用"不能辨认自己行为的成年人""不能完全辨认自己行为的成年人"概念,实际上限于"智力障碍"的成年人,而将"功能障碍"和"肢体障碍"的成年人排除在外,显有不足。

六、法人制度的完善

(一)法人分类

关于法人的分类,学者提出的建议方案有两个。一是按照民法

---

[9] 《民法总则》第 16 条规定:"涉及遗产继承、接受赠与等胎儿利益保护的,胎儿视为具有民事权利能力。但是胎儿娩出时为死体的,其民事权利能力自始不存在。"

[10] 仅《继承法》第 28 条规定"遗产分割时,应当保留胎儿的继承份额"。

[11] 《民法总则》第 28 条规定:"无民事行为能力或者限制民事行为能力的成年人,由下列有监护能力的人依次担任监护人:(一)配偶;(二)父母、子女;(三)其他近亲属;(四)其他愿意担任监护人的个人或者组织,但是须经被监护人住所地的居民委员会、村民委员会或者民政部门同意。"

[12] 《民法总则》第 33 条规定:"具有完全民事行为能力的成年人,可以与其近亲属、其他愿意担任监护人的个人或者组织事先协商,以书面形式确定自己的监护人。协商确定的监护人在该成年人丧失或者部分丧失民事行为能力时,履行监护职责。"

[13] 《民法总则》第 35 条第 3 款规定,"成年人的监护人履行监护职责,应当最大程度地尊重被监护人的真实意愿,保障并协助被监护人实施与其智力、精神健康状况相适应的民事法律行为"。

理论和发达国家立法例,分为社团法人与财团法人;二是沿用《民法通则》分为企业法人与非企业法人的经验,而将企业法人改称"营利性法人",非企业法人改称"非营利性法人"。鉴于采社团法人与财团法人的分类,难以处理"机关法人"和"事业单位法人"。因"机关"和"事业单位"属于"机构",难以纳入"社团"概念,且中国《公司法》上的"一人公司",也不符合社团(人合组织体)概念,故《民法总则》采用第二个方案,按照法人目的划分,分为"营利法人"(第二节)与"非营利法人"(第三节),后考虑到社会基层自治组织如居民委员会、村民委员会等亦在民事生活领域发挥重要作用,于是增设"特别法人"(第四节)。

(二)法定代表人制度的完善

法定代表人制度,规定在第61条[14]。第1款规定法定代表人,沿用《民法通则》第38条。新增第2款和第3款,具有重要的理论意义和实践意义。第2款规定,法定代表人以法人名义从事的民事活动,由法人承受其后果。法定代表人为法人代表机关,法定代表人的行为即是法人自己的行为,所产生的权利、义务和责任,理当由法人享有和承担。表明中国民事立法采纳"法人组织体说"。第3款规定法定代表人越权行为效力规则。民法解释论上曾经有"权利能力限制说""行为能力限制说"与"(法定代表人的)代表权限制说"。按照"权利能力限制说",法定代表人的越权行为属于绝对无效;按照"行为能力限制说",法定代表人的越权行为属于相对无效;按照"代表权限制说"(日本商法学界之通说),法定代表人的越权行为属于有效,但不得对抗善意第三人。本条第3款规定采"代表权限制说",有利于市场交易安全与交易公平两项价值之兼顾。

(三)增设法定代表人侵权责任制度

第62条第1款规定:"法定代表人因执行职务造成他人损害的,由

---

[14] 《民法总则》第61条规定:"依照法律或者法人章程的规定,代表法人从事民事活动的负责人,为法人的法定代表人。"(第1款)"法定代表人以法人名义从事的民事活动,其法律后果由法人承受。"(第2款)"法人章程或者法人权力机构对法定代表人代表权的限制,不得对抗善意相对人。"(第3款)

法人承担民事责任。"自《民法总则》实施之后，法定代表人的侵权行为适用本条，其他管理人员及普通员工执行职务致他人损害的侵权行为，应适用《侵权责任法》第 34 条。

适用《民法总则》第 62 条，与适用《侵权责任法》第 34 条，效果是一样的（均由法人承担侵权责任），但二者的法理根据不同。法定代表人的侵权行为由法人承担责任，其法理依据是法定代表人的侵权行为即是法人的侵权行为；而其他管理人员及普通员工的侵权行为由法人（用人单位）承担责任，其法律依据是由享受利益者负担相应风险的民法法理。

顺便提及，法人仅对法定代表人"因执行职务造成他人损害的"行为承担责任。判断法定代表人造成他人损害的行为，是否属于"因执行职务"，可参照《日本侵权法》所谓"外观理论"⑮。

（四）法人登记事项与实际情况不一致

第 65 条规定："法人的实际情况与登记的事项不一致的，不得对抗善意相对人。"法人登记是法人公示方法，如果法人登记事项发生变化而未及时向登记机关办理变更登记，即出现法人实际情况与登记事项不一致的情形。这种情形，如相对人根据登记事项与法人实施法律行为，其效力判断，即应适用本条。

（五）将《公司法》四项制度规定于本法以适用于非公司营利法人

第 83 条第 1 款规定滥用出资人权利损害法人和其他出资人利益应当承担民事责任、第 2 款规定滥用法人独立地位和出资人有限责任损害债权人利益应承担连带责任（即日本民法所谓法人格否认的法理）；第 84 条规定出资人滥用关联关系损害法人利益应承担民事责任；

---

⑮ 日本大审院 1940 年 5 月 10 日有关 Y 信用金库职员 A 本无制作承认书的权限却发行了在定期存款上设定质权的承认书案件的判决（判决全集 7 辑第 699 页）最先采用"外观理论"："被使用者的行为在外观上与执行职务具有同一外观时，不论被使用者是否为自己而为之，对此造成（他人）损害的，不妨碍认定为执行职务给第三人造成的损失"。参见〔日〕圆谷峻：《判例形成的日本新侵权行为法》，赵莉译，法律出版社 2008 年版，第 290 页。我国台湾地区"最高法院"最先采用"外观理论"的判决，是 2007 年台上字第 2532 号判决。参见陈忠五主编：《民法（2008—2009 年）》，新学林分科六法，第 B—120 页。

第85条规定法人权力机关违法决议的撤销,实际是直接采用现行《公司法》(第20条、第21条、第22条第2款)的规定,以适用于所有的营利性法人。

七、民事法律行为制度的修改完善

(一)维持民事法律行为概念

《民法通则》发明"民事法律行为"概念和"民事行为"概念。以"民事法律行为"指称合法有效的行为,用"民事行为"概念指称违法的、无效的、可撤销的行为。制定《民法总则》,学者建议采用大陆法系民法通用的"法律行为"概念,废弃"民事法律行为"概念和"民事行为"概念。2015年9月讨论的法工委内部草案采用"法律行为"概念,却受到其他法学专业学者的反对。⑯ 起草人为了避免纠缠个别概念,在此后的草案中仍然采用"民事法律行为"概念。值得注意的是,因为废弃了"民事行为"概念,现在的"民事法律行为"概念⑰已经抛弃《民法通则》起草人赋予的特别含义,与大陆法系民法"法律行为"概念已毫无区别。

(二)保留关于法律行为有效要件的规定

第143条规定法律行为有效要件,是以《民法通则》第55条为基础的,文字稍有改动。⑱ 需说明的是,在关于制定《民法总则》的讨论中,一些学者建议删去本条。的确,多数立法例,以德国民法为代表,并不规定法律行为的有效条件,而仅规定各种瑕疵法律行

---

⑯ 反对理由是,如民法典采用"法律行为"概念,别的法律(法学)专业就难以再使用类似概念,如"经济法律行为""行政法律行为"等。

⑰ 《民法总则》第133条规定:"民事法律行为是民事主体通过意思表示设立、变更、终止民事法律关系的行为。"

⑱ 《民法总则》第143条规定:"具备下列条件的民事法律行为有效:(一)行为人具有相应的民事行为能力;(二)意思表示真实;(三)不违反法律、行政法规的效力性强制性规定,不违背公序良俗。"

为的效力。[19] 但也存在明文规定法律行为(或契约)有效要件的立法例,如法国民法、意大利民法等。[20]

考虑到社会生活的复杂性和变动性,即使立法当时对社会生活中的各种案型均设有明确规定,随着社会生活的发展、变动,仍然还会出现一些在法律上没有具体规定的新型案件。法庭遇到法律没有具体规定的新型案件,可以直接引用本条作为裁判依据。这就增加了法律的灵活性。《民法总则》保留此项规定的理由在此。

(三)增设虚伪表示和隐藏行为规则

第146条新增关于虚伪表示和隐藏行为的规定。[21]《民法通则》未规定虚伪表示,而社会生活中当事人为规避法律强制性规定或逃避债务所为虚伪表示和隐藏行为并不鲜见,为弥补立法漏洞,特创设本条。

(四)统一欺诈、胁迫的法律效果

第148条至第150条规定欺诈和胁迫的法律效果。[22] 按照民法原

---

[19] 这些民法典未明文规定法律行为的有效要件,推测其立法者意思,是有意留与民法理论阐释,而各主要国家及地区权威教科书均有关于法律行为有效要件的论述。例如,德国温德夏德的《潘德克顿法学教科书》(第1卷)第85小节专门论述了法律行为的有效要件;日本四宫和夫、能见善久的《民法总则》(第8版、弘文堂)第四章私权变动第三节(第257—277页)专门论述法律行为的有效要件。

[20] 《法国民法典》第1108条规定:"下列四条件为契约有效成立的必要条件:(1)负担债务当事人的同意;(2)订立契约的能力;(3)构成约束客体的确定标的;(4)债的合法原因。"《意大利民法典》第1325条规定:"契约的要件包括:(1)当事人的合意(参阅1326条);(2)原因(参阅1234条、1343条);(3)标的(参阅1346条);(4)法律规定必须采取的、否则无效的形式(参阅1350条)。"《乌克兰民法典》第194条[法律行为的一般生效要件]规定:"(1)法律行为的合意不能违反法律、行政法规的当事人必须遵守的强制性规定以及社会的道德原则。(2)当事人应具有相应的民事能力。(3)当事人的意思表示自由,并与其内心意思一致。(4)法律行为应以符合法律规定的形式订立。(5)法律行为的当事人应追求法律行为本身的法律后果。(6)未成年人的父母或养父母(代理)订立的合同不能违背未成年人的利益。"

[21] 《民法总则》第146条规定:"行为人与相对人以虚假的意思表示实施的民事法律行为无效。以虚假的意思表示隐藏的民事法律行为的效力,依照有关法律规定处理。"

[22] 《民法总则》第148条规定:"一方以欺诈手段,使对方在其违背真实意思的情况下实施的民事法律行为,受欺诈方有权请求人民法院或者仲裁机构予以撤销。"第149条规定:"第三人实施欺诈行为,使一方在违背真实意思的情况下实施的民事法律行为,对方知道或者应当知道该欺诈行为的,受欺诈方有权请求人民法院或者仲裁机构予以撤销。"第150条规定:"一方或者第三人以胁迫手段,使对方在违背其真实意思的情况下实施的民事法律行为,受胁迫方有权请求人民法院或者仲裁机构予以撤销。"

理和立法例,欺诈和胁迫均为法律行为撤销的原因,因欺诈或者胁迫手段成立的法律行为,属于可撤销行为。但《民法通则》第58条规定欺诈、胁迫的法律效果为无效。《合同法》在制定时,关于如何规定欺诈、胁迫的法律效果发生分歧,最终采取折中办法,分为两个条文,依欺诈、胁迫之是否损害国家利益而规定不同的法律效果。㉓ 此与民法理论及各主要国家及地区立法例不符,且在裁判实务中徒然增加操作困难。《民法总则》起草人在总结裁判实践经验的基础上,采纳学者建议,将欺诈、胁迫的法律效果统一规定为可撤销,值得肯定。

(五)删除可撤销法律行为的"变更"效力

需要特别注意,《民法通则》和《合同法》关于可撤销法律行为(合同)的规定,在撤销权之外更赋予撤销权人请求"变更"的效力。此项"变更"效力,被解释为附着于撤销权的另一项形成权,即"变更权"。《民法总则》在制定时,总结裁判实践经验,注意到当事人主张变更,很难获得法院的支持,故绝大多数当事人均选择主张撤销,而不选择主张变更。㉔ 有鉴于此,《民法总则》第147条至第151条关于重大误解、欺诈、胁迫、显失公平民事法律行为的规定中,删除"变更"效力,值得肯定。

(六)合并显失公平和乘人之危

《民法通则》在制定时,将传统民法暴利行为(《德国民法典》第138条第2款)一分为二。一为"乘人之危"行为,其法律效果为无效(第58条);二为"显失公平",其法律效果为可撤销(第59条)。《合同法》维持这种区分,将两者的法律效果均规定为可撤销。《民法总则》在制定时,总结裁判实践的经验,注意到乘人之危的构成要件过严,而

㉓ 《合同法》第52条第(一)项规定,"一方以欺诈、胁迫的手段订立合同,损害国家利益"的合同无效。第54条第2款规定,"一方以欺诈、胁迫的手段""使对方在违背真实意思的情况下订立的合同,受损害方有权请求人民法院或者仲裁机构变更或者撤销"。

㉔ 本文写作时,从网上搜索到(自《合同法》实施以来)原告依据《合同法》第54条关于可撤销合同的规定起诉的案件7688件,其中原告主张变更的仅478件;原告主张变更的478件中,法庭支持变更的仅91件。有13个省、自治区、直辖市的法院从未作出过支持变更的判决。

显失公平的构成要件过宽;主张乘人之危很难获得法院支持[25],而主张显失公平容易获得法院支持。并且,绝大多数当事人选择主张显失公平,而不选择乘人之危。有鉴于此,《民法总则》第151条遂将乘人之危与显失公平合并为一个条文"显失公平",明定其法律效果为可撤销。

八、代理制度的完善

《民法通则》仅规定直接代理,而与大陆法系立法例相同。《合同法》在制定时,采纳多数学者专家的意见,参考英美代理法及《欧洲合同法原则》,在直接代理之外,规定了间接代理(《合同法》第402条、第403条)。致中国现行法上的代理,包括直接代理和间接代理。

《民法总则》如何对待《合同法》上的间接代理?有两个方案。第一个方案是,现行《民法通则》规定的直接代理制度,与《合同法》上的间接代理规则加以整合,制定统一的代理法。第二个方案是,《民法总则》仍然规定直接代理,作为一般规则,而将间接代理保留在《合同法》中,作为特别规则。起草人最终采纳第二个方案,《民法总则》只规定直接代理,而将间接代理作为特别制度保留在合同法(编)。此外,本章增设关于禁止自己代理和双方代理的规定(第168条)、增设职务代理(第170条)、完善狭义无权代理(第171条)、增设表见代理(第172条),值得注意。

九、诉讼时效制度的修改完善

《民法通则》规定了三种时效期间,即2年普通时效期间(《民法通则》第135条)、1年特别时效期间(《民法通则》第136条)及20年长期时效期间(《民法通则》第137条)。《民法总则》废止1年特别时效期间,保留普通时效期间(将2年改为3年)和长期时效期间(维持20

---

[25] 本文写作时,从网上搜索到原告依据关于乘人之危的规定起诉的案件274件,获得法庭支持的仅1件。

年不变),构成双重时效期间。其中,3年普通时效期间属于主观时效期间,20年长期时效期间属于客观时效期间。

第188条第2款末句规定,"有特殊情况的,人民法院可以根据权利人的申请决定延长"(20年诉讼时效期间)。时效期间的延长,须由法院根据权利人申请作出延长时效期间的决定,方才发生时效期间延长的效力。3年的普通时效期间,因有中止、中断的规定,不发生延长问题。

第190条规定,无民事行为能力人、限制民事行为能力人对其法定代理人之请求权,在法定代理关系存续期间,诉讼时效不开始进行,自该法定代理关系终止之日起开始计算诉讼时效期间。

鉴于对未成年人的性侵害行为的特殊性,受害人自己属于限制行为能力人或者无行为能力人,不可能自己寻求法律救济。于监护人疏于履行监护职责甚至监护人就是加害人的情形,受害人往往得不到法律保护。受害人成年之后自己寻求法律保护,却因诉讼时效期间超过被法院拒绝受理或者予以驳回。为了给受性侵未成年人预留其成年之后寻求法律保护之机会,《民法总则》起草人参考《德国民法典》第208条[26],创设《民法总则》第191条规定,"未成年人遭受性侵害的损害赔偿请求权的诉讼时效期间,自受害人年满十八周岁之日起计算"。[27]

在《民法通则》生效后的一段时间,学界曾经认为《民法通则》关于诉讼时效的规定系采纳诉权消灭主义,肯定法院可以主动适用诉讼时效。2008年,最高人民法院《关于审理民事案件适用诉讼时效制度若干问题的规定》第3条明确规定:"当事人未提出诉讼时效抗辩,人民法院不应对诉讼时效问题进行释明及主动适用诉讼时效的规定进行裁

---

[26] 《德国民法典》第208条规定:"基于性的自主决定受侵害的请求权,于受害人满21周岁前,时效不开始进行。时效开始时受害人与加害人处在家庭共同生活关系的,于共同生活关系解除前,诉讼时效不开始进行。"

[27] 《民法总则》第196条规定:"下列请求权不适用诉讼时效的规定:(一)请求停止侵害、排除妨碍、消除危险;(二)不动产物权和登记的动产物权的权利人请求返还财产;(三)请求支付抚养费、赡养费或者扶养费;(四)依法不适用诉讼时效的其他请求权。"

判。"《民法总则》起草人将该条规定提升为法律条文,《民法总则》第192条第1款明确规定,"诉讼时效期间届满的,义务人可以提出不履行义务的抗辩";第193条规定"人民法院不得主动适用诉讼时效的规定"。此外,第196条规定不适用诉讼时效的请求权、第197条规定诉讼时效的强制性[23],值得注意。

---

[23] 《民法总则》第197条规定:"诉讼时效的期间、计算方法以及中止、中断的事由由法律规定,当事人约定无效。当事人对诉讼时效利益的预先放弃无效。"

《民法总则》重要条文的理解与适用[*]

《民法总则》已于2017年3月15日由第十二届全国人大第五次会议表决通过,自2017年10月1日起施行。本文旨在对《民法总则》新增和修改的重要条文进行解读,阐明其立法目的、理论依据及适用规则。

一、关于民法法源

《民法总则》第10条是关于民法法源的规定。法源,亦称法的渊源,其含义是法律的来源或者法律的存在形式。[①] 依据该条规定,我国民法的法源分为两个层次:一是法律,二是习惯。

在民法典中规定法源,最早始于《瑞士民法典》。《瑞士民法典》第1条规定:"本法有规定的法律问题,适用本法;无规定者,以习惯法裁判;无习惯法,依法官提出的规则;同时应遵循既定学说和传统。"《瑞士民法典》的这种做法对很多国家和地区的民事立法产生了影响,例如日本、韩国的民法典以及我国台湾地区的"民法"中都有对法源的规定。这些国家和地区对法源的规定一般分为三个层次,第一是法律,第二是习惯,第三是法理。[②] 但是《民法总则》第10条仅规定了法律和习惯,没有规定法理。

本条所谓"习惯",指民事习惯。现行《合同法》仅规定了交易习

---

[*] 本文原载《四川大学学报(哲学社会科学版)》2017年第4期。
[①] 参见〔日〕三和一博、平井一雄:《要说民法总则》,苍文社1989年版,第5—6页。
[②] 参见本卷《中国民法总则的制定》一文。

惯,而本条中"习惯"的含义涵盖交易习惯及交易习惯之外的民事习惯。最高人民法院《关于适用〈中华人民共和国合同法〉若干问题的解释(二)》第 7 条第 1 款规定:"下列情形,不违反法律、行政法规强制性规定的,人民法院可以认定为合同法所称'交易习惯':(一)在交易行为当地或者某一领域、某一行业通常采用并为交易对方订立合同时所知道或者应当知道的做法;(二)当事人双方经常使用的习惯做法。"第 2 款规定:"对于交易习惯,由提出主张的一方当事人承担举证责任。"按照本条规定,法庭采用的作为裁判依据的习惯,不得违反法律、行政法规的强制性规定,不得违背善良风俗,自不待言。

虽然本条明文规定的民法法源仅有法律和习惯两项,但根据我国裁判实践,应当解释为,尚有第三项法源"最高人民法院司法解释"及第四项法源"指导性案例"。我国最高人民法院制定了很多司法解释,司法解释被认为具有相当于法律的效力,在裁判中可以被援引为裁判依据,法庭可以直接依据某一个司法解释的某一条解释文对案件作出判决。除制定司法解释之外,最高人民法院近年来还发布指导性案例。指导性案例类似于国外的判例。指导性案例是经过最高人民法院筛选的,对案件事实、关键词、相关法条、裁判要旨等进行概括和归纳,赋予其某种法律效力。

《〈最高人民法院关于案例指导工作的规定〉实施细则》第 9 条规定:"各级人民法院正在审理的案件,在基本案情和法律适用方面,与最高人民法院发布的指导性案例相类似的,应当参照相关指导性案例的裁判要点作出裁判。"依此规定,法官对于指导性案例只能参照适用,不能直接适用。亦即法庭对于与指导性案例类似的案件,可以按照指导性案例的裁判方案进行裁判的,也可以不按照指导性案例的裁判方案进行裁判。当法官选择不按照指导性案例的裁判方案进行裁判,作出与指导性案例不同甚至相反的判决时,应当在裁判文书中说明理由;如果法庭选择按照指导性案例的裁判方案进行裁判,应当在判决书的裁判理由部分引述指导性案例的编号和裁判要点,但不能直接引用指导性案例作为判决依据,而应当引用指导性案例的同一判决依据作为本案的判决依据。例如,指导性案例以诚实信用原则作为裁判依据,则本案也引用诚实信用原则作为判决依据。需要指出的是,在《民法总则》所规定的基本原则当中,唯有诚实信用原则以及禁止权利滥用原则(第 132 条)可以作为裁判依据,其他基本原则都不能作为裁判依据。

前面谈到,法庭在参照指导性案例之后,可以不采用指导性案例的裁判方案,作出与指导性案例不同的判决,对于这种情形法庭有说理的义务,应当在判决书中说明这样做的理由。法官当然不能说指导性案例错误,而应当说明本案事实与指导性案例的事实有差别,如果采用指导性案例的裁判方案将导致本案判决结果违背诚实信用原则,即未在当事人之间实现公平正义。换言之,法官参照指导性案例,应当以诚实信用原则作为评价标准,凡采用指导性案例的裁判方案能够使本案判决结果符合诚实信用原则的,即应当按照指导性案例的裁判方案裁判本案;反之,则不应按照指导性案例的裁判方案而应当直接依据诚实信用原则裁判本案。

此外,虽然本条未明文规定"法理"为法源,并不等于裁判中不能适用法理。应当肯定,法庭所裁判的案件,既没有可以适用的法律、习惯,也没有相应的司法解释、指导性案例时,是可以引用相关法理作为裁判依据的。例如,《最高人民法院公报》刊载的一个债权人代位权纠纷案例[③],就引用了关于代物清偿的法理作为裁判的依据。最高人民法院在 2014 年民提字第 71 号民事判决书中,就引用了民法关于虚伪表示无效不得对抗善意第三人的法理作为裁判依据。

二、关于自然人

(一)自然人出生时间、死亡时间的证据规则

《民法总则》第 15 条规定了认定出生时间、死亡时间的证据规则。

[③] 参见成都市国土资源局武侯分局与招商(蛇口)成都房地产开发有限责任公司、成都港招实业开发有限责任公司、海南民丰科技实业开发总公司债权人代位权纠纷案,载《最高人民法院公报》2012 年第 6 期。

《民法总则》第 13 条规定:"自然人从出生时起到死亡时止,具有民事权利能力,依法享有民事权利,承担民事义务。"照此规定,自然人因出生当然取得权利能力,因死亡而权利能力当然丧失。出生和死亡是重要的法律事实,关系到权利能力的取得和丧失。出生和死亡对于继承而言尤其重要,自然人自出生之时就享有继承权,可以继承遗产。同样,自然人一旦死亡,自死亡之时继承开始,其所拥有的财产就变成了遗产,并且成为继承人的共有财产。《民法通则》对于出生和死亡时间的认定未作规定,最高人民法院有关司法解释则规定"以户籍登记的时间为准"④。户籍登记由公安机关负责,所承担的主要是管理功能,以之作为认定出生和死亡时间的证据,属于额外赋予户籍登记以证据效力。

  本条规定,可以作为法庭认定自然人出生和死亡时间的依据分为三个层次:第一个层次是以出生证明、死亡证明记载的时间为准;第二个层次是以户籍登记或者其他有效身份登记记载的时间为准;第三个层次是有其他证据足以推翻以上记载时间的,以该证据证明的时间为准。

  按照社会生活经验,绝大多数自然人的出生和死亡均发生在医院,医生是出生和死亡事实的见证人,医生于出生、死亡事实发生时出具的出生证明、死亡证明,理当具有优先于户籍登记的证据效力。而自然人出生或者死亡之后,往往经过或长或短的期间,其近亲属才到户籍登记机关办理出生登记或者死亡登记,办理户籍登记的警察并没有见证出生、死亡事实的发生。此外自然人基于种种不正当目的篡改户籍登记的现象时有发生,严重影响了户籍登记的证据效力。这是本条明文规定出生证明、死亡证明的证据效力优先于户籍登记的理由。所谓"其他有效身份登记",是指在中国没有户籍登记的外籍人、无国籍人的身份证明,如护照等。

---

  ④ 最高人民法院《关于贯彻执行〈中华人民共和国民法通则〉若干问题的意见(试行)》第 1 条规定:"公民的民事权利能力自出生时开始。出生的时间以户籍证明为准;没有户籍证明的,以医院出具的出生证明为准。没有医院证明的,参照其他有关证明认定。"

需注意,《民法总则》第 15 条第 3 句规定,"有其他证据足以推翻以上记载时间的,以该证据证明的时间为准"。意思是,出生证明、死亡证明以及户籍登记、其他有效身份登记的证据效力是相对的,不是绝对的。前述证明所记载的出生时间、死亡时间,可以被其他证据所否定。即在诉讼中,应由主张前述证明所记载的出生时间、死亡时间不正确的一方当事人承担举证责任,该当事人提供的证据被法庭认为足以推翻前述证明所记载的出生时间、死亡时间的,则应当"以该证据证明的时间为准"。

(二) 对胎儿的特殊保护规定

《民法总则》第 16 条新增对胎儿特殊保护的规定。《民法通则》没有对胎儿的法律地位作出规定。按照《民法通则》第 9 条的规定和民法传统理论,胎儿在出生之前,属于母亲身体之一部分。⑤ 但随着民法的发展和社会的进步,大家开始思考尚未出生胎儿的法律保护问题。例如,亲友将财产赠送给尚未出生的胎儿,是否有效?可否将财产遗赠给胎儿?胎儿应不应该享有继承权?在母体内的胎儿如果遭受侵害,可否有损害赔偿请求权?因此,现代民法对胎儿予以特殊保护,大多规定"胎儿视为已出生",将胎儿作为已经出生的自然人对待。我国《民法通则》没有注意到这个问题,只是在《继承法》第 28 条规定,遗产分割时,应当保留胎儿的继承份额。这个规定只是说要给胎儿预留份额,并没有说胎儿有继承权,仅仅是一个"打补丁"的规定。另外,我国裁判实务中已经有地方法院判决承认胎儿有损害赔偿请求权。有鉴于此,《民法总则》创设第 16 条第 1 句规定,"涉及遗产继承、接受赠与等胎儿利益保护的,胎儿视为具有民事权利能力"。依据本条,胎儿可以继承遗产、接受遗赠、接受赠与,条文中的"等"暗示胎儿在遭受侵害时可以享有损害赔偿请求权。

另需说明,"视为"是民法上的技术性概念,其含义是,法律规定将

---

⑤ 《民法通则》第 9 条规定:"公民从出生时起到死亡时止,具有民事权利能力,依法享有民事权利,承担民事义务。"

某一事物当作另一事物对待。胎儿尚未出生，并不是享有民事主体资格的自然人，但出于保护胎儿的立法目的，在涉及继承、接受赠与（包括遗赠）或损害赔偿时，将胎儿当作已经出生的自然人对待，使其享有民事权利能力，具有民事主体资格。"视为"与另一个技术性概念"推定"类似，"推定"也是将某种事物当作另一种事物对待，例如过错推定。但"视为"与"推定"的区别在于，"推定"可以通过反证予以推翻，而"视为"不能通过反证予以推翻。

　　胎儿毕竟还没有出生，不能像已经出生的自然人那样行使权利，其继承遗产、接受赠与、行使损害赔偿请求权，应当准用关于未成年人监护制度的规定，即由监护人作为法定代理人代理胎儿行使权利。因胎儿没有出生，还没有姓名，赠与合同的受赠人只能写监护人的姓名，但实际的受赠人是胎儿并不是监护人，所以应当在赠与合同中载明该财产是赠与胎儿的。同理，胎儿行使损害赔偿请求权，也是由监护人以法定代理人的身份去起诉。此时监护人代为起诉与一般的法定代理并不相同，当监护人作为未成年人的法定代理人起诉时，起诉状上的原告为该未成年人，如果被监护人是胎儿，起诉状上的原告只能为监护人。但监护人所行使的是胎儿的权利，因此应当在起诉状中明确表述其所行使的是胎儿的损害赔偿请求权。应当指出，胎儿的权利能力是有限的，仅限于享有部分民事权利，不能承担任何民事义务。监护人可以代胎儿行使民事权利，但不能代胎儿设定民事义务。

　　本条第2句还规定，"但是胎儿娩出时为死体的，其民事权利能力自始不存在"。也就是说，当胎儿出生时为死体的，就否定了胎儿的民事权利地位，当作其民事权利从来不存在。如果胎儿娩出时是死体，那么其已经取得的权利应如何处置？按照民法理论，胎儿已经继承的遗产、受赠的财产及获得的损害赔偿金，应当按不当得利处理。即所获得遗产应当在其他继承人之间重新分配，赠与人有权收回赠与财产，支付损害赔偿金的人有权要求返还该金额。"娩出"一语中的"娩"指"分娩"，不仅指自然分娩，还应包括人工分娩，即"剖宫产"；所谓"出"指胎儿与母体分离之时,脐带是否剪断在所不问。

三、关于法人

(一)法人成员的有限责任

《民法总则》第 60 条规定:"法人以其全部财产独立承担民事责任。"亦即法人的成员只承担有限责任。我国《公司法》规定了两种公司形式,即有限责任公司和股份有限公司。无论是有限责任公司还是股份有限公司,其股东都只承担有限责任,即以出资额为限对公司的债务承担责任。4 人以自己的全部财产独立承担民事责任,与法人的成员承担有限责任,是同一含义的两种表述。我国法人都是独立承担民事责任,法人的成员只承担有限责任。需注意,有的国家的法人制度与此不同,它们既有独立承担民事责任的法人,也有不独立承担民事责任的法人;公司类型除有限责任公司、股份有限公司外,还有所谓无限责任公司、两合公司。正因为我国法人限于独立承担民事责任,所以有必要在法人之外规定非法人组织。《民法总则》之所以规定三类民事主体,除自然人、法人外,还规定了非法人组织,关键在于第 60 条规定了法人以其全部财产独立承担责任。

(二)法定代表人

《民法总则》第 61 条是关于法定代表人的规定。本条第 1 款规定了法人的法定代表人。我国法人的法定代表人是单一制,一个法人只有一个法定代表人。而有些国家的法定代表人采取多数制,一个法人可以有多个法定代表人。法定代表人是法人的代表机关,法定代表人直接代表法人从事民事活动,法定代表人之外的其他管理人员、工作人员是以法人代理人的身份代理法人从事民事活动。

本条第 2 款规定:"法定代表人以法人名义从事的民事活动,其法律后果由法人承受。"按照法人组织体说,法定代表人和法人是一个主体,法定代表人是法人的代表机关,法定代表人的行为就是法人自己的行为,法定代表人以法人名义从事民事活动,其后果都应当由法人承担。这一款的意义有两点:其一,理论意义。表明中国民事立法采法人组织体说，法人与法定代表人是一个民事主体，法定代表人4是法人的机关。其二，实践意义。本款明文规定，法定代表人的行为就是法人的行为，法定代表人的行为后果由法人承受，即法定代表人的行为产生的权利由法人享有、产生的义务由法人负担、产生的责任由法人承担，不受后来法定代表人更换的影响。任何法人不得因法定代表人的更换而拒绝承担前法定代表人的行为所产生的义务和责任。⑥

本条第3款新增法定代表人越权行为规则："法人章程或者法人权力机构对法定代表人代表权的限制，不得对抗善意相对人。"实践中法人章程或法人权力机构常常会对法定代表人的权限作出限制，例如限制签订借款合同的金额，或者规定不得以公司财产为他人提供担保。如果法人章程或者法人权力机构对法定代表人的权限设有限制，而法定代表人以法人名义实施法律行为超越了该限制，该越权法律行为是否有效，取决于该法律行为相对人属于善意还是恶意。如果相对人于实施法律行为之时，不知道或者不应当知道法定代表人的行为超越了该法人章程或者权力机构对其代表权的限制，即属于善意相对人；反之，知道或者应当知道法定代表人的行为超越了该法人章程或者权力机构对其代表权的限制，即属于恶意相对人。本款条文"不得对抗善意相对人"的意思是，如果相对人属于善意，则该法定代表人的越权行为有效。对本款作反对解释，则"可以对抗恶意相对人"，即如果相对人属于恶意，则该法定代表人的越权行为无效。

此外，需特别注意民法关于"善意推定"的法理。因为"善意"是指"不知道"，而按照社会生活经验，"不知道"是难以通过证据加以证明的，而"知道"则是可以通过举证加以证明的。因此，诉讼中法庭不要求主张自己属于善意的当事人举证证明自己属于善意，而直接"推定"其为善意相对人。如果对方当事人对此提出异议，法庭即要求异议方举证证明被告属于恶意相对人。顺便指出，按照"谁主张，谁举证"的

---

⑥ 参见本卷《〈中华人民共和国民法总则（草案）〉：解读、评论和修改建议》一文。

一般原则,应当由主张者举证证明自己所主张的事实之存在。例如,主张不可抗力、时效期间经过、存在某种习惯等,均应当由主张者承担举证责任,唯有主张自己属于"善意"为例外,不要求主张者对于自己属于善意承担举证责任,而采用"善意推定"。

《民法通则》未规定法定代表人的越权行为,属于法律漏洞。在《合同法》制定时,起草人参考表见代理规则创设《合同法》第 50 条:"法人或者其他组织的法定代表人、负责人超越权限订立合同,除相对人知道或者应当知道其超越权限的以外,该代表行为有效。"该规则称为表见代表规则,作为法定代表人越权行为的裁判依据。⑦ 在《民法总则》实施之后,法院裁判此类案件应当直接适用《民法总则》第 61 条第 3 款,而不再适用《合同法》第 50 条。今后将《合同法》修订编纂为民法典的合同编时,建议删除《合同法》第 50 条。⑧

《民法总则》第 62 条新增关于法定代表人侵权行为的责任承担的规定。本条第 1 款规定:"法定代表人因执行职务造成他人损害的,由法人承担民事责任。"如前所述,法定代表人属于法人组织体的机关,法定代表人以法人名义实施的法律行为即是法人自己的行为,所产生的权利、义务和责任均归属于法人。同理,法定代表人因执行职务而发生的侵权行为,即是法人的侵权行为,其法律后果同样应由法人承担。而法人作为一个组织体,除法定代表人外还有各类管理人员以及普通员工,法定代表人之外的管理人员和普通员工因执行职务造成他人损害的侵权责任,应当适用《侵权责任法》第 34 条关于使用人责任的规定,由用人单位承担侵权责任。按照《侵权责任法》第 34 条的规定,用人单位所承担的责任是无过错责任,其理论依据是民法理论上关于由受利益者负担风险的学说。在《民法总则》制定之前,公司的法定代表人、管理人员或者普通员工因执行工作任务而造成他人损害的都适用《侵权责任法》第 34 条的规定,在《民法总则》实施之后,法定代表人的

---

⑦ 参见本卷《民法总则立法的若干理论问题》一文。
⑧ 参见本卷《中国民法总则的制定》一文。

侵权行为适用《民法总则》第62条的规定，其他管理人员及普通员工执行职务致他人损害的侵权行为，仍旧适用《侵权责任法》第34条的规定。适用《民法总则》第62条与适用《侵权责任法》第34条，均由法人承担侵权责任，但是二者的法理依据不同。法定代表人的侵权行为由法人承担责任，其法理依据是法定代表人的侵权行为即是法人的侵权行为，而其他管理人员及普通员工的侵权行为由用人单位承担责任，其法理依据是由享受利益者负担相应风险的法理。

需说明的是，并不是法定代表人所实施的一切侵权行为都由法人负责，法人仅对法定代表人"因执行职务"造成他人损害的侵权行为负责。判断法定代表人的行为是否属于"因执行职务"，应当采取所谓"外观理论"。所谓"外观理论"，是判断法定代表人的侵权行为是否"因执行职务"及用人单位工作人员的侵权行为是否"因执行工作任务"共用的判断标准。

另外，法人在承担责任之后能否向有过错的法定代表人追偿。《民法总则》第62条第2款对追偿权进行了规定，即法人承担民事责任后，依照法律或者法人章程的规定，可以向有过错的法定代表人追偿。可见法人承担责任之后向有过错的法定代表人追偿是有条件的，即须法律或者法人章程有关于追偿的规定。但现行法律并没有关于此项追偿的规定，所以在制定或修改法人章程的时候可以增加此类规定。《侵权责任法》第34条关于使用人责任的规定，将单位承担责任之后能否向有过错的被使用人追偿问题，委托法官结合具体案情进行裁量。这是《民法总则》第62条与《侵权责任法》第34条的另一个区别。

(三) 法人的登记

《民法总则》第65条新增规定："法人的实际情况与登记的事项不一致的，不得对抗善意相对人。"法人登记是法人公示方法，是相对人了解法人情况的根据。但法人存续期间，法人登记事项难免发生变化，因此《民法总则》第64条规定，法人在存续期间登记事项发生变化的，应当依法向登记机关申请变更登记。如果法人登记事项发生变化而未及时向登记机关办理变更登记，即出现法人实际情况与登记事项不一致的情形，如相对人根据登记事项与法人实施法律行为，其效力如何，即应适用本条。

本条所谓"善意相对人"，指不知道或者不应当知道法人实际情况与登记事项不一致、信赖法人登记事项而与法人实施法律行为的相对方当事人；反之，知道或者应当知道法人实际情况与登记事项不一致，却仍按照登记事项与法人实施法律行为的相对方当事人，为"恶意相对人"。所谓"不得对抗善意相对人"的意思是，如果与法人实施法律行为的相对方当事人属于"善意相对人"，则法人不得以法人实际情况与登记事项不一致为由主张该法律行为无效；反之，如果与法人实施法律行为的相对方当事人属于"恶意相对人"，则法人可以以法人实际情况与登记事项不一致为由主张该法律行为无效。需特别注意，本条的适用范围限于登记名义人以法人名义实施法律行为的案件，而登记名义人以自己名义实施法律行为的案件，不适用本条。

（四）法人的清算

《民法总则》第70条是关于法人清算的规定。《民法通则》未规定法人清算的清算义务人，本条第2款规定法人的董事、理事等执行机构或者决策机构的成员为清算义务人，弥补了法律的空白。需特别注意本条第3款的规定："清算义务人未及时履行清算义务，造成损害的，应当承担民事责任；主管机关或者利害关系人可以申请人民法院指定有关人员组成清算组进行清算。"

关于第3款有两个问题需作解释。

第一个问题是，第3款第2句关于人民法院指定有关人员组成清算组的规定。人民法院指定的清算组成员，是否限于在本条第2款规定的清算义务人的范围之内指定？与第3款第1句联系起来看，应当肯定，人民法院指定清算组成员，应当不受本条第2款规定的清算义务人范围的限制，人民法院有权指定第2款规定清算义务人范围之外的有关人员组成清算组。所谓"有关人员"，应与该法人有关，例如该法人执行机构、决策机构之外的管理人员，法人的债权人，律师等。本条第2款第2句"法律、行政法规另有规定的，依照其规定"，是考虑到法人类型不同,非营利法人和特别法人如何清算,应由法律、行政法规另行规定。

第二个问题是,本条第3款第1句规定"清算义务人未及时履行清算义务,造成损害的,应当承担民事责任",那么所应承担的是什么性质的责任,对谁承担责任,如何追究责任? 应当肯定,清算人未及时履行清算义务,所损害的是法人的债权人的利益,应当由清算义务人向受损害的债权人承担赔偿责任。依据第3款第1句的规定,受损害的债权人有权向人民法院起诉追究清算义务人的侵权责任。但是,法庭判决清算义务人承担赔偿责任的一个条件是,原告所受损害金额必须确定,须待该法人清算终结,才能计算出债权人所遭受的损失金额。因此,遭受损害的债权人,应当先依据第3款第2句的规定,以利害关系人身份向人民法院申请指定有关人员组成清算组,对该法人进行清算,待清算终结、计算出自己遭受损失的具体数额之后,再依据第3款第1句的规定向人民法院起诉怠于履行义务的清算义务人,追究其赔偿责任。

(五) 法人的设立人

《民法总则》第75条规定设立人为设立法人从事民事活动的债权债务问题。设立活动有两种可能,一是设立成功、法人成立;二是设立未成功、法人未成立。按照本条第1款的规定,如法人成立,则设立人承担设立法人从事的民事活动,其法律后果由法人承受;如法人未成立,则设立人为设立法人所从事民事活动的法律后果,"由设立人承受,设立人为二人以上的,享有连带债权,承担连带债务"。此规定是将最高人民法院《关于适用〈中华人民共和国公司法〉若干问题的规定(三)》[以下简称《公司法司法解释(三)》]第4条适用于包括公司法人在内的一切法人。但要注意的是,在法人设立过程中所涉及的法律关系并不限于债权债务关系,例如当设立人为设立法人而购置不动产时还会涉及物权关系。所以,条文中设立人为二人以上的,"享有连带债权,承担连带债务"的文义过窄,应当作扩张解释,解释为"享有连带权利,承担连带义务"。

按照本条第 2 款的规定,"设立人为设立法人以自己的名义从事民事活动产生的民事责任,第三人有权选择请求法人或者设立人承担"。同样是将《公司法司法解释(三)》中的规定适用于所有的法人。但条文中的"民事责任"一语含义过窄,应当作扩张解释,解释为"民事义务和民事责任"。此外,第三人选择请求法人承担责任的前提条件须是"法人成立",自不待言。

(六)出资人权利滥用与法人人格否认

《民法总则》第 83 条第 1 款规定:"营利法人的出资人不得滥用出资人权利损害法人或者其他出资人的利益。滥用出资人权利给法人或者其他出资人造成损失的,应当依法承担民事责任。"所针对的是现实生活中控股股东、大股东滥用股东权利,损害法人和小股东利益的社会问题。实际是将《公司法》第 20 条第 1 款和第 2 款的规定,适用于全部营利法人。条文所谓"依法承担民事责任",当然是滥用权利的出资人向受损害的法人或者其他出资人承担侵权责任,而向人民法院起诉、行使损害赔偿请求权的主体,应当适用《公司法》关于小股东直接诉权和派生诉权的规定。

如果大股东滥用权利侵害了小股东的利益,受损害的小股东可以自己的名义向人民法院起诉,追究滥用权利的大股东的损害赔偿责任。此即小股东的直接诉权,规定在《公司法》第 152 条。如果大股东滥用权利侵害法人的利益,本应由受损害的法人向人民法院起诉、追究滥用权利的大股东的损害赔偿责任。按照《公司法》第 151 条的规定,单独或者合计持有公司 1% 以上股份的股东,可以书面请求监事会或者董事会向人民法院提起诉讼,监事会或者董事会收到该书面请求后拒绝提起诉讼,或者自收到请求之日起 30 日内未提起诉讼,或者情况紧急、不立即提起诉讼将会使公司利益受到难以弥补的损害的,该单独或者合计持有公司 1% 以上股份的股东,有权为了公司的利益以自己的名义直接向人民法院提起诉讼,此即小股东的派生诉权。

《民法总则》第 83 条第 2 款是关于"法人人格否认"的规定。前文已述,《民法总则》第 60 条规定了法人独立承担责任,亦即出资人承担有限责任。实践中有的出资人滥用法人独立地位、出资人有限责任损害法人的债权人的利益。《民法总则》第83条第2款的规定是对第60条的法定限制。需注意的是,条文所谓损害法人的"债权人利益",按照民法原理和国际经验,也可以包括公法上的债权,如果出资人利用法人独立地位和出资人有限责任,将境内法人(子公司)的利益转移到境外的法人(母公司)以逃避税法债务,严重损害国家税法债权,当然可以依据本款规定,使境外法人(母公司)和境内法人(子公司)对该税法债务承担连带责任。20世纪70年代美国政府所谓"长臂管辖"⑨,采用的是同一法理。

《民法总则》第84条是关于滥用关联关系的规定,是将《公司法》第21条规定适用于全部营利法人。本条规定,营利法人的控股出资人、实际控制人、董事、监事等高级管理人员滥用关联关系损害法人利益的,应当对法人承担赔偿责任。条文仅规定"应当承担赔偿责任",而未明示行使追究加害人赔偿责任的诉权主体。鉴于本条滥用关联关系侵害法人利益与第83条第1款规定的滥用出资人权利侵害法人利益类似,本条亦应采用小股东派生诉讼方式行使请求权。

(七)法人决议的撤销

《民法总则》第85条规定法人决议的撤销,实际是将《公司法》第22条第2款的规定适用于一切营利法人,并增加"但书"规定对善意相对人加以保护。条文所谓"召集程序、表决方式",应当包括:会议通知、股权登记、提案和议程决定、会议主持、投票、计票、表决结果宣布、决议形式、会议记录及签署等事项,但不包括修改法人章程的决议。

特别值得注意的是,本条末句"但书"规定:即使该决议被撤销,"营利法人依据该决议与善意相对人形成的民事法律关系不受影响"。

---

⑨ "长臂管辖",是指对作为非法院地居民且不在法院地,但与法院地有某种联系,同时原告提起的诉讼又产生于这种联系时,法院对于被告所主张的管辖权。参见郭玉军、甘勇:《美国法院的"长臂管辖权"——兼论确立国际民事案件管辖权的合理性原则》,载《比较法研究》2000年第3期。

换言之，依据本条规定撤销营利法人的决议，不能对抗依据该决议实施法律行为的善意相对人。

四、关于民事权利

（一）人格权

《民法总则》第 109 条规定的是一般人格权："自然人的人身自由、人格尊严受法律保护。"虽然条文使用了"人身自由"和"人格尊严"两个概念，但并不是将"人身自由"和"人格尊严"规定为两个特别人格权类型，而是以人身自由和人格尊严概念表述一般人格权。

一般人格权为人格关系的法律表现，其标的为受法律保护的人格利益之总和。⑩ 一般人格权确定了应受法律保护的人格利益之基本属性，即凡属人格所生之合法利益，均受法律保护。同时，一般人格权为特别人格权的渊源。在对《民法总则》所规定的特别人格权（第 110 条）进行解释时，一般人格权便成为解释之标准。一般人格权之主要功能，在于弥补法定的特别人格权（第 110 条）之不足。本条关于一般人格权的规定，与《民法总则》第 110 条关于特别人格权的规定，构成一般法与特别法的关系。法庭审理人格利益遭受侵害的案件，应当优先适用第 110 条关于特别人格权的规定，只有在案件事实难以纳入第 110 条规定的特别人格权类型、不能依据该条予以保护时，才能适用第 109 条关于一般人格权的规定。

《民法总则》第 110 条是关于特别人格权类型的规定。请注意，《民法通则》采用的是"生命健康权"概念，本条依据最高人民法院相关司法解释将"生命健康权"区分为生命权、身体权、健康权。鉴于这些特别人格权类型，在《民法通则》列举规定之后，最高人民法院又出台相应司法解释，虽然这些解释已经为广大人民群众所熟知，但对于一些特别人格权很难定义或者很难准确定义。因此，《民法总则》放弃了为每一种人格权类型下定义的做法，采纳《侵权责任法》的经验，采取直

---

⑩ 参见尹田：《论一般人格权》，载《法律科学（西北政法学院学报）》2002 年第 4 期。

接列举特别人格权概念的方式。如前所述,在法律适用上,本条关于特别人格权类型的规定,应当优先于第 109 条关于一般人格权的规定。

《民法总则》第 111 条新增关于自然人个人信息受法律保护的规定。鉴于非法获取他人个人信息、滥用他人个人信息成为日益严重的社会问题,有必要规定对自然人个人信息的法律保护。但因对个人信息的本质及权利属性的研究不足,还难以明确界定自然人个人信息的性质及属于何种权利。设立本条的立法目的,主要是宣示对个人信息予以法律保护的原则,并为人民法院裁判侵害个人信息的案件提供裁判基准。

本条第 2 句前段为需要获取他人信息的组织和个人设定两项基本义务:一是"依法取得"的义务;二是确保所取得的"信息安全"的义务。本条第 2 句后段,规定任何组织和个人"不得非法收集、使用、加工、传输他人个人信息,不得非法买卖、提供或者公开他人个人信息",属于禁止性强制规定,为人民法院裁判侵害个人信息案件,确认侵害他人个人信息的法律行为无效,或者追究侵害人的侵权赔偿责任,提供了裁判依据。此外,本条也为今后制定"个人信息保护法"提供了立法依据和基本原则。

(二) 禁止权利滥用

《民法总则》第 132 条新增关于禁止权利滥用原则的规定。《民法通则》未规定禁止权利滥用原则。但《宪法》第 51 条对禁止权利滥用设有规定:"中华人民共和国公民在行使自由和权利的时候,不得损害国家的、社会的、集体的利益和其他公民的合法的自由和权利。"因此,学者和法官采合宪性解释方法,认为禁止权利滥用也当然是中国民法的一项基本原则。[11] 本条明文规定禁止权利滥用原则,弥补了民事立法的不足。禁止权利滥用属于诚实信用原则的下位原则,考虑到此项原则是对权利行使的限制,因此规定在民事权利一章。[12]

所谓禁止权利滥用原则,指一切民事权利之行使,不得超过其正当

---

[11] 参见本卷《〈中华人民共和国民法总则(草案)〉:解读、评论和修改建议》一文。

[12] 参见陈华彬:《论民事权利的内容与行使的限制——兼议我国〈民法总则(草案)〉相关规定的完善》,载《法学杂志》2016 年第 11 期。

界限,行使权利超过其正当界限,则构成权利滥用,应承担侵权责任或其他法律后果。权利滥用与侵权行为的区别如下:其一,构成权利滥用,须有正当权利存在,且属于权利行使或与权利行使有关的行为;而侵权行为事先并无正当权利存在,不属于权利行使或与权利行使无关。其二,禁止权利滥用之立法目的,在于对民事权利之行使予以一定限制,通过对权利滥用的禁止或制裁以保护国家利益、社会公共利益或他人利益;而侵权行为制度并无限制民事权利的目的。其三,权利滥用以当事人有损害国家利益、社会公共利益或者他人利益的故意为要件,在行使权利时仅因为过失造成他人或社会公共利益损害的,不构成权利滥用;而侵权行为不仅以故意为要件,仅因过失侵害他人合法权益亦可构成侵权行为。

据此,构成权利滥用须具备四个要件:一是行为人享有合法权利;二是其行为属于权利行使行为;三是因行使权利损害国家利益、社会公共利益或者他人合法权益;四是行为人以故意损害国家利益、社会公共利益或者他人合法权益为目的行使其权利。具备这四项要件,即构成权利滥用行为。权利滥用的效果,视权利行使之方法而有不同。如权利行使为法律行为,则应判决该法律行为无效;如权利行使为事实行为,该行为尚未进行,则应判决禁止行为人行使;如该权利滥用之事实行为正在继续,则应判决责令行为人停止;如权利滥用之行为已经造成损害,则应判决行为人承担损害赔偿责任。

另外还有两个具体问题:一是如何认定行为人是否具有损害国家利益、社会公共利益和他人利益的故意。法庭并不要求原告举证证明行为人具有故意,而是采用客观判断方法:比较行为人行使权利所获得的利益与因此给国家、社会或者他人造成的损害之大小。如果行为人因此获得的利益微小,而给国家、社会或者他人造成的损害巨大,法庭即应认定行为人具有损害国家利益、社会公共利益或者他人利益之故意。二是当权利滥用行为侵害国家利益、社会公共利益时,应当由谁行使诉权。目前,应当由人民检察院提起公益诉讼,将来国家开放纳税人诉讼,亦可由纳税人提起公益诉讼。权利滥用侵害他人合法权益的情形,由受害人行使诉权,自不待言。

五、关于民事法律行为

(一)民事法律行为的有效条件

《民法总则》第143条规定民事法律行为的有效条件,是以《民法通则》第55条规定为基础的,文字稍有改动。需说明的是,在关于制定《民法总则》的讨论中,一些学者建议删去本条。理由是,法律已经明文规定了法律行为无效的条件、可撤销的条件,没有必要再正面规定有效条件。的确,多数立法例并不规定法律行为的有效条件,而仅规定各种瑕疵法律行为的效力。但考虑到社会生活的复杂性和变动性,即使立法当时对社会生活中的各种案型均设有明确规定,但随着社会生活的发展、变动,仍然会出现一些在法律上没有具体规定的新型案件。法庭遇到法律没有具体规定的新型案件,可以直接引用本条作为裁判依据。[13] 这就增加了法律的灵活性。《民法总则》保留此项规定的理由在此。

本条属于从正面规定法律行为有效要件的概括性规定,本条以下的条文(第144条至第154条)属于从反面规定违反法律行为有效要件的具体规定。在适用顺序上,应当优先适用违反法律行为有效要件的具体规定(第144条至第154条),只有在待决案件均不能适用第144条至第154条具体规定的情形时,才可以适用第143条关于法律行为有效要件的概括性规定。需注意,适用第144条至第154条的效果为确认法律行为无效或者可撤销;而适用第143条的效果是确认法律行为有效。亦即对于社会发展变化产生的新型案件,不属于第144条至第154条的适用范围,可以依据第143条认定法律行为有效。从民法解释方法上说,对于第143条不能作反对解释。[14]

---

[13] 参见本卷《〈中华人民共和国民法总则(草案)〉:解读、评论和修改建议》一文。
[14] 参见王利明:《法律解释学导论——以民法为视角》,法律出版社2009年版,第286页。

（二）无行为能力人独立实施的法律行为无效

《民法总则》第 144 条规定无行为能力人独立实施的法律行为无效。《民法总则》第 20 条规定未满 8 周岁的未成年人为无民事行为能力人，其实施民事法律行为必须由法定代理人代理，本条进一步规定无民事行为能力人实施的民事法律行为无效。但未成年人年满 6 周岁即应上小学，难免要独自乘坐公共交通工具、购买学习用品、玩具和零食等。更为重要的是，他们往往玩儿网络游戏、进行手机购物等，按照本条规定这些行为均应无效，显然违背社会生活经验，并且不合情理。[15] 可见本条存在法律漏洞。建议类推解释《民法总则》第 145 条关于"限制行为能力人实施的纯获利益的民事法律行为或者与其年龄、智力、精神健康状况相适应的民事法律行为有效"的规定，认定不满 8 周岁的未成年人独立实施的这类行为有效。

（三）可撤销民事法律行为

《民法总则》第 146 条新增关于虚伪表示和隐藏行为的规定。本条规定："行为人与相对人以虚假的意思表示实施的民事法律行为无效。以虚假的意思表示隐藏的民事法律行为的效力，依据有关法律法规处理。"所谓虚伪表示，是大陆法系民法采用的法律概念，指当事人与相对人双方所作虚假的意思表示，亦称假装行为。虚伪表示的特征在于，虽然具有法律行为的外形，但双方当事人明知该法律行为是虚假的，都不想使该法律行为发生效力。例如，以逃避债务为目的的虚假财产赠与，双方当事人都不希望发生赠与的效力。所谓"隐藏行为"，是指虚伪表示所掩盖的真实的法律行为。例如，为规避房屋买卖的税负而订立赠与合同，赠与合同为虚伪表示，而房屋买卖合同为隐藏行为。隐藏行为是与虚伪表示联系在一起的，无虚伪表示也就无所谓隐藏行为，有隐藏行为也就必定有虚伪表示。但存在虚伪表示，却不一定有隐藏行为，例如，为逃避债务、规避法院执行而订立虚假赠与合同、虚假买

---

[15] 参见陈华彬：《论我国〈民法总则（草案）〉的构造、创新与完善》，载《比较法研究》2016 年第 5 期。

卖合同、虚假抵押合同，属于虚伪表示，但没有隐藏行为。⑯

本条第 1 款仅规定虚伪表示的民事法律行为在双方当事人之间无效，而未规定在当事人与第三人之间是否无效，因此留下法律漏洞。关于虚伪表示在当事人一方与第三人之间的法律效果，应当按照民法原理及参考《日本民法典》第 94 条、《韩国民法典》第 108 条和我国台湾地区"民法"第 87 条第 1 款等规定，分为两种情形。第三人知道当事人之间的意思表示为虚伪表示的，即属于恶意第三人，则虚伪表示的任何一方当事人均可以虚伪表示无效对抗该恶意第三人；第三人不知道当事人之间的意思表示为虚伪表示的，即属于善意第三人，则虚伪表示的双方当事人均不得以该虚伪表示无效对抗该善意第三人。

按照本条第 2 款的规定，虚伪表示所掩盖的隐藏行为是否有效，取决于该隐藏行为本身是否符合该行为的生效要件。⑰ 例如伪装赠与而实为买卖，赠与行为属于虚伪表示应当无效，所隐藏的买卖行为是否有效，应依有关买卖合同的规定判断。如隐藏行为符合法律关于买卖合同生效要件的规定，则应有效，否则即应无效。

《民法总则》第 148 条至第 150 条规定欺诈和胁迫的法律效果。其中第 149 条新增了有关第三人实施欺诈的规定。值得注意的是，按照民法原理和立法例，欺诈和胁迫的法律效果为可撤销。但《民法通则》第 58 条规定欺诈、胁迫的法律效果为无效。《合同法》将欺诈、胁迫的法律效果分为两种：第 52 条第（一）项规定为无效；第 54 条第 2 款规定为可撤销。《民法总则》根据民法原理和立法例并总结裁判实践的经验，将欺诈、胁迫的法律效果统一规定为可撤销。

《民法总则》第 151 条规定了显失公平的民事法律行为。所谓显失公平行为，来源于《德国民法典》第 138 条第 2 款规定的"暴利行为"。构成暴利行为须具备"双重要件"：第一，须双方给付显失均

---

⑯ 参见本卷《民法总则立法的若干理论问题》一文。
⑰ 参见陈华彬：《论我国民法总则法律行为制度的构建——兼议〈民法总则草案〉（征求意见稿）的相关规定》，载《政治与法律》2016 年第 7 期。

衡，称为客观要件；第二，须一方乘对方窘迫、轻率或无经验，称为主观要件。《民法通则》在制定时，将传统民法暴利行为一分为二：一为"乘人之危"行为，其法律效果为无效（第58条）；二为"显失公平"行为，其法律效果为可撤销（第59条）。《合同法》维持这种区分，将两者的法律效果均规定为可撤销。《民法总则》在制定时，总结裁判实践的经验，注意到乘人之危的构成要件过严，而显失公平的构成要件过宽；主张乘人之危很难获得法院支持，而主张显失公平容易获得法院支持。并且，绝大多数当事人均选择主张显失公平，而不选择乘人之危。有鉴于此，《民法总则》遂将乘人之危与显失公平合并为一个条文，仍称"显失公平"。

按照本条规定，显失公平行为的构成要件有两个。第一，须给付与对待给付之间显失均衡。学说上称为客观要件。第二，须一方利用了对方处于危困状态、缺乏判断能力等不利情势。学说上称为主观要件。其法律效果为可撤销，法律赋予因法律行为显失公平而受不利益的一方当事人以撤销权。需注意的是，显失公平之判断时点，为"民事法律行为成立时"。法律行为成立生效之后因情事变更导致双方对待给付显失公平的，不能适用本条，而应依最高人民法院关于情事变更的解释规则处理。[18]

需特别注意，《民法总则》第147条至第151条关于可撤销民事法律行为的条文，统一规定其法律效果为可撤销，而删除了"变更"效力。按照民法原理和立法例，于法律行为的意思表示存在瑕疵情形时，赋予受损害一方撤销权，通过撤销权之行使，消灭有瑕疵法律行为的效力，使当事人双方恢复到该法律行为成立之前的状态，以纠正当事人之间的不公正。但现行《民法通则》和《合同法》却在撤销权之外赋予变更

---

[18] 最高人民法院《关于适用〈中华人民共和国合同法〉若干问题的解释（二）》第26条规定："合同成立以后客观情况发生了当事人在订立合同时无法预见的、非不可抗力造成的不属于商业风险的重大变化，继续履行合同对于一方当事人明显不公平或者不能实现合同目的，当事人请求人民法院变更或者解除合同的，人民法院应当根据公平原则，并结合案件的实际情况确定是否变更或者解除。"

的效力。此项"变更"效力,亦可解释为附着于撤销权的另一项形成权,即"变更权"。《民法总则》制定时,总结裁判实践经验,注意到当事人主张变更,很难获得法院的支持,而绝大多数当事人均选择主张撤销,而不选择主张变更。有鉴于此,《民法总则》从重大误解、欺诈、胁迫、显失公平民事法律行为的规定(第147条至第151条)中,删除"变更"效力。

(四)民事法律行为违法无效

《民法总则》第153条是关于民事法律行为违法无效的规定。按照民法原理,法律行为制度是民事主体实现意思自治的手段,但民事主体之意思自治并非毫无限制,意思自治不得超越法律和道德的容许限度,实施法律行为不得违反法律、行政法规的强制性规定,不得违背公序良俗。法律、行政法规的强制性规定及公序良俗,即是对民事主体意思自治的限制。《民法总则》第143条已经将不得违反法律、行政法规的强制性规定以及不违背公序良俗,规定为民事法律行为的有效要件。本条再进一步从反面规定,违反法律、行政法规的强制性规定以及违背公序良俗的民事法律行为无效。

《民法总则》设置本条的立法目的,是授权法庭和仲裁庭主动审查当事人之间的法律行为的目的和内容。凡违反现行法律、行政法规的禁止性强制规定的,即依据本条第1款的规定确认该法律行为无效;于现行法律、行政法规未有禁止性强制规定的情形,授权法庭和仲裁庭主动审查该法律行为的目的和内容是否违背公序良俗,法庭或者仲裁庭认为违背公序良俗的,即依据本条第2款的规定确认该法律行为无效。

本条第1款规定:"违反法律、行政法规的强制性规定的民事法律行为无效,但是该强制性规定不导致该民事法律行为无效的除外。""但书"所谓"不导致民事法律行为无效的"强制性规定,是指民法理论中所谓的"命令性规定",亦即最高人民法院司法解释所说的"非效力性规定"。除去不导致法律行为无效的"命令性规定"和"导致法律行为无效的"强制性规定,是指民法理论中所谓的"禁止性规定",亦即最高人民法院司法解释所谓的"效力性强制规定"[19]。

关键问题是,如何区分一项法律规定究竟属于效力性强制规定或者非效力性强制规定。区分标准如下:(1)效力性强制规定所规范的对象是法律行为。例如,《民法总则》第144条规范无行为能力人实施的法律行为,第146条规范虚伪表示的法律行为,本条第2款规范违背公序良俗的法律行为,第154条规范恶意串通的法律行为;《合同法》第52条规范各种目的和内容违法的合同,第53条规范合同中的免责条款,第40条规范免除自己一方责任、排除对方主要权利的格式合同。(2)效力性强制规定所规定的法律效果,或者直接规定该行为无效,或者明文"禁止"该行为。其中,明文规定该行为无效,例如《民法总则》第144条规定无行为能力人实施的法律行为无效,第146条规定虚伪表示行为无效,第154条规定恶意串通行为无效,第197条规定变更诉讼时效的约定无效、事先放弃时效利益的行为无效,以及《合同法》第52条规定违法合同无效,第53条规定免除人身伤害责任的免责条款无效,第40条规定免除自己责任、排除对方主要权利的格式合同无效;明文规定"禁止"该行为,例如《民法总则》第111条第2句后段禁止非法收集、买卖他人个人信息,第168条禁止自己代理、禁止双方代理,《合同法》第172条第3款对建设工程"禁止分包"给没有资质的单位及"禁止再分包"。请注意,民法上的"禁止"和"不得",是禁止性法律规定的标志性用语。凡是法律条文采用了"禁止"或者"不得",表明法律禁止该法律行为发生效力。

凡符合上述两项判断标准,即规范对象为法律行为并且直接规定行为无效或者禁止该行为的,均属于效力性强制规定。不符合此两项标准的,一般应视为非效力性强制规定。需特别注意,所谓效力性强制规定的判断标准,是针对法律、行政法规的具体规定而言的,不包括原则性规定。但按照民法原理及裁判实务经验,若干可以作为裁判依据

---

[19] 最高人民法院《关于适用〈中华人民共和国合同法〉若干问题的解释(二)》第14条规定:"合同法第五十二条第(五)项规定的'强制性规定',是指效力性强制性规定。"

的原则性规定,例如,《民法总则》中的诚实信用原则(第7条)、禁止权利滥用原则(第132条)、法律行为有效要件的概括性规定(第143条)以及《物权法》上的物权法定原则(第5条)、不动产物权变动的登记生效原则(第14条)等,亦应视为效力性强制规定。此外,刑法关于犯罪行为的规定、行政法关于行政违法行为的规定,当然属于效力性强制规定,自不待言。[20]

本条第2款规定违背公序良俗的法律行为无效。公序良俗,包括公共秩序、善良风俗。公序良俗,属于不确定概念。民法学说采类型化研究方法,将裁判实务中依据公序良俗裁判的典型案件,区分为若干违反公序良俗的行为类型。[21] 法庭或者仲裁庭于案件审理中,如果发现待决案件事实与其中某一个类型相符,即可依据本条第2款认定其行为无效。

(五)法律行为部分无效

《民法总则》第156条是关于法律行为部分无效的规定。因违法无效的法律行为可以分为目的违法和内容违法,如果法律行为的目的违法,整个法律行为无效;如果目的合法、只是内容部分违法,则法律行为的内容仅违法的部分无效,不违法的部分有效。例如《合同法》第53条规定,免除造成他人人身伤害责任的约定无效,虽然此免责条款无效,合同中的其他条款仍然有效;《合同法》第39条规定,提供格式合同的一方应当对免除或者限制其责任的条款尽到提示义务和说明义务,如果没有履行此类义务则该免责条款无效,而其他条款依然有效。此外,需要说明的是,民事法律行为的成立、生效、撤销、解除,绝对不发生部分成立、部分生效、部分撤销、部分解除的问题。

《民法总则》第157条以《合同法》第58条为基础稍加修改,规定在法律行为无效、被撤销或者确定不发生效力的情形下,对于已经履行的部分如何处理。本条规定:"民事法律行为无效、被撤销或者确定不

---

[20] 参见王轶:《民法总则法律行为效力制度立法建议》,载《比较法研究》2016年第2期。

[21] 违反公序良俗的案件类型,可参考相应教科书和著作。

发生效力后,行为人因该行为取得的财产,应当予以返还;不能返还或者没有必要返还的,应当折价补偿。有过错的一方应当赔偿对方由此所受到的损失;各方都有过错的,应当各自承担相应的责任。法律另有规定的,依照其规定。"

按照民法原理,法律行为被确认无效、被撤销或者确定不生效,双方当事人实施法律行为所欲实现的目的注定不能实现,尚未履行的不得履行,已经履行的必须恢复原状,即恢复到该法律行为成立之前的利益状况。本条所谓"因该行为取得的财产,应当予以返还",可称为返还请求权。需注意下面几点:第一,本条规定属于就事论事之处理办法,不再进一步分析返还请求权的性质,经《合同法》实施以来的长期实践证明,这样做具有简便易行的优点。第二,条文所谓"不能返还",包括事实上不能返还和法律上不能返还。其中法律上不能返还,例如禁止买卖物等。条文所谓"不能返还或者没有必要返还的,应当折价补偿"中的"不能返还",仅指事实上不能返还,不包括法律上不能返还。事实上不能返还,如有形财产中的消费物和无形财产(知识产权、商业秘密)。第三,所造成损失的赔偿,仅指财产损失赔偿,实行过错责任原则,由对该行为被确认无效、被撤销或者不发生效力有过错的一方承担;双方都有过错的,则按照各自的过错比例分担。第四,需特别注意,本条不是一个独立的裁判规范,必须与据以认定法律行为无效、撤销或者不生效的法律规范一并适用。换言之,法庭或者仲裁庭一旦依据《民法总则》相关条文作出确认法律行为无效、撤销或者不生效的判决,如果该法律行为已经履行或者部分履行,无论当事人是否请求返还,均应依职权适用本条判决相互返还财产,不能返还的折价补偿,有损失的按照过错分担,于当事人请求返还时,不得令其变更诉讼请求或者另案起诉。第五,本条末句"法律另有规定的,依照其规定",现今仅有《物权法》第106条是关于善意取得制度的规定。但该条的适用范围仅限于无权处分合同(《合同法》第51条)被确认无效的案型,法律行为无效案型,以及法律行为被撤销案型、法律行为被确认不生效案型,均无适用《物权法》第106条善意取得制度的可能。

此外,按照民法原理,法律行为被撤销的效力,包括对法律行为当事人的效力及对法律行为当事人之外的第三人的效力。《民法总则》起草人考虑到法律行为被撤销即成为无效的法律行为,因此将法律行为的无效与法律行为被撤销合并规定为第 155 条,却未规定法律行为之撤销对第三人的效力,留下法律漏洞。按照民法原理及立法例,法律行为因胁迫被撤销,可以对抗善意第三人;法律行为因重大误解、欺诈、显失公平被撤销,不得对抗善意第三人。

六、关于代理

(一)职务代理

《民法总则》第 170 条新增关于职务代理的规定。按照民法原理,委托代理的基础关系可以是委托合同关系,也可以是法人、非法人组织的内部组织关系或者劳动合同关系。基于委托合同关系的代理,代理人与被代理人为两个平等的民事主体,鉴于委托事务须实施法律行为,故被代理人须授予受托人代理权。代理权之授予,性质上属于单方法律行为,其书面形式为"授权委托书"(第 165 条)。基于法人、非法人组织之内部组织关系和劳动合同关系之代理,依通常习惯,代理权之授予,并不采用签发授权委托书的形式,而是与特定职务结合在一起,即担任该特定职务即在其职权范围内拥有代理权。例如法人、非法人组织之总经理、项目经理、部门经理、推销员、售货员等,拥有以法人、非法人组织名义,就其职权范围内的事项与其他民事主体实施法律行为的代理权,此即职务代理权。需注意,条文中"执行法人或者非法人组织工作任务的人员"一语,文义过于宽泛,应当限于担任与其他民事主体实施民事法律行为职务的人员。担任内部管理事务、技术工作的人员,并无此种职务代理权。本条第 1 款所谓"职权范围"一语,是指在内部组织关系、劳动合同关系中各种特定职务通常的"职权范围"。

本条第 2 款规定"法人或者非法人组织对执行其工作任务的人员职权范围的限制,不得对抗善意相对人"。所谓对"职权范围的限制",是指法人或者非法人组织内部对该通常的"职权范围"所进行的特别限制。例如,公司总经理通常的"职权范围"是以公司名义实施民事法律行为,该公司内部规定总经理不得签订担保合同,即是对总经理"职权范围"的限制。假如该总经理超越此内部限制为其他公司向银行借款担任保证人、订立保证合同,则该公司不得以其内部限制对抗善意相对人。

(二)狭义无权代理

《民法总则》第 171 条规定了狭义无权代理,系在《合同法》第 48 条规定的基础上进行了修改完善。本条第 1 款规定:"行为人没有代理权、超越代理权或者代理权终止后,仍然实施代理行为,未经被代理人追认的,对被代理人不发生效力。"该款是对无权代理人实施代理行为的原则性规定,即明确无代理权的行为人实施的代理行为,未经被代理人追认不发生代理效力。本条第 2 款规定了相对人的催告权和撤销权,相对人可以催告被代理人自收到通知之日起 30 日内予以追认,被代理人未作表示的,视为拒绝追认,行为人实施的行为被追认前,善意相对人有撤销的权利。这实际是《合同法》第 48 条第 2 款的原文。本条第 3 款规定,行为人实施的行为未被追认的,善意相对人有权请求行为人履行债务或者请求行为人予以赔偿,但是赔偿的范围不得超过被代理人追认时相对人所能获得的利益。这是《民法总则》新增的规定。本条第 4 款也是《民法总则》的新增规定,"相对人知道或者应当知道行为人无权代理的,相对人和行为人按照各自的过错承担责任"。

需特别注意本条第 3 款和第 4 款规定的适用。按照社会生活经验,相对人不会自己承认属于恶意相对人,在行为人实施的行为没有被追认时,相对人当然会依据本条第 3 款的规定向法院起诉要求行为人履行债务或者就其损害请求行为人赔偿,并且在起诉状中声称自己属于善意相对人。前文已经谈到民法关于"善意推定"的法理,法庭应当推定相对人属于善意。这种情形,如行为人对于相对人之声称属于善意未主张异议,或者虽主张异议而未能举出足以证明相对人知道或者应当知道行为人无代理权的证据,法庭即应支持相对人的请求,判决行为人履行债务或者在被代理人追认时相对人所能获得的利益范围内予以赔偿；如果行为人举证证明相对人属于恶意，法庭在驳回该恶意相对人的履行或者赔偿请求的同时，应当依职权适用本条第 4 款的规定，判决行为人与恶意相对人按照各自的过错承担责任。

七、关于民事责任

（一）因保护他人使自己遭受损害的补偿责任

《民法总则》第 183 条新增关于因保护他人使自己遭受损害的规定。区分为两种情形：其一，侵权人能够承担民事责任的，按照本条第 1 句的规定，由侵权人承担民事责任，受益人可以给予适当补偿。条文使用"可以"一词，表明受益人的补偿不具有强制性，受益人不自愿的，不得强制其补偿。其二，没有侵权人、侵权人逃逸或者无力承担民事责任的，按照本条第 2 句的规定，受害人有权请求受益人补偿，受益人应当给予适当补偿。条文使用"应当"一词，表明受益人有给予适当补偿的义务，只要受害人请求，受益人就必须给予适当补偿。即使在这种情形下，法庭也不能判决受益人"全部补偿"，因为毕竟不是受益人直接造成受害人损害。

（二）自愿实施紧急救助免责

《民法总则》第 184 条新增自愿实施紧急救助的规定。本条规定："因自愿实施紧急救助行为造成受助人损害的，救助人不承担民事责任。"所谓自愿实施紧急救助行为，应指不承担救助他人义务的一般人，未受任何组织和个人的委托，见他人（限于自然人）处于紧急危险状态而自愿、主动实施救助的行为。实施紧急救助他人的行为，却反而造成受助人损害，本应构成侵权责任，但考虑到行为人的目的及《民法总则》鼓励帮助、救助他人之政策目的，故本条规定，紧急救助行为造成受助人损害的，救助人不承担民事责任。需注意两点：其一，本条所谓自愿实施紧急救助的人和受助人，均应当限于自然人。法人、非法人组织实施救助行为，不应适用本条。根据民法的价值取向，不应当允许任何人借口所谓"自愿实施紧急救助"干涉法人、非法人组织的事务。其二，本条性质上属于法定免责事由。如严格贯彻本条，即使因救助人重大过失造成受助人重大损害也不承担任何责任,难免有以目的正当性代替社会正义之虞。可见本条存在法律漏洞。考虑到现行《刑法》有过失伤害犯罪,于救助人的行为已足以构成刑法上的过失伤害罪时,建议不适用本条而直接追究行为人过失伤害的侵权责任。

(三)侵害英雄烈士人格利益的民事责任

《民法总则》第185条新增关于侵害英雄烈士人格应当承担民事责任的规定。条文所谓"英雄烈士"指生前或者死后被公权力机关授予"英雄"和"烈士"称号的自然人,后面的"等"字,究何所指,是否涵盖中华民族历史上抗击外国侵略的英雄人物,不无疑问。本条所谓"侵害",应当解释为采用文字作品、音像作品形式,损害英雄烈士姓名、肖像、名誉、荣誉的行为;侵害人应当是该文字作品、音像作品的作者及出版人、发行人。依据条文,此项责任构成要件有二:其一,采用文字作品、音像作品形式损害英雄烈士姓名、肖像、名誉、荣誉;其二,损害社会公共利益。

鉴于英雄烈士具有历史性,关系到历史研究自由、文学艺术创作自由、公民的了解权等公法权利,而这些公法权利亦属于社会公共利益的重要内容。因此,法庭在判断加害作品是否损害社会公共利益时,须着重权衡系争作品对于历史研究自由、文学艺术创作自由及公民了解权的意义,不能仅以"是否真实"作为判断标准。如果仅有要件之一,即采用文字作品、音像作品形式损害英雄烈士姓名、肖像、名誉、荣誉,而不具备要件之二,即并未因此损害社会公共利益,加害人当然不应承担民事责任。在构成侵害英雄烈士人格的民事责任情形下,加害人所承担的责任,主要是消除影响、恢复名誉、赔礼道歉。此外,还应责令停止侵害,自不待言。

值得研究的是,本条所生诉权由谁行使,即谁有权担任侵害英雄烈士人格的侵权案件的原告,这取决于对案件性质属于私诉还是公诉的界定。按照最高人民法院《关于确定民事侵权精神损害赔偿责任若干问题的解释》第3条的规定,"以侮辱、诽谤、贬损、丑化或者违反社会公共利益、社会公德的其他方式,侵害死者姓名、肖像、名誉、荣誉",致其近亲属"遭受精神痛苦"的,属于私诉,死者的近亲属有诉权。可知,由近亲属充当原告的"私诉",须有致其近亲属"遭受精神痛苦"要件,且无"损害社会公共利益"要件。显而易见,本条规定的侵害英雄烈士人格的侵权案件,不属于"私诉"而属于"公诉",在当下应由各级人民检察院行使诉权,将来开放纳税人公益诉讼之后,凡不属于英雄烈士近亲属的普通公民均有权以纳税人身份依据本条提起公益诉讼。

《民法总则》对民事权利的确认和保护*

我们讲《民法总则》,但并非严格按照《民法总则》来讲,也不是严格按照民法总论的理论来讲。民法有两个体系,首先是理论体系,其次是立法体系,法律叫作条文体系、规则体系。我们的教科书,是理论体系。通过分析《民法总则》,将两个体系打通来讲,相对松散一些。本文主要讲四个关键词,第一个民法,第二个民事法律关系,第三个民事权利,第四个民事法律行为。

一、民法

第一个关键词,民法。《民法总则》第2条规定,民法的调整对象是人身关系和财产关系。用一个圆圈表示现代社会生活,中间一分为二,下面的部分就是我们说的人身关系和财产关系,人身关系和财产关系从它本来的意义上来讲,下面这部分叫作民事生活,分为经济生活和家庭生活。每一个人都生活在家庭当中,每一个人自降生之时就处在家庭生活当中。家庭生活中有很多关系,每一个人要生存,要维持生命,要用物质产品来维持自己的生活,处在一个经济生活当中,衣食住行就构成经济生活。圆圈的另一半我们把它叫作政治生活。我们回到《民法总则》第2条,民法调整人身关系和财产关系。人身关系就是家庭生活,家庭生活中的关系,如父母子女关系、兄弟姐妹关系、夫妻关系等近亲属关系。这些关系在法律上叫什么呢?《民法总则》第2条把

---

* 本文原载《云南大学学报(社会科学版)》2018年第1期。

它叫作人身关系。人身关系就是我们处于家庭当中的这些关系。人身关系这个用语和其他国家法律上的用语有区别,其他国家的民法教科书中叫身份关系,人身关系就等于身份关系。德国、日本的教科书中叫身份关系。财产关系就是经济生活中的关系。我们对房屋的占用、使用、收益、处分,购房签订的商品房买卖合同,旅游合同,经济生活中的各种关系就是财产关系。第2条在告诉我们民法调整范围的同时也告诉我们什么是民法,就是调整经济生活和家庭生活的法律,就是调整人身关系和财产关系的法律。这样的法律和我们社会的另外一半政治生活有什么区别呢?在民法领域把这样的法叫作私法,另一半政治生活中的法律叫作公法,公法和私法就这样划分。公法就是规定政治生活中的问题,包括国家架构,各种政治经济制度、财政、税收、服兵役等与民事生活相对的法律规则。以税法来说,交税不交税、交多少,谁说了算?国家说了算。这点非常有意义,就是在公法领域,政治生活领域的基本原则叫国家意志决定(先定),就是国家说了算的意思,交税就是一个典型。还有办企业,要进行工商登记,要取得各种许可,企业要交税,受处罚由国家说了算。进行行政处罚时并不征求企业或个体工商户的意见,这就是国家意志先定,至于国家意志难道没有错?对此就算有错也是先交了罚款再说,有问题可以走申诉的渠道,行政复议后若处罚真的有错再返还罚款。

  那在民法领域呢,民法领域也叫私法领域,它的基本原理,在教科书上叫作"私法自治",就是指私法领域的一切事情,由当事人自己说了算,例如我们要买房,买不买、现在买还是以后买、买哪个小区、买哪一套,是自己说了算。私法自治又叫意思自治,即按自己的意志参加民事活动。国家是否干预呢?发生纠纷,协商解决,达不成一致就会产生纠纷,不能通过协商解决就只能以到法院起诉的方式求助于国家,此时国家通过以法院行使裁判权的方式介入当事人的民事关系,为的是帮助当事人解决纠纷。这说明私法自治并不是绝对排斥国家公权,这种介入是第二次的。民事生活的基本原理和政治生活的基本原理是截然不同的,那意思自治、私法自治这样的原理为什么能够形成?取决于经济生活本身。一个国家的经济生活取决于经济体制。比如说计划经济下的经济生活完全是按照计划来管理，不需要订立合同，也没有意思自治。苏联教科书中提到，在社会主义条件下的合同不是真正的合同，是披着合同外衣的计划。改革开放前所谓的合同与我们现在的合同也是完全不同的。

我们说民法调整经济生活，这个经济生活是怎么样的经济生活呢？是市场经济条件下的经济生活。改革开放以前我们只知道资本主义的市场经济，现在我们是社会主义市场经济。两者有差别，差别在于生产资料占用的质上的区别，但是在市场经济这一点上是没有区别的。民法的基本原理是意思自治，它是市场经济条件下的意思自治。《民法总则》第5条规定了意思自治，又叫私法自治，它在不同的领域有不同的名称，在《合同法》上叫合同自由，在《物权法》上叫所有权自由，过去的教科书上用过"所有权绝对"这样的术语，就是所有权绝对自由的意思，比如说房子是我的，怎么住、怎么装修是任何人干涉不了的。"风能进，雨能进，国王不能进"说的就是人民对自有不动产的所有权。警察如果要进，只有作为朋友和持搜查证两种情况才被允许。在改革开放初期，西北出现过有一对夫妻在房间看录像，警察突然冲进去抓捕了丈夫的事件。当时网络不像现在发达，那是20世纪90年代初期，《物权法》正在起草，白岩松请笔者去参加《今日说法》时还谈道，《物权法》到底是保护富人还是保护穷人，还讲到这个例子，按照《物权法》的规定警察强行闯进他人的房屋并把在观看录像的丈夫抓起来是违法的，后来这个案件被纠正了。意思自治原则在家庭生活中叫结婚自由、离婚自由，在《继承法》上叫遗嘱自由。

《民法总则》第1条规定，制定民法的目的是保护民事主体的合法权利，调整民事关系，维护社会和经济秩序，按照中国特色社会主义的要求，根据宪法，制定本法。中国特色社会主义经济就是社会主义市场经济，它首先要求意思自治，还要求平等，第4条规定的就是平等原则。马克思说，市场是由一系列的交换关系构成的。交换关系指只有独立的个人相互之间能够进行的才叫交换。朋友之间的赠予不叫交换，家庭内部的兄弟姐妹之间、父母之间你给我东西、我给你东西不叫交换。平等是市场交易的要求，没有平等就谈不到市场交易，谈不到市场交换，当然也谈不到意思自治，意思自治的前提是平等。根据《民法总则》第 6 条的规定，公平原则，指当事人之间的利益关系要大体平衡。合同关系中讲的对待给付，商品与价钱大致相当就叫公平。公平原则也是市场经济的要求，在计划经济体制下是谈不到公平的。马克思主义经济学理论中讲道，价格总是围绕价值上下波动。这是价值规律，公平原则与价值规律不是等同的，但它们之间有关系，这是市场经济要求的。

《民法总则》第 7 条规定了诚实信用原则，条文做了秉持诚实、恪守承诺的解释。诚实就是如实的，不能有虚假。信用特别重要，早先的民法，比如罗马法上的交易、合同都是即时性的，直到罗马的市场经济发展到某个阶段，双方当事人订立合同，合同一签订，就算数。合同的内容将来会履行，叫作诺成合同。在市场经济没有达到一定程度时的合同是实践合同，说了不算，要交付金钱或者货物才算数。这就是我们今天在商场中的交易、在农贸市场中的交易。市场经济条件下社会经济生活中最基本的道德准则叫作诚实信用原则。

《民法总则》第 8 条规定，民事主体参加民事活动不得违背公序良俗。什么是公序良俗呢？公序是公共秩序，良俗是善良风俗。良俗是家庭生活中的道德。公序不仅限于经济生活中的秩序，它包括整个社会的秩序。那么公序良俗与诚实信用的区别何在？诚实信用是市场经济条件下经济生活的道德准则，公序良俗则是社会生活中的规则。如果当事人将案件起诉到法院，前面说的商品房买卖等市场交易中的关系，应用诚实信用原则来衡量。当事人应恪守承诺，违反此原则就无效。若一个案件与市场交易关系无关，那我们就不能用诚实信用原则来要求它，而以公序良俗原则来要求它。这是这两个基本原则之间的界限。

还有新增加的第 9 条，节约资源、保护生态环境作为我国新创的原则。其他国家都没有规定，而为我国特有。为什么要规定这条原则呢？

因为我国经过三十多年改革开放,经济有了大的发展,人民物质生活水平极大提高,但却产生了环境污染的社会现象。当然,这条原则如何执行,则是另一个问题。

民法是调整人身关系和财产关系的法律。公平是市场交易中的原则,和价值规律大致有联系。那么在家庭生活中谈得上公平原则吗?部分教科书中说,公平原则只是调整财产关系,与家庭无关,这样的说法未免绝对。在市场经济条件下,家庭也受公平原则影响。夫妻之间、子女之间谈不到公平关系,但是一旦涉及离婚的财产分配、继承人之间份额的决定,就涉及公平关系。所以,公平虽然直接反映市场经济关系,但对家庭生活也有影响。

因为民法是调整市场经济下的关系,因此产生了以上原理和原则。在《民法总则》之外,还有民事单行法,那么在民法、法律上怎么认识其内容呢,民法的规定如何看待它?笔者在教科书的第一章就提到了,民法是私法,民法是实体法,还讲到了大陆法系和英美法系的民法。大陆法系民法是成文法,英美法系民法由于历史原因是判例法。这就导致不同地域法学院学生接受的知识不同。在英美判例法背景下,其学生不需要记忆如此多的合同法、财产法、侵权法,而重点在于学习如何分析案件,如何从历史案件中分析本案适用的规则,重点是学习分析判例的方法。在我国,法学院学生首先需要掌握、理解、记忆一整套的民法具体条文、具体规则以及相关理论,才谈得上下一步运用理论进行实践,应用法律。

最后,教科书上讲到,民法具有裁判规则兼行为规则两种性质。行为规则,如刚才说的"节约资源、保护生态环境",需要每个人的践行。又如,合同有诺必守,是经济社会中每个人需要遵循的原则,它们用于指导每个人的行为,所以叫作行为规则,但同时又是裁判规则,如当事人意思自治关系,第一次是由当事人自己决定;但当事人之间的纠纷通过自主协商无法解决时,提交到法院,此时由国家公权力的介入来裁判案件。此时,法院根据民法判断案件是非,裁决当事人纠纷,在此意义上,民法是裁判规则。那么其他法律,可能是裁判规则,但并不是行为规则,比如刑法,只是裁决案件事实的法律依据,并不是指导当事人行为的行为规则。这就是刑法和民法明显的区别。

民法条文如此繁多,是否都是裁判规则?答案是否定的。比如《民法总则》第10条规定,"处理民事纠纷,应当依照法律;法律没有规定的,可以适用习惯",这个条文,我们比喻为"法源",是指法官进行案件裁判时,从何处去找裁判根据。如"意思自治""公平"等原则都不是裁判规则,仅有"诚实信用"原则可以作为裁判规则进行直接判决认定。第132条还规定了"禁止权力滥用"原则,也可以作为裁判规则。总之,只有几种基本原则可以作为裁判规则。而民法中更多别的规定不能作为裁判规则,典型如"定义",如第57条关于法人的定义、第76条关于盈利法人的定义,等等。但在民法中具体的规定有很多即是裁判规范,如规定某行为有效、无效,当事人有权利、无权利,等等。以上内容,都是围绕第2条"什么是民法"来讲。

真正要给"民法"下一个定义很难,仅仅说它是关于人身和财产关系的法律,并不代表我们了解了民法的本质。还需要从公司法划分、意思自治原则、诚信原则、民法关系源于市场经济发展等内容全面理解,以期更好地理解民法。《民法总则》第1条中的"中国特色社会主义发展要求"相关内容,其也涉及家庭和社会。那么,经济生活和家庭生活哪个更重要呢,应该是经济生活,经济生活会影响家庭生活,家庭生活反过来反映社会生活。

二、民事法律关系

接下来分析"民事法律关系"。《民法总则》第2条中规定了"民法调整平等主体的自然人、法人和非法人组织之间的人身关系和财产关系",那么民法是如何"调整"的呢?这种"调整"体现在通过法律规定一些基本原则和具体规则,规定当事人的权利与义务、当事人之间的关系等,以要求当事人遵循、执行。法律所规定的内容,即是下面我们所讲的"民事法律关系"。一本教科书中某学者写道:"法书千卷,法典千条,一言以蔽之,法律关系而已。"当今中外国家,任何一国的民法法律条文都是上千条,数目极多。在这些复杂的法律条文之下,我们从何下手理解民法呢?即法律规定都是民事法律关系。民法调整人身、财产关系,也是通过调整将其变为民事法律关系——为当事人设立权利和义务,然后要求当事人按照既定的法律关系履行权利,遵守义务。民事法律关系是我们学习民法的切入点,是提纲挈领的部分,是民法调整人身关系和财产关系的"结果"。那么,什么是"民事法律关系"中的"关系"呢?部分学者界定为,"人群社会中产生的联系",也即人与人之间的联系,如朋友关系、师生关系、恋爱关系,等等,但并非所有关系都是法律关系。教科书中说,民事法律关系是法律关系的一种。"民事法律关系"是社会关系中最重要的由民事法律加以规定的关系,而非社会中所有的关系。那么其他公法规定的关系,比如诉讼关系、税收关系、交通管理关系等,都不由民事法律进行规定。第2条条文中的人身关系、财产关系,包括合同、物权、婚姻、继承、父母子女关系等内容,我们将其总称为民事法律关系。

下面先说民事法律关系的要素。民事法律关系首先涉及其主体,本法称民事主体,也叫民事权利主体,称谓不同,但其实是一回事。例如,合同关系的买受人和出卖人、租赁关系的出租人和承租人、夫妻关系的丈夫和妻子、父母子女关系的父母子女。本法第二章自然人,第三章法人,第四章非法人组织,讲的就是主体。

本法第13条规定,自然人的权利能力始于出生终于死亡;第14条规定,自然人的民事权利平等。此处主要涉及权利能力、行为能力、责任能力。民事主体应当有民事权利能力,就是充当民事法律主体的资格。每个自然人都有民事权利能力。

奴隶社会,奴隶虽然是人,但是没有权利能力,所以不能作为民事权利的主体;近现代社会中,凡是自然人都有民事权利能力,都有作为民事权利主体的资格,都可以取得权利承担义务。

行为能力,即民事主体通过自己的行为设立、变更、消灭民事法律关系,通过自觉行为取得权利承担义务的资格。本法第143条规定了民事法律行为的有效条件:民事主体有相应的民事行为能力,即一个自然人要通过自己的行为订立合同,取得权利承担义务,需要达到一定的程度,一定的条件,至少需要一定的认识能力,能认识到自己行为的后果。这就牵涉到另外一个能力,法律上的意思能力,或者认识能力,这个能力不是一种资格,而是自然人的智力发展到一定程度。认识能力是自己行为在法律上的后果,因此,一个人认识不到合同的履行,他就不应有权去签订合同。所以,行为能力资格要因人而异。不同人的意思能力有差异,人的意思能力达到某种程度,就赋予他这种资格。但现实情况中,不可能做到完全的因人而异,所以不得已之下,按照一般情况,将行为能力与年龄挂钩。

关于第二章,行为能力分为完全民事行为能力人、限制民事行为能力人、无民事行为能力人。本法第17条规定,18周岁完全民事行为能力人有完全行为能力。本法第18条规定,满16周岁以上以自己的劳动收入作为主要生活来源,可以视为完全民事行为能力人。本法第19条规定,8周岁以上18周岁以下为限制民事行为能力人,其可以为与自己年龄相适应的民事法律行为。本法第20条规定,不满8周岁为无民事行为能力人。《民法总则》在制定的时候,原来规定的是6周岁或7周岁,后来上调到8周岁。第143条规定,有相应的民事行为能力订立的合同即为有效。若无行为能力,不能自己签订合同,不能自己为民事法律行为,需要监护人代理。限制行为能力人除可以为与自己年龄相适应的法律行为以外,其他重要的民事法律为需监护人代理。第23条规定,无民事行为能力人、限制民事行为能力人的监护人是其法定代理人。

责任能力,也是一种承担民事责任的资格,在我国法律无明确规定,通常在民法理论上,将责任能力与行为能力挂钩,如果有行为能力就有责任能力。所以,有些人即使达到18周岁,但智力不足;有的成年人达到一定年龄后,智力衰退,因此他们不具有责任能力。《民法通则》中规定了精神病人没有意思能力。根据《民法总则》第21条的规定,智力障碍人依据其民事行为能人,把他们纳入无民事行为能力人、限制民事行为能力人的范畴。在早期的民法中,民事主体只有两类,自然人和法人。本法第二章没有对自然人下定义。但法律上自然人概念不同于此,是把男女、出生等各种因素抽象掉。

法人规定在第三章,定义为依法具有民事权利能力、民事行为能力,可以独立拥有权利、承担义务的社会组织。现在民法在自然人和法人之间增加了第三类主体,即本法第四章规定的非法人组织。第102条规定,没有法人资格的组织,可以享受权利承担义务。权利能力等于主体资格,它与法人的差异仅在于其没有法律资格,比如合伙企业、律师事务所、会计师事务所,个体全属于非法人主体。第60条规定了法人与非法人的区别,法人的独立地位与股东有限责任是一个事情的两面,手心是法人的独立责任,手背是股东的优先责任。有限责任公司的实质是股东承担有限责任。

第一个要素,民事法律关系中的主体是权利之所属。在民事法律关系中,任何合同的双方都是主体,如买方和卖方、租赁方和承租方。首先是股份有限公司,符合证券交易所规定的上市公司条件才能申请上市。其他的并不由股票形式进行计算资本金的公司,是有限责任公司,其股东之间持股也有份额之区别,但股东的份额不同于股票,所以要区分。第60条规定了"法人的独立地位、独立责任",即股东的有限责任,只是一个事物的两个方面。第102条规定了"非法人组织"没有法人资格但也可以享受法人权利承担法人义务。第104条规定,非法人组织不独立承担责任,而是由其成员、发起人、参加者承担;合伙企业的合伙人承担无限责任,股份有限公司以出资人投入股本为限;体现了有限责任和无限责任的相对性。以上是法人和非法人组织之间的区别和联系。因此,非法人组织最后一章最后一条规定"可以参照适用第三章法人第一节的规定",比如破产、财产清算都可以参照法人的规定进行适用。

第二个要素,民法上的客体不同于生活意义中的客体。民事法律关系的客体是权利所依附的介质,如所有权的客体依附于房屋。在合同中,其客体是相对人的交货、付款行为。第114条关于物权,第115条关于物;第114条第2款中规定"物权是权利人占有、支配特定的物,并排他的权利",此处的物就是客体。在第123条关于知识产权的内容中,所列举的内容也是客体。知识产权是依附于作品、专利权是依附于技术、商标权是依附于特定商标上,也即客体是权利之所附的体现。根据第118条第2款的规定,从债权的定义上看,其客体是债务人之行为,只及于出卖人行为,而不直接及于关系中的物。

第三个要素,民事法律关系的权利和义务,两者共生共存。

第四个要素,民事法律关系的发生、变更和消灭,也即变动。究民事法律关系变动之原因,在于法律事实,其又分为自然事实和行为。自然事实指与人类主观意识无关的客观情况,进一步分为状态和事件,状态是一个时间段,也即一种客观事实的延续;事件是一个时间点。两者在法律上都会导致民事法律关系的变动。

第五个要素,法律事实当中引起民事法律关系变动的最重要的原因是行为,此处的行为具有特殊含义,指人有主观意识的活动。那么,梦游、被强迫而为的行为、未成年人的行为等无意识的行为应该被归为事件而不是行为;而法人签订合同是意思表示,当然归属于行为。民事法律行为的定义规定在第133条,即以意思表示为要素、民事权利义务的变动为目的的行为。在教科书中还有一种准法律行为,首先其不是法律行为,但其类似于法律行为,民法上最常见的准民事法律行为包括解除通知等。此处通知又分为意思通知、事实通知。根据《合同法》第96条的规定,解除权人发出一个解除合同通知,此通知到达对方之时,合同解除——叫作意思通知。质量异议通知、不可抗力通知则为事实通知。还有一种准法律行为叫作准民事法律行为,此行为在性质上是合法的;另一个性质为不法或者违法的行为,其在民法上叫作侵权行为。如第120条规定,侵犯他人合法权益的,应当承担侵权责任。民法上的违法行为主要是侵权行为,但不仅于此。一个行为,分为合法、不合法以及事实行为。比如盖一座房子的行为,事实行为完成之时,房屋所有权发生,盖房屋的材料的所有权随即消灭。总之有主观意思的行为叫行为,无主观意思的行为叫事件。

整个法律体系也如民事法律关系五要素的规定,包括主体、客体、权利义务、关系的变动以及变动的原因。民事法律行为是导致民事法律关系变动的最主要原因。每个民事法律行为主体不可能事事亲为，从而产生了委托代理行为。第七章的代理行为是一种辅助行为，代理行为的后果直接归属于民事法律主体，它附属于民事法律行为。第八章规定了民事责任，由于当事人不履行应为的行为，则产生责任，如违约责任、侵权责任，等等。第九章规定了诉讼时效，部分权利受到时间限制，如起诉时效；部分权利不受时间限制，如所有权，只要客体不消灭，所有权就不消灭。如果权利人长期不行使其权利，法律将限制其所拥有的权利。

三、民事权利

我们特别强调民事法律关系的重要性，作为法律人，将来无论是做法官还是律师，处理的多是民事法律问题，你无论是民法总论、物权法，还是说保险法、公司法、证券法、票据法都是法律关系，都是从法律关系这个要素去分析它，去掌握它，这样的话就能无往而不胜。这就是法律关系的重要性。接下来我们来对法律关系的几个要素做一个简单的讲解。民法总论上一定要讲到主体、客体内容、变动以及变动的原因。前面讲了前两个问题，第三个问题是权利，第四个问题是行为。私权是民法上讲的权利，私权利与公权力的区别是，根据公法产生的权力就是公权力，根据私法产生的权力就是私权利。在对民事权利进行分类之前，我们要先掌握民事权利的本质。私权利是近现代法律一个最基本的概念，关于权利的本质有三种学说：第一种是意思说，第二种是利益说，第三种是法力说。什么叫意思说呢？把权利称为"按自己的意思支配的范围"的学说称为意思说。什么叫利益说呢？权利就是受法律保护的一种利益，一种合法的利益。什么叫法力说呢？法力说是指一种法律上的力量，它也不能简单地说是一种法律上的力量，而是把力量和利益两者合在一起。法力说实际上包括两个要素，和日常生活中机械的动力、打架的力等物理上的力是不一样的。法律上的力是一种抽象的，法律所赋予的力量，这种力量在特殊的时候表现出来。警察局、监狱、法院这一类国家公权力机构所体现的力量是一种国家的暴力,是由法律给予保障最终由公权力保证实施的,区别于物理上的力量。由这个力量来保护利益的学说就叫作法力说。法力说是现在关于民事法律权力的本质的通说,大多数教科书都这样认为。中国、德国、法国、日本都采法力说为通说,因为其兼有利益说在里面。这种由国家公权力来保护实施的利益怎么体现呢?在《民法总则》第114条关于物权的定义中指出,物权是支配特定的物并排他的权利。物权当然是利益,其力即表现在支配力、排他力上。例如,私人的汽车停在那个地方,未得所有人的同意,其他人就不得动它,所有权人支配所有物和排除他人的干预就是力量的实施;又如,房主可以禁止任何人进入由房主所有的房屋,警察要想进入要么是手持搜查证,即代表国家强制力时;要么是受房主邀请,否则不得入内。《民法总则》第118条第2款规定债权时,将债的发生原因(基于合同、侵权行为、不当得利、无因管理)和债的定义(债权人请求债务人为或者不为一定的行为的权利)合在一个条文中。这里法律上的力就是请求力。朋友之间或者是师生之间都会说,"请你怎么样""请你帮帮忙"这样的话,这样的请求其实是没有体现强制力的。但债权不一样,债权作为权利的一种力量,就是请求出卖人交房、请求买受人付款、请求出卖人交货、请求买受人支付货款。如果出卖人不交房或者买受人不付款,那就需要负违约责任,这就是其中的强制。开发商交房期到了没有交房,在买房人向他提出请求后,他仍不交房的,这个时候买房人就可以到法院起诉,要求法院依据《合同法》第110条的规定,强制开发商交房。《合同法》第110条是个非常重要的条款,它规定了在当事人一方未履行或者履行不符合约定时,相对方可以请求继续履行的权利。该条属于强制实际履行。由谁来强制呢?由法院通过法律来强制执行这与日常生活中的朋友、师生之间得请求不同。债权作为请求权具有一种力量,即请求力。请求力是一种力量,请求权它的力量就是请求力,这个力量是由国家公权力来保障的,如果义务人不按请求来交付款,那么权利人可以向法院起诉,由法院通过采取措施来强制债务人交货或强制付款,例如冻结账户、划拨货款等措施。所以权利被称为法律上的力是有道理的,现在也被大多数国家认为是通说。

任何民事权利都是利益,都是法律上的力。经济的利益、民事的利益都基于法律上的利益,都由法律上的力来保护。由法律上保护的利益和法律上的力两个要素体现权利的本质这就是法力说。刚才举的这些例子,都说明法力是实实在在的、是存在的,民事生活中法律上的力,就是民事法律判决,体现在损害赔偿、支付损害赔偿金、支付违约金、强制交货、强制支付违约货款等方面。法律上的力不限于民事,在刑事中也有体现,例如对犯罪嫌疑人进行逮捕、拘捕、审判犯罪、强制服刑、剥夺自由,等等。

因为在民事权利上体现的力的不同,我们在分类上也就不同。以利益的性质来划分权利,例如财产利益和非财产利益。其中是财产利益的,我们称为财产权;是非财产利益的,我们称为非财产权。这是我们立法机关在立法的时候首先采用的一种方法。《民法总则》第五章"民事权利"中的人格权,列举了姓名、肖像、名誉、荣誉、健康权等权利。人格利益就是其中所列举的名誉、健康等不能计算财产价值的利益,即非财产权,是自然人自身的人格利益,所以可以说人格权是一种类似于物权的支配权,只不过物权支配身外之物,人格权支配自身的力。在支配这一点上两者相似,区别在于支配的客体,物权支配的是有体物,人格权支配的是自身。非财产权还有身份权。例如我们在收取快递后,快递员可能会将含有我们信息的单子转手就出卖给他人,以产生经济利益,但个人隐私又属于非财产性权利,财产权和非财产权并没有严格区分。《民法总则》第114条、第115条规定了物权的定义和客体。第115条规定物包括动产和不动产。民法教科书上认为有形财产是指有体物,其中有体指的是看得见、摸得着、权利人可以直接通过身体把握和支配,如把手表戴在手腕上、把衣服穿在身上、把手机装在自己口袋里;对于一栋房子、一辆汽车不能通过身体把握的物,则用也就是车钥匙、房门钥匙进行代替,所以通常所说的交房、交车,其实交的都是钥匙。《民法总则》第118条规定的是"债权",第119条规定的是"合同","合同"是当事人之间制定的"法律",是私法自治、意思自治的典型,诉讼的时候法院也是按照当事人双方所签订的合同来裁判。《民法总则》第 120 条规定侵权行为会产生侵权责任,第 121 条和第 122 条分别规定不当得利和无因管理,第 123 条规定知识产权。知识产权同样可支配,它和物权的差别在于权利的客体,知识产权的客观是知识产品特定物,如专利,商标等,其当然是财产权。第 124 条规定继承权,继承权是财产权,在古代,继承权是身份的继承(如嫡长子继承);但在现代,是子女对财产的平等继承。继承权是基于身份关系基础上的继承,且继承权在权利分类上属于期待权,与物权、债权、知识产权等享有这个权利就享有这个利益的现实权利不同。第 125 条规定股权,股权并不是单独的财产权,其是兼有财产权性质和非财产权性质的一种特殊权利。第 126 条则是将无法囊括的权利列入,是兜底性的条文。

将权利分为财产性权利和非财产性权利是一种分类,而另外一种是基于法律上之力的性质来分类。依照这种方法可分为第一类支配权,第二类请求权,第三类形成权。支配权例如物权、知识产权、人格权等;请求权例如债权。物权与请求权的关系是,当物权受到侵害时,有侵权责任产生就会有请求权产生等。根据《民法总则》第 120 条的规定,侵权行为是发生债的原因,所以说侵权责任本身是一种债权,是法定之债;约定之债则是合同法中的相关规定。请求权和诉权是不一样的,请求权是请求义务人为或者不为某种行为;诉权是直接请求法院保护的权利,它的相对方是国家机关。有诉权不一定有请求权。形成权权分为三种:第一种是形成权。例如,在民事法律关系中具有重大误解、欺诈胁迫、显失公平这样的法律行为时,当事人受损害的一方应当享有撤销权;还有如《合同法》第 93 条第 2 款规定约定解除权,第 94 条规定法定解除权,这两种权利就是典型的形成权,是以权利人单方的意思来改变双方之间的法律关系。因此,形成权是以权利人单方的意思变动自己和相对人之间的法律关系。第二种是抗辩权,《合同法》第 66 条规定同时履行抗辩权,要求买卖双方的交货付款能同时进行,当双方僵持时由法院组织交付;第 68 条、第 69 条规定不安抗辩权,就是在一方当事人发现对方无法履行义务时可以提出拒绝履行自己的义务。在《担保法》上，如果保证合同中的保证人属于一般保证保证人，则其享有先诉抗辩权，即一般保证的保证人承担的是补充责任，债权人不能先要求保证人承担责任或者将保证人与债务人列为共同被告。《民法总则》第192条规定诉讼时效届满抗辩权。抗辩权是用来对抗相对方的请求权的权利，分为终结的抗辩和延期的抗辩（推迟履行），是一种防御性权利。抗辩权与法庭辩论中的抗辩以及事实的抗辩是不同的。在民法理论中有一种叫作请求权与抗辩的思维方法，在现实案件办理中经常被使用，这种方法是按照请求权的法律根据的请求权基础（请求权基础是指当法条竞合时要与对方的抗辩相结合）来选出对己方最有利的法条以作为己方的请求权基础。过去的思考方法叫作法律关系的分析方法（历史事件的分析方法）。其实在使用两种分析方法在一定程度上会相互汲取。

请求权中主要的就是代理权和代位权，其与形成权的差别在于，请求权是指权利人通过单方的行为改变他人与他人之间的法律关系。《合同法》第73条规定，代位权人可以代替自己的债务人，向法院起诉让自己的债务人的债务人来履行责任。因此，可以看出请求权变动的是他人与他人之间的法律关系。

四、民事法律行为

关于民事法律行为的定义，《民法总则》与《民法通则》不同，《民法总则》中的定义与大陆法系国家（地区）相同。《民法总则》第133条规定，民事法律行为是以意思表示为要素，以私权发生、消失、变更为目的的行为。意思表示规定在《民法总则》第137条至第142条。意思表示是把一个主体的内心意思表示出来，包括两部分内容：一是内心效果的意思，二是表示行为。不能将其完全等同于《民法总则》第133条中的关于民事法律行为的定义："民事法律行为是民事主体通过意思表示设立、变更、终止民事法律关系的行为。"教科书上一般说以意思表示为要素，以私权的发生、变更、消灭为目的。那么民事权利就是私权，民事法律关系就是民事权利义务关系，所以以民事权利和民事义务的发生为目的，以意思表示为要素的行为，就叫作民事法律行为。因此，民事法律行为和我国台湾地区法律行为的概念是完全等同的，保留了民事两个字，只是为了表明行为存在的法律领域是民法领域。我国台湾地区的法律行为概念，只有在于民法之中，民法之外没有法律行为的概念。德国和日本也是一样，都只存在于民法中，跟我国的民事法律行为概念没有区别。第133条规定以意思表示为要素，那么什么叫作意思表示？意思表示是我们说明方式中最抽象的一个概念，是最抽象难懂的概念之一，意思表示归类在《民法总则》第六章"民事法律行为"的第二节，即第137条至第142条。什么是意思表示应该由民法教科书去讲，立法上一般很难对其下定义。从文字上说，就是把一个自然人、法人的内心意思表示出来。如果自己内心的想法不表达出来，别人难以理解，所以需要做出表示。简单化地概括意思表示，就是要有两个要素，意思表示本身是法律行为的要素，意思表示的构成包括两个部分，一个部分是内心的效果意思，另一个部分是表示行为，内心的意思没有表示就不为人所知，表示行为是用来表示内心的意思，意思就是前面讲到的意思自治等。人的意思多种多样，其中内心意思有特别的限定，是指当事人内心的效果意思。效果意思就是想要买东西的法律上的力，它的目的是要产生法律上的契约效果的意思，效果的意思是效果意思自治，是法律上的效果意思。法律行为发生某种效果，如购买商品就是要发生法律上的效果，而不是其他的效果。法律效果在内心也需要通过行为表示出来，表示行为要通过客观化才能被看见，相对人才能够知道。因此，意思表示由两个部分构成：内心的效果意思和表示行为。通过行为表示出来之后，除行为人以外，我们看到和了解到的是表示出来的意思，通过表示行为使人们知道意思，那么表示出来的意思和内心的意思是不是完全一致呢？这就是法律所要解决的部分。

意思表示分成两个部分，内心的意思和表示行为，内心的意思是指要发生法律上的效果的意思。表示行为使意思客观化，通过表示行为就能知道一个人的内心意思，这也可能出现表示出来的意思和内心的意思不完全地一致的情况。

《民法总则》第137条是关于有相对人的意思表示的规定。如在买卖中,相对人的意思表示什么时候生效呢?第137条第1款规定,如果是采取"对话方式",那么在"相对人知道其内容时生效"。对话就是面对面地有语言的表示,例如用手机打电话,如果是用电话发短信时就属于非对话的方式。第137条规定,"非对话方式"包括发短信、发邮件、微信等文字的方式,在"到达相对人时生效",如信函到达对方时生效,短信到手机时生效,如果是电脑等设备则以进入指定的计算机终端时生效。要是当事人另有约定,应当再签订确认书等。第137条主要是关于有相对人的意思表示的生效时间的认定。第138条规定的是没有相对人的意思表示,没有相对人的意思表示就是单方的法律行为,在"表示完成时生效"。第139条规定采取报上登公告等的公告方式的,在"公告发布时生效"。

第140条规定意思表示的形式,可以采取明示和默示。什么叫作明示呢?采取语言文字就是明示。什么叫默示呢?就是采取非语言文字的方式,如挥手、点头、ok手势等就是默示。默示不等于沉默,默示一定存在表示,如点头和摇头等,默示是采取非语言文字方式的一种表示;沉默是没有表示,没有对话、语言文字,也没有肢体动作,沉默只有在有法律规定、当事人约定或者符合当事人之间的交易习惯情况下才可以作为意思表示,属于特殊情况。第140条规定意思表示可以采取明示(语言文字方式)和默示(非语言文字方式),沉默只有在特殊情况下才可以。

第141条讲的是意思表示的撤回。内心的意思表示出去了,意思表示做出之后如果要反悔就要撤回。撤回和撤销不一样,撤销是把一个法律关系故意销毁;撤回是在还没产生法律效果前,把自己的内心意思收回来,要加以区别。有时立法上和著作中会把这两个概念混淆,认为撤销的行为是撤回,它的对象不是法律关系,而是产生法律关系的意思表示。撤销是撤销已经形成的、已经成立的法律关系。第141条规定,撤回的意思表示需要在前一个意思表示到达相对人之前先到达或者与其同时到达相对人,因为意思表示很重要,一旦对方做出承诺,马上就可以产生法律效果。例如,以信函方式做出意思表示,要撤回时就可以发电报便撤回的意思先于信函到达相对人,相对人在收到撤回的电报时即撤回,后面的信函的意思表示也随之撤回。

  第142条是对于意思表示的解释的规定。合同是很复杂的,需要使用文字。对于词不达意和用词不标准的、过于啰唆的文字需要对其所包含的意思表示进行解释,这就叫作解释方法。民法解释学主要是解释法律条文,另外又包括对当事人的意思表示解释和对合同的解释。对法律的解释和对意思表示的解释大同小异基本的方法是相同的。第142条第1款规定,"有相对人的意思表示的解释"首先应该根据文字、使用的词语,然后是相关的条款,其次是"行为的性质和目的",最后是习惯和诚信原则。简单来说,按照当事人意思表示的词语、文字来进行解释叫作文义解释;按照相关条款和规定叫作体系解释。文义解释是在不知道当事人的文字表达的意思时进行。体系解释是指只有特定的用语和其他的文字和条款结合起来才能知道当事人的真实意思。目的解释就是指要符合它的目的,特别是在一个词语含有两种含义时选择符合目的行为的那种含义习惯是指根据行业、地区当事人之间的习惯知道用语的意思。诚信解释是指如果一个用语有两种解释的结果,那么只有符合诚信原则的那个结果才是正确的。第2款规定的是没有相对人的意思表示解释,没有相对人的意思表示解释也是以上的几种解释方法,即"无相对人的意思表示的解释,不能完全拘泥于所使用的语句,而应当结合相关条款、行为的性质和目的、习惯以及诚信原则,确定行为人的真实意思"。在法律实务上,表示行为表示出来的意思和内心的意思是否一致成为法律上的重大问题。民法总论教科书在讲授意思表示的时候,在意思表示的瑕疵部分讲得比较多。意思表示的瑕疵,就是意思表示表示出来的意思和内心的意思不一致,可以分为两种。例如一套价值300万元的房子,开发商本来不想出卖想留作自用,但对方特别喜欢,于是开发商说房子价值600万元,后对方欣然接受,这样的当事人明知的意思表示不一致的叫作真意保留。另一种表示意思和内心真实的意思不一致的、当事人不自知的情况叫作错误。错误的概念共同存在于大陆法系国家和英美法系国家,在法律上叫作重大误解。产生意思表示的,我们称为表意人。表意人在表述的时候发生了错误,如把买卖当成租赁或者涉及的金额数字笔误,在法律上的法律概念就是重大误解。为什么国外叫作错误,国内叫作重大误解呢?因为意思表示是表意一方表示出来让对方知道,刚才的第137条中如果采取对话方式的话,自对方知道之时就生效;如果采取非对话方式,自到达对方时生效。虽然信函写错了,但到达对方之后意思表见就已经生效了,对方的理解会影响意思表示的效力。国外的立法执著于意思表示到达对方时生效,意思表示的生效不以对方理解为条件,所以认为是表意人自己的错误。我国的立法没有拘泥于这样的逻辑,我们规定意思表示在到达对方时生效,如果对方理解错误时,这里的错误包括意思表示的错误和对方当事人理解的错误,合在一起叫作重大误解。我国关于重大误解的解释是,对方当事人关于行为的性质、标的物、规格、型号等的认识错误都叫作重大误解。意思表示还有一种情况就是意思表示不自由,即胁迫。欺诈、胁迫,隐瞒真实情况诱使对方上当叫作欺诈,胁迫是指以危害对方的人身、财产相威胁、要挟。以欺诈、胁迫的方式来实施法律行为,当然损害了对方的利益,法律不允许这样的意思表示生效,对此法律上设置了救济的办法。

《民法总则》第143条规定的是民事法律行为的有效条件,有效条件有三个:"(一)行为人具有相应的民事行为能力;(二)意思表示真实;(三)不违反法律、行政法规的强制性规定,不违背公序良俗。"我国的法律把意思表示不一致和意思表示不自由全部合到了一起统称为意思表示不真实。第143条是一个概括性的条文,第144条至第157条就是具体的规定。

第144条规定无行为能力人的行为无效。第145条规定限制民事行为能力人除了部分有效之外必须有代理。第146条规定虚伪表示,其中明知不一致的有两种情况:一种是真意保留,另一种是虚伪表示。真意保留在现实当中较少发生,在法律上亦没有规定,在出现的时候按照法理来解决。法律上加以规定的是虚伪表示,第146条说的虚伪表示是双方串通商量好了之后做出一个假的意思来掩盖真的意思。例如,购买商品房为了规避上税而把买卖写成赠与,或者使用较少的交易金额文件上税。第146条规定虚伪表示无效,其中符合法律规定的有效,串通的部分无效,买卖符合《合同法》的规定就认为其有效,虚伪表示是明知的不一致。

第147条规定重大误解的法律行为可以撤销。

第148条规定欺诈;第149条规定第三方欺诈,在被拍出天价的徐悲鸿作品其实是学生的作品案中,欺诈的对方是第三方,一些专家做出的意见使得艺术品的买家相信。

第150条是关于胁迫。欺诈和胁迫在教科书上叫作意思表示不真实,意思表示不一致和意思表示不自由叫作意思表示有瑕疵。如何看待意思表示有瑕疵的法律行为?法律上给予受损害或遭受不利的一方以撤销权,使他们可以通过行使撤销权来撤销这个法律行为。

第147条至第151条都是关于可撤销行为的规定,第155条规定了撤销的效果,撤销的效果等同于无效。

第151条规定了显失公平。显失公平跟意思表示没有太大的关系,显失公平这个条文在《合同法》上是由两个制度来表示的,一个叫乘人之危,一个是显失公平。显失公平规定在《合同法》第54条第1款第(二)项,这个词是来自《德国民法典》第138条第2款,德国民法上叫暴利行为,一方利用对方的急需、没有经验等,实施的法律行为构成显失公平,我国民法上把它分成两个制度:乘人之危无效,显失公平可以撤销。在《合同法》上,也是分为乘人之危和显失公平,但现在规定在一起了,乘人之危的认定比较难,显失公平如给付不对等认定较为简单,所以在现实生活中主张显失公平容易得到法律支持,主张乘人之危很难得到法院支持,故现在合在《民法总则》第151条中。第147条至第151条都是可撤销合同,可撤销合同的基本原理都是意思表示有瑕疵,第151条的显失公平是一方有经验而另一方没有经验或处于危困状态,也与意思表示有关系,所以第147条至第151条都叫作可撤销法律行为。可撤销的法律行为在《民法总则》上的规定除了需要有当事人请求撤销之外，还需要当事人要求变更，《合同法》的规定也是如此，现在要总结实务经验后要把变更删掉仅规定为可撤销，意思表示出了问题就是意思表示不一致和意思表示不真实、不自由。法律行为规定在第三节，这节的规定较为严密，第 143 条规定民事法律行为有效三个的条件，然后从第 144 条开始规定不符合条件的民事法律行为就撤销，第 155 条规定无效的效果和可撤销的效果，都是基于法律行为生效之时无效，第 156 条规定了部分无效的情形，部分民事法律行为无效一定是因为法律内容当中的内容违法。第 144 条、第 146 条、第 153 条的规定都是关于内容无效。第 144 条规定的是无行为能力人实施的行为无效；第 146 条规定的是双方虚伪的表示意思无效；第 153 条规定的是违法和违反公序良俗的民事法律行为无效。第 153 条在实施中有争论，"违反法律、行政法规的强制性规定的民事法律行为无效，但是该强制性规定不导致该民事法律行为无效的除外"。有人认为后半句就是把前半句反过来说，但实际上并不存在逻辑问题，这是因为民法关于无效和可撤销已经在其他条文中讲到了。可撤销是意思表示的问题；无效取决于国家对法律行为的判断，在意思自治中有限制，法律行为无效着重于维护国家的利益和社会公共利益，国家利益和社会公共利益包括经济秩序和第三人利益僵持，不允许法律行为生效，这是现代民法对于意思自治的限制。现在的意思自治讲的是合同自由，在 18 世纪至 19 世纪中期，西方强调的不一样。19 世纪初期的时候，合同法上规定的意思自治和合同自由被认为是绝对的，只谈自由而不对其进行限制。我们经济学上曾把它叫作自由放任主义，现在无论是大陆法系的民法也好还是英美法系的民法也罢，都已经抛弃了自由放任主义，自由都是有限制的，这个限制就是决不允许通过滥用自由损害国家利益、社会公共利益和他人利益。法律行为无效，这个无效对应的法律行为可能是目的无效，也可能是内容无效。法律行为目的违法，当然使法律行为全部无效；如果是内容违法，或者是部分内容违法的情况下，除了违法的部分，其他部分还可能有效，这就是第 156 条规定的结果。第 153 条第

1款但书,部分的规定是指命令性规定,第1款的前半段的规定叫作禁止性规定。如果按教科书对法律的规定,首先分为任意性规定和强制性规定,强制性规定又进一步分为命令性规定和禁止性规定,什么叫作任意性规定呢?《合同法》上的规定大部分是任意性规定,仅供当事人参考,任意性规定就是指导当事人,当事人可以做出相反的决定,当事人也可以违反任意性规定。强制性规定又再分为命令性规定和禁止性规定,命令性规定就是命令当事人一方为一定行为,禁止性规定是禁止某项行为发生效力。禁止性规定一是规定行为,二是规定无效,符合这两个规定就是禁止性规定。《民法总则》第144条规定无行为能力人的民事法律行为无效;第146条规定虚假的民事法律行为无效;第154条规定恶意串通、损害他人利益的行为无效。《合同法》第52条规定违法合同无效;第40条规定剥夺对方的权利、和免除自己的责任的民事合同无效。如果条文中没有使用"无效"这个词,而用了"禁止""不得",这样的条文就叫作禁止性条文。只要用了"禁止""不得"就是禁止性规定,即便规定行为无效也只能是禁止性条文,只是前者把实际效果明确表示出来了,后者没有把实际效果明确表示出来,而是使用法律上的两个措辞表示出来。

《民法总则》第111条关于个人信息的规定中,"个人信息受法律保护",是原则;"任何组织和个人需要获取他人个人信息的,应当依法取得并确保信息安全",是为有必要收集他人的个人信息的单位增加了两个任务,分别是依法取得的义务和保障信息安全的义务;"不得非法收集、使用、加工、传输他人个人信息,不得非法买卖、提供或者公开他人个人信息"的规定属于禁止性规定。

《民法总则》第168条是关于代理的规定,其中"不得以被代理人的名义与自己实施民事法律行为",是指在民法上是禁止自己代理和相关代理,法律设立禁止性规定,使用了"不得"这一措辞。民法法律上较少使用禁止性的措辞,在《合同法》第272条第3款,也有两个"禁止",禁止多个合同,禁止再分包……在条文当中用了"不得"和"禁止",这样的条文就叫作禁止性条文,即决不允许发生当事人所希望的法律效果。这就是强制性规定和禁止性规定的判断标准,如果不具备这样的条件就叫作命令性规定即规定该主体,在通常的权利能力之外,加上执行的资质条件或者是行政许可。那有没有规定行为的呢?有规定为某一类行为增加了必须履行某种特殊程序,如招标投标。在《招标投标法》第 3 条中,建设工程是国家投资的关系到社会的工程,当这个工程涉及国际组织或者外国政府贷款援助资金等时,合同的签订必须通过招标投标的方式。政府采购必须采取招标投标的方式。这种行为在订立合同时,需要附加上特殊程序要素命令性规定一是规定行为,二是规定为无效或者是禁止。

　　法律行为这部分按照法律规定包括无效、可撤销。关于无效的效果,就是实施的法律行为自始无效。教科书上说法律行为无效是绝对无效、永远无效和全部无效,即使相对人是个法律概念依然无效,类似于孕妇生下死胎,即使医生妙手回春也依然救不活。无效法律行为不需要向谁主张即自始无效,但是仍有些当事人在诉讼中去请求法院确认无效。

第三部分

民法总论专题研究

我国民法的基本原则[*]

我国民法的基本原则,是贯穿于整个民事立法,对各项民事法律制度和全部民法规范起统率作用的立法指导方针。它不是立法者随心所欲的任意规定,而是我国社会主义经济政治制度以及经济体制和经济政策在法律上的集中反映。因此,我国民法基本原则,集中体现了我国民法的社会主义性质,与一切剥削阶级的民法划清了界限。同时,我国民法基本原则,集中体现了我国民法所具有的中国特色,使我国民法区别于其他社会主义国家的民法。

我国《民法通则》的基本原则,是我国民法所调整的社会关系本质特征的集中反映。按照《民法通则》第 2 条的规定,民法调整平等主体的公民之间、法人之间、公民和法人之间的财产关系和人身关系,其中主要是在社会主义的商品生产和商品交换中所发生的商品货币关系。因此,我国民法基本原则,集中体现了民法区别于我国社会主义法律体系中的其他部门法的基本特征,在民法与其他不同性质的部门法,例如,行政法(尤其是其中的经济行政法)之间划了一条界线。凡符合民法基本原则的单行法或法律规范,均属于民法范围,反之,则属于其他部门法。

我国《民法通则》专设"基本原则"一章(第一章),对我国民法的基本原则作了明确规定。因此,我国民法基本原则,不仅是统率民法部门全部民法制度和民法规范的立法指导方针,而且是具有普遍的法律

---

[*] 本文原载《中国法学》1987 年第 4 期。

约束力的原则性法律规范。一切民事主体在从事民事活动时,都必须遵循这些原则。违反民法基本原则的民事行为不能产生当事人预期的后果,在一定条件下当事人还将受到法律制裁。同时,民法基本原则是有解释权的机关正确解释民法及其单行法的法律根据,也是人民法院或仲裁机构在无具体法律规定可供适用时据以裁判民事案件的法律根据。此外,民法基本原则还为民法教学和理论工作者开展民法科学研究,创立具有中国特色的社会主义民法理论体系提供了法律根据。

在过去的三十多年中,民法理论和民法立法思想对我国民法基本原则的认识是有一个演变过程的。20 世纪 50 年代初期的民法教学曾经采用苏联民法教材,当时所讲的民法理论实际上是苏联民法理论,谈不到我国民法基本原则问题。1957 年中央政法干校编写了我国第一部民法教材,其中专门论述了我国民法基本原则,其中强调对国家财产的特殊保护;彻底消灭剥削和私有制;保证实现国家经济计划;公民民事权利义务一律平等;个人利益、局部利益和社会公共利益相结合。这些原则,集中反映了人民民主政权建立初期变革旧的生产关系、建立新的经济基础和经济体制的伟大实践,同时受到当时苏联民法理论的影响。1964 年的《民法草案(试拟稿)》,专设基本原则一章,共计 8 个条文。其中主要强调,一切单位进行经济活动必须贯彻发展经济、保障供给的总方针;必须严格执行统一的国家计划;实行统一领导分级管理,反对分散主义和本位主义;发扬自力更生、艰苦奋斗的革命精神;坚持政治挂帅,反对单纯经济观点;等等。集中反映了当时经济指导思想上的自然经济观点,主要依靠行政手段管理经济的经济体制,在当时经济政治领域已将所谓"反修""防修"作为压倒一切的首要任务,在民法思想上强调既与传统民法划清界限,也企图完全摆脱苏联民法理论的影响。

从 1979 年开始的经济体制改革,有力地推动了民事立法工作,也促使民法理论和立法思想深入探讨我国民法基本原则问题。我们看到,在几年来所出版的民法教材和著述中,一些陈旧的、过时的概念和原则逐渐被摒弃,开始提出一些反映经济体制改革和有计划商品经济要求的新原则,诸如平等自愿、等价有偿、保护公民合法权益等。流行观点认为,我国民法应确立下述四个基本原则,即社会主义公共财产神圣不可侵犯;服从国民经济计划指导;充分保护公民合法权益;平等和等价。这四个原则与此前的民法思想比较,无疑是一大进步。但是,还没有完全摆脱自然经济观点的影响,未能正确反映经济体制改革和发展有计划的商品经济的要求。其中没有反映我国经济生活中多种所有制形式和多种经营形式并存,没有反映经济单位的自主权和独立性,没有反映社会主义市场和社会主义竞争。

经济体制改革和发展社会主义商品经济的伟大实践,终究是推动民事立法和民法理论的强大动力,要求制定符合有计划商品经济客观规律的民法和民法基本原则。一切以旧经济体制以及某种已被实践证明是错误的原理为根据的陈旧观念终将被彻底推翻。《民法通则》的颁布,适应了经济体制改革和发展社会主义商品经济的要求,并借鉴其他国家包括发达的资本主义国家和苏联东欧社会主义国家的民事立法经验,规定了下述民法基本原则。

一、平等自愿和等价有偿原则

平等自愿和等价有偿原则,对于民法具有极端重要的意义。民法所调整的社会关系,其中大量的在是社会主义商品生产和商品交换中形成的横向经济关系,即商品货币关系。商品经济的客观规律决定这些关系的参加者必须是相互独立的,具有法律上的平等地位;他们是否参加某一具体的商品货币关系应取决于自己的意志,不能靠强迫命令;所建立的商品货币关系应符合价值规律,具有等价性。可见,平等自愿和等价有偿原则,绝不是立法者任意的规定,而是采用法律基本原则的形式正确地表述了社会主义有计划商品经济的客观经济规律。

社会主义社会中的经济关系大体上分为两类,民法调整的只是其中一类,另一类是政府对企业的管理。国家和企业之间以及企业内部等纵向的经济关系,可以称为经济管理关系。这一类关系主要由各种经济行政法规调整,而不属于民法调整范围。这一类关系的本质特征集中表现为行政隶属性和非商品性,与民法所调整的商品货币关系所要求的平等自愿和等价有偿是截然相反的。因此,平等自愿和等价有偿原则,是民法区别于其他部门法(尤其是经济行政法)的主要标志。

我国原有的经济体制单纯依靠行政手段管理经济,使企业成为行政机关的附属物,不具有商品生产者和经营者的经济地位,在经济指导思想和经济政策上把社会主义经济视为某种自给自足的自然经济,导致混淆民法和其他法律部门的调整对象,不可能正确认识民法的基本原则。例如,1964年的《民法草案(试拟稿)》将国家财政预算关系、税收关系、劳动报酬福利关系均纳入民法调整范围,该草案关于民法基本原则一章竟丝毫未提及平等自愿和等价有偿问题。

只是在党的十一届三中全会决定工作重点转移,纠正了经济指导思想上的错误观点,作出进行经济体制改革和发展社会主义商品经济的战略决策以后,立法思想才开始重视平等自愿和等价有偿问题。1980年5月15日的《民法草案(征求意见稿)》在基本原则一章首次规定了平等自愿和等价有偿原则。1981年12月13日颁布的《经济合同法》第5条,正式规定了平等自愿和等价有偿原则,使这一原则首先作为合同法基本原则获得普遍的法律效力。

1986年4月12日通过的《民法通则》正式确认平等自愿和等价有偿原则为我国民法基本原则。其中第3条规定:"当事人在民事活动中的地位平等。"第4条规定:"民事活动应当遵循自愿、公平、等价有偿、诚实信用的原则。"立法者将平等自愿和等价有偿原则分开规定在两个条文中,显然是考虑到这一原则包含不同层次上的含义,但仍然不失为一项统一的民法原则。这一基本原则所包含的三个层次的含义是:其一,当事人的法律地位问题。按照这一原则,一切民事主体在法律地位上一律平等,不允许任何主体有凌驾于他人之上的优越地位。这为在社会主义市场活动中开展公平的社会主义竞争提供了法律基础。其二,当事人意志自由问题。按照这一原则,民事主体在国家法律允许的范围内有完全的意志自由,自愿参加民事法律关系,自愿进行民事法律行为,并决定行为的形式和内容,任何单位和个人不得非法干预。其三,民事活动的内容问题。民事活动不限于商品交换,但商品交换是其中最主要的活动。按照这一原则,民事活动在涉及商品交换时,应贯彻等价有偿原则,以符合商品经济客观规律的要求。不允许巧取豪夺、无偿平调,不允许凭借优势地位强迫对方接受不等价交换。目的在于维持有计划商品经济的正常秩序。

《民法通则》还在其他章节中根据平等自愿和等价有偿原则的精神,作了相应的规定。例如,规定意思表示真实是法律行为的有效要件;以欺诈、胁迫的手段或者乘人之危,使对方在违背真实意思的情况下所为的民事行为无效;等等。

二、公民和法人合法权益不受侵犯原则

法律保护公民和法人合法权益不受侵犯原则,反映了我国社会主义经济政治制度的本质特征和要求。广大人民群众是国家的主人,人民利益高于一切,为人民服务是国家经济、政治和文化等各项工作的宗旨。人民通过各种经济组织形式实现与生产资料的结合,从事社会扩大再生产。各种经济组织大多以独立的商品生产者和经营者身份出现,并以法人资格参加民事关系。因此,保护公民和法人合法权益不受侵犯是整个社会主义法律的首要任务。

法律保护公民和法人合法权益不受侵犯原则,是从我国三十多年经验教训中总结出来的一条基本经验。过去三十多年的法律思想,由于历史条件和经济体制上的原因,未重视对公民和法人合法权益的法律保护。例如,1964 年《民法草案(试拟稿)》在民法基本原则一章,竟没有只言片语提及保护公民和法人合法权益问题。在国家政治生活和经济生活中,任意侵犯公民和法人合法权益的现象长期严重存在。例如,20 世纪 50 年代后期席卷全国的"共产风"和"平调风"严重侵犯公民和经济组织财产权益。从 1966 年开始的文化大革命,更是大规模地侵犯公民合法权益,任意摧残踩躏公民人身、人格、财产和自由,致使整个国家民族陷入深重灾难。正是在总结历史的深刻教训之后,保护公民和法人合法权益不受侵犯被规定为我国法律最重要的基本原则。我

国《宪法》用了许多条文规定对公民和法人合法权益的保护。例如,规定对公民合法财产所有权和私有财产继承权的保护(第 13 条);对外国企业和其他外国经济组织以及中外合营企业合法权益的保护(第 18 条);保护公民人身自由和人格尊严不受侵犯(第 37、38 条)等。《民法通则》将保护公民和法人合法权益不受侵犯规定为我国民法基本原则,是上述《宪法》规定的具体化。

还应当看到,保护公民和法人合法权益不受侵犯这一民法基本原则,肯定了我国经济体制改革已经取得的成果,并为经济体制进一步改革和社会主义有计划商品经济的极大发展提供了法律保障。随着经济体制的逐步改革,我国经济生活已经发生了深刻的变化。在公有制经济占主导地位的前提下,形成了多种所有制形式和多种经营形式并存的结构。除国有经济组织外,还有劳动者集体所有制经济组织、城乡个体工商户、农村承包经营户、个人合伙组织、法人联营、中外合资经营企业、中外合作经营企业、港澳同胞和海外侨胞举办的企业、外资企业,国营或集体企业吸收职工入股的形式、国营或集体企业采取由职工承包经营或租赁经营形式也到处存在。上述各种所有制经济形式和各种经营方式,都是整个国民经济有机体的组成部分,要求受到法律的一体保护。如果据守过时的理论,在民法基本原则中只提对某种所有制形式的保护,而不提对其他经济形式的保护,或者强调对某种经济形式的特殊保护,却对其他经济形式的法律保护避而不论,将违背我国国民经济存在多种所有制经济形式和经营形式的实际,不足以保障对内搞活经济和对外开放政策的切实贯彻,不利于新的经济管理体制的建立和社会主义有计划商品经济的发展。为此,《民法通则》坚决摒弃了那种以旧体制为根据的过时的理论,明文规定"公民、法人的合法的民事权益受法律保护,任何组织和个人不得侵犯"(第 5 条),作为我国民法基本原则。

按照这一原则,《民法通则》设民事权利一章,对公民和法人各种民事权利作概括的规定,并专设民事责任制度(第六章),规定对侵犯公民、法人合法权益的各种违法行为追究民事责任,确保公民和法人受到非法侵犯的权益能够得到恢复和补救。

三、社会主义法制原则

社会主义法制原则,是我国宪法的基本原则,也是我国民法的基本原则。总结三十多年社会主义革命和社会主义建设的经验,归结到一点,即必须一手抓建设,一手抓法制。高度的社会主义民主和健全的社会主义法制,是完善社会主义制度,进行经济体制改革,建设社会主义物质文明和精神文明,使国家长治久安的根本保障。社会主义法制原则,其精神实质就是依法治国,依法保障人民民主,用法律手段管理经济,建立和维护社会政治生活的法律秩序和社会经济生活的法律秩序。在民事活动领域,社会主义法制原则要求一切公民和法人必须严格遵守国家法律,依法从事民事活动,进行民事行为,正确行使民事权利和履行民事义务。

社会主义法制原则除要求一切公民和法人在民事活动中必须遵守法律,包括遵守宪法、法律、行政法规和各种法规性文件外,对于某些法律没有规定的情形,还要求遵守国家政策。法律和政策,本质上都是国家意志,也即广大人民的意志。法律是政策的条文化和法律化。因为经济生活本身非常复杂,并且总在发展变化之中。立法机关只能将那些实践证明是正确的并具有相对稳定性的政策,制成法律条文,赋予法律效力。经济生活中总会有一些活动和关系,由于种种原因而没有具体的法律规定,仍由国家政策予以调整。对于这种情形,社会主义法制原则要求当事人遵守有关的国家政策。

社会主义法制原则规定在《民法通则》第 6 条,"民事活动必须遵守法律,法律没有规定的,应当遵守国家政策"。这一规定较好地处理了遵守法律与遵守政策的关系,既不同于过去曾经长期存在的以政策代替法律,也不同于将法律与政策对立起来的片面做法。在这里,"法律没有规定的"这个限制条件非常重要。凡是法律已有规定的,当事人应严格遵守法律规定,唯法律规定才是判断当事人行为合法或者违法的准绳。不得借口法律与政策不一致而拒绝遵守法律,或者为违反法律的行为开脱。反之,在法律没有规定的情形,社会主义法制原则要求当事人遵守有关国家政策,在这种情形,违反国家政策的行为属于违法行为。不准借口没有法律规定而任意妄为,损害国家利益和他人利益,不允许借口没有法律规定而放任损害国家利益和他人利益的行为。违反有关的国家政策也是判断损害国家利益和他人利益的行为具有违法性的根据。

国家除运用法律或者法律没有规定时运用政策调整民事关系外,还允许民事主体在法律和政策规定的范围内通过合同形式调整相互之间的关系。依法成立的合同,具有法律约束力,当事人必须严格遵守。因此,社会主义法制原则,不仅要求遵守法律和在法律无规定时遵守政策,还要求遵守依法成立的合同,严格按照合同的规定行使权利和履行义务。对于有效的合同关系而言,当事人遵守合同也就是遵守法律,违反合同也即违反法律。违反合同,也属于民事违法行为,应承担民事法律责任。

四、公平和诚实信用原则

我国在原来的经济体制下,由于忽视商品货币关系和价值规律的作用,对生产资料实行指令性计划调拨制度,对消费品实行凭票证定量供应制度,并且一律实行国家定价,因此在经济组织之间以及经济组织与公民之间的经济关系中,不发生公平和诚实信用问题。同时,传统理论把社会主义社会描述为生产关系自动与生产力相适应、完全协调一致的社会,因而无公平和诚实信用等概念存在的必要。在过去的三十多年中,我国民法思想不承认公平和诚实信用原则。1964 年的《民法草案(试拟稿)》和 1980 年的《民法草案(征求意见稿)》并无只言片语涉及公平和诚实信用。1981 年 4 月 10 日的《民法草案(征求意见二稿)》稍有变化,其中第 6 条规定"在民事活动中应当恪守信用"。但直至近年,流行的民法思想仍不承认公平和诚实信用应是我国民法的原则。

按照马克思主义基本原理,公平和诚实信用是市场经济活动中形成的道德规范。公平和诚实信用,关键是公平。因为衡量诚实信用是以是否合乎公平为标准。被马克思誉为"古代最伟大的思想家"的亚里士多德指出,公平是一种道德情态,实际上反映人与人之间一种利益关系,即"于利益不自取太多,而与人过少,于损害亦不自取过少而与人太多"(《伦理学》卷五第九章)。其中隐约反映出商品交换客观规律的要求。恩格斯在《反杜林论》中写道,人们自觉地或不自觉地,归根到底总是从他们阶级地位所依据的实际关系——就是说从生产和交换所依以进行的经济关系中,吸取自己的道德观念。公平和诚实信用原则,以市场即商品交换的存在为根据。这一原则在历史上曾以商业习惯形式长期存在,而对合同关系起某种调整作用。19世纪末期,资本主义从自由竞争发展到垄断,毫无限制的合同自由和自由放任主义造成种种弊端。为了调和各种社会矛盾,调整被战争、经济危机和社会动乱弄得混乱不堪的社会经济关系,资产阶级立法者和法官将公平和诚实信用等道德规范引入法律,成为民法重要原则。

在资本主义市场经济活动中,公平和诚实信用与资本主义的私有制及资本家追逐利润的本性是矛盾的。因此,资本主义民法的公平和诚实信用原则有其虚假一面。社会主义经济是公有制基础上的有计划商品经济,存在市场和计划的竞争,理所当然地要求有与社会主义市场活动相适应的公平和诚实信用原则。由于社会主义生产的最终目的是满足人民群众物质生活和文化生活的需要,市场活动的主体是公有制经济组织,相互之间在根本利益上并无冲突,这是社会主义民事活动能够真正贯彻公平和诚实信用原则的基础。《民法通则》规定以公平和诚实信用原则作为我国民法基本原则,正是适应了我国社会主义市场活动的要求。

《民法通则》第4条规定,民事活动应遵循公平和诚实信用原则。按照这一原则,一切公民和法人在进行民事活动,实施民事行为,行使民事权利和履行民事义务时,应讲求诚实,信守合同,兼顾他方利益和社会公共利益。这一原则精神贯穿于民法各项制度之中。例如,法律行为制度要求民事法律行为符合公平和诚实信用原则,采用欺诈、胁迫手段或乘人之危使对方违背真意所为的民事行为无效;恶意串通,损害国家利益、集体利益和他人利益的民事行为无效;显失公平的民事行为,当事人有权请求法院或仲裁机构予以变更或撤销。民事责任制度也体现了公平和诚实信用原则,如违法行为人与受害人双方均有过错时,应由双方依过错大小分担责任;在双方对损害发生均无过错时,可以根据实际情况由双方分担民事责任,正当防卫和紧急避险行为超过必要限度,亦应承担适当的民事责任。公平和诚实信用原则也适用于解释合同及处理相邻关系等。

五、国家计划指导与经营者自主性相结合的原则

我国民法思想,根据权力过分集中的经济体制和将计划经济与商品经济截然对立的经济思想,长期片面强调国家计划而否认民事主体的自主性。1964年的《民法草案(试拟稿)》在基本原则一章规定,"国家用统一计划指导国民经济按比例地高速发展。全民所有制单位必须严格按照国家计划办事,不准擅自修改或者拒不执行国家计划"。在实际生活中,国有企业(甚至包括集体企业)的一切经济活动,几乎完全由国家指令性计划决定。农村经济组织同样按指令性计划生产,农副产品由国家统购。所谓国家计划指导,实际上变成了指令性计划决定一切,经济组织丧失了应有的自主性和独立性。

自1979年以来,对计划体制逐步进行了改革,单一指令性计划制度包括工业产品的统购包销制度、农副产品的统购征购制度以及日用消费品的凭票证定量供应制度均已被打破。国家只对关系国计民生的重要工业品实行指令性计划,其余实行指导性计划和市场调节;农副产品的统购政策已经废除,国家所需粮食等重要产品改为合同定购,其余由市场调节;日用消费品除主粮及食用植物油暂时保留定量凭票证供应外,其余均自由买卖。因此,我们现在所说的国家计划指导,与过去的计划决定一切迥然不同,是与当事人的自主性相结合而发挥作用的。

随着农村和城市的经济体制改革,国有企业、集体经济组织和其他经营者在国家计划指导下享有广泛的自主性和独立性。我国《宪法》

第 16 条规定,"国营企业在服从国家的统一领导和全面完成国家计划的前提下,在法律规定的范围内,有经营管理的自主权"。第 17 条规定,"集体经济组织在接受国家计划指导和遵守有关法律的前提下,有独立进行经济活动的自主权"。这就从基本法的角度确认了国家计划指导与经营者自主性相结合的原则。国家对其他主体如中外合资企业、中外合作企业、外资企业、个体工商户等的经济活动不实行计划管理,但它们也负有服从国家计划指导的义务,如不得冲击国家计划,不得转手倒卖实行指令性计划管理的物资等。可见,国家计划指导与经营者自主性相结合原则适用于一切商品生产者和经营者,但对不同所有制性质的主体有不同的要求。

考虑到不同主体在服从国家计划指导的具体形式上的差异,《民法通则》(1986 年)没有采用从正面规定民事主体必须服从国家计划的办法,而是采用了从反面规定的办法,即赋予民事主体不得损害国家计划的法律义务。第 7 条规定,民事活动"不得……破坏国家经济计划"。第 58 条规定,违反国家指令性计划的经济合同无效。这样规定,较好地处理了国家计划指导与经营者自主性之间的关系,能保证经营者在国家计划指导下充分发挥自主性,使经营活动适应市场需求,获取最大经济效益。同时,又使国家能够通过指令性计划、指导性计划及其他经济手段和必要的行政手段进行宏观控制,避免和克服市场的消极作用,促进社会主义商品经济有计划地发展。

国家计划指导与经营者自主性相结合主要表现在经济合同关系中。在经济合同领域贯彻这一基本原则,意味着承认合同当事人享有一定的合同自由,突破了传统社会主义民法思想否认合同自由的陈旧观念。实际上,社会主义国家由于经济体制改革的进行,不承认合同自由的传统观念已发生动摇,已使合同当事人享有不同程度的自由权利。其中匈牙利在 1977 年重新修订颁布的民法典中,南斯拉夫在 1978 年颁布的债务关系法中,均明文规定了合同自由原则。在经济合同制度中贯彻国家计划指导与当事人合同自由相结合的原则,是我国有计划商品经济本质和特征在民法上的反映。这一原则已经规定在 1981 年颁布的《经济合同法》第 11 条和第 17 条之中。按照法律规定,对于国家下达指令性计划的产品和项目,当事人应严格按照计划指标签订经济合同;对于国家下达指导性计划的产品和项目,当事人可以根据自己实际条件和市场情况并参照计划指标签订经济合同;对于不实行计划管理的产品和项目,则完全由当事人自由协商签订经济合同。

六、禁止权利滥用原则

禁止权利滥用作为一项法律原则,是 19 世纪后期才出现的。在古代,从罗马法时代直到中世纪,不存在权利滥用问题。18 世纪和 19 世纪,资本主义社会风行自由放任主义,在民法上则以私权神圣和所有权绝对化为原则,对于权利之行使几乎毫无限制。纵然因为行使权利致使他人遭受损害,权利人亦不承担任何法律责任。因此,在 1804 年的《法国民法典》中,没有任何禁止权利滥用的规定。19 世纪后期,资本主义已由自由竞争发展到垄断,种种社会矛盾日益尖锐,经济危机更加频繁,社会生活极度动荡,资产阶级立法者开始谋求调和各种利害冲突。在起草《德国民法典》时,第一次草案和第二次草案尚未对权利滥用作一般性规定,第三次草案出现对所有权滥用的规定,所有权之行使,不得专以损害他人为目的。国会审议时,扩及一切权利,即《德国民法典》第 226 条规定:"权利的行使不得只以加损害于他人为目的。"成为概括性原则条文,各主要国家和地区民法随之仿效。如《瑞士民法典》第 2 条规定,"权利之显然滥用,不受法律保护"。民国时期的《中华民国民法》第 148 条规定,"权利之行使不得以损害他人为主要目的"。《日本民法典》新增第 1 条,规定禁止权利之滥用。

社会主义民法规定禁止权利滥用原则始于 1922 年《苏俄民法典》,其第 1 条规定,民事权利之行使违背社会经济之使命者,不受法律保护。《匈牙利民法典》第 5 条规定,本法禁止权利滥用。《捷克斯洛伐克民法典》在民事法律关系的原则中规定,任何人不得滥用自己的权利以损害社会或公民的利益。《波兰民法典》第 5 条规定,如果某人以作为或不作为而取得有悖于法典的社会经济目的和社会共同原则的利益,则认为是滥用权利。《南斯拉夫债务关系法》第 13 条对权利滥用设有禁止规定。社会主义民法禁止权利滥用,在于协调各种利益差别,更好地兼顾国家、集体和个人三者利益。

我国《宪法》第 51 条规定:"中华人民共和国公民在行使自由和权利的时候,不得损害国家的、社会的、集体的利益和其他公民的合法的自由和权利。"可见,禁止权利滥用是我国《宪法》的一条基本原则,不言而喻,一切法律部门均应适用。我国《民法通则》仅在基本原则一章第 7 条规定,民事活动"不得损害社会公共利益",但不可因此误认为我国民法无禁止权利滥用原则。按照《宪法》第 51 条及《民法通则》第 7 条的规定,禁止权利滥用是我国民法基本原则。

按照这一原则,一切公民和法人在享有民事权利的同时,均负有不得滥用其权利的法律义务。违反这一义务,在行使权利时损害国家利益、社会公共利益及其他民事主体的合法权益,即构成权利滥用。权利滥用属于民事违法行为,其在法律上的效力是使滥用权利人承担损害赔偿责任。

诚实信用原则与漏洞补充[*]

一、诚实信用原则概说

所谓诚实信用,是在市场经济活动中形成的道德规则。它要求人们在市场经济活动中讲究信用,恪守诺言,诚实不欺,在不损害他人利益和社会利益的前提下追求自己的利益。诚实信用原则为一切市场参加者树立了一个"诚实商人"的道德标准,隐约地反映了市场经济客观规律的要求。在历史上,诚实信用这一道德规则,曾长期以商业习惯的形式存在,作为成文法的补充而对民法关系起着某种调整作用。到了19世纪末期,毫无限制的契约自由和自由放任主义已经造成种种弊端,以致各种社会矛盾空前激化,经济危机更加频繁和深重,社会经济生活动荡不堪。为了协调各种社会矛盾和冲突,立法者开始注重道德规范的调整作用,将诚实信用等道德规范引入法典,成为近现代民法的重要原则。

法律之吸收道德观念,始于罗马法。在罗马法上,诚实信用观念体现在一般恶意抗辩诉权中。学者认为,诚实信用原则与一般恶意抗辩同出一源,具有同一意义。《法国民法典》的制定,正值自由资本主义时期,资本主义生产关系的发展,要求不受任何约束地、毫无限制地榨取剩余价值。所谓自由放任主义政策正是这一要求的体现。因此,《法国民法典》未采用罗马法一般恶意抗辩诉权,仅在第1134条规定:"契约应以善意履行之。"此所谓"善意",即诚实信用。但在自由放任

---

[*] 本文原载《法学研究》1994年第2期。

主义思想支配之下,上述条文只是当事人意思自治的补充,在法律实践上难有实际意义。1863 年的《撒克逊民法典》第 858 条规定,契约之履行,除依特约、法规外,应遵守诚实信用,依诚实人之所应为者为之。但依该法,当事人可依约定排除诚实信用原则之适用。可见,仍未越出契约自由的范围。至 19 世纪后期,由于社会经济生活之剧变,促成法律思想的变迁,即从所谓个人本位的法律思想,转变为社会本位的法律思想。[1]

所谓社会本位的法律思想,在于谋求协调资产阶级内部大垄断集团与中小资本家之间的利益冲突,调和资本家与劳动者之间的利益冲突,调节被经济危机和社会动乱搞得混乱不堪的经济关系。这也正好是德国、瑞士等国制定民法典时立法者所面临的任务。为此,立法者不得不更加注重道德规范的调节功能。罗马法和《法国民法典》关于一般恶意抗辩和善意的零星补充性规定,已经不能满足需要。立法者需要规定伸缩性更大因而适应性更强的原则条款,以便使法官拥有较大的自由裁量权,可以更好地协调各种矛盾和调节社会经济关系。为此,《德国民法典》明文规定诚实信用为履行债的基本原则。这就是著名的第 242 条:债务人须依诚实与信用,并照顾交易惯例,履行其给付。《瑞士民法典》进一步将诚实信用原则的适用范围扩大到一切权利的行使和一切义务的履行。其第 2 条规定:无论何人行使权利履行义务,均应依诚实信用为之。民国时期制定的《中华民国民法》,参酌德国、瑞士上述条文,而予以折中,将诚实信用原则规定在债之效力一节,作为行使债权、履行债务的基本原则。该法第 219 条规定:行使债权,履行债务,应依诚实及信用方法。

尤其值得注意的是,第二次世界大战以后,随着经济的恢复和发展,科学技术突飞猛进,各国和地区进入现代化市场经济时期,社会关系更为复杂,各种新型案件层出不穷,使立法者穷于应付,不得不更加倚重法官的能动性。其结果是诚实信用原则的地位一再提高。日本于

---

[1] 参见梁慧星:《民法》,四川人民出版社 1988 年版,第 320 页。

战后修订民法典,于总则编第 1 条第 2 款明定诚实信用原则为民法之基本原则。我国台湾地区于 20 世纪 80 年代初期修订"民法总则",鉴于"最高法院"态度保守,过分拘泥文义,误认诚实信用原则仅适用于债之关系,致妨碍法律进步,故于"民法总则"第 148 条增设第 2 款规定:行使权利,履行义务,应依诚实及信用方法。确立诚实信用原则系属帝王条款,君临全法域之基本原则。② 学者称之为"世界最新之立法例"③。

我们已经看到,诚实信用原则的适用范围逐步扩大,不仅适用于契约的订立、履行和解释,而且最终扩及于一切权利的行使和一切义务的履行,成为民法之基本原则。其性质亦由补充当事人意思的任意性规范,转变为当事人不能以约定排除其适用,甚至不待当事人援引法院可直接依职权适用的强行性规定。究其本质,诚实信用原则,由于将道德规范与法律规范合为一体,兼有法律调节和道德调节的双重功能,使法律条文具有极大的弹性,法院因而享有较大的裁量权,能够据以排除当事人的意思自治,而直接调整当事人之间的权利义务关系。因此,诚实信用原则,被奉为现代民法的最高指导原则,学者谓之"帝王条款"④。

应予说明的是,我国于 20 世纪 80 年代中期制定《民法通则》,反映了改革开放和发展社会主义市场经济的要求,并参考市场经济发达国家的经验,将诚实信用原则确立为民法之基本原则,其适用范围及于整个民事领域,凡一切民事主体,从事一切民事活动,应遵循。这与现代民法发展潮流颇为相合。

二、诚实信用原则的本质和功能

(一)诚实信用原则的本质

1. 诚实信用为市场经济活动的道德准则

关于诚实信用原则之本质,学者间有不同认识。其一,认为诚实信

---

② 参见王泽鉴:《民法学说与判例研究》(第 5 册),1991 年自版,第 29 页。
③ 杨仁寿:《法学方法论》,三民书局 1987 年版,第 171 页。
④ 梁慧星:《民法》,四川人民出版社 1988 年版,第 323 页。

用原则之本质为社会理想,如 Stammler 称之为人类社会之最高理想,Manik 称之为道德理想,Huber 谓之为法律伦理;其二,认为诚实信用原则本质上为市场交易中,人人可得期待的交易道德之基础,如 Dernburg 及 Endmann 均采此说;其三,认为诚实信用原则之本质,在于当事人利益之平衡,如 Schneider 解为当事人双方利益之公平较量,Egger 称为公正估量双方之利益以谋求利益之调和。史尚宽先生指出,第一说和第二说,均未免过于抽象,适用困难。第三说较为具体,便于适用。唯限于当事人双方利益之较量,尚嫌不足。除当事人利益外,社会一般公共利益,亦应在考虑之内。⑤

笔者认为,第三说和第二说并不相悖,应将两说结合考虑,方能准确把握诚实信用原则之本质。唯在市场经济条件下,才会发生交易双方利益冲突及双方与社会一般公共利益冲突的问题。诚实信用原则,旨在谋求利益之公平,而所谓公平亦即市场交易中的道德。

诚如史尚宽先生所言,不可将诚实信用原则局限于当事人双方利益之较量。诚实信用原则涉及两重利益关系,即当事人之间的利益关系和当事人与社会之间的利益关系。诚实信用原则的目标,是要在这两重利益关系中实现平衡。在当事人之间的利益关系中,诚实信用原则要求尊重他人利益,以对待自己事务之注意对待他人事务,保证法律关系的当事人都能得到自己应得的利益,不得损人利己。当发生特殊情况使当事人间的利益关系失去平衡时,应进行调整,使利益平衡得以恢复,由此维持一定的社会经济秩序。在当事人与社会的利益关系中,诚实信用原则要求当事人不得通过自己的活动损害第三人和社会的利益,必须以符合其社会经济目的的方式行使自己的权利。⑥ 在现代化市场经济条件下,诚实信用已成为一切市场参加者所应遵循的道德准则。它要求市场参加者符合"诚实商人"的道德标准,在不损害其他竞争者,不损害社会公益和市场道德秩序的前提下,去追求自己的利益。

---

⑤ 参见史尚宽:《债法总论》,1978 年自版,第 319 页。
⑥ 参见徐国栋:《民法基本原则解释——成文法局限性之克服》,中国政法大学出版社 1992 年版,第 78 页。

在此有必要涉及诚实信用与善良风俗的界限问题。《法国民法典》将善良风俗与公共秩序并提;《德国民法典》只规定了善良风俗,而未规定公共秩序;《日本民法典》和我国台湾地区"民法"系仿法国法,将公共秩序与善良风俗并列,且在学说判例中不予区分,合称公序良俗。何谓良俗?学者均解为某一特定社会应有的道德准则。笔者认为,虽然诚实信用与善良风俗均属于一种道德准则,但二者存在和发生作用的领域不同。诚实信用系市场交易中的道德准则,而善良风俗系家族关系中的道德准则,亦即性道德和家庭道德。因此,只要把握诚实信用原则为市场经济活动中的道德准则,便不至于与公序良俗原则发生混淆。[7]

2. 诚实信用原则为道德准则的法律化

诚实信用虽说是市场经济活动中形成的道德准则,但在被立法者规定为民法典的一个法律条文之后,已经不再是单纯的道德规则,而成为一项法律规范。但与一般法律规范亦有不同,它是以道德为内容的法律规范。正如杨仁寿先生所言,诚实信用原则虽以社会伦理观念为基础,唯其并非道德,而是将道德法律技术化。[8] 换言之,诚实信用原则,是将道德准则与法律规则合为一体,因而同时具有法律调节和道德调节的双重功能,使法律获得更大的弹性,法官因而享有较大的公平裁量权,能够排除当事人意思自治而直接调整当事人之间的权利义务关系。[9]

3. 诚实信用原则的实质在于授予法官以自由裁量权

诚实信用原则的内容极为概括抽象,乃属一白纸规定。[10] 诚实信用原则之特征在于其内涵和外延的不确定性。它是概括的、抽象的、无色透明的。它所涵盖的范围极大,远远超过其他一般条款。诚实信用原则是未形成的法规,是白纸规定。换言之,是给法官的空白委

---

[7] 参见本卷《市场经济与公序良俗原则》一文。
[8] 参见杨仁寿:《法学方法论》,三民书局1987年版,第171页。
[9] 参见梁慧星:《民法》,四川人民出版社1988年版,第323页。
[10] 参见杨仁寿:《法学方法论》,三民书局1987年版,第171页。

任状。⑪ 立法者正是通过这种空白委任状,授予法官以自由裁量权,使之能够应付各种新情况和新问题。徐国栋先生指出,诚实信用这样的词语从规范意义上看极为模糊,在法律意义上没有确定的内涵和外延,其适用范围几乎没有限制。这种模糊规定或不确定规定,导源于这样的事实:立法机关考虑到法律不能包容诸多难以预料的情况,不得不把补充和发展法律的部分权力授予司法者,以模糊规定或不确定规定的方式把相当大的自由裁量权交给了法官。因此,诚实信用原则意味着承认司法活动的创造性与能动性。⑫

(二)诚实信用原则的功能

我们已经看到,诚实信用原则怎样从仅适用于债之关系的原则,上升为涵盖整个私法领域的基本原则,由补充性规定上升为强行性规定。又由于其内容极抽象,虽为客观的强行性规范,却可因社会变迁而赋予新的意义。德国学者 Hedemann 指出,诚实信用原则之作用力,世罕其匹,为一般条款之首位。⑬

诚实信用原则具有以下三项功能。

其一,指导当事人行使权利履行义务的功能。

如《瑞士民法典》第 2 条规定,无论何人行使权利履行义务,均应依诚实信用为之。按照我国《民法通则》第 4 条的规定,凡一切民事主体,从事民事活动,均应遵循诚实信用原则。即要求当事人在行使权利履行义务时,应兼顾对方当事人利益和社会一般利益,使自己的行为符合诚实商人的标准,只在不损害他人利益和社会利益的前提下,追求自己的利益。凡行使权利履行义务有悖于诚实信用原则,应构成违法。

其二,解释、评价和补充法律行为的功能。

如《德国民法典》第 157 条规定,契约之解释应斟酌交易上习惯,

---

⑪ 参见蔡章麟:《债权契约与诚实信用原则》,载刁荣华主编:《中国法学论著选集》,汉林出版社 1976 年版,第 416 页。

⑫ 参见徐国栋:《民法基本原则解释——成文法局限性之克服》,中国政法大学出版社 1992 年版,第 79 页。

⑬ 参见杨仁寿:《法学方法论》,三民书局 1987 年版,第 171—172 页。

依诚实信用原则为之。杨仁寿先生指出,诚实信用原则为解释、补充或评价法律行为的准则。⑭ 诚实信用原则适用之结果,可创造、变更、消灭、扩张、限制约定之权利义务,亦可发生履行拒绝权、解除权及请求返还之拒绝权,更得以之为撤销法律行为或增减给付之依据,或成立一般恶意之抗辩。⑮

其三,解释和补充法律的功能。

一般而言,法律条文均极为抽象,适用于具体案件时,必须加以解释。进行法律解释时,必须受诚实信用原则的支配,始能维持公平正义。此系诚实信用原则在法律解释上的功能。此外,在法律有欠缺或不完备,而为漏洞补充时,亦须以诚实信用原则为最高准则予以补充,其造法始不致发生偏差。⑯ 本文即注重说明诚实信用原则在漏洞补充上的功能。

三、依诚实信用原则为漏洞补充

(一) 对白地规定型漏洞的补充

法解释学上所谓白地规定型漏洞,指立法者有意识地任由法官对法律规定予以判断决定的法律漏洞,即不确定概念和一般条款。不确定概念如恶意、重大事由、合理期间等,其可能的文义不足以约束其外延,在适用到具体案件时,须由法官评价地予以补充,加以具体化。至于一般条款,甚至连可能的文义都没有,只是为法官指出一个方向,在这个方向上可以走多远,须由法官自己做出判断。

依诚实信用原则补充白地规定型漏洞,指直接以诚实信用原则作为决定其用语的意义内容的手段。

例如,我国台湾地区"民法"第 254 条规定:契约当事人一方迟延给付者,他方当事人得定相当期限催告其履行,如于期限内不履行时,得解除契约。其中"相当期限"一语,即为白地规定型漏洞。

---

⑭ 参见杨仁寿:《法学方法论》,三民书局 1987 年版,第 171—172 页。
⑮ 参见杨仁寿:《法学方法论》,三民书局 1987 年版,第 171—172 页。
⑯ 参见杨仁寿:《法学方法论》,三民书局 1987 年版,第 171—172 页。

对此,我国台湾地区"最高法院"1980年台上字第1590号判例指出:"民法"第254条所定契约解除权,并非以债权人定相当期限催告为发生要件,而系以债务人于催告期限内不履行为发生要件,故债权人所定催告期限虽不相当,或未定期限催告,但若自催告后经过相当期限债务人仍不履行者,基于诚实信用原则,应认债权人已酌留相当期限,以待债务人履行,而难谓不发生该条所定契约解除权。本件判例即系以诚实信用原则作为决定"相当期限"意义内容的根据。

(二)对预想外形漏洞的补充

所谓预想外形漏洞,指某种事件超出了立法者的预见,因而未有法律规定。多数属于因社会经济生活的发展变化所致。依诚实信用原则补充预想外形漏洞,是指以诚实信用原则作为排除乍看起来应予适用的法律规定之手段。

例如,日本最判昭30.11.22(民集9卷1781页):

本案事实:关于赁借权在擅自让渡经过7年6个月后,赁借人要求依民法第612条行使解除权。

判旨:权利行使须依诚信原则,不得滥用。有解除权人,久不行使其权利,对方有正当理由信赖其不行使,其后要求行使,应认为反于诚信原则,因而应解为不许行使。

本案中,法院以诚实信用原则作为排除乍看起来应予适用之法律规定的手段。⑰

再如,我国台湾地区"最高法院"1979年台上字第1838号判例:

裁判要旨:按行使权利,履行义务,应依诚实及信用方法为之。本件上诉人明知被上诉人就讼争土地之买卖,不得对抗该土地承租人之上诉人,上诉人依法得请求优先承买该土地,而长期沉默不为行动……似此行为显已引起被上诉人之正当信任,以为上诉人已不欲行使其优先承买权。而今忽贯彻其优先承买权之行使,致令被上诉人陷于困境,其有违诚实信用之原则,不得更行行使其权利,至为明显。

---

⑰ 参见〔日〕石田穰:《法解释学的方法》,青林书院新社1980年版,第116页。

本件判例,诚实信用原则被用作排除关于优先承买权规定的手段。

(三) 对明显漏洞的补充

所谓明显漏洞,指对于某种事件,依法律所使用词语之意义及立法者和准立法者意思,均不能涵盖的法律漏洞。对于明显漏洞,可以诚实信用原则作为补充手段。

例如,日本法上有所谓"法人格否认"之法理,亦即其他国家所谓"揭开公司的面纱"。此为立法当时所未预见,在现行法上任何规定均难适用,属于明显漏洞。

日本最判昭 48.10.26(民集 27 卷 1240 页):

判旨:股份公司依据商法的规定比较容易设立……设立新公司,其营业财产、商号、代表董事、营业目的、从业员等与原有公司完全相同,即使形式上进行了新公司的设立登记,而新旧两公司在实质上完全同一,乃以新公司之设立为免除旧公司债务之手段,属于公司制度之滥用。因此,公司之交易对方,依诚实信用原则,可不主张新旧两公司为分别人格。应解为交易对方可对新旧两公司中的任一公司追究债务责任。

在本案中,法院系以诚实信用原则作为补充明显漏洞的手段,创立了所谓"法人格否认"之法理。[18]

四、诚实信用原则的界限

在现代民法上,诚实信用原则发挥着十分重要的作用,对于立法当时所未为立法者预见的案件,可以用诚实信用原则补充法律漏洞,作出妥当的裁判,使法律和裁判适应于社会发展变化。但同时也应看到,如果对诚实信用原则的运用不加限制,则可能导致诚实信用原则的滥用,以致损害法律的权威和法体系的安定。因此,有学者将诚实信用原则喻为"双刃剑"[19]。法解释学应当研究在什么场合、什么条件下可以适

---

[18]　参见〔日〕石田穰:《法解释学的方法》,青林书院新社 1980 年版,第 119、122 页。
[19]　参见〔日〕石田穰:《法解释学的方法》,青林书院新社 1980 年版,第 119、122 页。

用诚实信用原则,在什么场合、什么条件下不可以适用诚实信用原则,这就是所谓诚实信用原则的界限问题。

(一)能否以诚实信用原则修正现行法规定

关于能否以诚实信用原则修正现行法规定,学说上有不同主张。

其一,否定说。认为诚实信用原则,仅有法律漏洞补充的机能,没有修正制定法的机能,即不得以诚实信用原则排除现行法规定之适用。理由如下:①为了维护法律的权威;②防止法官滥用诚实信用原则,借诚实信用原则之名而任意解释法律,反于依法裁判之基本原则;③据石田先生所说,日本迄今并未有以诚实信用原则修正制定法的判例。[20] 以诚实信用原则检验法律之善恶,为立法者修改法律提供依据,则为所许。

其二,肯定说。认为诚实信用原则不仅有法律漏洞补充的功能,而且有修正现行法规定的功能。如德国学者 Stammler 认为,法律之标准应为人类最高理想,诚实信用原则即此最高理想的体现。如果法律规定与最高理想不合,则应排除法律规定而适用诚实信用原则。[21] 我国学者谢怀栻先生亦采此说。谢先生在讨论制定我国统一合同法的立法方案时,建议规定:在现行法虽有具体规定,而适用该具体规定所获结果违反社会公正时,法院可以不适用该具体规定而直接适用诚实信用原则;但在这种情形,应报经最高人民法院核准。[22]

在否定说三项理由中,前两项理由实际上可归结为一项理由,即担心诚实信用原则之滥用,损及法律的安定。但是,明知现行规定属于恶法,其适用结果将违背法律正义,即借口维护法律安定性而仍予适用,致当事人遭受不公正之效果,终难免有因噎废食之讥。按照谢怀栻先生的意见,一方面肯定诚实信用原则有修正现行法不当规定的机能,使法院可以援用诚实信用原则而回避恶法之适用,另一方面规定须报经

---

[20] 参见〔日〕石田穰:《法解释学的方法》,青林书院新社 1980 年版,第 120、134 页;杨仁寿:《法学方法论》,三民书局 1987 年版,第 173 页。

[21] 参见史尚宽:《债法总论》,1978 年自版,第 319 页。

[22] 参见本书第四卷《中华人民共和国合同法立法方案》一文。

最高人民法院核准,实际上将适用诚实信用原则以修正现行法规定之权,仅授予最高人民法院,可以达到防止诚实信用原则被滥用之结果。此一见解,应认为切实可行,可资赞同。至于第三项理由,因日本法院向来倾向保守,不足为否定诚实信用原则修正现行法规定的理由。且日本法院虽迄今未有适用诚实信用原则修正现行法规定的判例,不等于说将来也必定没有这样的判例。

(二)关于禁止"向一般条款的逃避"

法解释学上所谓"向一般条款的逃避",指关于某一案型,法律本有具体规定,而适用该具体规定与适用诚实信用原则,能获得同一结论时,不适用该具体规定而适用诚实信用原则。此种现象应予禁止。换言之,在适用法律具体规定与适用诚实信用原则,均可获得同一结果时,应适用该具体规定,而不得适用诚实信用原则。理由如下:

其一,诚实信用原则为民法最高指导原则,在某种意义上,现行法之规定可谓为诚实信用原则之具体化。换言之,即立法者秉持诚实信用之原则,斟酌各种典型事态做利益衡量及价值判断,厘定构成要件及法律效果,形成个别制度。基于此项法律制度在方法论上之认识,法院在处理民事案件时,应严谨遵守如下原则:先以低层次之个别制度作为出发点,须穷尽其解释及类推适用上之能事仍不足解决时,始宜诉诸"帝王条款"之诚实信用原则。[23]

其二,如果在这种情形,允许直接适用诚实信用原则,而不适用法律具体规定,必将导致法律权威降低。

其三,在适用法律具体规定的情形,法官之价值判断过程清楚,依立法者意思探究,判定其结论当否容易。而在适用诚实信用原则的情形,其价值判断过程暧昧不明,其结论当否不易判断。[24]

(三)类推适用等漏洞补充方法应优先适用

对于某一案型,虽无法律规定,若能依类推适用等漏洞补充方法予

---

[23] 参见王泽鉴:《民法学说与判例研究》(第5册),1991年自版,第256页。
[24] 参见〔日〕石田穰:《法解释学的方法》,青林书院新社1980年版,第127页。

以补充,且所得结果与适用诚实信用原则相同时,则应依类推适用等方法补充法律漏洞,不得适用诚实信用原则。这种情形,若不依类推适用等方法补充法律漏洞,而直接适用诚实信用原则,亦属于"向一般条款的逃避",应予禁止。理由如下：

其一,这些法律补充方法,亦为诚实信用原则之具体化。依这些补充方法能够解决,却不采用,而直接适用诚实信用原则,将降低这些法律补充方法的权威,并进而损害与这些方法密切相关的法律的权威。

其二,运用这些方法处理案件时,其价值判断过程清楚,其当否易于判断,反之依诚实信用原则处理则其价值判断过程暧昧不明,其当否不易判断。㉕

其三,禁止"向一般条款逃避",可以防止解释者的恣意及诚实信用原则的滥用。㉖

(四)关于禁止"法律的软化"

对于某一案型,虽无法律规定,但能依类推适用等补充方法予以补充时,即使其所得结果与适用诚实信用原则所获得结论相反,亦应依类推适用等方法补充法律漏洞,而不得适用诚实信用原则。这种情形,不依类推适用等方法补充法律漏洞,而直接适用诚实信用原则,法解释学上称为"法律的软化"。

法解释学上禁止"法律的软化"同样是为了维护法律的权威,及防止解释者的恣意及诚实信用原则的滥用。㉗

(五)诚实信用原则与判例

适用诚实信用原则与适用判例的关系,分为两种情形。

其一,如适用诚实信用原则与适用判例得出同一结论,则应适用判例,而不适用诚实信用原则。其所以如此,有两点理由:首先,判例为诚实信用原则的定型化,某一案件可依判例处理,如果允许不依判例而直接适用诚实信用原则,将损害判例的权威。其次,依判例处

㉕　参见[日]石田穣:《法解释学的方法》,青林书院新社1980年版,第130、133、136页。
㉖　参见[日]石田穣:《法解释学的方法》,青林书院新社1980年版,第130、133、136页。
㉗　参见[日]石田穣:《法解释学的方法》,青林书院新社1980年版,第130、133、136页。

理,其价值判断过程清楚,其当否易于判断,而依诚实信用原则处理,则相反。

其二,如适用诚实信用原则与适用判例,得出相反的结论,则应适用诚实信用原则,而不适用判例。此种情形,应依法定程序变更原有的判例。[28]

---

[28] 参见〔日〕石田穰:《法解释学的方法》,青林书院新社1980年版,第135页;杨仁寿:《法学方法论》,三民书局1987年版,第174页。

市场经济与公序良俗原则[*]

一、引言

公共秩序和善良风俗，合称公序良俗，是现代民法一项重要法律概念和法律原则，在现代市场经济社会中，有维护国家利益、社会一般利益及一般道德观念的重要功能，被称为现代民法至高无上的基本原则。① 我国现行法未使用公序良俗概念，是受苏联民法立法和理论影响的结果。② 《民法通则》第 7 条规定，"民事活动应当尊重社会公德，不得损害社会公共利益"。第 58 条规定，"违反法律或者社会公共利益的"民事行为无效。按照民法学者的解释，此所谓"社会公共利益"，其地位和作用相当于各主要国家和地区民法中的"公共秩序和善良风俗"。③

现今中国正处在由计划经济体制向社会主义市场经济体制转变的过程中。改革开放和发展社会主义市场经济的实践，已经取得了举世瞩目的经济成就，同时也发生了许多损害国家利益、社会一般利益和违反社会一般道德准则的丑恶现象。因此，研究市场经济条件下公序良俗原则的地位和作用，借鉴和吸收市场经济发达国家和地区关于公序良俗的立法经验及判例学说，对于完善市场经济法制和建立健康有序的市场经济法律秩序，无疑有重大意义。

---

* 本文原载《中国社会科学院研究生院学报》1993 年第 6 期。
① 参见郑玉波:《民法总则》，三民书局 1979 年版，第 338 页。
② 参见周林彬主编:《比较合同法》，兰州大学出版社 1989 年版，第 418 页。
③ 参见王家福主编:《中国民法学·民法债权》，法律出版社 1991 年版，第 356 页。

二、各主要国家和地区法制上的公序良俗

1. 法国法

《法国民法典》第 6 条规定：个人不得以特别约定违反有关公共秩序和善良风俗的法律。第 1133 条规定：如原因为法律所禁止，或原因违反善良风俗或公共秩序时，此种原因为不法的原因。按照第 1131 条的规定，基于不法原因的债，不发生任何效力。此外，第 1128 条亦属于有关公序良俗的规定。

第 1128 条规定：得为契约标的之物以许可交易者为限。属于关于标的不能的规定。但由于法国民法中没有直接规范标的不法的规定，因此判例学说均从第 1128 条寻求认定标的不法之契约无效的根据。需注意，该条所谓得为契约标的之"物"，不限于有体物，债务人的"行为"亦包括在内。因此，不仅约定买卖法律禁止流通物如毒品的契约，可依第 1128 条认定为无效，约定从事违法行为的合意，亦依同一条文判定为标的不法而否定其效力。

标的不法与原因不法是严格区分的。例如，转让妓馆经营权的契约，属于标的不法，应依第 1128 条判定其无效。为了开设妓馆而购买房屋或承租房屋，此种契约不构成标的不法。但依法国现时的判例学说，当事人开设妓馆的意图成为决定契约缔结的动机，构成原因不法，该房屋买卖或租赁契约应依第 1131 条、第 1133 条认定为无效。

关于判断是否构成公序良俗违反，历史上比较重视契约之标的，而现今比较重视原因。今日的判例，以原因不法及合意违反有关公序良俗的法律作为理由，认定违反公序良俗的情形较多，而作为标的的不法性问题处理较少。④

2. 德国法

《德国民法典》只有善良风俗概念，而无公共秩序概念。这是德国

---

④ 参见〔日〕后藤卷则：《法国法上的公序良俗论及其对我国的启示》，载《法律时报》第 65 卷第 2 号。

法与法国法、日本法不同点之一,另一不同点是,将暴利行为作为违反善良风俗之一特例加以规定。

《德国民法典》第 138 条规定:(1)违反善良风俗的行为,无效。(2)特别是,法律行为系乘他人的强制状态、无经验、判断力欠缺或显著意志薄弱,使其对自己或第三人的给付作财产上利益的约定或提供,而此种财产上利益比之于该给付显失均衡者,该法律行为无效。⑤ 此外,《德国民法典》第 826 条规定:以违反善良风俗的方法对他人故意施加损害的人,对受害人负损害赔偿的义务。将善良风俗违反行为作为侵权行为之一种。

需加说明的是,《德国民法典》第一草案第 106 条曾经同时规定了公共秩序和善良风俗两个概念。起草理由书关于并用两概念的理由指出,善良风俗属于"道德的利益",而公共秩序属于"国家的一般利益",两个概念并不完全重合。例如营业自由的原则,只能说是公共秩序,而不能说是善良风俗。由于受到多数论者的批评,在第二草案中删去了公共秩序概念。主要理由是:其一,公共秩序概念界限不明,属于不确定概念;其二,所谓违反公共秩序的一切情形,包括侵害营业自由原则在内,均可用"违反法秩序"及"违反善良风俗"予以说明。

令人难以理解的是,公共秩序概念与善良风俗概念均属于不确定概念,何以独以概念的不确定性为由排斥公共秩序概念?首先,公共秩序乃是法国法上固有的概念,《德国民法典》第一草案采自《法国民法典》。此前的德国普通法学完全不知有此概念。删除公共秩序概念的原因,主要是德国当时将公共秩序作为法律概念的时机尚不成熟。其次,善良风俗概念本来的含义,虽以道德为其核心,像营业自由及人权等原则亦可涵括,是一个相当概括的概念。

《德国民法典》施行后,1901 年莱比锡最高法院判决,关于是否违反善良风俗,由法官按照"考虑正当且公平的一切人的道义感"进行判

---

⑤ 《德国民法典》第 138 条第 2 款原文为"乘他人穷迫、轻率或无经验",1976 年修改为"乘他人的强制状态、无经验、判断力欠缺或显著意志薄弱"。参见〔日〕林幸司:《德国法上的良俗论与日本法的公序良俗》,载《法律时报》第 64 卷第 13 号。

断。由于这一判断基准的确立,使善良风俗概念具备了适应社会变化的极大弹性,成为依法官裁量无论什么内容均可装进去的"黑洞"。善良风俗概念的"黑洞化",有时为法官恣意破坏法秩序开了方便之门。1936 年 3 月 13 日莱比锡最高法院判决,将"健全的国民感情"的世界观视同善良风俗,即是明证。于是,出现了将善良风俗的范围限定于性道德及家族道德问题,另外规定公共秩序概念的主张。⑥

3. 日本法

日本民法虽说是继受德国法,却未像《德国民法典》那样排斥公共秩序概念,而是并用公共秩序与善良风俗两概念。《日本民法典》第 90 条规定:以违反公共秩序或善良风俗的事项为标的的法律行为无效。另外,日本民法未特别规定暴利行为,学说和判例将暴利行为作为违反公序良俗行为之一种。

日本民法学曾经深受德国法解释学的影响,其表现是:重视理论体系的确立,概念、论理的细致精密,忽视判例的作用。⑦ 1921 年以后,日本民法学试图摆脱概念法学的影响。以末弘严太郎为首创立了民法判例研究会,并对日本民法追随德国解释法学的一边倒状况进行痛烈的批判,认为离开判例研究根本不可能了解现行法。由于受末弘先生的影响,学者我妻荣尝试判例综合研究方法,对违反公序良俗的行为进行类型化,将判例所处理的违反公序良俗行为分为以下七种类型:(1)违反人伦的行为;(2)违反正义观念的行为;(3)乘他人穷迫、无经验获取不当利益的行为;(4)极度限制个人自由的行为;(5)限制营业自由的行为;(6)处分生存基础财产的行为;(7)显著的射幸行为。⑧ 此即著名的"我妻类型",在相当长的时期内,"我妻类型"成为法官裁判案件的基准,起到了确保具体妥当性、法律安定性及预测可能性的重要功能。但"我妻类型"也是时代的产物,难以超越时代的局限。作为其基础的

---

⑥ 参见〔日〕林幸司:《德国法上的良俗论与日本法的公序良俗》,载《法律时报》第 64 卷第 13 号。

⑦ 参见〔日〕椿久美子:《关于公序良俗的我妻类型》,载《法律时报》第 64 卷第 12 号。

⑧ 最初发表的论文中为八类型,后经修正定为七类型。

判例,基本上是战前的判例。由于战后日本社会经济政治生活发生了巨大变化,"我妻类型"已与战后新判例实践不相符合,其价值因而大为减杀。⑨

4. 中国法

我国清朝末年实行法制改革,聘请日本学者起草民法典草案,称为第一次草案。其中仅规定"公共秩序"概念,而未提及善良风俗。中华民国成立后以第一次草案为基础,制定第二次草案,用"风化"二字取代公共秩序概念。国民党政府于1929—1930年正式颁布的《中华民国民法》第72条规定:法律行为,有悖于公共秩序或善良风俗者,无效。此将"公共秩序"与"善良风俗"并用,显系参考法、日立法例。⑩ 该民法典于1949年在大陆被废止。

史尚宽先生指出,何种事项属违反公共秩序及善良风俗,难以一一列举。盖以社会之一般秩序、一般道德为抽象的观念,其具体的内容,随时代而变迁,应按照时代需求而个别具体决定。史尚宽先生依日本判例、我国民国时期判例及台湾地区判例,提出下列判断标准:(1)有反于人伦者。指违反亲子夫妻间之人情道义之法律行为,例如,约定母子不同居之契约。(2)违反正义之观念。指劝诱犯罪或其他不正行为或参加其行为之契约,例如,赃物收买之委托、拍卖或投标时之围标约定。(3)剥夺或极端限制个人自由者。如以人身为抵押标的之契约。(4)侥幸行为。例如,赌博、买空卖空、彩票、马票等,但经政府特许者除外。(5)违反现代社会制度或妨害国家公共团体之政治作用。如当事人均为中国人并在中国境内缔结契约,为规避中国强行或禁止法规,而约定适用外国法律。⑪

我国在1949年后曾经进行过三次民法典起草,各次草案均未使用公序良俗概念。如1957年1月15日的《民法草案(第四次草稿)》(总则篇)第3条规定:民事权利的行使和民事义务的履行,不能违反法律

---

⑨ 参见〔日〕榕久美子:《关于公序良俗的我妻类型》,载《法律时报》第64卷第12号。
⑩ 参见郑玉波:《民法总则》,三民书局1979年版,第335页。
⑪ 参见史尚宽:《民法总论》,第301—304页。

和公共利益。1981年的《民法草案(第三稿)》第124条规定：合同的内容,不得违反法律、法令和国家计划的要求,不得与社会公共利益或者社会主义道德准则相抵触。《民法通则》的颁布和施行,使"社会公共利益"成为一个正式的民法概念。《民法通则》第7条规定,民事活动应当尊重社会公德,不得损害社会公共利益,破坏国家经济计划,扰乱社会经济秩序。第55条规定,民事法律行为应当具备的条件之一是：不违反法律或者社会公共利益。第58条规定,违反法律或者社会公共利益的民事行为无效。此外,《民法通则》关于对企业法人追究法律责任的第49条,及关于适用外国法律和国际惯例的第150条均涉及社会公共利益概念。

认为《民法通则》中的"社会公共利益"相当于法国、德国、日本及我国台湾地区法中的公序良俗概念,乃是大陆民法学者之通说。[12] 关于"社会公共利益"这一概念的含义,有学者认为既包括社会主义物质文明建设方面的利益,也包括社会主义精神文明建设方面的利益;既包括巩固人民民主专政和进行社会主义现代化建设所必需的法律秩序,也包括社会主义的社会公德;既包括国家的、集体的利益,也包括公民个人的合法利益。[13] 笔者亦曾指出,所谓社会公共利益,是一个极抽象的范畴,凡我国社会生活的基础、条件、环境、秩序、目标、道德准则及良好风俗习惯皆应包括在内。[14] 这些解释均失之空泛,难以作为法官判断的基准。

另需说明的是,《民法通则》有关的规定还有第58条关于"乘人之危"的规定,以及第59条关于"显失公平"的规定,此系借鉴《南斯拉夫债务关系法》的经验,将传统民法上的暴利行为规则分为两条。其利弊得失本文后面将会涉及。

---

[12] 参见王家福主编：《中国民法学·民法债权》,法律出版社1991年版,第356页;佟柔主编：《中国民法学·民法总则》,中国人民公安大学出版社1990年版,第21页;梁慧星：《民法》,四川人民出版社1988年版,第129页。

[13] 参见最高人民法院《民法通则》培训班编辑组：《民法通则讲座》,北京市文化局出版处1986年版,第136—137页。

[14] 参见梁慧星：《民法》,四川人民出版社1988年版,第129页。

三、公序良俗规定的含义、性质和作用

1. 什么是公序

什么是公共秩序，迄今并无统一的界说。史尚宽先生说，公共秩序谓为国家社会之存在及其发展所必要的一般秩序。不独宪法所定之国家根本组织，而且个人之言论、出版、信仰、营业自由，乃至私有财产、继承制度，皆属于公共秩序。⑮ 黄茂荣先生认为，所谓公共秩序当指由现行法之具体规定及其基础原则、制度所构成之"规范秩序"，它强调某种起码秩序之规范性。⑯ 按照法国当前有代表性的体系书的叙述，公共秩序分为政治的公序与经济的公序。其中政治的公序为传统的公序，经济的公序为现代的公序。政治的公序包括：(1)关于国家的公序，即国家的基本秩序。宪法、刑法、税法及关于裁判管辖的法律，与之相当。(2)关于家族的公序，指家族关系中非关于财产的部分。(3)道德的公序(实际上指善良风俗)。⑰ 经济的公序，为对传统公序概念加以扩张的结果，分为指导的公序和保护的公序。日本学者亦谈到公序包括宪法秩序、刑法秩序、家族法秩序等。⑱ 这就在实际上将公共秩序等同于法秩序。

将公共秩序等同于法秩序，即应推出如下结论：只在有相应的法规时，才能作出违反公共秩序的判断。法国的判例学说曾经长期坚持这一立场。1929年法国最高上诉法院对于法律未有禁止规定的行为作出违反公共秩序的判决之后，判例学说所采取的立场是：对于公序的法律不存在的场合，亦可发生公序违反问题。⑲ 由此可见，公共秩序未必是法律所规定的秩序，公共秩序概念比法秩序概念的外延更宽。除现

---

⑮ 参见史尚宽：《民法总论》，第300页。
⑯ 参见黄茂荣：《民法总则》，第539页。
⑰ 参见〔日〕难波让治：《法国判例中的公序良俗》，载《法律时报》第65卷第3号。
⑱ 参见〔日〕林幸司：《德国法上的良俗论与日本法的公序良俗》，载《法律时报》第64卷第13号。
⑲ 参见〔日〕后藤卷则：《法国法上的公序良俗论及其对我国的启示》，载《法律时报》第65卷第2号。

行法秩序外,还应包括作为现行法秩序的基础的根本原则和根本理念等内容。

2. 什么是良俗

什么是善良风俗？史尚宽先生认为,善良风俗谓为社会国家之存在及其发展所必要之一般道德。[20] 黄茂荣先生认为,善良风俗指某一特定社会所尊重之起码的伦理要求,它强调法律或社会秩序之起码的"伦理性",从而应将这种伦理要求补充地予以规范化,禁止逾越。[21] 可见,善良风俗应是以道德为其核心的概念,与我国《民法通则》第7条所谓"社会公德"相当,应解为某一特定社会应有的道德准则。

有必要涉及善良风俗与诚实信用原则的关系。依学者之通说,诚实信用亦属于社会应有的道德准则。[22] 因此,仅指明善良风俗为社会国家之存在和发展所必要之一般道德,或者某一特定社会所尊重之起码的伦理要求,尚不确切。笔者赞成将善良风俗概念限定在性道德及家庭道德的范围内[23],这样与作为市场交易的道德准则的诚实信用原则[24],便不致发生混淆。

3. 公序与良俗的关系

德国法因排斥公共秩序概念,而将本属于公共秩序的内容,例如营业自由原则,纳入善良风俗概念。法国法、日本法及我国台湾地区相关规定,将公共秩序与善良风俗并列,因而发生二者的关系问题。前面提到法国有代表性的体系书,关于公序的分类,将善良风俗纳入公共秩序概念,属于政治公序中的"道德公序",或称为"政治的道德的公序",或用"社会的公序"包含政治的公序与善良风俗。[25] 日本法上占支配地位的学说,对公共秩序与善良风俗不做区分,而以"社会的妥当性"一语

---

[20] 参见史尚宽:《民法总论》,第300页。
[21] 参见黄茂荣:《民法总则》,第539页。
[22] 参见史尚宽:《债法总论》,1978年自版,第319页。
[23] 德国学者 K. Simitis 的见解,参见〔日〕林幸司:《德国法上的良俗论与日本法的公序良俗》,载《法律时报》第64卷第13号。
[24] 参见王家福主编:《中国民法学·民法债权》,法律出版社1991年版,第389页。
[25] 参见〔日〕难波让治:《法国判例中的公序良俗》,载《法律时报》第65卷第3号。

替代之。判例亦不探究公序良俗本来的意味，而将二概念合为一体，作为一个其本身并无内容的概念使用。[26] 史尚宽先生指出，公共秩序与善良风俗大部分同其范围，而且有时明为区别亦甚困难。唯一者自外部的社会秩序方面言之，一者自内部的道德观念言之，同系以社会国家健全的发展为目标，而使障害此发展之一切法律行为悉为无效。然善良风俗与公共秩序亦非完全一致，有不违背善良风俗而违反公共秩序者，亦有不违反公共秩序而违背善良风俗者。[27]

在判例实务中，法庭往往并不区分案件事实是属于违反公序还是违反良俗，只是宣告该案件事实"违反公序良俗"。这样一来，公序良俗成为使法庭所作价值判断正当化的工具。[28] 这就关系到应当如何认识公序良俗规定的性质和作用的问题。

4. 公序良俗规定的性质和作用

关于公序良俗的规定性质上为一般条款。[29] 鉴于立法者不可能就损害国家一般利益和违反社会一般道德准则的行为作出具体的禁止规定，因而通过规定公序良俗这样的一般条款，授权法官针对具体案件进行价值补充，以求获得判决的社会妥当性。因此，公序良俗规定相对于法律强行性规定和禁止性规定而言，具有补充规定的性质。其作用在于弥补强行性规定和禁止性规定之不足，以禁止现行法上未作禁止规定的事项。[30]

按照私法自治原则，市场经济活动及其他民事活动，应由立于平等地位的当事人自由协商决定他们之间的权利义务关系，非基于正当的重大事由，国家不应加以干涉。公共秩序和善良风俗，属于国家一般利益及社会一般道德准则，毫无疑问为正当的重大事由。以公序良俗限

---

[26] 参见〔日〕林幸司：《德国法上的良俗论与日本法的公序良俗》，载《法律时报》第64卷第13号。

[27] 参见史尚宽：《民法总论》，第301页。

[28] 参见〔日〕林幸司：《德国法上的良俗论与日本法的公序良俗》，载《法律时报》第64卷第13号。

[29] 参见黄茂荣：《民法总则》，第537页。

[30] 参见黄茂荣：《民法总则》，第537页。

制私法自治原则的范围,乃是自罗马法以来所认之法则。但在《法国民法典》制定时代,不过是对契约自由原则作例外的限制,其适用范围较窄,而在今日,公序良俗已成为支配私法全领域的基本原则。不独契约自由,如权利的行使、义务的履行、自力救济的界限、法律行为之解释等均属于公序良俗原则的支配范围。㉛ 学者进一步指出,公序良俗原则的作用在于限制私法自治原则,当然具有足以与私法自治原则相匹敌的强行法性格。㉜

四、公序良俗原则的发展

1. 从政治的公序到经济的公序

自《法国民法典》规定公序良俗以来,在长达一个世纪的时期里,以保卫社会主要组织即国家和家庭为其目的,因而称为政治的公序。例如,依公序良俗违反认定买卖投票用纸的契约无效,认定禁止结婚、再婚的合意无效。同时为了维持这些组织正常的机能,则要求其成员遵守一定的道德,因此依公序良俗违反认定企图获取不道德利益的合意无效。如赌博契约、为开设妓馆而购买或租赁房屋的契约,以及违反性道德的合意、姘居夫妇间的赠与契约。政治的公序与财产和劳务的交换即市场经济活动无直接关系。因为财产和劳务的交换,应由当事人依契约自由原则去决定,公序良俗原则旨在防止无限制的契约自由损害国家和家庭秩序。㉝

自第二次世界大战以来,由于市场经济的发展及国家经济政策的变化,导致公序良俗概念的扩张,即在传统的政治公序之外,认可经济的公序。所谓经济的公序,指为了调整当事人间的契约关系,而对经济自由予以限制的公序。政治的公序与财产和劳务的交换无直接关系,

---

㉛ 参见史尚宽:《民法总论》,第 300 页。

㉜ 参见〔日〕林幸司:《德国法上的良俗论与日本法的公序良俗》,载《法律时报》第 64 卷第 13 号。

㉝ 参见〔日〕后藤卷则:《法国法上的公序良俗论及其对我国的启示》,载《法律时报》第 65 卷第 2 号。

而经济的公序恰好相反,其目的在于使国家介入个人间的契约关系。

经济的公序又分为指导的公序和保护的公序两类。指导的公序是统制经济所产生的概念,以贯彻一定的国家经济政策为目的,从个人间的契约关系中强行排除违反国家经济政策的东西。例如,实行价格管制时期,认定违反国家定价的契约无效。此外,关于货币的公序亦属于指导的公序。在各主要国家和地区改变凯恩斯主义经济政策,废止价格管制法规之后,指导的公序已经不再拥有过去的重要地位。于是保护的公序逐渐占据了重要位置。所谓保护的公序,指保护劳动者、消费者、承租人和接受高利贷的债务人等现代市场经济中的弱者的公序。指导的公序,是关于全体人民利益的公序,而保护的公序,则是对市场经济中的弱者个人利益予以特殊保护的公序。[34] 从判例学说来看,保护的公序是近时最为活跃的领域。

2. 以公序良俗作为保护消费者的法律手段

以日本为例,自 20 世纪 70 年代中期以来的判例实务中,关于各种"恶德"交易方法受害,而给予受害消费者以损害赔偿救济的判例增多。所谓"恶德"交易方法受害,如"连锁贩卖交易"(multilevel marketing plan)、"无限连锁推销方式"及私设期货交易,交易方法本身具有欺瞒性,加上显著不公正的劝诱方法,使消费者丧失自由意思决定,遭受重大损害。法院在这类判例中,运用公序良俗原则作为保障消费者自由意思决定的手段,以交易方法、结构本身的不当性、劝诱方法的不当性为由,认定构成违反公序良俗,使消费者获得损害赔偿。在现代市场经济条件下,公序良俗原则成为保护消费者的一种法律手段。[35]

3. 以公序良俗作为保护劳动者的法律手段

第二次世界大战后判例实务中另一突出特点是,法院运用公序良俗原则,以保护劳动者的利益为目的,强行干预劳动关系。这方面的判

---

[34] 参见〔日〕后藤卷则:《法国法上的公序良俗论及其对我国的启示》,载《法律时报》第 65 卷第 2 号;〔日〕难波让治:《法国判例中的公序良俗》,载《法律时报》第 65 卷第 3 号。

[35] 参见〔日〕今西康人:《消费者交易与公序良俗违反》,载《法律时报》第 4 卷第 12 号;〔日〕中舍宽树:《战后判例中的公序良俗》,载《法律时报》第 64 卷第 11 号。

例大致可分为两类：一是公司利用自己的经济优势，在与雇员签订的劳动协议、劳动契约中，给予雇员以不当的利益。例如，规定以雇员对公司无不利行为作为支付退职金的条件、关于奖金支付的不利于雇员的规定、对出勤率低的雇员不予加薪的规定，等等。二是公司在劳动契约中规定的男女差别条款。如女子提前退休条款、解雇有子女二人以上女雇员的人员整顿标准、男女劳动报酬差别的规定。尤其是自 1975 年以来，日本法院频繁地作出违反公序良俗条款无效的判决，以达到保护劳动者的目的。表明法院为了改善劳动者待遇，维持劳动关系的公正，利用公序良俗原则作为强行介入劳资关系的法律手段。㊱

4. 从绝对无效到相对无效

公序良俗违反的效果为该法律行为绝对无效，这已经成为判例学说从来一致的立场。所谓绝对无效，系指从该法律行为成立之时日起，当然、确定、全部无效，无论何人（当事人或第三人）均可主张其无效。㊲绝对无效对于违反政治的公序及经济的公序中的指导公序，不发生问题，唯独对于经济的公序中的保护公序，则有可能不利于受保护一方的利益。因此，在违反保护的公序的场合，法院改采相对无效，即仅使受保护一方当事人享有主张无效的权利；在无效的范围上，亦可仅认定违反公序良俗的条款无效，而使其余条款继续有效；并允许有权主张无效的一方溯及地予以追认。㊳在公序良俗违反的效果上承认相对无效，这就使法院获得了更大的机动性，可以更好地协调当事人之间的利害关系，达到保护经济上的弱者的目的。

5. 调整当事人利害关系的机能增大

按照传统的理解，公序良俗原则的机能在于确保社会正义和伦理

㊱ 参见〔日〕中舍宽树：《战后判例中的公序良俗》，载《法律时报》第 64 卷第 11 号。
㊲ 参见〔日〕难波让治：《法国判例中的公序良俗》，载《法律时报》第 65 卷第 3 号。
㊳ 参见〔日〕中舍宽树：《战后判例中的公序良俗》，载《法律时报》第 64 卷第 11 号；〔日〕鹿野菜穗子：《德国判例中的良俗违反》，载《法律时报》第 65 卷第 1 号；〔日〕后藤卷则：《法国法上的公序良俗论及其对我国的启示》，载《法律时报》第 65 卷第 2 号；〔日〕难波让治：《法国判例中的公序良俗》，载《法律时报》第 65 卷第 3 号。

秩序,其所适用的事例主要是反人伦的行为,其效果为绝对否定违反行为的效力。战后以来,依公序良俗原则处理的反伦理事例显著减少,而有关市场交易的事例占压倒性多数。与此相应,公序良俗原则的机能多样化,尤其是调整当事人间利害关系的机能增大。

由于公序良俗原则所处理主要事例,不再是反人伦的事例,而是与市场交易活动有关的事例,这就导致公序良俗原则所欲达成的目的发生变化。由确保人伦为中心的社会正义和伦理秩序,变为调整当事人间的利害关系,确保市场交易的公正性。也由于这一目的变化,导致法院在判断是否构成公序良俗违反时,从过去仅考虑该行为是否具有反公序良俗性,变为对于与该行为有关情事进行综合判断。不仅如此,在违反公序良俗的效果上,由原来的绝对、全面无效,变为依具体情形可认定相对无效、一部无效,以及将公序良俗违反作为认定侵权行为之违法性的根据和作为判决给付返还的根据。因此,现代的公序良俗原则,极而言之,已经成为有关市场交易的无论什么样的事例都可适用,无论什么样的效果都可导出的一种"魔法条文"[39],在市场经济条件下,发挥着协调当事人之间的利害冲突,确保健康公正的市场交易秩序多样化的重要机能。

五、公序良俗违反行为的类型

鉴于我国大陆法院迄今依公序良俗(社会公共利益)原则处理的判例有限[40],笔者结合法国、德国、日本及我国台湾地区有关著作中所介绍的判例,将现今可能被判断为违反公序良俗行为归纳如下,以供大陆学说及实务发展上之参考。

1. 危害国家公序行为类型

国家公序,指国家政治、经济、财政、税收、金融、治安等秩序,关系

---

[39] 参见〔日〕中舍宽树:《战后判例中的公序良俗》,载《法律时报》第64卷第11号。
[40] 如张连起、张国莉诉张学珍损害赔偿纠纷案,载《最高人民法院公报》1989年第1期。法院认定:被告在招工登记表中规定"工伤概不负责",违反宪法和劳动法规,严重违反了社会主义公德,属无效民事行为。

国家根本利益,其违法行为无论在过去或当代均为公序良俗违反行为之重要类型。例如,以从事犯罪或帮助犯罪行为作为内容之合意、投票用纸之买卖契约、身份证件(身份证、护照等)之买卖合意、规避课税的合意、意图影响投票而为选举人提供免费饮料的合意,等等。

2. 危害家庭关系行为类型

家庭关系属于政治公序。这一类型在公序良俗违反行为中从来占有重要位置。例如,约定父母与子女别居的协议、约定夫妻别居的协议、约定断绝亲子关系的协议、婚姻关系中的违约金约款,等等。新出现的代替他人怀孕的所谓"代理母"协议,以及代理母中介协会等,亦属此类型。

3. 违反性道德行为类型

性道德为善良风俗之基本内容。依公序良俗原则确认这类违反行为无效,对于维系社会起码的道德秩序,至关重要。例如,妓馆之开设、转让契约;为开设妓馆而购买或承租房屋的契约;对婚外同居人所作之赠与或遗赠,以同居为条件之财产移转等。

4. 射幸行为类型

指以他人之损失而受偶然利益之行为,因有害于一般秩序而应无效。例如,赌博、买空卖空、彩票、巨奖销售等,但经政府特许者除外。

5. 违反人权和人格尊重的行为类型

人权和人格之尊重,为现代民主法治社会之前提条件。我国《宪法》明文规定保障人身自由和人格尊严不受侵犯,因此依公序良俗原则规范违反人权和人格尊重的行为,具有重大意义。例如,过分限制人身自由的劳动契约;以债务人人身为抵押的约款,强制债务人在债主家作奴仆以抵偿债务的约款;等等。北京地区近年出现的企业有权对顾客或雇员进行搜身检查的约款或规定,亦属此类。

6. 限制经济自由的行为类型

经济自由为市场经济之基本条件,其违法行为当然应无效。例如,竞业禁止条款、限制职业自由的条款等。自经济体制改革以来,严重存在的利用垄断地位或行政权力分割市场、封锁市场,限制原材料输出或商品进入的协议或规定,在有关禁止垄断的法律颁布、生效前,应归入这一类型,依公序良俗违反认定为无效。

7. 违反公正竞争行为类型

公正竞争为市场秩序之核心,当然应受公序良俗原则之保护。属于这一类型的行为有:拍卖或招标中的围标行为;以贿赂方法诱使对方的雇员或代理人与自己订立契约;以诱使对方违反其对于第三人的契约义务为目的之契约等。

8. 违反消费者保护的行为类型

在现代市场经济条件下,消费者为经济上的弱者,无法与拥有强大经济力的企业相抗衡,于是各国和地区执行消费者保护政策,由国家承担保护消费者之责任,消费者保护成为公序良俗原则适用的重要领域。违反消费者保护的行为,主要是利用欺诈性的交易方法、不当劝诱方法,及虚假和易使人误信的广告、宣传、表示,致消费者遭受重大损害的行为。自改革开放以来,这类行为几乎达到泛滥的程度,如近年发生的所谓"电子增高器""换肤霜""交友热线电话"等典型事例。

9. 违反劳动者保护的行为类型

同消费者保护一样,劳动者保护也是现代保护的公序的重要领域,已成为各主要国和地区依公序良俗处理的重要类型。例如,劳动关系中以雇员对企业无不利行为作为支付退职金条件的规定、"工伤概不负责"约款、"单身条款"(即女雇员一旦结婚立即辞退)、男女同工不同酬的差别规定等。

10. 暴利行为类型

关于暴利行为,这里稍作讨论。

上文已经提到《德国民法典》将暴利行为作为良俗违反行为的特例规定在第138条第2款。其主要原因是,德国在19世纪60年代废除利息限制法,实行利息自由政策,导致发生金钱消费借贷约定极端高利率构成"信用暴利"的严重社会问题。1880年、1893年制定禁止暴利行为的刑罚法规,因而产生民法上规制暴利行为之必要。《德国民法典》第138条第2款立法之目的,在于强化对暴利行为的规制,但由于条文上规定了"双重要件",即须有给付间显失均衡的客观要件及乘他人穷迫、轻率或无经验的主观要件,尤其实务上对主观要件作严格解释,因此实务中认定为暴利行为的判例格外地少。说明暴利行为规定并未起到预想的作用。1976 年的修正法将主观要件作了扩张,即改为"乘他人的强制状态、无经验、判断力欠缺或显著意志薄弱",亦未达到缓和主观要件的目的。因此,判例实务对于本应适用第 138 条第 2 款,而主观要件不能满足的案件,改为适用第 1 款作为一般违反善良风俗处理,学说上称为"准暴利行为"。㊶ 日本法未特别规定暴利行为,判例学说均认为暴利行为是公序良俗违反行为之一个类型,解释上与德国法相同,要求客观要件和主观要件,但实务上对于主观要件不具备仍然认定为暴利行为的判例却不少。由于未作明文规定,适用上反比德国法更灵活。㊷

德国判例中作为暴利行为处理的,有价值 8 万马克的不动产以 4.5 万马克出卖的契约,利息超过市场利率 2 倍的合意。作为准暴利行为处理的,主要是占有垄断地位和经济优势一方与经济上较弱一方缔结的显失均衡的法律行为。这种情形,给付不均衡特别显著的,推定为有应受非难的意图。依所谓"滚雪球式贩卖法"(Schneeballsystem,即对介绍顾客的人给予奖励的宣传贩卖法)所缔结的买卖契约,亦作为准暴利行为处理。㊸ 日本战后判例中暴利行为所占比例最大。在 1948—1989 年期间涉及暴利行为案件共 228 件(认定 120 件,否定 108 件),主要是违反利息限制法约定高利息及高额违约金的金钱消费借贷契约。判例学说已形成固定见解,仅否定其超过部分的效力,将超过部分充抵原本,尚有剩余可请求返还。其他如违反住宅建筑业法报酬限制的约款;交易约款中对业者有利的条款,如分期付款买卖中的违约

㊶ 参见〔日〕林幸司:《德国法上的良俗论与日本法的公序良俗》,载《法律时报》第 64 卷第 13 号;〔日〕鹿野菜穗子:《德国判例中的良俗违反》,载《法律时报》第 65 卷第 1 号。

㊷ 参见〔日〕林幸司:《德国法上的良俗论与日本法的公序良俗》,载《法律时报》第 64 卷第 13 号。

㊸ 参见〔日〕鹿野菜穗子:《德国判例中的良俗违反》,载《法律时报》第 65 卷第 1 号。

金条款、运送约款中的业者免责及责任限制条款、房屋租赁中的居住者限制及保证金不返还特约等。㊹ 值得注意的是,日本最近的判例学说出现了所谓"新型暴利行为"的主张,认为对于保护消费者及规制交易约款来说,与适用法律关于错误、诈欺、强迫及意思能力欠缺的规定相比较,作为暴利行为处理更为有利,并将依不公正交易方式、不当劝诱手段缔结的契约称为"关系状况滥用型"或"不当劝诱型"新的暴利行为类型。㊺

《民法通则》将传统民法暴利行为一分为二,即第 58 条中的"乘人之危"和第 59 条中的"显失公平"。乘人之危行为,应有利用对方急需、窘迫、危难、轻率或无经验等不利情事之故意,即主观要件;如仅双方给付显失均衡而不具备上述主观要件,则应属于显失公平行为。㊻ 依笔者见解,上述规定应有其合理性,在市场经济条件下可以更好地发挥保护消费者利益和规制交易中的违反公序良俗行为的作用。传统暴利行为依《民法通则》应属于乘人之危行为,而德、日判例学说所谓准暴利行为或新型暴利行为,应属显失公平行为。《民法通则》将显失公平行为规定为可撤销行为,亦与法、德、日判例实务中的相对无效相合。

六、结语

从法解释学上说,虽然大部分法律概念都是不确定的,却至少还有可能的文义可以作为法官解释的依据,而公序良俗这类一般条款竟连可能的文义也没有,它只是为法官指出了一个方向,要他朝着这个方向去进行裁判,至于在这个方向上到底可以走多远,则全凭法官自己去判断。这是由于立法者认识到自己能力有限,无法事先预见一切公序良俗违反行为并作出详细的具体规定,因而采"白地委任型"条款,授权法官于个案中依价值判断予以具体化,以求兼顾法律安定性及个案之社会妥当性。《德国民法典》第 138 条立法理由书指出:本条为立法者

㊹ 参见〔日〕中舍宽树:《战后判例中的公序良俗》,载《法律时报》第 64 卷第 11 号。

㊺ 此为日本大村敦志教授、米仓明教授及长尾治助教授的见解。参见〔日〕今西康人:《消费者交易与公序良俗违反》,载《法律时报》第 64 卷第 12 号。

㊻ 参见梁慧星:《民法》,四川人民出版社 1988 年版,第 137—138 页。

所作之重要一着。赋予法官这样大且史无前例之裁量权,虽非毫无疑虑,且不能完全避免误用的情形发生。但考诸德国法官忠于良心的品德,毫无疑问地可以信赖他们将谨守本条之规范意旨,予以适用。㊼

公序良俗原则由于包含了法官自由裁量因素,具有极大的灵活性,因而能处理现代市场经济中发生的各种新问题,在确保国家一般利益、社会道德秩序,以及协调各种利益冲突、保护弱者、维护社会正义等方面发挥了极重要的机能。这对于正在向市场经济过渡的我国,尤有借鉴意义和参考价值。面对社会经济生活的急剧变革,各种新问题层出不穷,而社会主义市场经济法制有待逐步建立,应当更加重视法律一般条款的规范功能,仰赖忠于法律正义、熟练掌握法律技术的法官,善用《民法通则》有关社会公共利益及乘人之危、显失公平等原则性规定,应能规制各种各样的公序良俗违反行为。

考虑到"社会公共利益"一语虽可解释为与公序良俗概念相当,但终究难谓正规法律概念,且不能涵括一切公序良俗违反行为类型,因此建议立法机关在制定民法典时,以"公共秩序与善良风俗"取而代之。

㊼ 转引自黄茂荣:《民法总则》,第538页。

中国人身权制度[*]

中华人民共和国成立后的一段较长时期内,由于历史传统的影响,人身权问题未受到立法方面应有的重视。例如1964年的《民法草案(试拟稿)》,单纯以经济关系为民法调整对象,整个草案竟无只言片语涉及公民人身权。在实际生活中,公民人身权没有得到法律应有的保护,由于政治运动频繁,侵犯公民人身权的现象严重存在,最后发生了大规模践踏人身权的惨剧。在拨乱反正之后,总结历史经验教训,立法开始注重对公民人身权的法律保护问题。

社会主义社会是人民当家做主的社会,公民的人身权应当比在其他任何社会中受到更切实的保护和更充分的尊重。人身权是公民最基本的人权,是享受和行使其他民事权利和政治权利的前提。没有人身权,不能成为法律上的主体,甚至不能算作真正的人。只有切实保护公民的人身权,才能形成广大人民群众的公民意识,使他们自觉产生公民的高度责任感,焕发出高度的劳动热情和创造精神,积极主动地行使管理国家大事的民主权利和政治权利,积极从事社会主义经济建设。因此,重视对公民人身权的法律保护,也是建设社会主义民主政治和发展社会主义商品经济的要求。

自第二次世界大战以来,世界范围内民主运动、人权运动和女权运动的发展,推动了现代民法人身权制度的发展和完善。表现为各国和地区立法越来越重视人身权问题,法律所规定的人身权范围日渐扩大,

---

[*] 本文原载《中国法学》1989年第5期。

法律对人身权的保护日渐周密。毫无疑问,这一现代民法发展的潮流,是促进中国立法注重人身权问题的一个外因。

1980年的《民法草案(征求意见稿)》首先规定了对人身权的法律保护。1986年颁布的《民法通则》在第五章"民事权利"中专设一节,即第四节"人身权",共有8个条文,另在第六章"民事责任"中专门规定了侵犯人身权的民事责任。尤其引人注目的是,我国《宪法》将人身权作为公民的基本权利加以规定。《宪法》第38条规定"人格尊严不受侵犯",属于人格权的一般性规定,相当于《联邦德国基本法》第1条关于人的尊严不得侵犯及保护人格自由发展的规定。由此可见,我国人身权制度在法律上占有十分重要的地位。

在传统民法上,人身权包括人格权和身份权。所谓人格权,是以权利人自身的人身、人格利益为客体的民事权利,包括生命权、身体权、自由权、姓名权、名誉权、肖像权、荣誉权等。所谓身份权,是存在于一定身份关系上的权利,权利客体为特定身份关系之对方当事人。自罗马法以来,民法仅承认亲属法上的身份关系,因而身份权亦即亲属权,包括夫权、父权、亲权等。需加说明的是,身份权非指身份关系上的一切权利。身份权是对特定人的支配权。凡不以对人的支配为内容的权利,即使存在于身份关系上,也不属于身份权。例如遗产继承权、夫妻间或父母子女间的扶养请求权,虽然是存在于身份关系上的民事权利,但不是身份权,而属于财产权。

自罗马法以来,民法人身权制度的发展呈现出两种相反的趋势,一方面是人格权的日益扩张,另一方面则是身份权的消亡。身份权的实质在于对人的支配,与人类社会发展方向相悖。正如亨利·梅因在《古代法》一书中所指出的,人类社会的发展进程可以归结为:"从身份到契约。"尤其是自第二次世界大战以来,由于经济和政治的原因,加速了这一发展进程。迄至20世纪70年代,各发达国家相继通过对民法的修改,废除了家长权和夫权。亲权虽未废除,但由于废除了父母对子女的拘留权、惩戒权,使亲权法律性质发生了变化,丧失了原有意义上的支配权性质,所体现的是子女的利益而不是亲权人(父母)的利益,最终演变成一种合权利义务为一体的新型权利。

我国《民法通则》关于人身权的规定中,只规定了人格权。但由于立法者未公开表明其否定身份权的立场及其理由,以致一些民法学者仍固守旧说,认为我国民法人身权制度中有所谓身份权。这种主张不仅不符合我国现行法律规定,而且违背我国民法之立法思想。按照我国《宪法》第48条、《民法通则》第105条及《婚姻法》(1980年)第9条等的规定,在家庭生活中贯彻平等原则,不容许任何不平等关系,因而否定了有所谓家长权和夫权的可能性。按照《婚姻法》(1980年)第15条的规定,父母对子女有抚养教育的义务;第17条规定,父母有管教和保护未成年子女的权利和义务。这些规定立足于社会本位之立法思想,着重于父母对社会和对子女的义务。对子女的抚养教育及对未成年子女的管教和保护,本质上为权利义务的结合,并侧重于父母对社会的法律义务,已非通常意义上的民事权利,与传统民法上以父母对子女的人身支配(惩戒权、拘留权、婚姻同意权、职业许可权)为内容的亲权是根本不同的。

少数民法学者误认为我国人身权制度中有所谓身份权,还因为未摆脱苏联民法思想的影响。由于经济体制和经济政策的原因,苏联民法思想否认智力成果具有财产价值,因而不使用知识产权概念,而将著作权、专利权、商标权等归入"人身非财产权"一类。而所谓"人身非财产权"又被混同于传统民法上的人身权,以致我国在1981年的《民法草案(第三稿)》中仍将著作权、发现权、发明权等归入人身权(第16条)。但是,我国自经济体制改革以来,经济思想和经济政策已经突破了智力成果非商品的限制,不仅公开承认智力成果具有财产价值,而且在经济政策上大力促进科技成果的商品化。为反映这一经济政策的重大转变,《民法通则》摆脱苏联民法思想的影响,将著作权、商标权、专利权等专列一章,称为知识产权,而归入财产权一类(著作权中所包含的作者署名权等非财产权利,应属人格权)。一些民法著作沿袭旧理论,将著作权、商标权等称为身份权,当然是错误的。

由上可见,《民法通则》所称人身权,实际上只是人格权,是以与权利人的人身和人格不可分离的非财产上利益为客体的民事权利。其法律特征如下:(1)其客体为与权利人的人身和人格不可分离的非财产利益,因而属于非财产权;(2)权利之内容为权利人对自己人身、人格利益(身体、健康、生命、姓名等)的直接支配,权利之实现无须他人协助,因而属于支配权;(3)其义务主体为不特定的人,凡权利主体以外之一切人均为义务主体,负有不作为(即不为侵害行为)义务,因而得对抗一切人,属于绝对权;(4)权利客体为权利人的人身和人格利益,因此决定人身权有不得转让的性质,属于专属权;(5)人身权以权利人之生存为基础,因权利人之出生而取得,因权利人之死亡而丧失,与权利人之生命相终始,无特别存续期限,属于无期限权利。

一、生命健康权

《民法通则》第98条规定,公民享有生命健康权。该项权利之客体为权利人最根本的人身利益,即生命、身体和健康。因此可细分为生命权、身体权、健康权。身体,即自然人之躯体,包括四肢、五官及毛发、指甲等。假肢、假牙已构成肢体不可分离之一部分者,亦应属于身体,而得自由装卸者不属于身体。身体为人之生命和健康得以存在的物质载体。无身体,也就无所谓生命、健康。无生命之躯体,称为尸体。生命与健康为人最根本利益,是人之所以成为人,并进而成为法律主体之根本。因而生命健康权受到刑法、民法、行政法的严密保护。

侵害生命健康权的违法行为通常有三种:(1)侵害生命权,即致人死亡;(2)侵害身体权,即伤害身体完整;(3)侵害健康权,即损害健康。一般情形下,侵害身体权均同时侵害其健康权,但也有只侵害健康而不损及身体权者,例如,致人患病,以及只侵犯身体权而不损害其健康权者,例如,非法剪人长发。

生命健康权在传统民法中与姓名权、名誉权等统称为人格权。但生命健康权之客体是人最根本的利益,无生命健康权不仅不能成为法律主体,而且不得成为自然人。其重要性非其他人身权如姓名权、名誉权、肖像权等可比拟。因此,法律所给予生命健康权的保护程度远超过其他人身权。刑法对侵犯生命健康权的犯罪行为最高可判处死刑。

二、姓名权

《民法通则》第 99 条规定，公民享有姓名权，有权决定、使用和依照规定改变自己的姓名，禁止他人干涉、盗用、假冒。所谓姓名，应作广义解释，不仅指居民身份证上所登记的正式姓名，还应包括曾用名、笔名、艺名。在我国传统中还有所谓"字""号"，而现时仍有一些知识分子遵循这种传统，在正式姓名之外另取"字""号"。这种"字""号"亦应属于此所谓姓名。至于公民在童年所用的乳名以及成年后相互所起的绰号（诨名），则不应视为姓名。法律规定，公民的姓名权包括有权决定自己的姓名，有权使用或不使用自己的姓名和有权依照规定改变自己的姓名。

公民姓名的决定，对于公民参加社会生活，尤其是从事法律行为关系很大。因此，应当认为唯具有完全民事行为能力的公民才能决定自己的姓名。无民事行为能力的公民的姓名，应由其监护人决定，限制民事行为能力的公民决定自己的姓名应征得监护人同意。公民变更姓名须按照有关规定申请户籍管理机关批准并在户籍簿和身份证上做变更登记。这当然只限于正式姓名的变更。公民使用姓名的权利，也有一定限制，凡具有法律意义的证件、契据、文书及向司法机关作证等场合，要求公民必须使用正式姓名。

侵害姓名权的行为主要有：(1)干涉他人使用姓名，即强迫他人使用或不使用姓名，或者强迫他人使用或不使用某个姓名，强迫其更改姓名等。(2)盗用他人姓名，即不经本人同意而使用其姓名。(3)假冒他人姓名，即通常所说的"冒名顶替"。盗用他人姓名与假冒他人姓名，在未经本人同意这一点上是相同的，但区别在于后者不仅未经本人同意而使用其姓名，而且将此姓名充作自己的姓名，前者并无充作自己姓名的意思。在上述三种违法行为中，干涉他人姓名的行为，只以违背本人意志为构成要件，而不论是否有不正当目的。但盗用他人姓名和假冒他人姓名，均应以有不正当目的为构成要件。所谓不正当目的，包括牟利、营私、加损害于他人及规避法律等。我国幅员辽阔,人口众多,同名同姓在所难免,使用与别人相同的姓名而无不正当目的者,不构成盗用和假冒。

三、肖像权

《民法通则》第 100 条规定,公民享有肖像权,未经本人同意,不得以营利为目的使用公民的肖像。此所谓肖像,包括摄影照片、画像、塑像、剪影等。法律对公民肖像权的保护,着重于禁止未经本人同意而使用其肖像。构成侵犯公民肖像权的行为,应具备两项要件:(1)未经本人同意;(2)以营利为目的。经本人同意的使用,不构成侵犯肖像权;虽未经本人同意但非以营利为目的的使用,也不构成侵犯肖像权。例如,新闻电影、新闻照片、张贴寻人启事及为了公共利益使用他人照片,均不构成侵犯肖像权。艺术作品包括绘画、摄影、雕塑等的公开展览或在报刊发表,也不构成侵犯作为模特的公民的肖像权。常见的侵犯肖像权的违法行为,主要是未经本人同意使用他人肖像作商业广告、商品装潢、书刊封面及印制挂历等。

四、名誉权

《民法通则》第 101 条规定,公民、法人享有名誉权,公民的人格尊严受法律保护,禁止用侮辱、诽谤等方式损害公民、法人的名誉。

公民的名誉,指有关公民道德品质和生活作风的社会评价。道德品质和生活作风以外的问题,例如,公民的家庭出身、政治立场、宗教信仰、文化程度、工作能力、技术水平等、均不属于公民名誉权的范围。损害公民名誉权的行为,通常是通过散布有关公民道德品质和生活作风方面的不真实情况,损及社会对该公民道德品质和生活作风的评价。构成损害公民名誉权的违法行为须具备三个要件:(1)散布了有关该公民道德品质和生活作风方面的情况。散布与该公民道德品质和生活作风无关的情况,例如,说某公民信仰宗教或者说他出身于什么阶级,均不构成对该公民名誉权的侵犯。(2)所散布的情况是不真实的。所散布有关某公民道德品质和生活作风方面的情况如果是真实的,即使有损于该公民的名誉,也不构成侵犯名誉权的违法行为。(3)所散布的不真实情况有损于该公民的名誉。如果所散布的情况并不损害该公民的名誉,即使是不真实的,也不构成侵害名誉权。至于是否有损于该公民的名誉,不是以该公民自己的判断为标准,而是以一般人的通常判断为标准。只需依一般人的通常判断,该不真实情况有损于公民的名誉,不必考虑该公民名誉是否已实际上受到了损害。侵害公民名誉权的行为,可以是出于故意或过失,其中故意散布捏造的不真实情况损害他人名誉权,可能构成刑法上的诽谤罪。

五、人格尊严

《民法通则》第101条还规定了对公民人格尊严的保护,其根据是《宪法》第38条关于公民的人格尊严不受侵犯的规定。人格尊严与名誉不同,但也有某种联系,例如,无根据地怀疑某公民是小偷并搜查其身体,同时构成侵害该公民的名誉权和人格尊严。人格尊严是一个极抽象的概念,指公民作为一个"人"所应有的最起码的社会地位并应受到社会和他人最起码的尊重。换言之,所谓人格尊严,即把人真正当成"人"。因此,无论公民职业、职务、政治立场、宗教信仰、文化程度、财产状况、民族、种族、性别等有何差别,其人格尊严是相同的,绝无高低贵贱之分,且人格尊严具有不可剥夺的性质。因此,公民即使因违反法律而受到制裁,如被判处刑罚,其人格尊严同样应受到尊重,不应受到侮辱。

侵犯公民人格尊严的违法行为,既可表现为语言,如辱骂,也可表现为行动,如非法搜身等。侵犯公民人格尊严,可以与侵犯公民其他人身权同时并存。例如,未经本人同意用公民肖像作治疗性病药物的广告,则同时侵犯公民肖像权和人格尊严。构成侵害人格尊严的违法行为须具备两项要件:(1)确曾实施某种有损人格尊严的行为;(2)在一般人看来该行为已构成对人格尊严的侵害。侵害人格尊严的行为称为侮辱,不以行为人有故意为条件,但故意实施侵害人格尊严的行为,可能构成刑法上的侮辱罪。

六、荣誉权

《民法通则》第 102 条规定,公民、法人享有荣誉权,禁止非法剥夺公民、法人的荣誉称号。国家和社会对作出重大贡献或优异成绩的公民、法人给予褒奖,通常包括物质奖励如发给奖金、奖品,及非物质奖励如授予某种荣誉称号。这种属于非物质奖励的荣誉称号,即成为公民、法人的荣誉权。荣誉权只有因作出重大贡献和优异成绩而被授予荣誉称号的公民和法人才能享有,因而与其他人身权不同。非法剥夺公民、法人荣誉权为违法行为,应承担法律责任。

七、自由

自由为人身权之一种,但习惯上不称自由权而称自由。《民法通则》未明文规定公民自由不受侵犯,是《民法通则》一大缺漏。

自由为公民最重要的人身权,不仅受民法保护,而且受宪法及其他法律的保护。《宪法》第 37 条规定公民的人身自由不受侵犯;第 35 条规定公民有言论、出版、集会、结社、游行、示威的自由;第 36 条规定公民有宗教信仰自由;第 40 条规定公民有通信自由。上述《宪法》规定当然应是我国民法人身权制度的组成部分,只是其中的言论、出版、集会、结社、游行、示威自由,不仅是一种民事权利,同时是一种政治权利,其行使应符合有关管理法规的规定。我国《刑法》(1979 年)对于保护公民自由也有规定。例如第 143 条规定,严禁非法拘禁他人,或者以其他方法非法剥夺他人人身自由,违者处 3 年以下有期徒刑、拘役或者剥夺政治权利。我国行政法规对于保护公民自由也有规定。按照《治安管理处罚条例》第 22 条的规定,非法限制他人人身自由,尚不够刑事处罚的,处 15 日以下拘留、200 元以下罚款或者警告。

按照我国法律,公民所享有的自由包括以下几项:(1)人身自由。公民的人身自由,非依法律不得限制和剥夺。(2)言论、出版、集会、结社、游行、示威自由。(3)信仰自由。(4)通信自由。此所谓"通信"应作广义解释,包括信函、电话、电报、电传等多种方式,应扩大解释为"通讯"自由。侵犯公民自由的违法行为,表现为对上述各项自由的非法限制或剥夺。

八、个人秘密

个人秘密成为人身权保护的内容,称个人秘密权,或称隐私权。所谓个人秘密或者隐私,指公民个人生活中不愿为他人知悉的秘密,包括个人私生活、个人日记、照相簿、储蓄及财产状况、生活习惯及通信秘密等。自第二次世界大战以来,个人秘密之保护成为各国和地区人身权制度的一个重要内容。资本主义国家法律称之为隐私权,而社会主义国家法律如修订后的《匈牙利民法典》称之为私人秘密权。我国《民法通则》虽未明文规定对个人秘密的保护,但根据《宪法》第38条和《民法通则》第101条关于保护人格尊严的一般条款,应当认为个人秘密属于人格权的范围,当然应受法律保护。自《民法通则》实施后,已有保护个人秘密的案例。1988年1月26日通过的最高人民法院《关于贯彻执行〈中华人民共和国民法通则〉若干问题的意见(试行)》已认定"以书面、口头等形式宣扬他人的隐私"构成侵犯公民人身权。可见个人秘密同其他人身权一样受我国法律的保护。

个人秘密可以分为通信秘密与个人生活秘密,通信秘密常与通信自由并提。《宪法》第40条规定,公民的通信自由和通信秘密受法律保护。法律保护通信自由,在于使公民通信不受非法干预和妨害;而保护通信秘密,在于保护公民信件、电报、电话及谈话之内容。非法检拆信件、窃听电话、毁弃电报信函等,构成侵害通信自由的违法行为;非法公开他人电报、电话、信件、谈话之内容,则构成侵害公民通信秘密的违法行为。

除通信秘密以外的个人秘密,称为个人生活秘密,即个人不愿他人知悉的私人生活、日记、财产状况、生活习惯、往事等秘密。其中凡与社会或公众利益有关的事项,不属于个人生活秘密。法律不禁止出于社会或公众利益的需要而公开他人个人生活秘密。例如,在法庭作证或出于社会利益的要求向公众披露国家公职人员、人大代表及候选人私人生活的某些内容,均不属于违法。个人生活秘密由本人或经本人同意而公开,即不再属于秘密。

法律对个人生活秘密的保护,应着重于禁止未经本人同意而采用出版、电影、电视、广播等方式公开他人生活秘密。仅以口头方式披露他人个人生活秘密,例如,口头向其他公民披露某公民私生活,一般不足以构成侵害个人生活秘密的违法行为。易言之,构成侵害公民个人生活秘密的违法行为,一般应以采用出版、电影、电视、广播等方式为要件。例如,某杂志未经本人同意而发表描写某知名作家私生活的文章,即构成侵害个人生活秘密的违法行为。

与个人秘密有关的是公民或法人营业秘密的保护问题。所谓营业秘密,指从事经济活动的公民及企业法人的投资策略、客户往来、谈判内容等秘密,亦应属于公民、法人的人身权范围,依据法理应受法律保护。

我国民法中的人身权的范围,还包括公民婚姻自主权、休息权、不因信仰或不信仰宗教而受歧视。限于篇幅,略去不论。

民法保护人身权的主要方法,是赋予受害人排除妨害请求权。无论大陆法系民法还是普通法系民法,均以排除妨害请求权为人身权受侵害时的主要救济方法,这是由人身权的非财产权性质决定的。但人身权受侵害时,通常发生两类性质不同的损害后果,即财产损害和非财产损害。非财产损害又称精神损害。对于其中的财产损害,各国和地区法律亦许受害人请求损害赔偿。

关于侵害人身权所造成的非财产损害是否应适用金钱赔偿,各国和地区法律未尽一致。按照《联邦德国民法典》的规定,对于财产损害以外的损害,只限于法律有规定的情形,始得请求金钱赔偿。按照《瑞士债务法》的规定,请求非财产损害的金钱赔偿只以损害严重为条件。《日本民法典》第710条、第711条肯定对非财产损害的金钱赔偿。尤其是自20世纪以来,隐私权概念逐渐为各国和地区所接受,由立法或判例确认为一种人格权。侵害隐私权通常产生非财产损害,即损害被害人的感情及精神上的安宁。若仅适用排除妨害一种救济方法,实不足以制止违法行为及补救受害人。因此,各国和地区实务及立法均承认金钱赔偿为侵害隐私权的主要救济方法。

在社会主义国家的立法中,苏联的立法一直固守否认对非财产损害适用金钱赔偿的立场。其理论上的根据是,精神上的损害包括心情上的悲伤和沉痛及在其他方面所表现出来的损害,不能够用金钱来衡量。按照《苏联民事立法纲要》和《苏俄民法典》的规定,在损害荣誉或尊严的情形,受害人只能要求法院判决加害人予以辟谣,类似于其他国家的排除妨害。捷克斯洛伐克和民主德国的立法完全采取了苏联立法的立场。而匈牙利和南斯拉夫则相反,修订后的《匈牙利民法典》和1978年颁布的《南斯拉夫债务关系法》,均规定了对非财产损害的金钱赔偿。

我国的民法理论和实务在长时期内坚持苏联立法所持的立场,拒绝对非财产损害的金钱赔偿。但《民法通则》摆脱了苏联民法的影响,采纳匈牙利和南斯拉夫立法经验,正式确认了对非财产损害的金钱赔偿,规定在发生侵害人身权的违法行为时,受害人依法可以请求排除妨害,还可以请求损害赔偿。

《民法通则》立足于生命健康权与其他人身权的差异及受侵害所产生损害性质的不同,在第六章第三节分设两个条文,分别规定侵害生命健康权和侵害姓名权等的侵权责任。按照《民法通则》第119条的规定,侵害公民身体造成伤害的,应当赔偿医疗费、因误工减少的收入、残疾者生活补助费等费用;造成死亡的,并应当支付丧葬费、死者生前扶养的人必要的生活费等费用。根据最高人民法院《关于贯彻执行〈中华人民共和国民法通则〉若干问题的意见(试行)》的规定,所谓医疗费,包括医药费和治疗费,一般应以所在地治疗医院的诊断证明和医药费、住院费的单据为凭。计算因误工减少的收入,受害人的误工日期,应当按其实际损害程度、恢复状况并参照治疗医院出具的证明或者法医鉴定等确定;赔偿费用的标准,可按受害人的工资标准或实际收入数额计算。受害人是承包经营户或个体工商户的,可以参照受害人一定期限内的平均收入酌定。侵害他人身体致使其丧失全部或部分劳动能力的,生活补助费一般应补足到不低于当地居民基本生活费的标准。此外,上述侵害造成受害人死亡的,请求权应归受害人的配偶、父母、子女或其他法定继承人,其请求权可以包括对配偶、父母、子女的精神损害赔偿,即抚慰金。

按照《民法通则》第 120 条的规定,公民的姓名权、肖像权、名誉权、荣誉权受到侵害的,有权要求停止侵害,恢复名誉,消除影响,赔礼道歉,并可以要求赔偿损失。对此应说明下述几点:(1)其他人格权,如人格尊严、自由、个人秘密、婚姻自主权等受非法侵害,亦应适用本条。(2)所谓可以要求赔偿损失,应包括对财产损失的赔偿和对非财产损害的赔偿。鉴于这一类人身权受侵害主要发生非财产损害,因此对非财产损害的金钱赔偿尤有重大意义。(3)对非财产损害的金钱赔偿,应以情节严重为条件。凡具有下述情形之一者,应认定为情节严重:①侵害人出于故意;②以营利为目的;③手段恶劣;④损害后果严重,在一般人看来不予金钱赔偿有失公平。

人格权保护已形成中国经验[*]

一、冷静看待人格权

人格权概念是怎样产生的？这是讨论的起点。

王泽鉴教授在《人格权法》一书中提到"人系主体，非属受支配的客体，人人均得要求他人对其应有符合人之所以为人的尊重与对待"，一语道破人格权的本质，就是把人当作人，就是保护人类自身。

古今中外，虽然没有现代民法，也没有人格权概念，事实是法律照样保护人格权。

自近现代以来，各主要国家和地区保护人格权各有各法。英国是用侵权行为法来保护人格权，英国法上至今没有人格权概念，但是完全不影响通过侵权行为法对人格权进行保护。

美国法中同样没有人格权概念，而是通过侵权法上关于隐私权、商品化权等制度来实现对人格权的保护。

现在看大陆法系的德国法中的人格权概念。《德国民法典》制定之前的法学理论，对于应否承认人格权概念存在严重分歧，《德国民法典第一草案》并没有承认人格权的概念。

1894年《德国民法典第二草案》公布，认为当前的法学理论已经在更广泛的意义上承认了人身权，并指出个人的权利范围首先包括财产权，此外还包括所谓的人格权。对这些人格权而言，每个人都必须遵守不得加害他人的禁令。从而这些人格权已如同物权那样受到保护，无

---

[*] 本文原载《法治周末》2018年5月16日，第21版。

须在民法典中列举出来。至此,《德国民法典》承认了人格权。

从《德国民法典》由不承认人格权到承认人格权的历史,可以得出以下认识:其一,承认人格权才能将对侵害生命、健康等行为纳入侵权行为法的适用范围;其二,英美法并没有统一的侵权行为概念,其侵权行为由英国历史上各种令状形成的具体侵权行为组成,因此至今没有人格权概念,在美国法上,则是通过扩张隐私权的概念来加强人格权的保护;其三,所谓的人格权法,无论有无人格权概念,其实质都是保护人自身(人格),亦即人格保护法;其四,人格权的产生与概念法学密切相关,其特殊性也与概念法学密切相关。

由此,我们也可以看出,英美法不使用人格权概念,但是在侵权法上确立人格权保护的法律制度。大陆法系国家和地区之所以承认人格权,就是为了让人格权受到侵权法的保护,所谓人格权法实质上就是人格权保护法。

二、人格权保护法:当今世界的共同经验

当今世界人格权的法律保护包括:宪法保护、刑法保护、民法保护、行政法保护。刑法上,故意侵害他人生命、身体健康,可以构成故意杀人罪、故意伤害罪;毁损他人名誉,可以构成诽谤罪。行政法上,通过治安管理处罚条例等对侵害人格权的行为予以制裁。民法保护人格权主要通过侵权法保护,可以说人格权法的发展也就是(人格)侵权法的发展。各国和地区民法对人格权保护的共同经验可以概括为"类型确认+侵权责任",即通过法律规定或者判例确认人格权的类型,称为特别人格权,将侵害各种人格权的加害行为纳入侵权法的适用范围,对加害人追究侵权责任。

对于所确认的人格权类型之外的人格利益受侵害的案型,则作为侵害一般人格权案型(或者法益侵害案型)追究加害人的侵权责任。

在我国,各种人格权类型即特别人格权,规定在《民法总则》第110条,一般人格权规定在《民法总则》第109条。在《民法总则》规定一般人格权之前,不属于特别人格权的人格利益遭受侵害的,作为侵害"合

法利益"追究加害人的侵权责任。

认识人格权的关键在于理解人格权的特殊性。人格权的第一个特殊性是"防御性",即法律将侵害人格权的加害行为纳入侵权法的适用范围,以便对加害人追究侵权责任。此与其他民事权利不同,人格权在每一个人出生时起就当然享有,不发生所谓权利取得的问题,只要别人不加侵害,人格权主体就自然享受到利益,不发生权利行使的问题。人格权的第二个特性是"先在性"。所谓人格权的先在性,是指人格权的存在先于法律规定,不因法律规定或者不规定、承认或者不承认而受影响。人格权是客观存在的,因主体的存在而存在,因主体的消灭而消灭。

因此,不能错误地认为,一国或地区的法律规定的人格权类型多,这个国家的人民享受的人格权就多,更不能误认为,一国或地区的法律没有规定人格权或者只规定了一两种人格权,这个国家或地区的人民就没有人格权或者享有的人格权少。

我们来看看不同国家和地区的法律对人格权的规定。《法国民法典》规定了两种人格权,即隐私权、身体权。《德国民法典》规定了姓名权,规定了生命、身体、健康、自由,一般人格权被认为属于第 823 条规定的"其他权利"。《瑞士民法典》规定了姓名权,最初还规定了对"人格关系"的保护,后来认为这个概念不准确,将"关系"二字删去,规定了人格的保护(相当于一般人格权)。

《意大利民法典》规定了三种人格权,即身体权、姓名权、肖像权。《荷兰民法典》仅规定了姓名权。《俄罗斯联邦民法典》规定的人格权最多,总共规定了 10 种人格权,姓名权、生命权、健康权、个人尊严权、身体权、名誉权、商誉权、隐私权、迁徙和居住自由权、著作权。《巴西民法典》是 2002 年制定的新民法典,规定了 7 种人格权,即生命权、身体权、姓名权、肖像权、名誉权、荣誉权、隐私权。《日本民法典》规定了 4 种,即身体权、自由权、名誉权、生命权。

美国《路易斯安那民法典》只规定了生命权。《秘鲁民法典》也规定了 10 种人格权。我国台湾地区"民法"规定了 7 种人格权,即姓名权、生命权、身体权、健康权、名誉权、信用权、贞操权。《西班牙民法典》只字未提人格权，那我们能认为西班牙人不享有人格权吗？以上可见，我们不能以人格权规定的多寡来判断一个国家和地区人格权法律制度的进步性；不能认为人格权种类规定得多，一个国家和地区的人格权法律制度就进步，反之规定得少甚至没有规定，一个国家和地区的人格权法律制度就落后。

人格权法律制度的先进性在于侵权法是否先进。我们看王泽鉴先生的《人格权法》一书，书上通篇讲的都是保护人格权的侵权行为法律制度的发展历史。要评价一个国家或地区的人格权保护水平，关键看这个国家或地区（保护人格权的）侵权法是否发达、是否进步，而不是看规定的人格权类型的多少、不是看法律确认了多少种人格权。

我们梳理一下侵权法在加强人格权保护方面的发展趋势。

严格责任（无过错责任）原则的采用。我国《侵权责任法》总共92个条文，很多规定都是严格责任。例如，产品责任、交通事故、房屋倒塌、环境污染责任、高度危险责任等都是采用严格责任（无过错责任）原则。医疗损害责任虽然实行过错责任原则，但法庭判断过错采用客观化方法，都是当今人格权保护的先进制度。

精神损害赔偿的认可。以前的民法理论认为，人格是不能用经济价值衡量的，生命身体是无价的，所以早期侵权法不认可精神损害赔偿。现在绝大多数国家和地区都认可精神损害赔偿，我国自《民法通则》起即明文规定了精神损害赔偿。

除去侵害、停止侵害救济手段的采用。德国采取准用物权请求权的保护方法。我国台湾地区"民法"（1999年新增）作了明文规定；大陆自《民法通则》起，《侵权责任法》和《民法总则》都是直接规定为民事责任形式。

侵害姓名权、肖像权的财产损失赔偿的认可。美国是发明"商品化权"；德国是通过理论的发展承认某些人格权可以具有财产价值，予以认可；《侵权责任法》第20条明确规定，侵害他人人身权益造成财产损失的，按照被侵权人因此受到的损失赔偿。

死者人格利益受侵害时的保护。我国台湾地区曾发生著名的案例,蒋孝严因蒋介石名誉被诽谤向法院起诉,法院以侵害死者亲属的敬爱追慕之情,认可侵权责任的成立。根据最高人民法院《关于确定民事侵权精神损害赔偿责任若干问题的解释》第3条的规定,以侮辱、诽谤、贬损、丑化或者违反社会公共利益、社会公德的其他方式,侵害死者姓名、肖像、名誉、荣誉等使死者近亲属遭受精神痛苦的,其近亲属有诉权。

经起诉确定金额的侵害人格权所生损害赔偿请求权、他人使用姓名、肖像合同产生的报酬请求权,允许转让、继承。最高人民法院《关于审理人身损害赔偿案件适用法律若干问题的解释》第18条第2款明文规定:"精神损害抚慰金的请求权,不得让与或者继承。但赔偿义务人已经以书面方式承诺给予金钱赔偿,或者赔偿权利人已经向人民法院起诉的除外。"

违约行为侵害人格权时,违约责任与侵权责任的竞合。很多国家和地区不允许违约责任与侵权责任的竞合。我国《合同法》第122条、《民法总则》第186条,明文规定了违约责任和侵权责任的竞合。

此外,除侵权法保护人格权之外,对于某些违约行为损害相对人人格利益的情形,还可以通过违约责任予以保护。实践中出现违约行为导致精神损害的案例,例如,婚礼摄影店丢失婚庆录像、殡仪馆丢失骨灰盒等案型,在我国的司法实践中,法院判决违约方支付精神损害赔偿,不存在任何问题。

通过以上梳理可以看出,我国侵权法对于人格权的保护,不亚于任何发达国家和地区。

三、人格权编立法的死穴:不完全法条和双重适用

民法是行为规范兼裁判规范。人格权具有防御性和先在性,不是行为规范。人格权类型的规定也不是裁判规范,对侵害人格权的加害行为追究法律责任的人格权保护法,才是裁判规范。

法律规定人格权的目的在于对人格权的保护和救济,人格权法不

是行为法，也不是权利法，而只是侵权救济法。民法上唯一需要的，就是人格权的保护规则。

我国现行法律中，有了刑法和侵权责任法等，已经建立了完整的人格权保护体系。如果认为还要进一步加强对人格权的保护，从人格权保护法的角度来立法还存在可能，这就是继续完善侵权责任法、刑法、治安管理处罚法等现行法律，完全不必在民法典中单独设所谓人格权编。退一步说，如果非要单独设人格权编，也只能是人格权（侵权责任）编，这样侵权责任法就被分裂、被肢解了。

可以看我国台湾地区的著名民法学者、一位受人尊敬的民法学家苏永钦教授对人格权编的批评。苏永钦教授长期关注大陆民法典立法，多次来大陆交流，在大陆发表文章、出版书籍，为民法典立法建言。

苏永钦教授对人格权编的评论是："反对单独成编者考量的主要还是这种体系化方式的必要性。人格权可能形成的规范主要都在权利的内涵和类型，除了类似物上请求权的妨害排除请求权（《民法总则》第179条、《侵权责任法》第15条已有规定），不会有什么人格权特有的规则，其结果就是勉强把一堆为数可能不太多的、配合侵权行为责任的'不完全法条'凑起来变成独立的一编。这样的体例不符合蜂窝原则，人格权编有点像没有消化的食物，称之为'特色'固无不可，但显然无法制造实质的养分。"

苏永钦教授还在另一篇文章中批评道："人格权纳入民法典则应无理论的争议，其私权定位与'基础性'都非常清楚。相较于知识产权，虽同属法定，人格权的特征却正在通过社会认同而自然形成，不待公权力的确认或创设，因此在规范的数量上不会很多。但独立成编就会有点牵强，且以其跨越财产与身份关系的'统领性'，我个人觉得最好的摆放位置还是总则，可视其规范数量而决定是否独立为一章。"

上面提到的"不完全法条"是什么呢？就是没有规定构成要件和法律效果的法律条文。不完全法条，没办法单独适用，无法单独作为请求权基础。

人格权编草案这些条文如果还有一点实际意义的话，其意义仅仅在于指引法官适用侵权责任法的有关规定裁判案件。前提条件是,法官不知道应当依据《侵权责任法》的规定裁判侵害人格权的侵权责任案件。但这在实际生活中是不可能存在的。这些不完全法条之所以产生,完全是因为人格权编发明了关于双重适用原则的规定。

王利明教授发表了一篇题为《论人格权编与侵权责任编的区分与衔接》的文章,明确提出了双重适用的模式:"权利法是界定救济法适用范围的前提,侵权责任法作为调整在权利被侵害以后形成的社会关系的法律,其解决的核心问题是,哪些权利或利益应当受到其保护。另一方面,救济法又是权利法实现的保障,且救济法可补充权利法在权利保护规则上的不足,并可以限制法官在立法者的预设范围之外自由创设新的权利类型。"

过去,民法上之所以有"特别法优先适用""后法优先于前法""新法优先于旧法"以及"例外规定优先于原则规定"等法律适用原则,不就是要规避"双重适用"吗?

试想双重适用在司法实践中未必可行。法官们本来就面临着巨大的办案压力,全国很多法院的法官一年要办几百件案件,沿海发达地区案件多更是常态。如此之多的案件,如此巨大的办案压力,过去只需适用《侵权责任法》就可作出判决,现在要求先适用人格权编的规定,然后再适用《侵权责任法》的规定,增加了成倍的工作量,还有犯错的概率。何况现在还提倡所谓错案追究制、法官办案终身负责制,所耗费的司法资源、所增加的司法风险,何止增加若干倍。

四、我国的人格权保护法律体系是先进的、成功的

最后,还是要说道,乌克兰1996年起草了民法典,其中人格权单独设编,2003年民法典获得通过。

当时乌克兰有学者认为,只要民法典中单独设人格权编,把宪法中的相关规定(诸如迁徙自由权、结社组党自由权、集会自由权等)规定在人格权编,就可以把乌克兰的人权保护水平提高到欧盟的水平,欧盟就会对乌克兰敞开大门,乌克兰人民就可以享受欧盟的高福利。这些学者还说，通过把人格权单独设编，乌克兰就可以引领民法法典化的世界潮流，其他国家或地区就会来模仿乌克兰，因为人格权独立成编前无古人，是最大的创新。

中国从清末变法到民国时期的《中华民国民法》，再到新中国制定的《民法通则》，借鉴的主要对象就是德国民法的立法体系和概念原理。我国当年学习德国民法体系的时候，不是随意的，而是因为《德国民法典》具有显著的优势。

首先，《德国民法典》的五编制在立法技术上是最先进的。20世纪到21世纪制定的世界上大多数民法典，都是采用了《德国民法典》的体例，我们现在编纂民法典，党中央决定的民法典体例，仍然采用了德国民法的体系。《德国民法典》分为总则、债法、物权法、亲属法、继承法五编。党中央决定的民法典体系分为总则编、物权编、合同编、侵权责任编、婚姻家庭编、继承编，实际上就是五编制的微调，只是考虑到现代债法的膨胀并照顾到立法现实，把债法分解为合同编和侵权责任编；而婚姻家庭编就是传统民法的亲属编。

其次，《德国民法典》的体例和内容离意识形态都比较远。它强调立法理念、立法技术上的中立性、一般性、抽象性，因此能够被不同社会制度、不同意识形态的国家和地区广泛借鉴，包括《大清民律草案》及《苏联民法典》、东欧前社会主义国家等各主要国家和地区民法在内的这些社会制度完全不同的法律，也都接受了德国民法的体系。

最后，《德国民法典》有助于国家统一、富强。《德国民法典》于1900年生效，实现了国家的法律统一，很快就实现了国家的强盛。日本学习《德国民法典》，国家实力也得到了快速发展，进入列强行列。

虽然我们在人权保护上还有一些问题，但是这些年来我国的人权保护事业在不断进步，对人权的保护不断加强。就民法而言，我国侵权责任法等法律共同构成的人格权保护法律体系，已经被实践证明是先进的、成功的，已经形成了中国模式、中国经验。

论企业法人与企业法人所有权[*]

法学著作往往把企业法人称为社团。但是,企业法人的概念比社团更为确切。这不仅因为当代所有大型企业、大部分中型和小型企业实际上都是法人,还因为企业的形式已经如此之普遍,以致成为现代社会的一个显著特征。在某种意义上可以说,社会已经企业化了。

企业,是现代社会中人们进行生产活动的一种组织形式或经营方式。马克思和恩格斯在著名的《共产党宣言》中使用的是"经营方式"这个名称。纵观人类历史,我们可以发现一个按照不同的社会生产经营方式依次更替的发展序列。人类最原始的经营方式的基本单位是氏族,氏族解体之后是以父亲为首长的血缘家庭。进入阶级社会后则是奴隶主家庭、封建制农民家庭、行会作坊、手工工场。最后出现了资本主义的经营方式——企业。在现代资本主义社会,不用说工业、农业、商业、交通运输业、建筑业和金融业早已企业化了,就是新闻、出版、电影、电视,甚至科技情报、民意测验亦已企业化了。所以,我们可以说现代化的经营方式统一于企业。垄断组织如托拉斯,乃至跨国公司、国际公司等,不过是现代化的特大型企业或超大型企业。

撇开资本主义私人占有制所加于企业的资产阶级性质不论,我们看到现代企业具有两个特征:第一,企业按照专业化分工协作原则,把一定数量的劳动力、劳动工具、劳动对象和现代科学技术结合在一起,组成一个独立的生产体系。一个企业,就是社会生产力的一个基本单

---

[*] 本文原载《法学研究》1981年第1期。

位。所有企业生产力的总和，就构成整个社会总生产力。第二，企业就像一个自然人一样独立地进行生产经营活动和参加商品交换活动，以一个独立的民事主体的资格享受权利和承担义务，与其他企业和消费者发生各种法律关系。企业之所以能像一个自然人一样具有权利能力和行为能力，只是因为法律赋予它一个独立的人格，称它为企业法人。

企业法人是商品生产高度发展的产物。商品生产不是资产阶级社会所独有，早就存在了。由于欧洲经济和政治形势的发展，特别是美洲新大陆的发现，经过好望角绕过非洲而达印度的新航路的开辟，火药、印刷术和指南针传入欧洲，各主要国家和地区王族的联姻以及由此而带来欧洲大陆的阶级相对平等，刺激并引起对商品的无限需求，使商品生产冲破封建行会的束缚而加速发展起来。由于蒸汽和机器的使用，引起工业生产的革命，现代企业终于取代手工业工场而成为主要生产经营方式。

早期资本主义的私人企业并不具有法律上的独立性，它是资本家的所有物，是资本家所有权的客体。资本家以商品生产者和所有者的资格从事一切活动。随着生产规模的扩大，产生了几个资本家联合经营的企业，产生了合伙关系，并逐渐产生了建立在这种合伙关系之上的无限公司和合资公司。虽然有的法学著作把无限公司这类组织也称为"法人"，但这还不是成熟的真正的法人。在这种合伙关系中，每一个合伙人亲自参与经营活动，被认为是一个商人，并对其他合伙人负责。这类企业的财产为合伙人所共有，称为共有财产或联合财产。每一个合伙人必须以其所有的全部财产为企业债务提供担保，这就使资本家常常要冒倾家荡产的极大风险。可见这种合伙关系对商品经济的进一步发展是显然不利的。

早在中世纪，商业家就曾设想借助于合伙契约，根据合伙人的共同意志创造出一个神秘体，这个神秘体能代表企业本身独自进行买卖活动，不需要任何自然人用自己的财产替它负责。这种没有买卖人的买卖，在当时还只能是一个极为模糊的臆想。后来这个臆想终于实现了，经济和法的发展产生了企业法人的概念。法律为了适应经济发展的需要，赋予以股份公司形式组成的企业以一个独立的法律资格——法人。这样一来，原来被当作资本家的所有物，处于被动状态的无生命的企业，一下子变成了具有无限生命力和主动性的企业法人。企业法人，作为一个完全不依赖于它的参加者而独立存在的民事主体，占有和支配企业全部财产，享受所有权和其他财产权利，承担民事义务，与其他企业和消费者发生各种联系。企业财产独立，即企业全部财产所有权属于企业法人，这是企业法人制度的根基。企业的股东，在法律上已不再被视为企业财产的所有权主体，其对企业财产的所有关系已被存在于股票上的社员权取而代之。资本家股东已由原来意义上的企业主转化为企业股票的持有人。

由于法律赋予企业以法人资格，企业就能脱离资本家而独立。它可以独立自主地进行经营活动，因而便于组织生产和销售，加速资金的周转，采用先进技术，不断更新设备，提高生产力。它在商品交易市场上可以有极大的灵活性和机动性，可以有较强的竞争能力。

企业法人似乎使资本家股东丧失了对企业财产的所有权，但资本家却因此获得了极大的利益。资本家再也不必如合伙关系那样用自己的全部财产为企业担保，其只在所投入的股金范围内承担风险。企业的债务和债权与企业股东截然分离。这就使得资本家有可能同时投资于若干个企业，而只担负有限的风险。资本家因所投资的某个企业破产而蒙受的损失，被限定在所投入的股金范围之内，同时可因其他企业的成功而得到弥补甚至大发其财。这种有限责任制度给企业法人提供了把个别参加者的少量投资汇聚成大宗资本的可能性，使大资本家可以从社会居民秘藏的攒钱盒子里把零星积蓄统统搜刮出来，抓在自己手中，从而加速了社会资本的聚积和垄断。帝国主义时期，企业法人制度所提供的这种将少数纳款汇集成大宗资本的可能性已经丧失了它的大部分经济意义。但是，现代资产阶级学者却正是以此为据，论证所谓"资本的民主化"，宣扬所有职员和工人都可以因取得本企业小额股票而成为"股东"。他们想用这种理论来掩饰资本主义的剥削。

对资本家来说，企业法人制度最宝贵之点在于有限责任利益。企业法人制度就像具有神话中的分身法术一样，它使资本家作为自然人所具有的权利能力和行为能力大大地扩充，因而能够通过许多吸管同时吮吸剩余价值。正是基于这种原因，大规模的资本主义企业才像雨后春笋般地产生出来，从而极大地促进了资本主义商品经济的发展。资产阶级在它兴起以后所创造的生产力，比过去一切世代所创造的全部生产力的总和还要多、还要大。难怪资产阶级经济学家和法学家把企业法人说成是新时代最伟大的发现，认为这一发现的重要性远远超过了蒸汽和电力。他们一致认为，如果没有企业法人这个法律上的发现的话，就像缺少物理学方面的那些伟大发现一样，大规模的现代化生产乃是不可想象的。

企业法人竟然对经济的发展产生了如此巨大的反作用。我们应当如何解释企业法人所有权与资产阶级所有制的关系呢？我们知道，所有制属于经济范畴，它在一切社会里都存在，只是在不同的社会里表现为不同的形式罢了。而所有权则是法律上层建筑的范畴，是一种历史现象，在国家产生以前的原始社会里，是无所谓所有权的。国家通过法律固定和保护现存的物质资料所有关系，形成了所有权法律制度。所有制与所有权之间是经济基础与上层建筑的关系。有什么样的所有制就要求有什么样的所有权，所有制形式归根到底决定着所有权的性质和内容，而所有权法律制度又反过来确认和保护对统治阶级有利的所有制形式。但是，法律设所有权制度的目的，不仅在于保护对社会现存财富的占有关系，还在于保护和促进社会经济流转，即所谓保护交易的安全与迅速，最终有利于促进社会物质财富的再生产。这就不能不使所有权制度带有某种灵活性。在一定情况下，所有权可以与所有制发生某种脱离或不一致。马克思在1861年7月22日给拉萨尔的信中指出，"虽然一定所有制关系所特有的法的观念是从这种关系中产生出来的，但另一方面同这种关系又不完全符合，而且也不可能完全符合"。马克思强调说，理解这一点是"极其重要的"。由于商品经济发展的需要，在资本主义所有制关系中产生出资本主义的企业法人所有权，这种企业法人所有权"排斥"资本家所有权，因而在形态上与资本主义所有制关系不一致,这从马克思的上述观点来看是不难理解的。

为了解释企业法人这一法学上的奇特现象,资产阶级法学家发明了各种各样的学说。他们甚至把企业法人描写成"人们按照自己的形象创造出来的"一种"新生物",一种"超人的生物",一种"既看不见也捉摸不到的人为的存在物"。我们从前面的分析已经看到,企业法人制度的全部意义仅仅在于,为了使资本家股东只负担有限责任而赋予资本家以一种法定的特权。实质上,企业法人不过是保障资产阶级牟取高额利润的一个法律工具罢了。

但是,如果我们仅仅限于这样来认识和理解企业法人制度还是不够的。企业法人制度对社会发展的极大进步意义表现在以下三个方面。

第一,企业法人加速了社会资本的集中过程。马克思把它喻为加速"社会积累的新的强有力的杠杆"①。假如我们必须等待积累去使某些单个资本增长到能够修筑铁路的程度,那么恐怕直到今天世界上还没有铁路。但是按照企业法人制度所组成的股份公司转瞬之间就把这件事完成了。这种集中在加速资本积累的同时,又扩大和加速了资本技术构成的变革,促进了社会生产力的发展。"工业企业规模的扩大,对于更广泛地组织许多人的总体劳动,对于更广泛地发展这种劳动的物质动力,也就是说,对于使分散的、按习惯进行的生产过程不断地变成社会结合的、用科学处理的生产过程来说,到处都成为起点。"②资本主义生产方式的目的,是要剥夺一切个人的生产资料;由于企业法人的出现,这种剥夺已经由剥夺直接生产者扩展到进一步剥夺中、小资本家自身。恩格斯对马克思的意思加以补充说,"只要生产发展的程度允许的话,就要把该工业部门的全部生产,集中成为一个大股份公司",这是社会发展的要求。恩格斯举联合制碱的托拉斯为例,指出这个托拉斯把英国全部碱的生产集中到唯一的一个大公司手里,这就"最令

---

① 《资本论》(第1卷),人民出版社1963年版,第689页。
② 《资本论》(第1卷),人民出版社1963年版,第688页。

人鼓舞地为将来由整个社会即全民族来实行剥夺做好了准备"③。

第二,企业法人使社会生产的管理职能同资本家分离,同时为新的生产方式提供了新的管理形式。马克思在《共产党宣言》《资本论》等著作中,都曾科学地分析和肯定过资本家所担负的对社会生产的管理、监督和调节的职能,并把资本家比作工业生产的司令官、将军和统帅。认为资本家的这种职能已经发展为劳动过程本身进行时所必要的条件,在生产场所不能缺乏资本家的命令,就像战场上不能缺少将军的命令一样。但是,由于企业法人的出现,这种管理职能已与资本家分离而由企业经理或管理处来行使。一般情况下,经理或管理处根本不持有企业股票,他们是他人资本的管理人。企业由不是股东的人管理着,依自身的机制而正常运转。管理职能已经脱离资本而独立,成为一种特殊的社会职能。现代资本家已经与社会生产过程如此之疏远,以至于他们除了存在于证券上的一点联系之外,与社会生产简直毫不相关。他们甚至根本不必考虑自己所投资的是何种企业,从事的是何种经营,他们完全成了一群靠剪息票为生的寄生者。他们把证券锁在某个银行的保险柜里,自己却住在海滨或其他风景区的别墅里消闲,尽情享受着奢侈的生活。资本家对社会生产已经不起什么作用了。资本家与生产的脱离并不是资本主义的"福音"。它意味着只要夺取和打碎资产阶级国家机器,"我们就会有一个排除了'寄生虫'而拥有高度技术设备的机构,这个机构完全可以由已经团结起来的工人亲自使用"④。

第三,企业法人财产已经具有了社会财产的性质。这种财产已经不再是各个互相分离的生产者的私有财产,而是联合起来的生产者的财产,即直接的社会财产。它已经不再是私人生产的资料,它只有在联合起来的生产者手里才能发挥生产资料的作用,它是资本再转化为生产者的财产的过渡点。正如马克思所说,"这是资本主义生产方式在资本主义生产方式本身范围内的扬弃,因而是一个自行扬弃的矛盾,这

---

③ 《资本论》(第1卷),人民出版社1963年版,第495页。
④ 《列宁全集》(第25卷),人民出版社1955年版,第413页。

个矛盾首先表现为通向一种新的生产形式的单纯的过渡点"⑤。企业法人财产的这种作为社会财产的性质与它所固有的作为私人财产的性质之间的尖锐矛盾,因企业法人中"一人公司"或"独资公司"的出现而达到顶峰。社会的进一步发展,除剥夺剥夺者之外别无选择余地。无产阶级运用夺得的社会权力废除了生产资料的资本家所有制,就能解脱私有制加在生产力身上的桎梏,而使它的社会性质得到完全的自由发展。

从以上的分析我们可以得出这样的结论:企业法人制度所具有的二重性在于,一方面,它是资本家借以享受有限责任利益的一种特权,是资产阶级榨取剩余价值的法律工具;另一方面,它又是社会生产转到新的生产方式的过渡形式。

企业法人制度发端于罗马法,但它的真正形成和发展是近200年的事情。法国资产阶级在取得政权的初期,由于对封建行会的束缚记忆犹新,担心企业法人会限制资产阶级个人自由,担心企业具有独立的所有权会损害资产阶级私有制,因此对企业法人心怀疑惧。1794年的一项法令规定:"人寿保险公司以及一切以不记名股份或者是记名但可以自由转让的股份合资成立的团体,一概予以禁止。"股份公司一类的企业被指责为破坏信用的团体,宣布一律解散。虽然两年后这一禁令被取消,但1804年的《法国民法典》仍对企业法人不作规定,根本就不承认法人这个概念。企业法人是商品经济发展的产物,要想抹杀它总是徒然的。凡是在《法国民法典》之后编纂的各国和地区民法典均对企业法人详加规定,如德、日、瑞、意等国民法典都为此设有专章。仅此一点,即足以证明企业法人是人类社会发展具有规律性的现象,是不以人们的意志为转移的。

取得政权的无产阶级也担心企业法人享有独立的所有权会损害社会主义的公有制。基于这种担心,社会主义国家民法不承认企业法人享有独立的所有权,因而在实际上剥夺了企业特别是国有企业独立的

---

⑤ 《资本论》(第3卷),人民出版社1975年版,第495—496页。

经济地位和法律地位。传统的民法认为,国家财产只有一个唯一的所有权主体——国家,除国家以外的组织都不能享有国家所有权主体资格。一切国有企业,无论它们属于中央或地方,都只是受国家的委托,按照国家的意图,对国家财产进行管理。企业绝对不能成为企业财产的所有权主体,甚至对自己所生产的产品也不能享有所有权。据说这是为了保证国家行使其组织经济的职能,保证无产阶级对社会主义生产实行领导。国家所有权主体的这种统一性、唯一性和不可分享性,被说成是基于社会主义国家所有制而得出的绝对的法律结论。这种理论正是与我国经济体制相适应的。我国现行经济体制的主要特征就在于,国家直接管理和指挥整个国民经济和所有企业的经济活动。严重的"政企合一"现象,应该说是我国经济发展缓慢的重要原因之一。⑥

三十年经济建设的实践暴露了现行经济体制的缺陷。现在各地都在进行扩大企业自主权的试点,学术界也正在开展关于经济体制改革的讨论,分别从实践方面和理论方面来探求调动企业生产积极性的办法。各地的试点都不同程度地调动了企业的积极性,取得了比较明显的经济效果。但我们不能不思考这样的问题:扩权虽然触动了现行经济体制,但它是否就是开启大门的锁钥呢?用扩权的办法能把企业身上的绳索完全解除吗?三十年来捆在企业身上的是一根什么样的绳索呢?笔者赞成经济学界一些同志所正确指出的,体制改革所应解决的绝不是中央、地方和企业如何分权的问题。笔者认为,体制改革应解决的关键问题,首先是确认企业作为社会生产力基本单位在国民经济中所应有的独立地位,并由法律承认企业的所有权主体资格,赋予企业以法人地位。也就是说,在全民所有财产属于国家所有的前提下让企业享有相对所有权,以独立的企业法人资格从事生产和参加流通,这是社会主义经济发展规律的要求。既然我们已经从理论上承认了社会主义商品经济,既然我们已经确认了计划调节与市场调节相结合的方针,既然我们已经让生产资料进入了商品市场,那么,通过企业法人制度以保

---

⑥ 参见《资本论》(第3卷),人民出版社1975年版,第494页。

证企业的商品生产者和商品所有者资格,其意义和必要性也就不言而喻了。

我国经济发展的现实已经走到了理论的前头,企业不能享有相对所有权的传统理论已为实践所打破。中外合资经营企业出现了,这种合营企业的所有权归属问题使传统的所有权理论陷于无法解脱的困境。《中外合资经营企业法》规定,"合营企业的形式为有限责任公司",赋予了合营企业以独立的法人所有权。国家与集体合资经营的企业也出现了,这类企业财产中既包含国家财产也包含集体财产,两种不同所有制的财产掺合在一起无法区分,除赋予企业独立的所有权之外别无他法。各地试点中规定国有企业留成的利润可以用于向其他企业(包括集体企业)投资,可以同其他企业(包括集体企业)合资举办新的企业,也可以独资创办子公司或女儿企业。这里也有一个是否承认新办企业的法人所有权问题。无论从实践还是从理论上看,我们都无法回避也不应回避承认企业法人所有权这个迫切问题。

确认企业法人所有权,国有企业成为全民所有制财产的相对所有权主体,这将使我国现在的所有权法律制度发生重大变革。这种变革,能使属于上层建筑的所有权制度适应我国经济基础的实际情况,符合经济体制改革和发展社会主义商品经济的要求。我们知道,任何权利都不可能不使权利主体同时承担某种义务。国有企业作为财产所有权主体,负有下列义务:第一,企业负有维持并不断扩大企业财产的义务;第二,企业负有按照社会需要使用企业财产的义务;第三,企业负有向国家提供利润的义务;第四,企业负有接受国家监督的义务。

承认企业法人所有权会不会损害生产资料的全民所有制性质呢?笔者认为,这种担心是毫无根据的。相反,只有确认国有企业法人所有权,才能够真正确立生产资料的全民所有制。历史唯物论告诉我们,社会的发展必然要求在实现生产社会化的同时也实现财富的社会化。我们在前面分析资本主义的企业法人财产时,已经谈到这种法人财产的两重性质,即同时具有社会财产的性质和私人财产的性质。社会主义革命废除了资本家占有制,就有可能消除企业法人财产的私人性质,而使它的社会性得到充分的发展，按照马克思在《资本论》中的说法，使它真正成为"联合起来的生产者的财产，即直接的社会财产"。社会主义的企业法人所有权，使生产的社会化与生产资料的社会化达到统一。生产资料的社会化正是通过许许多多企业法人对生产资料的所有权来实现的。从具体的一个企业看，社会全体成员对这部分生产资料的占有与该企业全体成员对这部分生产资料的占有，以及反映在这部分生产资料上的社会全体成员的物质利益与该企业全体成员的物质利益，通过企业法人所有权这一法律形式而达到统一。企业按社会的要求，为满足整个社会全体成员的物质和文化生活需要而进行经济活动。企业所创造的利润之一部分以税金等形式上缴国家，由国家再分配给社会全体成员。另外，企业又直接按照企业全体成员的意志组织生产和销售，在上缴国家税金、偿付银行贷款和利息之后，一部分用于维持企业生产和扩大再生产，用于设备更新和技术改造，另一部分则直接以工资、奖金及其他企业福利形式分配给本企业全体成员。可见，企业法人所有权并没有使全民所有的财产变成企业集体所有。马克思指出，社会主义革命是要把资本"再转化为生产者的财产"，不过这种财产不再是各个互相分离的生产者的私有财产。国有企业的财产正是这样，它既不同于国家所有权客体的国库财产，也不是生产者的私有财产或集体共有财产，而是联合起来的生产者的财产，按照马克思的说法，即直接的社会财产。在法律上讲，就叫作企业法人财产。社会主义的企业法人所有权，正是社会主义全民所有制的一种法律形式。企业法人财产归根到底是国家所有权的客体，国家保留对企业财产进行最终直接支配的权力。企业法人在法律和国家指令性计划规定的范围内行使占有、使用和处分权。国家则担负着更加重要的职能，即对企业财产实行监督的职能。这个监督职能是通过计划、银行和簿记机关以及法律等中介而行使的。

有的同志担心承认企业法人所有权可能导致生产的无政府状态。其实，资本主义社会生产的无政府状态是资本主义私人占有制的必然结果，而与企业法人制度没有因果关系。相反，企业法人制度所造成的生产的集中和垄断,对竞争和无政府状态起到了一定的抑制作用,并使资产阶级国家有可能在某些生产部门实行国有化和对整个经济实行一定程度的国家干预。以社会主义公有制为基础的企业法人,由于其经济上和法律上的独立性,由于其自身的经济利益,在经济活动中具有较大的机动性和竞争性。社会主义商品经济必然要有竞争。但是,企业法人财产的公有制性质,可以使竞争限制在对社会主义经济有利的范围之内,并保证国家对社会生产实行计划指导。

承认企业法人相对所有权,实现政企分离之后,国家仍然通过以下四个主要渠道保持同企业的联系:(1)国家向企业征收固定资产税和营业税;(2)国家通过银行信贷向企业提供流动资金和其他资金;(3)国家根据计划调节与市场调节相结合的方针,制订国民经济计划,对企业加以管理和指导;(4)国家通过经济立法和司法对企业经营活动加以控制。国家掌握并运用税收、信贷、计划和法律等有效手段,完全足以保证企业经营活动不脱离社会主义轨道,从而达到使整个国民经济有计划按比例而又高速度发展的目的。

企业法人是商品经济发展的产物,只要社会还没有完全取消商品生产,它就有存在的历史依据。以资本主义私人占有制为基础的企业法人制度,曾经促进资本主义商品生产的极大发展,为社会主义社会准备了物质基础。今天,建立在公有制基础之上的社会主义企业法人制度,必然能够促进社会主义商品生产得以更加高速发展,为最终过渡到共产主义社会创造强大的物质基础,这是没有疑问的。

合作社的法人地位[*]

一、引言

据统计,中国农村已经出现各类专业合作经济组织140万个,其中比较规范的专业合作组织14万个。仅北京市郊县就组建了各种专业合作社1800个。山东省莱阳市80%以上的农户加入了专业合作社。此外,许多城市为适应居民生活需要,出现了消费、住房、劳动服务等各种类型合作社。仅北京市即出现42家住宅合作社,由城市居民个人投资为主,共同建房。目前,已建住房200多万平方米,为3万户低收入居民解决了住房困难。面对城乡越来越多的合作社,中国至今没有一部合作社法,致使合作社不能享有法人地位,正常的经营活动和合法权益得不到保障。绝大多数地区的工商行政部门对合作社均不予登记,合作社只能在民政部门按社会团体登记,不能以合作社法人的独立经济实体开展经营活动,在签订合同、销售产品、申请贷款等方面遭遇难以逾越的障碍。本文首先调查规定合作社法人地位的现行规定、现行法人分类和法人登记制度,然后分析合作社法人地位不能解决的原因,最后提出解决合作社法人地位的建议。

二、关于合作社法人地位的现行规定

(一)合作社类型

考虑到我国一直存在的农村供销合作社和信用合作社,加上自改

---

[*] 本文原载梁慧星主编:《民商法论丛》(总第26卷),金桥文化出版(香港)有限公司2003年版,第339—350页。

革开放以来新出现的专业合作社和住宅合作社,可以说我国目前的合作社类型主要有四种:供销合作社、信用合作社、住宅合作社、专业合作社。

(二) 有关各种合作社的现行规定

经搜索"中国法院网"(www.chinacourt.org),迄今有关供销合作社的规范性文件共53项,其中,中共中央、国务院《关于深化供销合作社改革的决定》(中发〔1995〕5号)中规定供销合作社为企业法人;有关信用合作社的规范性文件共39项,其中,中国人民银行发布的《农村信用合作社管理规定》(1997年9月15日)、《城市信用合作社管理办法》(1997年9月4日)规定:信用合作社为企业法人;有关专业合作社的规范性文件仅1项,即商业部印发的《专业合作社示范章程(试行)》(1991年9月2日),未规定专业合作社的法人地位;有关住宅合作社的规范性文件仅1项,即国务院住房制度改革领导小组、建设部、国家税务总局《城镇住宅合作社管理暂行办法》(1992年2月14日),其中规定:住宅合作社为公益法人。

(三) 具体规定内容

1. 关于供销合作社法人地位的规定

中共中央、国务院《关于深化供销合作社改革的决定》规定:"供销合作社的经营机制必须建立在对社员不以营利为主要目的,其他经济活动实行企业化经营,提高经济效益,不断增强自身为农服务实力的基础上。各级供销合作社是自主经营、自负盈亏、独立核算、照章纳税、由社员民主管理的群众性经济组织,具有独立法人地位,依法享有独立进行经济、社会活动的自主权。"

值得注意的是,该文件制定机关是"中共中央"和"国务院"。按照现行《宪法》和属于宪法性质的《立法法》的规定,国务院有行政立法权,可以制定行政法规,但非国家组织机构的"中共中央",并无任何立法权,以"中共中央"名义制定的文件,不具有法律、法规的效力。因此,虽然中共中央、国务院《关于深化供销合作社改革的决定》规定供销合作社"具有独立法人地位",但这一规定不具有法律、行政法规的性质,很难作为法人登记机关对供销合作社进行法人登记的法律依据。

2. 关于信用合作社的规定

中国人民银行《城市信用合作社管理办法》第 2 条规定:"本办法所称城市信用社是指依照本办法在城市市区内由城市居民、个体工商户和中小企业法人出资设立的,主要为社员提供服务,具有独立企业法人资格的合作金融组织。城市信用社的社员以其出资额为限对城市信用社承担责任。城市信用社以其全部资产对城市信用社的债务承担责任。"

中国人民银行《农村信用合作社管理规定》第 2 条规定,"本规定所称农村信用社,是指经中国人民银行批准设立、由社员入股组成、实行社员民主管理、主要为社员提供金融服务的农村合作金融机构。农村信用社是独立的企业法人,以其全部资产对农村信用社的债务承担责任,依法享有民事权利,承担民事责任"。

这两个文件虽然属于部委规章性质,在我国目前的法律体系中的位阶较低,但其制定机关为拥有金融管理权限的中央银行,因此在不与国家法律、行政法规冲突的情形下,具有相当于行政法规的效力,当然可以作为登记机关对信用合作社进行企业法人登记的法律根据。

3. 有关专业合作社的规定

商业部印发的《专业合作社示范章程(试行)》,考虑到"示范章程"的性质,不可能规定专业合作社的法人地位问题。

4. 有关住宅合作社的规定

国务院住房制度改革领导小组、建设部、国家税务总局《城镇住宅合作社管理暂行办法》第 3 条第 1 款规定:"本办法所称住宅合作社,是指经市(县)人民政府房地产行政主管部门批准,由城市居民、职工为改善自身住房条件而自愿参加,不以盈利为目的的公益性合作经济组织,具有法人资格。"

这一文件属于部委规章性质,在不与法律、行政法规冲突的情形下,具有相当于行政法规的效力,当然可以作为登记机关对住宅合作社进行法人登记的法律根据。

三、我国现行法人分类及登记制度

(一) 法人分类

1. 现行法规定

我国现行法未采传统民法关于公法人和私法人、社团法人和财团法人、营利法人和公益法人的分类。《民法通则》规定了四类法人：企业法人、机关法人、事业单位法人和社会团体法人。

2. 学说解释

按照民法学者的解释，机关法人属于公法人，企业法人、事业单位法人和社会团体法人属于私法人；企业法人、机关法人、事业单位法人和社会团体法人，均属于社团法人。《民法通则》未作规定而现实生活中大量存在的各类基金会，应属于财团法人，但现行法人登记管理体制却将各类基金会作为社会团体法人登记。企业法人属于营利法人，机关法人、事业单位法人和社会团体法人（包括按照社会团体法人登记的基金会）应当属于公益法人。

(二) 法人登记制度

1. 法人登记制度的种类

现行《民法通则》虽然规定了四类法人，但机关法人依其性质不需要登记，事业单位法人原则上不需要登记。要求必须办理法人登记的只是企业法人和社会团体法人两种。因此，我国存在两种法人登记制度：由工商行政部门负责办理的企业法人登记和由民政部门负责办理的社会团体法人登记。

2. 企业法人登记

企业法人登记的根据是国务院发布的《企业法人登记管理条例》（1988年6月3日发布，同年7月1日生效）。《企业法人登记管理条例施行细则》第2条规定："具备企业法人条件的全民所有制企业、集体所有制企业、联营企业、在中国境内设立的外商投资企业（包括中外合资经营企业、中外合作经营企业、外资企业）和其他企业，应当根据国家法律、法规及本细则有关规定，申请企业法人登记。"

3. 社会团体法人登记

社会团体法人登记的根据是国务院发布的《社会团体登记管理条例》(1998年10月25日发布,同时生效)。该条例第2条第1款规定:"本条例所称社会团体,是指中国公民自愿组成,为实现会员共同意愿,按照其章程开展活动的非营利性社会组织。"第4条第2款规定:"社会团体不得从事营利性经营活动。"

(三) 小结

供销合作社和信用合作社,因规范性文件明定为"企业法人",理应到工商行政管理机关进行企业法人登记。住宅合作社因规范性文件明定为公益法人,理应到民政部门进行社会团体法人登记。专业合作社因缺乏规范性文件规定其法人地位,暂时难以办理法人登记。但若按照其实际组织形式和目的,似应到工商行政管理部门进行企业法人登记。

四、对现行法人分类的分析和立法对策

(一) 关于"企业法人"

值得注意的是,企业法人概念是我国民法学者的新创,系将"企业"概念与"法人"概念组合而成。所谓企业,指营利性的经济组织,尤以股份公司和有限责任公司为其典型形式。可见,我国现行法所谓企业法人,相当于传统分类中的营利性社团法人。

(二) 关于社会团体法人

我国现行法所谓"社会团体法人",与传统分类的"社团法人"概念不同。按照社会生活的习惯用语,除国家机关、企业、事业单位外的社会组织体,均称为"社会团体"。其外延比传统民法所谓"社团"的概念宽,像基金会这样的"财产的集合体"也称为社会团体。因此,现行法所谓"社会团体法人",既包括属于"人的组织体"的各种学会、协会(属于传统分类中的"社团"),也包括属于"财产的集合体"的各种"基金会"(属于传统分类中的"财团")。可见,我国现行法所谓社会团体法人,相当于传统分类中的公益社团法人和财团

法人。

(三) 关于公益法人与营利法人

如前所述,我国现行法未规定"公益法人"概念。民法理论上,所谓"公益",指社会一般利益,即不特定当事人的利益,且一般是非经济利益。例如,目的在于发展科学、学术、文化、艺术、教育、卫生、宗教和慈善事业的各种学会、协会、学校、医院、博物馆、图书馆、教堂、寺庙、救济院等,属于公益法人。可见,我国民法理论上的公益法人,不能是从事经营活动的经济实体。

民法理论上,所谓"营利",是指从事经营获利并将所获得利益分配给成员。此"营利"不是指法人本身营利,而是指法人"为其成员营利"。仅法人本身营利,如果不将所获得利益分配给成员,而是作为自身发展经费,不属于营利法人。可见,我国民法理论上的营利法人,实际上等同于《民法通则》中规定的企业法人。

(四) 三项判断

基于以上分析,可以得出如下的判断。

(1) 我国现行法上的企业法人,必定是营利法人。

(2) 我国现行法上的社会团体法人,必定是公益法人。

(3) 用公益法人与营利法人这一分类,不可避免会出现既不属于公益法人也不属于营利法人的中间法人。

(五) 立法对策

基于上述判断,学者受委托起草的《中国民法典:总则编条文草案》采取了下述对策。

1. 抛弃企业法人概念,而代之以"营利法人"概念

《中国民法典:总则编条文草案》第68条规定了"营利法人"的定义:"营利法人,是指以取得经济利益并分配给其成员为目的的法人。"

2. 不采公益法人概念,而代之以"非营利法人"概念

《中国民法典:总则编条文草案》第71条规定了"非营利法人"的定义:"非营利法人,是指为社会公益或者其他非营利目的而成立的法人。非营利法人,非经有关主管机关登记,不得成立。但法律、行政法

规另有规定的除外。"

3. 保留了"社会团体法人"概念,但从中剔除了"基金会"

《中国民法典:总则编条文草案》第72条规定:"具备法人条件的社会团体,依法不需要办理法人登记的,从成立之日起,具有法人资格;依法需要办理法人登记的,经核准登记,取得法人资格。"

4. 以"捐助法人"概念指称基金会

《中国民法典:总则编条文草案》第73条规定了"捐助法人"的定义:"捐助法人,是指以慈善、社会福利以及教育、文化、科学研究、医疗等社会公益事业为目的并以捐助财产设立的法人。捐助法人,应经主管机关审核批准并经登记机关登记而成立。捐助法人在章程规定的目的范围内,可以从事经营性活动。"

五、合作社的法人地位

1. 合作社的宗旨与企业法人、公益法人

中共中央、国务院《关于深化供销合作社改革的决定》规定,"供销合作社的经营机制必须建立在对社员不以营利为主要目的……";中国人民银行《农村信用合作社管理规定》第2条规定,"农村信用社,是指经中国人民银行批准设立、由社员入股组成、实行社员民主管理、主要为社员提供金融服务的农村合作金融机构";国务院住房制度改革领导小组、建设部、国家税务总局《城镇住宅合作社管理暂行办法》第3条第1款规定,"本办法所称住宅合作社,是指经市(县)人民政府房地产行政主管部门批准,由城市居民、职工为改善自身住房条件而自愿参加,不以盈利为目的的公益性合作经济组织";商业部印发的《专业合作社示范章程(试行)》第3条规定:"本社的宗旨是为社员提供供销、加工、贮藏、运输、技术以及其它所需的服务,增加社员的经济收入,发展农村经济。"

我们不得不承认,以上各类合作社的宗旨与企业法人的本质和公益法人的本质均不完全契合。前述规范性文件虽然规定供销合作社为"企业法人",信用合作社为"企业法人",住宅合作社为"公益法人",

实际上它们既不符合"企业法人"的"营利性"要件,也不符合"社会团体法人"的"公益性"要件。换言之,鉴于合作社的特殊性,我们无法将其纳入现行法关于法人分类和法人登记制度的框架。

2. 合作社属于"自助性经济组织"

2002年7月5日中国合作经济学会《中华人民共和国合作社法建议稿》第2条规定:"合作社,是指城乡劳动者为主体自愿组织起来,在生产、生活上谋求互助合作或有关服务的自助性经济组织。"第4条规定:"对社员实行非盈利原则。"这样的合作社,既不符合企业法人之营利性要件,也不符合社会团体法人之公益性要件,是一种介于企业法人与社会团体法人之间的中间状态。这恐怕是在现行法人登记体制下合作社难以进行法人登记的障碍。同时,这也是需要制定专门的"合作社法"对合作社的法人地位作出特别规定的理由。

3. 合作社属于"非营利法人"

《中国民法典:总则编条文草案》虽然没有明文规定"合作社法人",但为合作社法人预留了适当的位置。该草案第71条规定:"非营利法人,是指为社会公益或者其他非营利目的而成立的法人。非营利法人,非经有关主管机关登记,不得成立。但法律、行政法规另有规定的除外。"此所谓非营利法人,包括传统分类的公益法人,以及介于营利法人与公益法人之间的中间状态的法人。作为自助性经济组织并对社员实行非营利原则的各种合作社,正是这样的中间状态的法人。

六、结语

正在起草中的中国民法典,虽然采取民商合一模式,但只是将民事生活的基本概念、基本原则、基本制度规定在民法典中,而将民事生活的特殊领域、特殊市场、特殊关系的规则和制度,规定在各民事特别法中。民法典只规定法人制度的基本规则,如法人一般条件和法人设立、法人机关、法人变更、法人解散和清算的规则等。公司法人的具体规则,由作为民事特别法的《公司法》加以规定,合作社法人的具体规则,则应由作为民事特别法的"合作社法"加以规定。考虑到合作社与公司均属于经济组织,有许多共同之处,合作社法关于出资、社员大会、董事、监事、破产、清算等,均可准用公司法关于有限责任公司的有关规定。有鉴于此,笔者完全赞同中国合作经济学会关于尽快制定"合作社法"的建议。

代 理 论[*]

一、引言

代理是一项极重要的民事法律制度,但在法制史上发生较晚。在古代法律制度中,法律行为通行严格的形式主义,合同的订立须履行一定的手续和仪式,且须由当事人亲自为之。例如,罗马盖尤斯的法学阶梯中有不得用自由人以获得财产的规定。奴隶与家子之行为,被视为家主的行为。因此,早期罗马法无代理制度。至罗马帝政时代,由于商品经济发展,商品市场日渐扩大,商品交换关系更加复杂,原料的采购、商品的销售,已不可能由经营者事事躬亲,遂有委托他人代理的必要,民法代理制度于是发生。代理制度之设,在于使民事主体可以借助他人的行为来实现自己的利益。例如,无行为能力人可以通过代理人发生民事法律关系,以享受权利,担负义务;完全行为能力人,也常常需要通过他人代为法律行为;尤其是经济组织借助于代理制度,可以克服地域的限制,在全国市场和国际市场上开展购销、投资、合作等经济活动。在现代商品经济社会中,代理制度具有非常重大的意义和作用。

由于经济体制方面的原因,我国在较长一段时期内限制商品经济的发展,代理制度无法发挥其作用。自1979年以来,由于执行对内搞活经济和对外开放的经济政策,大力发展社会主义商品经济,因此代理制度在我国经济生活中得到广泛的运用。为反映经济生活的要求,我国《民法通则》在第四章专设一节,共计8个条文,规定了我国民事代

---

[*] 本文原载梁慧星:《中国民法经济法诸问题》,法律出版社1991年版。

理制度。近年来出版的民法著作,对代理制度均有论述,但往往比较简略,还有若干问题未有涉及或存在歧义。本文拟在此基础上作进一步的探讨。

二、关于代理概念

法律上所称代理,是由一人代另一人为法律行为,其所产生的法律效果则归属于所代的另一人。代他人为法律行为的人,称为代理人。为其所代并承受法律行为后果的人,称为被代理人。被代理人在法律上通称本人,在著作中为使文义通畅又常称为授权人或委托人。

现代民法上关于代理概念有广义与狭义之分。所谓广义代理,指代理人以本人名义或以自己名义,代本人为法律行为,而使所产生的法律后果直接或间接归属于本人。所谓狭义代理,指代理人以本人名义代本人为法律行为,而使其法律效果直接归属于本人。[①]

代理概念除分为广义与狭义之外,还可以分为直接代理与间接代理。直接代理,即是狭义代理。间接代理,指代理人以自己名义为法律行为,而使其法律效果间接地归属于本人。上述广义代理,既包括直接代理,也包括间接代理。

各国和地区法律关于代理的规定是不一致的,大陆法系和社会主义法系,如联邦德国、日本、苏联、民主德国等,采取狭义概念,其所称代理,仅指直接代理,而不包括间接代理。[②] 英美法系,如英国、美国、澳大利亚等,则采取广义概念,其所称代理,不仅包括直接代理,而且包括间接代理。[③]

我国《民法通则》第63条第1款、第2款规定:"公民、法人可以通过代理人实施民事法律行为。代理人在代理权限内,以被代理人名义

---

① 参见张锦源:《英文贸易契约实务》,三民书局1977年版,第572页。
② 参见《联邦德国民法典》第164条第1款,《日本民法典》第99条第1款,1964年《苏俄民法典》第62条第1款,《民主德国民法典》第52条第2款。
③ 在英美法系国家,居间人(brokers)、行纪人(factors)、房地产经纪人(estate agents)、拍卖人(auctioneers)均称为代理人。参见 *Anson's Law of Contract*, 25th ed., pp.605–608。

实施民事法律行为。被代理人对代理人的代理行为,承担民事责任。"按照解释,必须是以被代理人名义实施民事法律行为,方才称为代理。反之,代理人以自己名义(而不是被代理人名义)实施民事法律行为,而使其法律效果间接归于被代理人,则不得称为代理。由此可以肯定,我国《民法通则》所规定的代理,仅指直接代理,系狭义代理概念。这与大陆法系国家如联邦德国、日本、苏联等国是一致的。现将代理与类似概念之区别分述如下。

(一)使者

法律上所称使者,指帮助民事主体实施民事法律行为的辅助人,其任务在于传达主体的意思或意思表示,或者代主体接受意思表示,因其任务可分为表示使者、传达使者或受领使者。无论属于何种使者,其区别于代理的主要特征在于,使者无权决定意思表示的内容,因而不能决定民事法律行为之是否成立。而代理人则直接作出意思表示。其意思表示的内容非由被代理人决定,而是由代理人自己决定。因此,代理人有权决定法律行为(如合同)是否成立。

(二)居间人

法律上所谓居间,为一种合同。依居间合同,一方(居间人)为他方(委托人)报告签订合同的机会或充当签订合同的媒介,而由他方给付报酬。居间人所为之行为,称居间行为,包括发现或指示可与委托人订立合同的当事人或在委托人与他人间进行周旋,使双方自行订立合同。居间人与代理人的主要区别在于,代理人有缔结合同的代理权,得代委托人订立合同;居间人无此代理权,不得代委托人订立合同。

(三)行纪人

民法有所谓行纪合同。④ 依此合同,一方(行纪人)受他方(委托人)的委托,以自己的名义为委托人实施民事法律行为,并收取报酬。

---

④ 我国现时之信托商店,即此所谓行纪。《民法草案(第三稿)》第323条规定,按照信托合同,信托人应当根据委托人的委托,以自己的名义为委托人办理购、销、寄售等事务,并收取手续费。所称信托合同,即行纪合同。需注意的是,我国现时银行及信托投资公司所开办之信托投资业务,属于英美法上的信托制度,与所谓信托合同不同。

行纪是一种特殊营业,由法律限定其范围,通常为动产之寄售、买卖及其他法律规定的法律行为。行纪与代理的主要区别如下:(1)行纪人系以自己的名义为法律行为,其法律后果依据行纪合同间接地归属于委托人,因此在法律理论上称之为间接代理;代理人系以委托人名义为法律行为,其法律后果直接归属于委托人,在法律理论上称为直接代理。(2)行纪人须有特殊身份,系依法登记专门从事行纪营业的主体,并为一般人提供服务;代理人不须有特殊身份,凡有权利能力和行为能力之自然人或法人均可担任,且仅为特定人提供服务。(3)行纪行为范围由法律规定,仅为动产之买卖及法律规定的某些行为;代理行为范围比较广泛,包括依法律规定或者依其行为性质不适于代理的行为以外的一切民事法律行为。

(四)经销商

在国内外贸易中,经销与代理两种制度之适用十分广泛,且两者颇有些相似,尤其独家经销与独家代理的情形更是如此。因此,经销商与代理商两个概念常被混为一谈。所谓经销,是指双方当事人以出卖人和买受人(经销商)的身份,约定在一定区域和期间就特定商品继续进行交易的协议。所谓独家经销,即出卖人在经销协议中将特定商品在特定区域的独家经销权授予经销商。据此,出卖人负有义务不得将同类商品出售给该特定区域内的其他人。同时,经销商也负有不得经销具有竞争性的他人商品的义务。无论一般经销协议还是独家经销协议,均属于买卖合同。经销商是以自己名义并为自己利益,从出卖人处买进商品然后再转卖给第三人。买卖合同关系存在于经销商与出卖人之间。出卖人与转卖关系的第三人(买受人)不发生任何合同关系,这是经销区别于代理的主要之点。无论一般代理还是独家代理,代理人均非买卖合同的当事人,只是代理出卖人同买受人签订买卖合同。代理商与出卖人之间的关系属于委托关系而非买卖关系。

(五)法人代表

法人通常除通过法人代表人(如董事、经理、厂长)进行民事活动外,还通过代理人(自然人或法人)进行民事活动,而孰为代表人,孰为代理人,有时容易混淆。无论通过代表人还是代理人,其所为民事法律行为之效果均直接归属于法人,在法律效果上两者没有区别。两者区别在于:(1)法人代表人为法人本身的机关而不是独立的主体;而代理人为法人代表人(董事、经理、厂长等)以外的自然人或法人,为独立的民事主体,非法人的机关。(2)法人与其代表人之间的关系,为法人内部组织关系;而法人与代理人之间的关系,为两个平等主体之间的委托合同关系。(3)法人代表人的行为即是法人本身的行为,因而当然由法人承担其法律效果;而代理人的行为并非法人本身的行为,基于法律关于代理制度的规定,由法人(被代理人)承受其法律效果。

三、关于代理的适用范围

代理的适用范围,即哪些行为可以由代理人代理。这一问题在代理制度中有重要意义。我们注意到,近年来出版的民法著作,对这个问题的看法大同小异。例如,《民法教程》把代理的适用范围概括为三类行为:(1)代理进行民事法律行为;(2)代理进行某些经济行政法上的行为,如代理法人登记,代办商标注册、纳税等;(3)代理进行民事诉讼。[5] 下面将逐一进行探讨。

(一)关于民事诉讼行为

代理制度的运用非常广泛。根据所依据法律的不同,有民法上的代理、特别法上的代理和诉讼法上的代理。[6] 我国《民事诉讼法(试行)》在第一编第五章专设一节,规定"诉讼代理人"。其中所规定的代理,即诉讼法上的代理。但我国《民法通则》所规定的代理制度,属于民法上的代理,与诉讼法上的代理是两种不同的代理制度。民法代理与诉讼代理的区别如下:

---

[5] 参见唐德华主编:《民法教程》,法律出版社1987年版,第98—99页;张佩霖、张成泉、杨仁家编著:《代理》,法律出版社1987年版,第26页;凌相权主编:《中华人民共和国民法概论》,山东人民出版社1986年版,第93页;佟柔主编:《中华人民共和国民法通则简论》,中国政法大学出版社1987年版,第145页。

[6] 参见郑玉波:《民法总则》,三民书局1979年版,第290—292页。

（1）代理的内容不同。在民法代理,代理人代本人为民事法律行为;在诉讼代理,代理人代委托人为民事诉讼行为。在民法代理,代理人代本人行使民事权利;在诉讼代理,代理人代委托人行使诉讼权利。

（2）代理关系不同。民法代理为三方面的民事法律关系,其三方当事人是:本人、代理人及相对人,不涉及国家机关(人民法院);诉讼代理为四方面的民事诉讼关系,其涉及的当事人是原告、被告、代理人及人民法院。人民法院为国家司法机关,它与原、被告及代理人非平等的关系。

（3）代理人的资格不同。在民法代理,代理人须有民事权利能力和民事行为能力;在诉讼代理,代理人须有诉讼能力。

（4）法人不得为诉讼代理人,但可为民法代理人。

（5）担任诉讼代理人,须依法律规定或经人民法院许可;而担任民法代理人(尤其是委托代理)只需有本人授权,而不须人民法院或其他国家机关的许可。

由上可见,民法代理与诉讼代理是由不同的法律规定的不同的法律制度。在民法著作中混淆民法代理和诉讼代理,对理论和实践都是有害的。我国《民法通则》第63条明文规定,"公民、法人可以通过代理人实施民事法律行为"。我国民法中所称代理,其适用范围不包括诉讼行为,这是毫无疑问的。

（二）关于商标注册代理和"纳税代理"

前面提到的民法著作,将代理商标注册,代理缴纳税款、法人登记等行为纳入民法代理的适用范围,同样是不妥当的。让我们先分析代理商标注册。

我国《商标法》(1983年)第10条规定:"外国人或者外国企业在中国申请商标注册和办理其他商标事宜的,应当委托国家指定的组织代理。"按照《商标法实施细则》(1983年)第29条的规定,国家指定代理外国人或外国企业办理商标注册及其他商标事宜的组织,是中国国际贸易促进委员会。可见,代理外国人或外国企业办理商标注册,属于特别法的规定,可以称之为特别法上的代理。但是,代理商标注册与民法代理有重大区别。

与代理商标注册相似的,还有代理专利申请。我国《专利法》(1984年)第19条规定,"在中国没有经常居所或者营业所的外国人、外国企业或者外国其他组织在中国申请专利和办理其他专利事务的,应当委托中华人民共和国国务院指定的专利代理机构办理"。按照《专利法实施细则》(1985年)第14条的规定,专利法所称专利代理机构是指中国国际贸易促进委员会、上海专利事务所和中国专利代理有限公司以及国务院指定的其他专利代理机构。

除所依据的法律不同外,代理商标注册、代理专利申请与民法代理的区别如下:

(1)代理商标注册和代理专利申请,只有国务院指定的机构才可以担任代理人;而在民事代理中,一切有民事行为能力的公民、法人均可担任代理人。

(2)代理商标注册和代理专利申请,其代理行为限于办理商标注册、申请专利及有关事务,其对方当事人为国家商标管理机关和专利管理机关;民法代理之代理行为,是民事法律行为,对方当事人为立于平等法律地位之民事主体(公民、法人)。

(3)代理商标注册和代理专利申请,代理人无权决定意思表示(申请文件)之内容,其意思表示(是否申请及申请内容)完全由委托人(申请人)决定,代理人的作用仅在于向管理机关传达申请人之意思表示及代办手续而已;民法代理之代理人有权决定意思表示之内容及向谁作出意思表示。即使在代受意思表示的场合,他也有权就是否接受对方的意思表示(是否承诺)作决定。

再看所谓"代理缴纳税款"。缴纳税款的行为能否适用代理? 笔者认为不能。这是由税收法律关系的性质决定的。在税收法律关系中,一方为征税主体,是国家税务机关;对方为纳税主体,即纳税义务人。在税收征纳过程中,征税主体享有单方面的征税权利,纳税主体负有单方面的纳税义务。而且,征税主体的权利不得放弃,纳税主体的义务不得转让。⑦ 纳税义务人应缴税款数额是由税务机关依照法律规定决定的。应否纳税及税款数额多寡,与纳税义务人的意志无关。换言之,无须纳税义务人有意思表示。因此,缴纳税款,纯粹是一种事实行为。这种事实行为当然可以委托他人实施,如公民委托其亲友代他向税务机关缴纳税款或申报所得。这可以是一种委托合同关系,但不构成代理关系。民法著作中所谓代理缴纳税款,恐怕不是指这种委托合同,而是另有所指。这就是税款征收中的"代征人"。

按照我国《税收征收管理暂行条例》第 2 条的规定,有代征、代扣、代缴税款义务的单位和个人称为代征人。第 22 条规定:"代征人必须按照税收法规和代征、代扣、代缴税款证书的规定,履行代征、代扣、代缴税款义务,办理代征、代扣、代缴税款手续。税务机关应当按照规定付给代征人手续费。"以个人所得税为例,根据《个人所得税法》第 6 条的规定,所得人为纳税义务人,支付所得的人为扣缴义务人。根据第 10 条的规定,税务机关对扣缴义务人按照所扣缴的税款,付给 1% 的手续费。扣缴义务人与纳税义务人之间是否存在代理关系呢?回答是否定的。理由如下:

(1)扣缴义务人的身份是由法律直接规定的,与纳税义务人的意志无关。无论纳税义务人是否同意,都不影响其扣缴义务人的身份。

(2)扣缴义务人之依法扣缴税款,是税法规定的扣缴义务人本身的义务。扣缴义务人履行自己对国家的义务,与纳税义务人委托他人替自己缴纳税款不同。纳税义务人委托他人缴纳税款,虽不能成立代理关系,但可以成立委托合同关系。扣缴义务人履行自己对国家的义务,与纳税义务人无关,不仅不能成立代理关系,而且不能成立委托合同关系。

(3)退一步说,如果有所谓"代理"关系存在的话,这种"代理"关系不存在于扣缴义务人与纳税义务人之间,而存在于扣缴义务人与国

---

⑦ 参见西南政法学院经济法教研室编:《财政法概论》,西南政法学院 1983 年版,第 138—139 页。

家税务机关之间。税务机关对扣缴义务人按照所扣缴的税款,付给手续费就是证明。

笔者没有发现任何一点根据,可以将办理法人登记或开业登记列入代理的适用范围。按照我国《企业法人登记管理条例》(1988年)第8条的规定:"企业办理企业法人登记,由该企业的组建负责人申请。独立承担民事责任的联营企业办理企业法人登记,由联营企业的组建负责人申请。"按照第14条和第15条的规定,企业法人办理开业登记,应当在主管部门或者审批机关批准后30日内,向登记主管机关提出申请,并提交下列文件:(1)组建负责人签署的登记申请书;(2)主管部门或者审批机关的批准文件;(3)组织章程;(4)资金信用证明、验资证明或者资金担保;(5)企业主要负责人的身份证明;(6)住所和经营场所使用证明;(7)其他有关文件、证件。这些文件中,组建负责人签署的登记申请书,为企业向登记机关所作的意思表示,法律明文规定由"组建负责人签署",没有给代理人的活动留下任何余地。当然企业组建负责人不必亲自前往登记机关,他可以委托其他人如工作人员或助手等代他向登记机关递交上述文件,但与"代理"是完全不同的。

(三)代理的适用范围

法律设代理制度的目的,在于使民事主体可以借助于代理制度以实现自己的合法权益。法律不容许利用代理制度去侵害国家利益、他人利益和社会公共利益。因此,民事违法行为不得适用代理。民事违法行为之法律效果,不由当事人意思决定,而是基于法律直接规定而发生。使他人代自己为民事违法行为,应依法承担民事法律责任,这与代理制度无关。即使违法行为人表示系代理他人为之,甚至该他人承认授意行为人为之,亦不能免除行为人的法律责任。《民法通则》第63条规定,"公民、法人可以通过代理人实施民事法律行为"。依反对解释,实施民事违法行为,当然不能适用代理制度。

在民事法律行为中,有两类行为不适用代理。一是依据法律规定不得适用代理的民事法律行为,即法律要求本人亲自实施的行为。依据现行法,属于这一类的民事法律行为有结婚、离婚、收养、遗嘱、遗赠、遗赠扶养协议等。二是依其性质不能适用代理的民事法律行为，主要有公司设立行为、捐助行为、继承的承认或抛弃等。

在对《民法通则》第63条规定进行限制解释后，我们看到代理的适用范围主要是合同及与合同密切相关的民事法律行为。所谓与合同密切相关的民事法律行为，指合同的变更、合同的解除及可撤销合同之撤销等。质言之，民法代理即合同的代理，这是由民法设立代理制度的目的决定的。

如果将代理适用范围严格限制在合同代理及与合同密切相关的民事法律行为的代理，尚不足以发挥代理制度的功能，且在实际生活中亦不便实行。因此，须对《民法通则》第63条的规定作扩张解释，使代理适用范围包括下述行为：

（1）构成合同的意思表示，即要约和承诺。

（2）与合同密切相关的准民事法律行为。例如，要约诱引、要约撤回、承诺撤回、承诺迟到通知、债权的主张和承认、解除合同通知、质量异议通知、履行催告等。

（3）与合同密切相关的某些以表示为要素的事实行为。例如，签约时样品的交付与受领、要物合同标的物的交付与受领、履行合同标的物的交付与受领、标的物的检验等。

（4）某些与合同密切相关的程序行为。例如，合同的公证、鉴证，房屋买卖合同向房管机关办理手续等。既然合同是通过代理人签订的，合同的公证、鉴证及房屋买卖合同向房管机关办理手续等无妨由代理人一并实施。

四、关于代理权

代理权为整个代理关系的基础。代理权之有无决定代理行为是否有效。在有关代理权的本质、代理权发生原因及如何认识委托代理的授权行为等问题上，民法著作中有较大的分歧。因此，有进行探讨的必要。

（一）代理权的本质

自《民法通则》颁布以来，学者开始探讨代理权的本质问题。迄今有两种观点,一是权利说,二是资格说。下面先分析权利说。

《民法教程》一书采权利说。作者写道,"所谓代理权就是代理人以被代理人的名义进行民事活动的权利"⑧。但作者未阐述其理由。另一学者在《论合同关系中的委托代理》一文中,批判了把代理权看作与行为能力相类似的一种法律地位或资格的观点,然后对权利说进行了发挥。作者写道,"代理权的性质是一种权利。所谓权利,通常表现为享有权利的人有权作出一定的行为和要求他人作出相应的行为。在合同代理关系中,享有代理权的人有权以被代理人的名义为合同行为,他人不得妨碍代理人行使代理权"。作者认为,"代理权是类似于监护权的一种人身权",并进一步分析了代理权的特征。⑨

权利说的缺陷是显而易见的。因为民法上所谓权利总是与某种利益相联系的。无论何种情形,一提到权利时,总意味着权利人有某种受法律保护的利益。即使是作为非财产权的人身权也不例外。人身权,其客体为权利人自身的人格利益。代理权对代理人本身并无任何利益,因此我们没有理由将代理权归入任何一种民事权利。⑩

资格说为传统民法关于代理权本质之通说。论者一般是从批驳权利说得出自己的结论。例如,郑玉波先生写道:"代理权虽亦名为'权',但与其他权利不同,盖其他权利皆以利益为依归,而代理权对于代理人并无利益可言,故代理权仅为一种资格或地位。"⑪新近出版的民法著作,大抵沿用同样的论述。例如,陈国柱教授主编的《民法学》是这样论述的:"从表面上看,代理权也好像是一种权利,但是就其本质来说,代理并不是为代理人利益而存在的。同时在消极代理场合,它

---

⑧ 唐德华主编:《民法教程》,法律出版社1987年版,第99页。

⑨ 参见杨仁家:《论合同关系中的委托代理》,载刘晓星、伍再阳、赵旭东等:《民法硕士论文集》,群众出版社1988年版,第383页。

⑩ 参见史尚宽:《民法总论》,第476页;郑玉波:《民法总则》,三民书局1979年版,第286页;陈国柱主编:《民法学》,三民书局1979年版,第99—100页;凌相权、余能斌:《民法总论》,武汉大学出版社1986年版,第193—194页;张新宝:《代理权若干问题研讨》,载《法学研究》1987年第6期。

⑪ 郑玉波:《民法总则》,三民书局1979年版,第286页。

只是接受意思表示,不待行使任何权利就对被代理人发生效力。所以代理权并不是固有意义上的权利,它不过是法律上的一种地位或资格。"⑫这些论述,只是说明了代理权非固有意义上的权利。但非固有意义上的权利,不见得就一定是法律上的一种地位或资格。这里缺乏必然的联系。

我们注意到有的学者试图将代理权与民事行为能力联系起来,以此论证代理权为法律上的一种地位或资格,显然是意识到资格说的理由不足。例如,《民法基本知识》一书中写道:"我们认为,法律规定代理制度的目的,原是为了补充或扩张人的能力,而代理权正是代理人为他人实施法律行为的能力,被代理人则借助于代理人的能力补充或扩张了自己的能力,从而可以实施自己原来因受限制而不能实施的法律行为。因此,说代理权是一种能力或资格较为恰当。"⑬在《代理权若干问题研讨》一文中,作者分别从代理的内部关系和外部关系两方面对代理权进行考察。作者写道:"就代理的内部关系而言,代理权或者是被代理人充分地行使自己民事行为能力的结果,或者是法律用以补救无行为能力或限制行为能力人民事行为能力之欠缺的措施。总之,代理权应当从属于代理关系当事人行为能力的法律概念。""从代理的外部关系来考察,代理权只是一种资格或地位——代理人得以被代理人名义向第三人为意思表示或者接受第三人意思表示的资格或地位。"作者最后概括上述两方面的分析,得出结论:"代理权,是为了便于被代理人充分行使其行为能力或者使其欠缺的行为能力在法律上得到补救,而通过被代理人的意思表示或法律直接规定,赋予代理人以被代理人名义进行民事活动的一种资格,基于这一资格,代理人所为的行为由被代理人直接承担后果。"⑭

毫无疑义,探索代理权与代理关系当事人民事行为能力的联系是有益的。但是,把代理权解释为一种能力或者说代理权从属于行为能

---

⑫ 陈国柱主编:《民法学》,三民书局 1979 年版,第 99—100 页。
⑬ 王家福等编著:《民法基本知识》,人民日报出版社 1987 年版,第 136 页。
⑭ 张新宝:《代理权若干问题研讨》,载《法学研究》1987 年第 6 期。

力的法律概念,均未能给代理权资格说提供充足的理由。相反,其无法解释下述问题:其一,法律上所谓能力,有与主体不可分离的性质,因此,无论权利能力或行为能力均依法不得转让。何以委托代理之被代理人能够将自己的能力授予代理人?其二,法律上所谓民事行为能力概念,其本身即已包含代理能力,无须他人之授予或法律特别规定。如果将代理权解释为一种能力,将如何解释这种因授权获得的"代理能力"与代理人行为能力中所固有的代理能力?其三,用能力概念解释代理权,只是为了建立一种十分简单的逻辑联系。因为法律上所谓能力,即是一种法律资格,只要证明代理权是一种能力,也就证明了代理权本质上是一种法律资格。这种证明显然是简单化了。其四,把代理权解释为能力或资格,忽视了更本质的东西,即代理权所具有的法律效力。

代理权具有强大的法律效力。首先,是对被代理人的法律约束力,被代理人必须承担代理人在代理权限内所实施的法律行为的后果。这种法律约束力是不可抗拒的。尤其在表见代理的场合,被代理人并无任何授权行为,他也必须承担法律后果。其次,凭借代理权,代理人可以改变被代理人与其他人的法律关系。我们知道,所有权、债权等民事权利的行使,可以改变权利人与对方当事人的关系,但不能改变对方当事人与第三人的关系。于此可见,代理权的法律效力超过民法上的其他"权"。把代理权解释为能力或资格,其缺陷也正在这里。民法上任何资格,包括权利能力和行为能力,均不具有对他人的约束力,均不具有改变另一人与第三人之间的法律关系的效力。

让我们再看看英美法关于代理的理论。我们知道,在英美法上,权利(right)、权力或权限(power)、能力或资格(capacity)、授权(authority)等概念是严格区分的。按照《代理法概要》一书,代理权叫作 the power of agency。作者把代理称作一种"权力—义务关系"(a power—liability relationship)。作者写道,代理是一种三方面的关系,如果无视其他两个方面的关系(被代理人与第三人、代理人和第三人),就不可能真正理解整个代理概念,并引用道里克教授(Dowrick)分析代理特征的两句话:代理人被授予改变被代理人与第三人之间的法律关系的权利,而被代理人则承担接受这种被改变了的关系的相应义务。⑮

作者举例说,甲授权给乙,这就意味着甲、乙二人同意由乙代表甲实施一定的法律行为。因此,乙将拥有影响甲的法律关系的权利。作者指出,不应认为是被代理人授予代理人这种权利。严格说来,这种权利是一个法律概念。甲向乙授权则属于一种事实状态(factual situation)。作者在这里引用了蒙特罗斯教授(Montrose)的话:严格说来,代理人权利不是由被代理人授予的,而是由法律授予的。只是由于被代理人和代理人的行为使法律规则发生作用,其结果则是代理人得到了这种权利。⑯

换言之,正是被代理人向代理人所做的这种授权,使法律规则发生作用,授予代理人以影响被代理人法律关系的必要权利。这就使在缺乏被代理人授权情况下的代理,得到了合理的解释。尽管有时被代理人并未授权,或者代理人超越了授权范围,法律出于公共利益的考虑,仍然赋予代理人以这种权利。被代理人的授权只是被看作一种能产生法律后果的法律事实。按照英美法,除被代理人的授权这种法律事实外,外表授权(apparent authority)和某种紧急情况(emergency)也是能使代理人获得代理权的法律事实。

笔者认为,英美法代理理论对代理权所作的解释更为合理。这种解释也完全符合我国《民法通则》的规定。《民法通则》第63条第2款规定:"代理人在代理权限内,以被代理人的名义实施民事法律行为。被代理人对代理人的代理行为,承担民事责任。"法律所使用的概念,既不是"权利",也不是"能力或资格",而是权限。权限为法律权力之界限。解释为"能力"之界限,或"资格"之界限,均不通。且权力与权限在英文中为同一概念(power),在中文中亦常相互代替。因此,笔者

---

⑮ See Markesinis and Munday, *An Outline of the Law of Agency*, 2nd ed., London, Butterworths, 1986, p. 7.

⑯ See *An Outline of the Law of Agency*, pp. 7–8.

主张将代理权解释为依代理制度所发生的一种法律权力或权限。

(二)代理权的发生原因

不同种类的代理权,其发生原因不同。法定代理权之发生原因,是由法律直接规定的法律事实。我国《民法通则》第16条第1款规定:"未成年人的父母是未成年人的监护人。"《民法通则》第14条规定:"无民事行为能力人、限制民事行为能力人的监护人是他的法定代理人。"因此,未成年人的父母因具有监护人身份,即成为未成年人的法定代理人。其监护人身份就是法律直接规定发生法定代理权的法律事实。有的著作认为,父母的身份是发生法定代理权的法律事实。但依《民法通则》第16条的规定,未成年人的父母如果没有监护能力,将由其他人担任监护人。可知法定代理权非依父母身份发生,而是依监护人身份发生。

指定代理权的发生原因,是人民法院或其他有权机关的指定。有的民法著作混淆民法关于指定代理和指定监护,误认为指定监护人即是指定代理人。⑰ 实际上,依《民法通则》第14条的规定,无论法定监护人还是指定监护人,均属于法定代理,其代理权均为法定代理权,而《民法通则》所谓指定代理,当另有所指。例如,《民法通则》第21条规定,"失踪人的财产由他的配偶、父母、成年子女或者关系密切的其他亲属、朋友代管。代管有争议的,没有以上规定的人或者以上规定的人无能力代管的,由人民法院指定的人代管"。这里,法院指定的代管人在不损害失踪人利益的范围内,发生指定代理权。另据《企业破产法(试行)》第24条的规定,破产企业清算组负责破产财产的保管、清理、估价、处理和分配。清算组可以依法进行必要的民事活动。破产清算组因此发生指定代理权。

委托代理权的发生原因,为本人之授权行为。所谓授权行为,指本人对于代理人授予代理权之行为。传统民法关于委托代理权的发生原因,观点上并非一致。原来罗马法将委托合同与代理关系相混,以为代

---

⑰ 参见张佩霖、张成泉、杨仁家编著:《代理》,法律出版社1987年版,第12页。

理系委托合同之外部关系,不承认有独立的授权行为。《法国民法典》继承了罗马法这一思想,其第1984条规定,"委任或委任书为一方授权他方以委任人的名义处理其事务的行为"。并未将委任合同与代理加以区别。至《德国民法典》始对委任与代理加以区别,并在法典中分别予以规定。代理及代理权规定在法典总则编法律行为一章,另在债编规定委任合同。其立法思想认为授权行为为本人的单独行为。《德国民法典》第167条规定,"代理权的授予应向代理人或向代理人对之为代理行为的第三人以意思表示为之"。据此,授权行为是单方的意思表示,并不以代理人的同意为要件。我国民法思想亦严格区别委托与代理,认为代理权之发生非基于委托合同,而是基于本人之授权行为。委托合同为双方行为,而授权行为则属于单方行为,委托合同并不必然包含授权行为。例如,委托处理非法律事务,无授予代理权的必要,即使委托处理法律事务,委托人也可以不授予代理权,这种情形,受托人应当以自己名义处理委托的法律事务。我国《民法通则》第65条规定,"民事法律行为的委托代理,可以用书面形式,也可以用口头形式。法律规定用书面形式的,应当用书面形式。书面委托代理的授权委托书应当载明代理人的姓名或者名称、代理事项、权限和期间,并由委托人签名或者盖章"。依此规定,委托代理的授权行为属于单方法律行为。

关于授权行为的性质,我国民法著作多数认为是单方法律行为,但也有认为是一种合同行为。《民法学》一书中写道,从我国民事活动的实际情况看,被代理人授权给代理人为某种民事法律行为时,一般多采取约定的形式,即采取授予代理权合同形式。不但要有被代理人的要约,而且要有代理人的承诺。特别是在法人之间,往往要求作成委托证书,证明代理事项的内容和范围。不问代理人同意与否,单方面授予代理权,绝不是一般的情况。因此,在我国民法上,关于代理权的授予,一般来说,不能不承认是一种合同行为。[⑱] 作者又说,授权行为也可以是

---

⑱ 参见陈国柱主编:《民法学》,三民书局1979年版,第100—101页。

单方行为。笔者认为,将授权行为解释为一种合同行为(授权合同),至少是与《民法通则》的规定不符。因为按照《民法通则》第65条的规定,并不要求被代理人与代理人双方进行协商达成合意,也不要求代理人在授权委托书上签名或盖章。我们知道,如果是合同行为,这二者都是不可或缺的。

实践中,授权行为常与某种基本法律关系相结合。在通常情况下,这种基本法律关系是委托合同关系、合伙合同关系、承揽合同关系以及企业内部的组织关系或劳动关系。

这里还应该谈到表见代理的代理权发生原因。在表见代理,被代理人实际上并未授权,或虽有授权但代理人超越了授权范围。法律为维护交易安全和第三人利益,仍使被代理人对表见代理人的行为承担责任。我国《民法通则》第65条第3款及第66条第1款已对表见代理作了初步的规定。毫无疑问,我国民法代理制度中包括了表见代理。[19]

民法理论认为,表见代理实质上是无权代理。[20] 但真正的无权代理,非经被代理人追认不发生代理的效力。所谓追认,即被代理人之授权行为。表见代理则直接发生代理的效力,使被代理人承担代理行为后果,而不需要被代理人追认。因此,表见代理与无权代理有质的区别。表见代理为代理之一种,谓之为无授权之代理可矣,谓之为无代理权之代理则不可。表见代理人虽未获得被代理人的授权,法律为维护交易安全及第三人利益仍然赋予表见代理人以代理权。表见代理人之代理权与一般有权代理人之代理权并无差别,即同样发生代理的法律效力,使被代理人承担代理行为的后果。

表见代理为代理之一种,其代理权之发生原因为"外表授权"(ostensible authority, apparent authority)。所谓外表授权,即具有授权行为之外表或假象,实际上并无实际授权(actualau—thority)。按照英美

---

[19] 参见章戈:《表见代理及其适用》,载《法学研究》1987年第6期;王家福等编著:《民法基本知识》,人民日报出版社1987年版,第140—142页。

[20] 参见史尚宽:《民法总论》,第490页;郑玉波:《民法总则》,三民书局1979年版,第295页。

法,外表授权为产生代理权的原因之一。㉑ 有学者认为,因外表授权而产生代理权,使被代理人承担代理行为的后果,是英美法禁止翻供规则(the principle of estoppel)在代理关系上的具体运用。按照这一规则,法律不允许当事人否认别的有理智的人从他的言行中得出的合理推论。一个人的言行向第三人表明他已授权给某人,实际上他并没有授权,这就构成所谓外表授权。法律为维护交易安全、公平和善意第三人的利益,认为外表授权为发生代理权的法律事实。因此,外表授权的法律效力在于使表见代理人获得代理权,尽管他并未得到被代理人的实际授权。

因外表授权使表见代理人产生代理权,须符合以下要件:其一,被代理人有授权之表象;其二,须有第三人对此授权表象的信赖;其三,须第三人基于此信赖同表见代理人实施民事法律行为。

法律上还有一种代理,称为紧急代理或必要代理(the agency of necessity)。谓在某种紧急情况下,法律直接授予当事人代理权,使之代理另一人为法律行为。㉒ 例如船长、承运人、保管人,在某种紧急情况下,作为货主的代理人出售其货物。我国《民法通则》未规定此种代理。但实践中,常有某种紧急情况发生,危及当事人的利益,而不能依一般规则由本人授权产生代理关系。《民法通则》第68条规定在紧急情况下为了被代理人的利益,代理人甚至可以不经被代理人同意而转托他人代理。紧急代理之目的与此相同。因此,承认紧急代理与《民法通则》的立法精神并不矛盾。产生紧急代理之代理权须符合以下条件:(1)紧急代理之代理人须为与货主有合同关系之人,如承运人、保管人、船长等;(2)须在某种紧急情况下无法获得货主的指示或授权;(3)紧急代理人须为货主利益且符合诚实信用原则;(4)在当时除以代理人身份实施该行为(如出售货物)外,别无其他办法。

㉑ *Anson's Law of Contract*, p.593; *An Outline of the Law of Agency*, p.29.
㉒ *Anson's Law of Contract*, p.603; *An Outline of the Law of Agency*, pp.40–45.

五、关于代理行为

(一)代理行为的性质

关于代理行为的性质,民法理论上有三种学说。其一为本人行为说。此说认为,代理行为非代理人的行为,而是本人(被代理人)的行为。其根据在于罗马法思想,认为法律行为与法律行为之后果,必须归属于同一人。依此学说,代理人被视为本人之手足,与使者无异。其二为共同行为说。认为代理行为是本人与代理人共同行为,实际上将委托代理之授权行为与代理人依代理权所实施的代理行为混为一谈。且现代民法在委托代理之外尚有法定代理和指定代理,非本人行为说及共同行为说所能解释。其三为代理人行为说。此说认为代理行为为代理人本身之行为,系根据本人授予或法定之代理权限为之,依民法代理制度的规定,使其法律效果直接对本人发生。此说符合代理制度之立法思想,遂成通说。[23] 我国《民法通则》第 69 条和第 70 条,以代理人丧失民事行为能力为代理终止之法定原因。可知我国《民法通则》之立法思想,采取代理人行为说。依《民法通则》第 63 条的规定,所谓代理行为,即是代理人在代理权限内以被代理人名义实施的民事法律行为。

(二)代理行为的成立条件

代理行为的成立条件,包括一般成立条件和特殊成立条件。一般成立条件,指代理行为作为一种民事法律行为,所应具备的一般民事法律行为的成立条件。代理行为作为特殊民事法律行为,除一般条件之外,还应特别具备的条件。下面仅叙述代理行为的特别成立条件。[24]

(1)须以本人名义。代理行为必须以本人名义为之。这是成立代理行为的要件之一。因为代理行为的法律效果非归属于行为人自身,而是归属于所代理之本人,因此法律要求法律行为实施之时即应以本人名义。是否以本人名义为之,是区别代理行为与一般民事法律行为

---

[23] 参见史尚宽:《民法总论》,第 463 页。
[24] 代理行为的成立条件及有效条件,在整个代理制度中具有重大意义,但现时民法著作大多不作论述,不知是何原因。

的标准。所谓以本人名义，即表示代本人实施法律行为，欲使行为效果归属于本人。其表示方法通常是在法律行为中表明："某甲之代理人某乙"，或"代理人某乙代表某甲"，或在书面文件中某甲署名之后写明"某乙代"字样。表示以本人名义为之，应为代理行为意思表示的一部分，学者称为代理意思之表示。大陆法系国家民法要求代理人表示以本人名义。此所谓"表示"，依《联邦德国民法典》第164条的规定，包括"明示"和"默示"。《日本民法典》第99条限于"明示"；第100条规定，"代理人未明示为本人而进行的意思表示，视为为自己所为"，但相对人已知或可得而知其为本人而进行的意思表示时准用第99条关于"明示"的规定。可见，《日本民法典》实际上也承认"默示"。我国《民法通则》第63条关于"以被代理人的名义"，亦应解释为包括"明示"和"默示"。英美法与此相反，并不要求代理人表示以被代理人名义实施法律行为，代理人径以自己名义为之，亦可成立代理。这与我国法律及大陆法是不同的。

（2）须代理人实施民事法律行为。代理行为非本人之行为，而是代理人的行为，因此应由代理人实施。《民法通则》第63条规定，"代理人在代理权限内，以被代理人的名义实施民事法律行为"。其中所说"实施"，应解释为由代理人决定该民事法律行为意思表示之内容并表示之或受相对人所作出的意思表示并决定是否接受。假使该意思表示之内容已由本人决定而代理人仅予以表示，或代理人受意思表示而无权决定是否接受，仅将该意思表示传达于本人由本人决定是否接受，这种情形属于本人实施民事法律行为，而非代理人实施民事法律行为。该代理人只起辅助本人实施民事法律行为的作用，属于法律上所谓使者，而非真正代理人。代理行为既然由代理人实施，由此决定代理人应具有民事行为能力。在传统民法中，认为代理行为法律效果归于本人，故代理人不须有行为能力，仅要求有意思能力。我国《民法通则》对于代理人是否须有民事行为能力未有明文规定，但在第69条和第70条规定了代理人丧失民事行为能力为代理终止的原因。可知我国《民法通则》要求代理人必须有民事行为能力。这是我国民法与大陆法系国家民法不同之处。

(三) 代理行为的有效条件

代理行为具备上述成立条件,即可成立,但是否有效,尚须具备代理行为的有效条件。这里所谓代理行为之有效,指该代理行为直接对本人发生法律效力。代理行为有效条件如下。

1. 须具备一般民事法律行为的有效条件

代理行为属于一种特殊的民事法律行为,当然应具备一般民事法律行为的有效条件。在决定是否具备一般民事法律行为的有效条件时,应注意以下几个问题:

(1)关于民事权利能力应就被代理人决定之。要求被代理人应具有与代理行为相应的民事权利能力,不必要求代理人有此权利能力。

(2)关于民事行为能力应就代理人决定之。要求代理人应有与代理行为相应的民事行为能力,不必要求被代理人有此行为能力。

(3)关于意思表示是否真实,是否具有瑕疵如欺诈、胁迫及乘人之危等,应就代理人决定之。

(4)关于代理行为的目的是否合法,是否有恶意串通损害国家、社会利益或第三人利益,是否有违反法律或规避法律之情节,应就代理人和被代理人双方决定之。只要其中一方有这类情节,代理行为即应无效。

2. 须有本人(被代理人)存在

代理行为之法律效果由本人承担,如本人不存在,其法律效果无所归属,代理行为即成为标的不能之法律行为,当然不生效力;实践中有以并不存在的自然人或法人名义为代理行为的情况。《民法通则》第69条规定,作为被代理人的法人终止,其委托代理应终止。第70条规定,作为被代理人的自然人死亡,其法定代理或指定代理应终止。据此,代理行为之被代理人不存在,代理行为应无效。与此有关的一个问题是,作为被代理人的自然人死亡,其委托代理是否应终止,《民法通则》未作规定。依民法理论解释,被代理人死亡,其委托代理关系原则上应当终止,被代理人死亡后的代理行为应无效。但有下述例外:代理人不知被代理人死亡,或者双方原有约定,或者被代理人的继承人承认,其代理行为应有效;被代理人死亡前已经进行,死亡后代理人继续完成的代理行为,应为有效。

3. 须有代理权或经被代理人追认

代理行为具备上述两项条件时,如果代理人有代理权,代理行为即对被代理人发生效力,由被代理人承担其法律后果。代理人有代理权,并在代理权限内实施的代理行为,法律上称为有权代理。需注意的是,此所谓有权代理包括前文之表见代理和紧急代理。有权代理以外之代理即无权代理。《民法通则》第66条所谓"没有代理权、超越代理权或者代理权终止后的"代理行为,即无权代理。无权代理不能发生代理的效力。但无权代理不一定对被代理人不利,因此法律设追认制度,允许被代理人追认。此所谓追认,实质上即被代理人之补充授权行为。无权代理经追认产生代理权,变为有权代理。

这里有必要谈到无权代理行为的法律效力问题。依民法理论,对于无权代理行为,被代理人不予追认的,该行为并非无效,只是不能依代理制度对被代理人发生效力而已。该无权代理行为,如果具备一般民事法律行为的有效条件,虽然不发生代理行为的效力,但是仍将发生一般民事法律行为的效力。这种情形,该无权代理人即应作为当事人而承担其法律后果。我国《民法通则》第66条规定,无权代理行为"只有经过被代理人的追认,被代理人才承担民事责任。未经追认的行为,由行为人承担民事责任"。这一规定是完全正确的。但我国有的法律和有权机关所作的解释,却规定未经追认的无权代理行为属于无效,这不仅与《民法通则》的规定不一致,而且在理论上是错误的。㉕

关于无权代理,还应说明下述几点。

其一,追认权系法律为保护被代理人利益而设,性质上属于一种形成权。此追认权不能长期存在,否则不利于保护相对人及无权代理人。

㉕ 参见我国《经济合同法》第7条;国家工商行政管理局《关于确认和处理无效经济合同的暂行规定》;最高人民法院《关于适用涉外经济合同法若干问题的解答》之三。

《民法通则》第66条规定,"本人知道他人以本人名义实施民事行为而不作否认表示的,视为同意"。据笔者的理解,这一规定要求本人在一个合理的期限内作出追认或否认表示,此合理期间经过而未作否认表示的,即视为追认(同意)。

其二,委托书授权不明的,法律为维护相对人利益及经济流转秩序,使该代理行为对被代理人发生效力,代理人是否应负责任? 依授权行为之性质为单方行为,授权不明属于授权人之过失,代理人当不负责任。但《民法通则》第65条第3款却规定"代理人负连带责任"。有的学者批评这一规定属于不当。[26] 按照笔者的理解,从维护交易安全及相对人利益考虑,并依诚实信用原则,代理人在实施民事法律行为之际,对于是否属于代理权限及授权界限是否明确,负有注意义务。怠于此项注意,即为有过失。代理人发现委托书授权不明,应暂停代理行为并请求被代理人明确授权范围。因此,《民法通则》认定代理人对授权不明有过失,使之负连带责任,并非不当。唯对此规定应作限制解释,无偿代理人应不负责。

其三,无权代理行为之善意相对人,在本人追认前,应享有撤销权,而非善意相对人则无此权利。无权代理行为经本人否认,或经善意相对人撤销,应由该无权代理人向善意相对人负责。即善意相对人可向无权代理人起诉要求赔偿损害。反之非善意相对人在本人否认后,不得向无权代理人诉求赔偿。如果无权代理行为给本人造成损害,该非善意相对人应负责任。根据《民法通则》第66条第4款的规定,在这种情形,该非善意相对人和无权代理人负连带责任。

六、关于代理人的义务

我国现时的民法著作很少论述代理人义务,而代理人负有哪些义务,这在实践中是有重大意义的。

(1)代理人必须勤勉工作,为本人利益计算,实施代理行为。代理

---

[26] 参见张新宝:《代理权若干问题研讨》,载《法学研究》1987年第6期。

制度的设立,是为了扩张民事主体的活动范围,克服时间和地域的限制,以其代理人的行为实现本人的利益。因此,代理人在行使代理权时,不是为自己利益计算,而是应考虑如何实现本人的最大利益。他必须勤勉工作,竭尽其能力和经验,完成代理任务。代理人在处理委托事务时,应以相当的注意,其注意程度因代理种类不同而有差异。对于法定代理、指定代理及委托代理中之无偿代理,代理人在实施代理行为时,必须与处理自己事务为同样的注意;对于有偿代理,代理人应为善良管理人之注意。违反此项注意,应负过失责任。我国《民法通则》第66条第2款规定:"代理人不履行职责而给被代理人造成损害的,应承担民事责任。"其中所称"不履行职责",应解释为包括代理人怠于处理委托事务及代理人在处理委托事务时违反上述注意义务。

在委托代理中,代理人在处理委托事务时应遵从本人的指示,不得随意变更。但是,为了更好地保护本人的利益,在特殊情形下,法律允许代理人变更本人的指示。此所谓特殊情形,指代理人因特殊情况不能事先同本人商量,如不变更本人指示将不利于本人利益。事后代理人应将变更情况及时告知本人。

(2)代理人应当自己处理委托事务,非经被代理人同意或有不得已之事由,不得由其他人代替自己履行义务。在法定代理和指定代理中,代理权因法律规定或有权机关的指定而发生,且代理人往往具有特定身份。因此,不允许法定代理人或指定代理人转托他人代替自己履行义务。在委托代理中,授权行为往往基于某种基本法律关系,如委托合同、合伙合同、企业内部组织关系或劳动关系,是以双方当事人的相互信赖为基础。因此,要求代理人亲自实施代理行为,非经本人同意或有不得已之事由,不得转托他人。所谓不得已之事由,通常指作为代理人的自然人患病、外出,或作为代理人的法人停业等不能实施代理行为的情形。在征得本人同意或者出于不得已情形,代理人将委托事务转托第三人,该第三人即成为复代理人。复代理人非原代理人之代理人,而是本人之代理人,其代理行为直接对本人发生效力。原代理人仅对选任复代理人不当致本人遭受损害承担责任。如果本人不同意所选任的复代理人,则该复代理人的代理行为不能直接对本人发生效力。这种情形之复代理人,应解释为原代理人自己的代理人。《民法通则》第68条对此有明文规定:"委托代理人为被代理人的利益需要转托他人代理的,应当事先取得被代理人的同意。事先未取得被代理人同意的,应当在事后及时告诉被代理人,如果被代理人不同意,由代理人对自己所转托的人的行为负民事责任,但在紧急情况下,为了保护被代理人的利益而转托他人代理的除外。"

(3)报告义务。依民法代理制度,代理人负有向本人报告的义务。在本人请求报告,或代理人自己认为有必要时,代理人应将处理委托事务的一切重要情况向本人报告。此所谓重要情况,在代理签订合同的场合,主要指合同对方当事人的履约能力、资信、市场行情及变化情况等,在完成委托任务后,应向本人报告执行任务的经过和结果,并提交必要的文件材料。在转托他人执行委托事务的情形,事前或事后应将所选任复代理人的资信、能力、经验等情况向本人报告。

(4)保密义务。无论法定代理、指定代理还是委托代理,代理人均负有替本人保密的义务。代理人在代理关系有效期间或代理终止后均不得把在代理过程中所了解到的本人的秘密(个人秘密和商业秘密)向第三者泄露,也不得用于进行与本人的不正当竞争。但是,如果本人的秘密情况和资料构成或涉及违法行为时,代理人无保密义务,其有权向有关机关告发或公开揭露违法行为。

上述四项代理人义务,亦即被代理人的权利,在代理关系中,代理人无权利。即使在有偿代理的场合,代理人获得报酬的权利和请求被代理人偿还垫支费用的权利,也不是基于代理关系,而是基于同被代理人之间的委托合同关系。不可将两种关系混为一谈。同理,代理行为所发生的民事法律关系,以被代理人与相对人为双方当事人,其权利义务直接由被代理人承担,与代理人无关。特殊情形下,使代理人承担责任(如代理人有过错及与相对人串通等)为例外。《民法通则》对代理人滥用代理权等均有规定,本文略去不论。

论民事责任^{*}

"责任"一词,在法律上有多种意义。第一种含义,为职责(responsibility),例如,所谓生产责任承包制、岗位责任制等。第二种含义,为义务(obligation),例如,法律上常用的保证责任、举证责任等语,应为保证义务、举证义务。第三种含义,即所谓法律责任、民事责任等,是指不履行法律义务因而应受某种制裁之意(liability)。

人类在上古社会,因法律尚不发达,法律规范与其他社会规范如道德、宗教、习俗等混杂,因而法律责任与道德的、宗教的责任并无明显区别。由于社会进步、法律之发达,法律责任终于与道德的、宗教的责任截然分开而独立。

现代法律责任,有民事责任、刑事责任及行政责任之别。但在法律发展史上,三种责任出于一源,起初并无区别。例如,上古社会之赔偿金制度,既可以是民事上的损害赔偿,也可以是对犯罪行为的刑事制裁。其后由于法律之发达,逐渐分化为属于民事责任之损害赔偿、属于刑事责任之罚金及属于行政责任之罚款。

值得注意的是,在罗马法上民事责任与民事义务两者未作区分。罗马法所谓 obligation 系将民事义务与民事责任合为一体。按照罗马法思想,责任乃义务不履行之必然结果,为义务关系所包含,无加以区别之必要。至德国普通法时代,仍沿袭罗马法思想,不对义务与责任加

---

* 本文原载《中国法学》1990 年第 3 期。

以区别。① 所谓债务,是指债权人对于债务人全部财产上之效果。按照萨维尼的说法,债权为债权人自然的自由之扩大,债务为债务人自然的自由之限制。债务人自愿履行其债务,属于债权之自然进行状态,债务人不履行债务时,由债权人强制其履行,则属于债权之不自然进行状态。② 此所谓"债权之不自然进行状态",即现代所谓民事责任,但依萨维尼的理论,被包含于债务的效力之中。

英美法系的民法与罗马法相同,也未对义务与责任加以区分。英美法上的债务(obligation)概念,其指一人或数人受法律之拘束,负有对他人作为或不作为之义务。按照英美法,权利(right)和责任(duty)是相互关联的概念。既没有无责任的权利,也没有无权利的责任。如果A拥有权利要求B应为某行为,假使B不为该行为,则A可以提起诉讼对B实施强制,而B在那种情形下则被认为是负有为该行为的责任。③ 可见责任为不履行义务之当然结果。

但在日耳曼法上,民事义务与民事责任却有明确的区别。④ 按照日耳曼法,债务为schuld,属于法的"当为",不含有法的强制在内。因此,债权人无强制债务人给付之权,如欲强制债务人为给付,必须在债务之外另有责任(Haftung)关系存在。所谓责任,是指债务人当为给付而未为给付或不完全给付时,应服从债权人之强制取得关系。由于此种强制取得之责任关系,附加于债务关系,债务关系才具有拘束力。⑤

确立与民事义务概念相区别之民事责任概念,为日耳曼法之最大贡献。现代大陆法系民法之严格区分民事义务与民事责任,均系受日耳曼法的影响。例如,《法国民法典》第1142条规定,作为或不作为的

---

① 参见李宜琛:《民法总则》,1977年自版,第53页;林诚二:《论债之本质与责任》,载郑玉波主编:《民法债编论文选辑》(上册),五南图书出版公司1984年版,第26页。
② 参见郑玉波主编:《民法债编论文选辑》(上册),五南图书出版公司1984年版,第27页。
③ See E. Allan Farnsworth, William F. Young and Harry W. Jones, Contracts: Cases and Materials, Foundation Press, 1972, p. 100.
④ 参见李宜琛:《民法总则》,中国方正出版社2004年版,第53页。
⑤ 参见郑玉波主编:《民法债编论文选辑》(上册),五南图书出版公司1984年版,第27—28页。

债务,在债务人不履行的情形,转变为赔偿损害的责任。同样,在《德国民法典》中,债务与责任也是严格区分的。《德国民法典》规定债权人根据债务关系,有向债务人请求给付的权利(第242条);债务人须依诚实信用原则,并照顾交易惯例,履行其给付义务(第242条);债务人除另有规定外,对故意或过失应负责任(第276条)。民国时期民法,系仿德国民法典,其关于债权、债务、责任之界限十分明显。其中第219条规定,行使债权,履行债务,应依诚实及信用方法。第220条规定,债务人就其故意或过失之行为,应负责任。社会主义国家民法思想,受大陆法系民法的影响,对民事义务与民事责任亦严加区别。例如1964年的《苏俄民法典》专门设立一章(第十九章)规定债务不履行的民事责任,并直接以"违反债的责任"作为该章标题。

大陆法系民法在区分民事义务与民事责任的基础上,进一步确立了所谓人的责任、物的责任、有限责任、无限责任、过错责任、无过错责任、连带责任、个别责任等概念。有的学者进一步主张,应在民事立法中单独设立责任法,使之与债务法并列。⑥

我国民法继承大陆法系民法及苏联民法思想,严格区分民事义务和民事责任两个概念。首先,在立法体例上,对债权、债务和民事责任作分别规定。《民法通则》第五章民事权利,其中第二节债权,规定了债法之通则。而第六章专门规定民事责任。其次,在定义上将债权、债务与责任作了区别。《民法通则》第84条规定债的定义如下:"债是按照合同的约定或者依照法律的规定,在当事人之间产生的特定的权利和义务关系。享有权利的人是债权人,负有义务的人是债务人。债权人有权要求债务人按照合同的约定或者依照法律的规定履行义务。"其中并不包括任何对债务人的强制。在债务人不履行义务时,强制其履行或赔偿损害,则属于民事责任问题。按照《民法通则》第106条的规定,构成民事责任须有违反合同或不履行其他义务,属于过错责

---

⑥ 参见郑玉波主编:《民法债编论文选辑》(上册),五南图书出版公司1984年版,第51—52页。

任的场合须有过错,属于无过错责任的场合须有法律规定。最后,《民法通则》不仅对民事义务与民事责任作了严格区分,而且进一步实现了责任法的统一。其第六章民事责任,第一节规定民事责任的一般规定,第二节规定违反合同的民事责任,第三节规定侵权的民事责任,使民事责任成为一项统一的民法制度,符合现代民法发展之最新潮流。

关于民事责任之本质,学者因观察角度不同,从来有不同的认识。其一,强调责任为义务人不履行义务的法律后果。例如,李宜琛先生指出,"责任与义务不同,责任盖处于违反义务而受制裁之地位"[7]。王伯琦先生认为,"责任者,不履行义务时在法律上所处之状态也"[8]。郑玉波先生认为,"责任为违反义务者应受一定制裁之根据也"[9]。佟柔先生认为,"民事责任,是指民事主体违反民事义务所应承担的法律后果","是对违反民事义务行为的法律制裁"。[10] 其二,强调责任为义务履行之担保。例如,诸葛鲁先生指出,"责任者,对于债务履行之担保也。详言之,即债务人不履行其债务时,债权人得申请法院,依强制执行程序,而使之履行者,乃基于债务人之责任也"[11]。林诚二先生认为,"责任者,乃义务不履行之一种担保。言之于债,即债务不履行之担保"[12]。"责任者,系指应为一定给付义务之担保,既为一种担保,则应为给付而不为给付时,债权人自可强制债务人实现给付义务。"[13]

鉴于学者间关于民事责任本质认识之分歧,郑玉波先生在其论文《民事责任之分析》中,竟同时采纳上述两种见解,分别谓为第一种意义的民事责任及第二种意义的民事责任。所谓第一种意义的民事责任,"乃某人对于他人之权利或利益,不法地加以侵害,而应受民事上

---

[7] 李宜琛:《民法总则》,中国方正出版社2004年版,第53页。
[8] 王伯琦:《民法总则》,正中书局1979年版,第30页。
[9] 郑玉波:《法学绪论》,三民书局1981年版,第116页。
[10] 佟柔主编:《民法原理》(修订本),法律出版社1987年版,第42页。
[11] 诸葛鲁:《债务与责任》,载郑玉波主编:《民法债编论文选辑》(上册),五南图书出版公司1984年版,第20页。
[12] 林诚二:《论债之本质与责任》,载郑玉波主编:《民法债编论文选辑》(上册),五南图书出版公司1984年版,第38页。
[13] 李宜琛:《民法总则》,中国方正出版社2004年版,第51页。

之制裁是也";所谓第二种意义的民事责任,"乃债务人就其债务,应以其财产为之担保"。按照郑玉波先生的解释,两种意义民事责任的区别在于,第一种意义的民事责任为债务的成立原因,即"责任为因,债务(损害赔偿)为果";第二种意义的民事责任为债务成立的后果,即"债务为因,责任为果"。在责任与债务的关系上,两种意义的民事责任正相反。⑭

郑玉波先生的论述,是以现代民法并存两种民事责任,即侵权行为的民事责任和债务不履行的民事责任为依据的。严格言之,所谓第一种意义的民事责任,即指侵权责任;所谓第二种意义的民事责任,即指债务不履行责任。但是,侵权责任和债务不履行责任有其同一本质,即保障民事权利义务实现的法律手段。无论是侵权责任还是债务不履行责任,均可归结为一种民事责任,并无承认两种意义民事责任之必要。要说明这一点,只需举出下述理由就够了。

其一,无论侵权责任还是债务不履行责任,均以法律义务的存在为前提,同样是"义务为因,责任为果"。

侵权行为与债务不履行,区别在于所侵害的对象不同。债务不履行侵害的对象为债权;而侵权行为侵害的对象为债权以外的民事权利,包括物权、人身权、知识产权等。⑮ 物权、人身权、知识产权等民事权利,在性质上属于对世权,法律使权利人以外的一切人均为义务人,负有不为妨害行为的义务。违反此义务,即构成侵权行为。此项义务的存在,为成立侵权责任的前提,属于由法律直接规定的、普遍性的不作为义务。而债务不履行责任的前提,为有效债务的存在。债务,通常是由当事人约定的特定的作为义务。两者的区别仅此而已。同为有效的法律义务,同为发生民事责任的原因。可见,侵权责任和债务不履行责任均以有效的法律义务为前提,均为违反法律义务的后果,即"义务为

---

⑭ 参见郑玉波:《民事责任之分析》,载郑玉波主编:《民法债编论文选辑》(上册),五南图书出版公司1984年版,第60—62页。

⑮ 债权是否得为侵权行为之侵害对象,学说上有分歧。一部分学者持肯定说。但无论如何,侵害债权之侵权行为,在侵权行为中所占比重很小。

因,责任为果",并无不同。

其二,侵权责任不仅是对违反义务人的制裁,也同样是对义务履行的担保。

前已述及,物权、人身权、知识产权等民事权利性质上为对世权,权利人以外的一切人均负有不为妨害行为的义务。违反此项义务,即构成侵权行为,依民事责任制度的规定,使侵权行为人负侵权责任。例如,依《民法通则》第117条的规定,强制侵权行为人返还所侵占之财产,恢复财产之原状,或赔偿损失;依《民法通则》第118条的规定,强制侵权行为人停止对知识产权的侵害,消除影响,赔偿损失;依《民法通则》第120条的规定,强制侵权行为人停止对人格权的侵害,恢复受害人名誉,消除影响,赔礼道歉并可以要求赔偿损失。因有此侵权责任,才能保障权利人实现其权利,担保义务人履行其不作为义务,以发挥物权、人身权、知识产权等民事权利的效力。由此观之,侵权责任不仅是对违反义务人的制裁,也是对义务人履行义务的一种担保,亦即担保义务之不可侵害也。[16] 此与债务不履行责任之担保债务履行并无差别。

其三,债务不履行责任不仅是对义务履行的担保,也同样是对违反义务人的制裁。

债务不履行责任,作为对债务履行的一种担保,其担保作用之发挥,是在债务不履行之后,即依法强制债务人履行或以债务人自己的财产赔偿债权人。就债权人方面言之,使其得到与债务履行同样的结果。但就债务人方面言之,是对其不履行债务的一种惩戒。从现代民法观点看,债务不履行与侵权行为同为民事违法行为,其共同本质在于法律义务之违反。民法为确保法律义务之正确履行,设立民事责任制度,以制裁违反法律义务的行为人。因此,无论侵权责任还是债务不履行责任,均为对违反法律义务人的制裁,二者并无差别。

---

[16] 林诚二先生也认为,因侵害物权所产生的侵权责任,为对义务的担保。参见郑玉波主编:《民法债编论文选辑》(上册),五南图书出版公司1984年版,第45页。

要而言之，民事责任制度作为保障民事权利义务实现的法律手段，其功能是多重的。所谓义务履行的担保，或对违反义务人的制裁，或对民事损害的补偿，均系民事责任之重要功能，而非民事责任之本质。学者因观察角度不同而有所侧重，论侵权责任则强调其制裁功能，谈债务不履行责任则突出其担保作用。若因而认为有所谓两种意义的不同的民事责任，则显然不妥。

一、民事责任为民事法律关系之构成要素

前文已经谈到，日耳曼法上的责任，指债务人未为给付时应服从债权人之强制取得关系。由于此种强制取得之责任关系附加于债务关系，债务关系才具有法律拘束力。而按照罗马法思想，责任为义务不履行之必然结果，为义务关系所包含。现代英美法系民法认为，责任与权利不可分离，既没有无责任的权利，也没有无权利的责任。因而民事法律关系被称为"权利—责任关系"（right-duty relationship）。[17] 美国著名学者柯宾解释说，设使 A 交付货物于 B 以交换 B 在 30 天后付款的允诺，于是就在 A 与 B 间创设了一项法律关系。A 对 B 享有一项权利，而 B 对 A 负有一项责任。之所以这样说，是因为我们从过去的历史知道，假使 B 不付款，则 A 可以得到社会官员的援助——他可以得到司法的和行政的救济。A 与 B 间这一"权利责任关系"，不过是这样一组事实的简略表述：货物的交付，允诺，法庭和执行吏长期一贯的活动。[18]

按照现代大陆法系民法思想，民事责任为民事法律关系之构成要素。民事法律关系，是由民事权利、民事义务和民事责任三者结合而成。权利、义务为法律关系之内容，责任则是权利、义务实现的法律保障。权利、义务唯与责任相结合，民事权利才能受到责任关系的保护。这里借用林诚二先生在《论债之本质与责任》一文中所作的比喻，民事法律关系就如同一个橘子，义务是果肉，责任是果皮，果肉是用果皮保

---

[17] See E. Allan Farnsworth, William F. Young and Harry W. Jones, Contracts: Cases and Materials, Foundation Press, 1972, p. 100.

[18] 参见〔美〕柯宾：《合同法》，西方出版公司 1952 年版，第 579 页。

护,亦即义务为责任所包含。因有此皮与肉,此一橘子乃能为人所吃,而可送到市场出卖。此时出卖之橘子,即系有皮有肉之民事权利也。[19]

二、民事责任使民事权利具有法律上之力

关于民事权利之本质,有三种学说。其一为意思说,以权利为个人自由意思之支配范围。其二为利益说,以权利为法律所保护的利益。其三为法律上之力说,以权力之本质为法律上之力。近世学者大都采第三说。李宜琛先生认为,权利之内容为特定的利益,所谓利益不限于金钱的或经济的利益,即人格的无形利益亦包含在内;而权利之外形,则为法律上之力。盖权利之特征,即在于权利人得以法律上之力,积极地实现其权利,消极地排除他人之侵害也。[20] 按照郑玉波先生的见解,法律为保护或充实个人之特定法益,乃为有权利之一形态,亦即予人以特定的法律上之力,俾其借以享受特定之利益。可知权利系由"特定利益"与"法律上之力"两种因素所构成。[21]

此所谓法律上之力,与通常所谓力不同。通常所谓力,乃物理意义上之力,为物质的相互作用。而法律上之力,指法律所赋予的强制力,受法律及整个国家机器的支持与保障。依此法律上之力,不仅可以支配物,而且可以对他人实施强制。例如物权,为直接支配标的物的排他性权利。因有此法律上之力,权利人得以直接支配标的物,并排除他人之干涉。人身权为对权利人自身及人格利益的支配权。权利人借法律上之力,得享有生命、健康、自由、名誉、隐私等无形利益,并排除他人之干涉。债权为请求权,权利人不能直接支配标的物及义务人,仅能请求义务人为给付。但在义务人不为给付时,权利人借法律上之力得强制义务人为给付或赔偿损害。民事权利之所以有此法律上之力,皆因有民事责任之故。民事权利因与民事责任结合,因此获得法律上之力。

---

[19] 参见郑玉波主编:《民法债编论文选辑》(上册),五南图书出版公司1984年版,第40—41页。
[20] 参见李宜琛:《民法总则》,中国方正出版社2004年版,第43—44页。
[21] 参见郑玉波:《民法总则》,三民书局1979年版,第44页。

但若权利人能够完全实现其权利,亦即义务人能正确履行其义务,则此法律上之力不动。必待权利人不能实现其权利,亦即义务人不履行其义务时,此法律上之力乃发动。权利人即可借此法律上之力,强制义务人履行其义务或为损害赔偿等,以确保权利之实现。

三、民事责任是联结民事权利与国家公权力之中介

民事责任何以能使民事权利拥有法律上之力,何以能够发挥保护民事权利的功能,盖因民事责任伴有诉权,使民事责任成为联结民事权利与国家公权力之中介。从而,国家公权力的活动形式,如诉讼、裁判、破产、强制执行等,必以民事责任为发动之根据。正如林诚二先生所指出的,责任关系之具体表现,在于诉权之行使。因此,责任乃民事权利与诉权之中间桥梁。[②]

现代法律制度下,由国家司法机关最后保障民事权利之实现。例如所有权在受不法侵害时,所有权人即可依民事责任关系请求司法机关保护,由司法机关强制侵权行为人返还财产,恢复财产之原状,或使之负担损害赔偿责任。此种个人对于司法机关请求保护之权利,称为诉权。依近世学者之通说,诉权为一种公权。而诉权之成立,必须有一定法律要件存在不可。此法律要件,学说上称为诉权之实质要件,或权利保护要件。就司法机关方面言之,司法机关非认为当事人具备此项要件时,不得为保护该当事人利益之判决。就当事人方面言之,一旦具备此项要件,该当事人对于司法机关即有要求为利己判决之权,而司法机关即负有保护其正当利益之义务。此所谓诉权之实质要件或权利保护要件,即民法所谓民事责任。

民事权利因受民事责任关系之保护,其法律上之力借国家公权力及程序法的规定而得以贯彻。无民事责任保护之权利,不受国家公权力的保障,只能是道德上或礼仪上的权利,而非法律上的权利。因此,

---

[②] 参见郑玉波主编:《民法债编论文选辑》(上册),五南图书出版公司1984年版,第43页。

民事权利与民事责任,性质上为不可分离。大陆法上有所谓自然债,英美法上有所谓不能强制执行的合同,属于无诉权之权利,而非无责任之权利。《民法通则》第138条规定超过诉讼时效期限的请求权,即无诉权的权利。

四、民事责任为一种特别债

现代民法之民事责任,本质上是一种特别的债权债务关系。其特殊性表现在:(1)民事责任作为一种特别债,其发生非出于当事人双方的意志,而是出于民法民事责任制度的直接规定。其目的在于保障民事权利义务的实现。(2)民事责任作为一种特别债,必以有效的法律义务的存在为前提。这种法律义务可以是由合同约定的,也可以是法律直接规定的;可以是积极的作为义务,也可以是消极的不作为义务。有义务即有责任,无义务即无责任。(3)民事责任作为一种特别债,乃以义务不履行为停止条件。在此条件成就前,责任关系虽已存在,但未生效,即其效力处于停止状态。若义务人能正确履行其义务,即权利人能完全实现其权利,则此责任关系终不生效。而一旦条件成就,即义务人违反义务时,则此责任关系发生效力。(4)民事责任作为一种特别债,其内容与普通债不同,为赋予权利人法律上之力,使之能够强制义务人为特定行为,包括实际履行义务,返还财产;停止侵害行为;恢复财产之原状;赔礼道歉,恢复权利人名誉,支付违约金或损害赔偿金;等等。此特定行为,在权利人方面为特别请求权,在义务人方面为特别义务(责任)。(5)民事责任作为一种特别债,以国家公权力保障其实现。表现为由国家司法机关作出裁判,强制义务人履行其责任或由执行机关强制执行。[23]

综上所述,民事责任为保障民事权利义务实现的法律手段,乃是现代民法之生命力所在。民事立法之进步与完善,其着重点不在于规定

---

[23] 学者因此将民事责任称作"国家的权力活动形式"。参见〔苏〕格里巴诺夫、科尔涅耶夫主编:《苏联民法》(上册),中国社会科学院法学研究所民法经济法研究室译,法律出版社1984年版,第491页。

人民可以享有民事权利之多寡,而在于制定尽量完善的民事责任制度,且国家司法机关能严格执法,以切实保障人民所享有的各项民事权利之实现。反之,若仅满足于宣布人民享有种种民事权利,而无相应的严密的民事责任制度作为担保,或者虽有民事责任规定而司法机关有法不依,或者因种种干预而使司法机关有法难依,使人民依法享有的民事权利受侵害时,不能依民事责任关系而排除侵害。此种权利,因无民事责任之保护,实际上并非真正法律上权利,于人民有何实益?

关于民事责任的若干问题[*]

一、引论

民事责任为法律责任之一种。探讨民事责任,须先探讨法律责任。著作中常将法律责任混同于法律义务。例如周沂林、孙皓晖等在《论经济法基本范畴——经济责任》一文中写道:"从最一般的意义上来说,责任就是义务,即去做应该做或必须做的事。""任何责任都是义务。""如同责任在最一般的意义上就是义务一样,广义的法律责任也等同于法律义务。但是法律责任在法学中作为一个基本范畴是法律义务范畴的逻辑展开,因而它是法律义务的具体化。""因而,法律责任就是法律义务,是在最抽象的意义上对法律责任下的定义,如再进一步考虑到它们之间的差异,那么应当认为,责任是具体的义务,义务是抽象的责任。"[①]

法律责任与法律义务虽然有密切联系,但毕竟是两个不同的概念,各有其不同的本质。法律要求当事人应为的行为,称为义务。义务与权利是相对应的。义务的履行即为权利的实现,义务的违反即发生责任。可见,法律责任以法律义务的存在为前提。要先有义务,然后才谈得上责任。无义务,即无责任。虽有义务存在,如果义务人能正确履行义务,也不发生责任。只在义务人违反义务时,才发生责任。换言之,法律责任为违反法律义务的当事人应承受的法律后果。

---

[*] 本文原载《法律学习与研究》1986 年第 7 期。
[①] 周沂林、孙皓晖等:《论经济法基本范畴——经济责任》,载李培棠、郭鸥一、戚庆英编:《经济法文集》(一),山西财经学院科刑处(内部教学、研究材料)。

学者刘清波在《民法概论》一书中将法律责任与法律义务的区别归结为,义务是应为的行为,责任是必为的行为。[2] 此说未能划清二者界限。笔者认为,义务在本质上是义务人的行为,而责任之本质恰好在于它不是责任人的行为,而是国家的行为。这是法律责任与法律义务根本区别所在。

法律上所谓行为,皆本于人之意思作用。故无意思能力者如未满10岁的幼孩及精神病人的活动,不得称为行为,法律上规定为无行为能力人。精神正常的成年人,虽然具有完全的行为能力,但在熟睡、昏迷状态下的活动,亦不得称为行为。责任在本质上并非责任人之行为,这是因为责任的实现不以责任人意思作用为必要,无论责任人是否愿意,都不妨碍责任的实现。法律责任总是通过一定的国家机关强制执行的。刑事责任如拘役、徒刑、死刑等,行政责任如警告、罚款、吊销执照等,不得谓为责任人之行为至为明显。民事责任又何尝不是如此。民事违法行为人在不主动向受害人支付损害赔偿金时,国家机关将从他的银行账户中强行划拨,或者强行扣押并变卖他的财产。所以说,法律责任不是责任人的行为,而是国家的行为,是国家权力活动的特殊形式。

民事责任是法律责任的一种,因而具有法律责任的本质。但是,民事责任是民法的法律责任,不能不反映民法所调整的社会关系的特征,因而区别于其他法律责任。其一,法律设民事责任之目的,一方面是对民事违法行为人的一种惩戒,另一方面是由民事违法行为人填补受害人所受到的损害或恢复受害人被侵犯的权益,这与刑事责任和行政责任只注重惩罚违法行为人是显然不同的。其二,追究民事责任原则上是受害人的权利,如损害赔偿责任使受害人享有损害赔偿请求权,属于债权的一种。即法律在民事违法行为人与受害人之间设立一种以损害赔偿金的支付为内容的债权债务关系,使受害人成为债权人,享有请求损害赔偿金的权利,使民事违法行为人成为债务人,负有给付损害赔偿

---

[2] 参见刘清波:《民法概论》,开明书店1979年版。

金的义务。因此，民事责任的追究，原则上应由受害人主张，一般情况下，法律允许受害人放弃请求或减免责任人应负的责任。这与刑事责任和行政责任在原则上应由国家机关主张而不是由受害人主张是不同的。其三，民事责任的实现，可以采取多种方式，即诉讼、仲裁、调解及当事人协商和解。而刑事责任和行政责任，依其性质不允许采用仲裁、调解及和解方式。在采用诉讼或仲裁方式时，以当事人（主要是民事违法行为之受害人）提出诉状或仲裁申请书为发起诉讼程序或仲裁程序之法定根据，法院或仲裁机构无主动提起案件追究民事责任的职权。这与刑事责任和行政责任原则上应由法定的国家机关依职权主动追究是判然有别的。

社会主义国家是人民利益的代表。为了建立民事活动领域的正常秩序，国家将自己的意志表述为民法规范，要求一切民事主体一体遵行。由于国家、集体和个人在根本利益上是一致的，民法规范所体现的国家意志实际上也就是广大人民的意志，这就决定了广大人民能够自觉遵守民法规范。因此社会主义民法主要依赖于人民群众自觉遵守，而不是主要依靠强制措施。但我们不能不看到，社会主义社会仍然存在各种矛盾。不同的集体之间、个人之间以及他们与国家之间，就局部利益和眼前利益而言，难免发生矛盾和冲突。这就决定了有一些民事主体会不惜通过损害他人利益和国家利益，以牟取自己的非法利益。这就是各种民事违法行为的根源。制裁民事违法行为，维护民法规范的法律效力，保障民事权利不受侵犯，正是民事责任制度所担负的职能，也正是社会主义民法不可不规定民事责任的原因。

我国《民法通则》专设民事责任一章，包括民事责任的一般规定、违反合同的民事责任、侵权的民事责任、承担民事责任的方式，共四节29条。这一立法体例，既不同于传统民法，也不同于其他社会主义国家民法。

众所周知，大陆法系民法将民事责任分为违反合同的责任和侵权行为责任，将二者安排在民法典债权编。《苏俄民法典》继承了这一编排体例，该法典第三编为债权，其中第十九章规定违反合同的责任、第四十章规定侵权责任。《匈牙利民法典》《波兰民法典》及《南斯拉夫债务关系法》关于民事责任的立法体例与《苏俄民法典》相似。在民事立法体例上改弦易辙的首先是《捷克斯洛伐克民法典》，《德国民法典》步其后。这两个国家的民法思想认为，侵权责任之目的在于保护公民权益，与合同债之本质在于商品交换是完全不同的。并且认为，保护公民权利是社会主义民法首要任务。因此，这两个国家的民法典，一反《苏俄民法典》的体例，将侵权责任从债权（合同）编中分离出来，作为法典独立的一编。

我国民法思想显然曾受到《捷克斯洛伐克民法典》和《德国民法典》的影响。前法制委员会民法起草小组于1979—1982年间草拟的四个民法草案，均试图将侵权责任作为法典独立的一编。例如，1980年的《民法草案（征求意见稿）》，其中第三编合同，规定了违反合同的责任；第五编称损害责任，即侵权责任。1981年的《民法草案（第三稿）》，第四编合同，其中第一章为合同通则，规定了违反合同的责任；第七编称民事责任，其中除第456条外均为侵权责任的规定。

捷克斯洛伐克和民主德国的民法典对民事责任立法体例的变更，着眼于侵权行为与合同行为的不同本质以及对保护公民权益的注重，固然不无道理，但也有某些明显的缺点。一是将民事责任这一民法制度加以割裂，破坏了这一制度的统一性；二是增加了立法技术上的困难，必然多有重复。笔者认为，违约责任与侵权责任同为保护民事权利的法律方法，前者着重保护合同权利（债权），后者着重保护物权、人身权及其他民事权利，两者仅着重点不同而已，岂有优劣之分，两者在本质上完全相同。同时，在社会主义商品经济中，无论公民或法人都要依赖合同而参加商品交换，债和合同制度对于社会生产生活具有非常重要的作用。法律对于保护债权和合同权利之注重，丝毫不应亚于其他民事权利如物权等。《捷克斯洛伐克民法典》和《德国民法典》单独将侵权责任分离出来作为法典独立的一编，难免给人以轻视债权的印象。究其根源，反映了两国经济体制和经济思想上忽视商品生产和商品交换的现象。

我国从1979年以来逐步进行了经济体制改革,执行了对外开放、对内搞活的经济政策和大力发展有计划商品经济的方针,作为组织商品生产和商品交换的有效手段的债和合同制度,在各项民法制度中居于极端重要的地位,债权和合同权利的保护问题理所当然地受到立法者的关注。因此,我国《民法通则》在原《民法草案(第四稿)》已将侵权责任单独作为一编的基础上,再向前迈进一步,将违约责任也从债权中分离出来与侵权责任合二为一,安排在第六章称为民事责任。这样安排使民事责任成为一项统一、完整的法律制度,突出法律对保护公民、法人各种民事权益的注重,避免了立法技术上的困难,无论从立法思想还是从立法技术上看,均较传统民法及其他社会主义国家民法典更趋妥洽,这应是我国《民法通则》特色之一。

二、民事违法行为

法律设民事责任制度,其目的专在制裁民事违法行为,保护公民和法人民事权益不受侵犯,或在公民和法人民事权益受到侵犯时,能借助民事责任制度使受到侵犯的权益得到恢复或补偿。可见,无民事违法行为即无从发生民事责任,民事违法行为是引起民事责任的法律事实。因此,论民事责任不可不论民事违法行为。

法律将行为区别为合法行为及违法行为。其中,合法行为是法律所提倡、鼓励和保护的行为,或者至少是法律不予禁止的行为。违法行为则不同。违法行为是法律所禁止的行为,因而法律将对违法行为人追究法律责任。民事违法行为是违法行为的一种。民事违法行为是违反民法及其他民事法律,依法应追究民事责任的违法行为。民事违法行为的实质,是行为人违反了民法上的权利和义务,侵犯了法律所保护的民事权利。民事违法行为的构成要件如下。

(一)行为人须具有民事责任能力

民事责任能力,是民法上的一种法律资格,它是法律对行为人追究民事责任的根据。具有民事责任能力,意味着行为人将对自己行为造成的违法后果承担民事责任。反之,无民事责任能力人在他们的活动给他人利益或社会利益造成损害时,其本人将不受法律追究,而由其监护人(对无责任能力的社会组织,则由其上级机关或组织)承担民事责任。民法将民事责任能力与民事行为能力联系在一起,凡依法具有民事行为能力人,均具有民事责任能力。反之亦然。

民法设民事行为能力之宗旨,在于使具备一定条件的自然人或社会组织,能够不依赖于他人而独立自主地从事民事活动,为自己谋取经济利益和其他利益。由于不同主体之间存在利益差别,决定了享有民事行为能力的自然人和法人在从事民事活动追求各自利益时,难免发生损害他人利益和社会利益的情形。民法出于维护民事活动领域正常秩序和保护合法权益的考虑,特别设立民事责任能力,并使之随民事行为能力发生,目的在于要求享有民事行为能力人对自己行为所造成的损害负责。实际上,民事行为能力和民事责任能力恰如一个问题的正反两面。民事行为能力是其正面,主体可据以按照自己的意志追求自身利益;民事责任能力是其反面,主体因此应对自己所造成的损害承担法律责任。唯其如此,法律通常只对民事行为能力作明文规定,不言而喻,凡取得民事行为能力者也就同时具有了民事责任能力。

民事行为能力与民事责任能力虽然联系密切,但毕竟是两种不同的法律资格,不应混淆。两者区别主要表现在下述三个方面。其一,设置目的不同。前已述及,法律设民事行为能力,在于使民事主体据以按照自己的意志追求自身利益;设民事责任能力,目的在于对主体追究法律责任,保护他人和社会利益。其二,法律效力不同。民事行为能力是决定法律行为是否有效的根据。按照《民法通则》第55条的规定,民事行为能力是民事法律行为的法定要件;按照第58条的规定,无民事行为能力人实施的民事行为一律无效。民事责任能力则是承担民事责任的根据。无民事责任能力人能免予法律追究。对于社会组织来说,民事责任能力被法律明定为取得法人资格的条件(《民法通则》第37条)。其三,效力范围不同。民事行为能力总是具体的,有一个效力范围,不同主体所享有的民事行为能力范围不同。例如,自然人中作为消费者的公民与个体工商户的民事行为能力范围不同;不同的个体工商户因其登记的经营范围不同,各自民事行为能力范围也不同;法人当中企业法人与其他法人民事行为能力范围不同;同属企业法人因登记的经营范围不同,各自的民事行为能力范围也不同。但民事责任能力是一种抽象的法律资格,并无具体范围的限制。无论何种民事主体,尽管他们各有不同的民事行为能力范围,但在民事责任能力上都并无区别。民事主体超出民事行为能力范围的民事行为(如合同)无效,但他们所为的侵害行为,无论是否超出民事行为能力范围,都为有效,即应受法律追究。

(二)须侵犯某种合法权利

构成民事违法行为,除须行为人有民事责任能力外,还须该行为确实侵犯某种合法权利。未侵犯任何合法权益的行为,不构成民事违法行为。

凡合法权利均可成为民事违法行为的侵害对象。以所侵害对象的性质为标准,可将侵害行为分这三类。第一,对财产权的侵害行为。包括对物权的侵害行为、对债权的侵害行为,以及对继承权的侵害行为等。第二,对非财产权的侵害行为。包括对人的生命、健康和身体的侵害行为,以及对人格权的侵害行为。第三,对其他合法利益的侵害行为。例如,侵害社会公共利益的行为。对知识产权的侵害既包括对其中财产权的侵害行为,也包括对其中非财产权的侵害行为。

侵害行为的形式是多种多样的,因所侵害对象不同而有不同形式。例如,对物权的侵害行为,主要形式是:侵占、哄抢、私分、损毁、非法扣押等。对债权的侵害行为,主要形式是违反合同。对生命、身体和健康的侵害行为,主要形式是:殴打、伤害身体、损害健康、致死。对人格权的侵害行为,主要表现为诽谤、诬蔑、侮辱等形式。对知识产权的侵害行为主要表现为剽窃、篡改、假冒、非法仿制等形式。

(三)行为须具有违法性

构成民事违法行为的第三个要件是行为的违法性。一切不具有违法性的行为,纵然侵犯某种合法权益,也不构成民事违法行为。例如国家机关依法实施的扣押、查封、冻结和没收财产的行为,不构成民事违法行为。公职人员在依法执行职务中所造成的无法避免的侵害行为，如消防队员在扑灭火灾过程中造成财产损害，不构成民事违法行为。公民在正当防卫或紧急避险时所造成的损害，亦不得谓为民事违法行为。

所谓行为的违法性，通常表现为下述三种情形。第一，违反法律禁止性规定。所谓禁止性规定，即法律明文规定赋予一切民事主体不作为义务。例如《民法通则》第73条规定，国家财产神圣不可侵犯，禁止任何组织或者个人侵占、哄抢、私分、截留、破坏。侵占、哄抢、私分、截留和破坏国家财产的行为，就是违反法律禁止性规定的民事违法行为。第二，违反法律所保护的权利义务。法律调整社会生活，除直接作出禁止性规定为一切主体设定不作为义务外，广泛采用的方式是为各种法律关系的参加者设定一定的权利和义务，以及允许民事主体依法自己设定一定的权利和义务。这种权利和义务，无论出于法律的直接规定还是由当事人依法约定，均受法律保护。凡违反受法律保护的权利义务，均属于民事违法行为。第三，违反诚实信用原则。按照《民法通则》第4条的规定，诚实信用原则为民事活动所应遵循的基本原则。民事主体的行为，虽然未违反法律禁止性规定，也未违反法律所保护的权利义务，亦可因违反诚实信用原则而构成民事违法行为。例如，行使权利违背诚实信用原则，损害他人利益或社会公共利益，构成民事违法行为。

常见的民事违法行为有违约行为和侵权行为。违约行为又称违反合同，指合同关系的当事人不履行、不完全履行或不适当履行合同义务的行为（或不行为）。违约行为依违反合同的不同情况可以细分为迟延履行、不完全履行、瑕疵履行、毁约、因债务人原因致履行不能。非法侵害他人合法权益，依法应承担民事责任的行为，称为侵权行为。违约行为与侵权行为同属民事违法行为，二者区别如下。其一，违约行为以有效合同关系的存在为前提，违约人和受害人均具有特定身份，即同为合同关系的双方当事人，而违约人为合同债务人。侵权行为并不以合同关系存在为前提，侵权行为人无须具有合同债务人的特殊身份。法律为保护一切民事主体合法权益及社会公共利益,赋予所有人不得侵犯他人合法权益的普遍性义务。无论何人只要非法侵犯他人合法权益,均可成立侵权行为。其二,违约行为所侵犯的对象只能是合同关系的对方当事人依据合同所享有的债权;侵权行为所侵犯的对象是合同债权以外的其他民事权利,如物权、人身权、继承权、知识产权等。按照传统民法理论,认为债权无对抗第三人的效力,因此不承认债权也可成为侵权行为的侵犯对象。近世以来,已承认第三人侵犯债权,即合同当事人以外的第三人妨害债权实现,也可构成侵权行为。但第三人侵害债权毕竟发生较少。

违约行为与侵权行为尽管有上述区别,但在实际生活中也有不易截然划分的情形。例如,买受人因商品质量不合格造成损害,既可依《合同法》关于瑕疵履行的规定提起违约之诉,也可以依《民法通则》第122条的规定提起侵权之诉。这种情形,理论上称为违约行为与侵权行为之"竞合"。

民事违法行为除违约行为与侵权行为外,还有权利滥用行为。权利滥用为一种民事违法行为,资本主义国家民法如《法国民法典》《奥地利民法典》《希腊民法典》,社会主义国家民法典如《苏俄民法典》《匈牙利民法典》《波兰民法典》,均有明文规定。我国法律虽迄今未正式使用权利滥用一词,但切不可因此误认为我国法律无规定。我国《宪法》第51条规定:"中华人民共和国公民在行使自由和权利的时候,不得损害国家的、社会的、集体的利益和其他公民的合法的自由和权利。"这是我国法律关于禁止权利滥用的最高法律根据。我国《民法通则》第7条规定:"民事活动应当尊重社会公德,不得损害社会公共利益,破坏国家经济计划,扰乱社会经济秩序。"此所谓民事活动当然包括行使权利在内。毫无疑问,权利滥用是一种民事违法行为。

权利滥用在非法侵害他人合法权益或社会公共利益这一点上与侵权行为相同。正因为如此,有的学者主张权利滥用已包括在侵权行为概念之中,没有必要把它从侵权行为中区分出来作为一种单独的民事违法行为。但权利滥用与侵权行为毕竟有重要区别:第一,权利滥用须事先有正当权利存在,且属于行使权利行为或与行使权利有关的行为。侵权行为事先并无正当权利存在,不属于行使权利行为或与行使权利有关的行为。第二,权利滥用之立法目的,是对民事权利的一定限制,通过制裁权利滥用(即行使权利超出限制范围)以保护社会利益和他人权利不受侵犯。侵权行为立法并未对侵权行为人正当权利有所限制。第三,构成权利滥用以当事人具有损害他人及社会利益的故意为必要,在行使权利时仅因过失造成他人及社会利益的损害,尚不能构成权利滥用。侵权行为不以故意为必要,仅有过失亦可构成侵权行为。

关于民事责任的若干问题(续)[*]

三、民事责任原则

我国民法追究民事责任,以过错责任原则为普遍原则,而以无过错责任原则为特别原则。对于法律特别规定的民事违法行为,才能适用无过错责任原则,而对于法律无特别规定的民事违法行为,则应一律适用过错责任原则。

法律上所谓过错,是指行为人从事违法行为时的心理状态,分为故意和过失。所谓故意,是指行为人明知自己的行为可能产生某种违法后果,而仍然进行此行为有意促成该违法后果的发生。所谓过失,是指行为人对自己行为可能产生的违法后果应当预见、能够预见而竟未预见到,或虽然预见到了却轻信其不会发生,以致造成违法后果。无论故意或过失,皆为本人的主观意识作用,故精神病人及未满10岁儿童,不能成立故意或过失。按照过错责任原则,追究民事责任,必须以违法行为人有故意或过失为条件,行为人只对自己故意或过失的违法行为承担责任。因此,过错责任原则又称为主观责任原则。

在具体追究民事责任时,首先面临的一个问题是,应由谁负责证明被告的过错。我国《民事诉讼法(试行)》第56条第1款规定:"当事人对自己提出的主张,有责任提供证据。"因此,证明被告有无过错,属于案件当事人的义务。但这一举证义务由原告或被告承担,因民事责任的不同而有区别。在追究侵权责任时,法律一般使受害人(原告)负证

---

[*] 本文原载《法律学习与研究》1986年第8期。

明义务;在追究违约责任时,法律使违约人(被告)负证明义务。违约行为人应当向法庭或仲裁庭举证,证明自己对于违反合同并无过错。如果行为人不能证明自己无过错,法庭或仲裁庭即依法推定其对于违反合同具有过错,称为过错推定原则。过错推定原则主要适用于违约责任,但对某些特殊侵权行为亦可适用。例如《民法通则》第126条规定,对于因建筑物造成他人损害的,就适用过错推定原则。

在追究违约责任时经常遇到这样的情形,违约是由于合同当事人的上级机关或其他人的过错所致,违约人本身并无过错。在这种情形下,法律使违约人先承担违约责任,然后违约人可以向上级机关或其他人(如配件供应人)索取赔偿。这在法律上称为债务人为自己一方第三人过错负责的原则。《民法通则》第116条和《经济合同法》第33条关于上级机关造成违约的规定,就是如此。

在民法发展史上,无过错责任原则产生较晚。19世纪资本主义大工业的发展,使工业事故和交通事故大量增加,学者称为"事故的年代"。按照过错责任原则,工人在一个毫无安全保障的工作环境中受到损害,只能怪他自己没有照顾好自己,而不能要求雇主负责。一方面是工人阶级的强烈反对,另一方面是资产阶级立法者为了缓和阶级矛盾,因此产生无过错责任原则。按照这一原则,只要违法行为造成损害,无论行为人是否有过错,都应承担民事责任。在这种情形,追究民事责任根本不考虑行为人主观意识状态,因此又称为客观责任原则或原因责任原则。

现代各主要国家和地区民法,大抵同时采用过错责任原则和无过错责任原则,而过错责任原则为普遍原则,无过错责任原则为特别原则。无过错责任原则的适用范围是由法律特别规定的,只能对法律特别规定的民事违法行为适用,不允许任意扩大其范围。凡法律未特别规定应适用无过错责任原则的违法行为,只能适用过错责任原则。

从我国现行法律看,无过错责任原则主要适用于《民法通则》第121条规定的行政侵权行为;第122条规定的产品责任;第123条规定的高度危险作业致人损害的民事责任;第124条规定的污染环境致人损害的民事责任;第 125 条规定的在公共场所或通道施工致人损害的民事责任;第 127 条规定的饲养动物致人伤害的民事责任;第 133 条规定的监护人责任。这些规定均不允许行为人以自己无过错免责,因此属于法定适用无过错责任原则的范围。但仔细分析,其中又分为两类。国家机关的侵权行为、产品质量不合格造成的损害、环境污染损害及公共场所或交通道施工造成的损害,属于绝对的无过错责任。而其余三种,即高度危险作业造成的损害、动物伤害及监护人责任,则属于相对的无过错责任。因为这三种情形,当事人虽然不能以自己无过错免责,但依照法律规定可以通过证明受害人属于故意(高度危险作业损害)、受害人有过错或属第三人过错(动物伤害)而免除责任,或者通过证明自己无过错(监护人责任)而减轻责任。需加说明的是,在传统民法理论中建筑物造成损害属于无过错责任。我国《民法通则》第 126 条规定了建筑物损害,从前后条文编排看似应属于适用无过错责任原则的特殊侵权行为,但该条文明定建筑物所有人或管理人可以通过证明自己无过错而免除责任,因此仍属于过错责任。

按照《民法通则》第六章第一节民事责任的一般规定,无论侵权行为或违约行为,在法律有特别规定时均应适用无过错责任原则。但《民法通则》和《经济合同法》均未规定适用无过错责任原则的特殊违约行为,可见对违约责任应严格适用过错责任原则,不得适用无过错责任原则。有的同志认为我国《经济合同法》已规定无过错责任原则,并说,"我们要理直气壮地把无过失违约责任原则贯彻到订约、改约、履约、仲裁、审判的全过程中去"①。其所谓根据,是《经济合同法》关于计划变更、当事人关闭、停产、转产等造成违反合同应负责任的规定。实际上,对于这类情形,按照《经济合同法》第 33 条和《民法通则》第 116 条规定,在违约方承担责任之后,"再由上级机关对它因此受到的损害负责处理",属于前面已谈到的合同当事人为自己一方第三人过错负责的原则,最终仍归于过错责任原则,与无过错责任原则是完全不

---

① 张宇霖:《我国经济合同法无过失责任原则初探》,载《法学研究》1984 年第 6 期。

同的。

我国法律迄今未对违约行为规定无过错责任，并不等于不可以对违约行为规定无过错责任。其他社会主义国家民法，大抵只对运输合同和保管合同适用无过错责任，对其余合同的违反均适用过错责任。我国《民法通则》第 123 条已规定高速运输工具造成他人损害的应适用无过错责任原则，如果对高速运输工具造成合同当事人（旅客或托运货物）损害仍适用过错责任原则，就显得很不协调且有失公平。因此，可考虑在有关运输合同条例中作出无过失责任的规定。

除过错责任原则和无过错责任原则外，还有无法根据上述两原则追究责任的情形，这就是当事人双方对损害均无过错。对此，《民法通则》在第 132 条规定，双方对损害发生均无过错的，可以根据实际情况，由当事人分担民事责任。这一规定，也即民法理论上所谓公平责任原则。按照公平责任原则，对法律未特别规定适用无过错责任原则的一般侵权行为，本应根据过错责任原则处理，但由于双方均无过错以致无法依过错责任原则追究责任时，可考虑双方实际情况（主要是经济状况），使双方共同分担责任。虽然称为公平责任原则，但"责任"本来具有的制裁意义已不存在，实质上是一种分担损失的方法。

四、民事责任形式

《民法通则》第六章第四节专门规定了民事责任的各种责任形式。在传统民法理论中着重研究的民事责任形式是损害赔偿和违约金。其他形式，由于往往只适用于某一种民事违法行为，只在讨论某种民事权利的保护方法时予以论述。例如，停止侵害、排除妨碍、消除危险、返还财产等形式，被视为民法对物权的特殊保护方法，传统理论上称之为物上请求权，并未被归结为民事责任形式。类似情况还有消除影响、恢复名誉、赔礼道歉等，通常被作为保护人格权的特殊方法。《民法通则》将它们统统归入民事责任的各种责任形式，无疑是一件创举。此外，《民法通则》还规定了直接由法院适用的行政性责任形式，如训诫、责令具结悔过、收缴非法财物，以及罚款、拘留等，不属于民事责任。下面着重论述民事责任中两种最主要的责任形式。

(一)损害赔偿责任

民法上的损害赔偿包括:约定损害赔偿与法定损害赔偿。约定损害赔偿的主要是保险合同和保证合同。在法定损害赔偿中,损害赔偿的法定原因包括:(1)侵权行为;(2)违约行为;(3)瑕疵担保;(4)防卫过当;(5)避险过当;(6)征收、征用。其中,因侵权行为、违约行为、瑕疵担保、防卫过当及避险过当所产生的损害赔偿,属于民事责任形式,而其他原因产生的损害赔偿不属于民事责任形式,因其不具备对违法行为实施制裁的本质。

损害赔偿责任,其实质是法律强制民事违法行为人向受害人支付的一笔金钱,目的在于弥补受害人因民事违法行为所受到的损害。因此,损害赔偿责任突出地表现了民事责任的补偿性。这一性质使损害赔偿责任区别于行政责任中的财产责任形式(如罚款、没收财物)及刑事责任中的财产责任形式(如罚金、没收财产),也使它区别于民事责任中的其他责任形式。同时,由于损害赔偿金是由民事违法行为人支付,因此损害赔偿责任也是法律对违法行为人的财产制裁,体现了法律责任的惩罚性质。损害赔偿责任同时具有补偿性和惩罚性,把对受害人的补偿和对违法行为人的制裁两种作用有机结合起来。因此,损害赔偿责任是民法制裁违法行为、保护合法权益的最常用和最有效的法律手段。

损害赔偿责任之所以是民法最重要的责任形式,除它把制裁与补偿两种作用有机结合在一起以外,还在于它是民法上适用范围最广的一种民事责任形式。这是民事责任中的其他责任形式所不可比拟的。例如,违约金责任只适用于违约行为,排除妨碍、消除危险和返还财产责任只适用于对物权(所有权、占有权)的侵权行为,消除影响、恢复名誉责任只适用于侵犯人格权和知识产权的侵权行为,赔礼道歉责任只适用于侵犯人格权的侵权行为。

损害赔偿责任的适用范围包括一切民事违法行为。传统理论把民事责任区分为违约责任和侵权责任两类。我国《民法通则》也采纳了这种分类,在第六章民事责任中,第二节规定了违约责任,第三节规定了侵权责任。但是,无论是违约责任或者侵权责任,都以损害赔偿责任为主要责任形式。损害赔偿责任既适用于违约行为,也适用于侵权行为。例如,按照《民法通则》第 111 条的规定,对一切违约行为,包括不履行合同、迟延履行、部分履行及瑕疵履行等,均可适用损害赔偿责任。按照《民法通则》第六章第三节的规定,损害赔偿责任可以适用于一切侵权行为。按照第 117 条的规定,适用于侵犯国家、集体和个人财产(所有权和占有权)的侵权行为;按照第 118 条的规定,适用于侵犯知识产权的侵权行为;按照第 119 条的规定,适用于侵害公民生命、身体和健康的侵权行为;按照第 120 条的规定,适用于侵犯人格权的侵权行为。根据其他各条的规定,对法律规定的各种特殊侵权行为,均可适用损害赔偿责任。

发生损害赔偿责任的根据,是确因民事违法行为造成损害。虽有违法行为,如果并未造成实际损害,就不发生损害赔偿责任(不排除可以发生其他民事责任形式如停止侵害、排除妨碍等)。如果仅是一种产生损害的可能性,并没有实际发生损害,也不能适用损害赔偿责任。发生损害赔偿责任,必须是违法行为已经造成了实际的或现实的损害事实。在传统理论中,以过错作为发生损害赔偿责任的要件,现在看来有所不当。因为适用无过错责任原则的特殊侵权行为、防卫过当、避险过当及瑕疵担保的损害赔偿,均不以过错为条件。《民法通则》第 132 条规定,双方均无过错,亦可使当事人承担损害赔偿责任。

法律上所称损害包括以下三种:(1)财产损害。财产损害又称为财产损失。因此,《民法通则》将损害赔偿责任称为赔偿损失。损失又分为积极损失和消极损失。所谓积极损失,指财产的灭失和损坏,以及所支出的费用。所谓消极损失,指所失去可以获得的利益。(2)人身损害。在发生人身损害时,遭受损害的是公民身体、健康乃至生命。法律要求赔偿的,只是由于人身损害所发生的各项费用,包括医疗费、因误工减少的收入、残废者生活补助费、死者丧葬费、死者生前扶养的人必要的生活费等。这些费用实际上是由人身损害引起的财产损害。

(3) 人格损害。因违法行为使公民、法人的人格权遭受的损害,包括对公民姓名权、肖像权、名誉权、荣誉权的损害,对法人名称权、名誉权、荣誉权的损害。这类损害属于非财产损害。我国民法理论受苏联等国民法理论的影响,曾经认为人格损害不能用金钱衡量,否认对人格损害的赔偿责任、损害赔偿以财产损失为限。在实践中使人格权未能得到切实保护。《民法通则》反映了实践的要求并借鉴南斯拉夫、匈牙利等社会主义国家的立法经验,在第120条规定对人格损害亦可适用损害赔偿责任。

损害赔偿责任的目的,在于弥补受害人因违法行为所受到的实际损害,因此法律要求以实际损害作为确定赔偿金数额的标准。对于财产损害(包括损害人身所引起的财产损失及对知识产权中的财产权的损害),要求赔偿金数额与实际损失相符,不允许获得超过实际损失的赔偿金。为此,法律使受害人对实际损失负举证义务。受害人应当向法庭或仲裁庭举证,证明确有损害,该损害确系对方违法行为所致,并证明损失的数量。如果受害人不能证明实际损失,法庭或仲裁庭即驳回其赔偿请求。对于人格损害,《民法通则》第120条规定受害人"有权要求停止侵害,恢复名誉,消除影响,赔礼道歉,并可以要求赔偿损失"。按照笔者的理解,受害人有权要求合理的赔偿金,法庭或仲裁庭也只能判给合理的赔偿金。至于是否合理,要看与所发生的人格损害的严重程度及其与赔偿金是否相当。最终取决于法官或仲裁员的判断。

需要说明的是,在损害赔偿责任的确定上,因属于违约损害或者侵权损害而有不同。对于违约损害,依法只应赔偿财产损失,而不包括非财产损失(因瑕疵履行造成人身损害时赔偿所引起的各项费用,也属于财产损失)。对于财产损失的计算,不仅包括积极损失,也应包括消极损失。按照《民法通则》第114条的规定,受害人负有防止损失扩大的义务。受害人未及时采取措施致使损失扩大的,无权就扩大的损失要求赔偿。这种扩大的损失无论其属于积极损失或消极损失,都不应包括在赔偿范围之内。按照《民法通则》第112条的规定,如果当事人在合同中约定了损失赔偿额的计算方法，则应按照约定方法确定赔偿金额。另外，按照我国《涉外经济合同法》第19条的规定，违反合同的赔偿责任，不得超过违约方订立合同时应当预见到的因违反合同可能造成的损失。所谓"可预见的损失"，是违约行为的损害赔偿责任的最高限额。对侵权损害，不仅应赔偿财产损失，按照《民法通则》第120条的规定，在侵犯人格权的情形下也可以赔偿非财产损害。此外，在确定赔偿范围时，一般只计算对财产的积极损失，而不计算消极损失，即只赔偿积极损失，而不赔偿消极损失。按照《民法通则》第119条的规定，对侵犯公民身体的侵权行为应赔偿因误工所减少的收入，这属于例外情况。因误工减少的收入在法律上属于消极损失。需补充说明的一点是，对违约损害，法律允许当事人在合同中预先约定损害赔偿责任范围，而对侵权损害，当事人预先作出的限制损害赔偿责任的约定无效。

(二)违约金责任

违约金是除损害赔偿责任以外的另一重要的民事责任形式。违约金责任只能适用于违约行为，因而只是违约责任形式，而不是侵权责任形式。再者，违约金责任只能在合同中规定了违约金条款或有关法规对该合同规定了违约金标准时才能适用。反之，如合同及有关法规均无违约金的规定，在发生违约时不得适用违约金责任，而只能适用损害赔偿责任。可见，违约金责任的适用范围比损害赔偿责任要窄。违约金在本质上是法律强制违约人向受害人支付的一笔金钱，这与损害赔偿金并无不同，差别在于违约金责任不以实际损害为条件。即使违约结果并未发生任何损害，也不影响对违约人追究违约金责任。违约金数额与实际损害是否存在及损害的大小无关。法庭或仲裁庭也不要求请求权人就损害举证，因而在追索程序上比损害赔偿责任简便。尤其对于一些因违约所产生的损失在实际上无法计算和证明的合同，适用违约金责任对当事人十分方便，它免去了适用损害赔偿责任时当事人无法回避的举证困难。这是违约金责任形式在现代国内外合同实践中广泛适用的原因。

鉴于法律对违约行为适用严格的过错责任原则(我国法律至今未

规定适用无过错责任的合同),因此违约金属于过错责任,只在违约人对于违约行为具有过错时才发生违约金责任。如果不存在过错,违约人可以因此免责。这与前文谈到的损害赔偿责任有所谓过错责任与无过错责任是不同的。

由合同双方当事人在合同中约定的违约金,称为约定违约金。《民法通则》第 112 条规定,"当事人可以在合同中约定,一方违反合同时,向另一方支付一定数额的违约金"。而直接由法律或者条例规定的违约金,称为法定违约金。在我国合同法律实践中,违约金责任因此有各种不同情况:(1)无法定违约金标准或者虽有法定违约金标准但当事人不理会这种规定,由双方在合同中商定违约金条款。这种违约金为约定违约金。法律承认约定违约金的效力。假使约定违约金过高,法庭或仲裁庭依责任人的请求可减至相当数额。(2)当事人在签订合同时根据有关法规的法定违约金标准,商定了具体的违约金比率。这种违约金属于法定违约金与约定违约金的结合形态,有利于发挥违约金责任保证合同履行的作用。(3)当事人在合同中笼统地规定执行有关条例的法定违约金标准。由于我国一些合同条例规定的法定违约金标准为一个比率幅度,例如,《工矿产品购销合同条例》规定通用产品的违约金为不能交货部分货款总值的 1% ~ 5%,专用产品为 10% ~ 30%,因此在追究违约金责任时须由受理案件的法庭或仲裁庭考虑违约具体情节予以确定。(4)合同未约定违约金。如果属于有法定违约金标准的经济合同,例如工矿产品或农副产品购销合同,则应推定适用有关条例规定的法定违约金标准,如果属于法规未规定法定违约金标准的合同,则应推定为不适用违约金责任。

违约金还可以依其性质分为惩罚性违约金和赔偿性违约金。惩罚性违约金,是指合同约定或法律规定当事人违约时支付一笔金钱作为惩罚。赔偿性违约金,是指双方预先估计损害赔偿的总额。这一区分的实际意义在于,如果是惩罚性违约金,债权人除请求赔偿违约金外还可以请求履行合同债务或者请求损害赔偿金。这就会发生违约金和损害赔偿两种责任形式并用的问题。如果是赔偿性违约金,则只能请求赔偿违约金，不得再请求履行合同债务或请求损害赔偿金，即不发生违约金与损害赔偿金两种责任形式的并用问题。单纯约定违约金究竟属于赔偿性还是惩罚性，应就合同中所表示的当事人意思判断。我国《经济合同法》上的法定违约金兼有惩罚性和赔偿性两种性质，因此按照该法规定，在违约所造成的实际损失超过违约金时，法庭或仲裁庭依债权人请求应就违约金不足补偿的部分判给损害赔偿金。按照我国《涉外经济合同法》的规定，涉外经济合同中的违约金，应视为损失赔偿，即赔偿性违约金。

五、免责原因

传统民法以不可抗力作为免除民事责任的法定原因。依不可抗力的效力，不仅可以免除违约责任，也能免除侵权责任。我国《经济合同法》规定，因不可抗力而违反合同，可以免予承担违约责任。但对什么是不可抗力，法律未有规定。这就给司法实践中具体确定被告所举理由是否属于不可抗力的范围带来困难。《民法通则》的颁布使这个问题得到解决。《民法通则》第107条规定："因不可抗力不能履行合同或者造成他人损害的，不承担民事责任，法律另有规定的除外。"另外，在第153条为不可抗力下了一个定义："本法所称的'不可抗力'，是指不能预见、不能避免并不能克服的客观情况。"这种当事人所不能预见、不能避免并不能克服的客观情况，大致包括两类：即属于自然界方面的客观情况和属于社会方面的客观情况。自然界方面的，有水灾、旱灾、地震、海啸等。社会方面的，如战争状态、军事行动、封锁禁运、社会骚乱、罢工等。对于违约责任，法律允许当事人在合同中预先约定哪些客观情况属于不可抗力范围。对于侵权责任，则应由法庭或仲裁庭依职权解释。但无论对于违约责任还是侵权责任，援引不可抗力免责均应由当事人举证。

民法上免除民事责任的原因除不可抗力外，尚有情势变更。不可抗力对于违约责任和侵权责任均可适用，而情势变更仅适用于免除违约责任，侵权责任依其性质不发生情势变更问题。

我国民法对于情势变更迄今尚无明文规定。但是否因此可以否认我国民法有情势变更免责问题呢？笔者认为不能。证明这一点，有两个根据。其一，我国《经济合同法》(1981年)第27条规定，"由于不可抗力或由于一方当事人虽无过失但无法防止的外因，致使经济合同无法履行"，法律允许变更或解除合同。从条文解释，当事人无过错而无法防止的外因，除不可抗力以外，只能是指民法上所称情势变更。其二，我国《民法通则》第4条明定公平原则为民事活动应遵循的基本原则。合同成立以后，出现非当事人可以预见的情势变更，使合同成立时的基础丧失，如不允许当事人解除合同并免予承担责任，将不符合民法之公平原则。易言之，以情势变更免责，是民法公平原则的必然结果。

以情势变更免责，实质在于消除合同所出现的不公平后果。这种不公平不是合同订立时就有的，而是合同订立之后，由于发生不可预知的情势变更的结果。情势变更在理论上的根据是产生于13世纪的"不可预知情况学说"，即每一个合同均假定附有订立时作为合同基础的客观情况继续存在的默示条件。该学说至18世纪已湮灭无闻。因而在资产阶级早期民法中并无情势变更。第一次世界大战后，由于交通运输中断、物价飞涨、货币贬值，市场状况发生了剧烈变化。德国法院为应付所面临的困难，从《德国民法典》第157条和第242条引申发展出情势变更规则，据以解除许多战前的合同关系并免除当事人责任。其他各主要国家和地区亦相继采用。社会主义国家民法亦采用情势变更作为解除合同和免除责任的法定原因，如《匈牙利民法典》第241条和《南斯拉夫债务关系法》第133条就作了明文规定。

以情势变更免除当事人的违约责任，须具备下述要件：(1)须有情势变更。所谓情势指合同成立时的社会环境或作为合同基础的一切情况。而构成情势变更的情势应是当事人不能预见的。(2)情势变更应发生在合同生效后，合同关系消灭前。(3)情势变更应不可归责于双方当事人。(4)情势变更应达到一定程度，在一般人看来维持合同原效力已显失公平。

民法时效研究*

各主要国家和地区民法莫不规定时效制度。现存的成文法史料中,关于时效的最早规定见于罗马《十二铜表法》。法律史告诉我们,《十二铜表法》的各种规范只是古罗马既存的习惯规则的成文化。可知民法时效制度的起源,应追溯到《十二铜表法》以前的习惯法时代。

在人类远古社会中,几乎一切法律行为均须履行一定的方式,否则不生效力。古罗马财产有要式移转物与略式移转物之分,要式移转物的转让,如缔结买卖合同,所应履行的固定方式称为"mancipatio"。须由一人拿着天平,当事人双方站在五个证人的面前,买受人按规定念一定的套语,然后拿起一块金属片敲打一下天平,并将该金属片交付出卖人,至此 mancipatio 方式遂告完成。如果没有履行这一方式,尽管买受人已经占有标的物并支付了价金,仍不能取得所有权。由于商品经济的日益发展,要求商品交换行为尽量简便和迅速,转让财产的当事人常常故意规避 mancipatio 方式。出卖人在法律上仍享有早已转让出去的商品的所有权,而买受人虽然占有该项商品却不享有所有权,甚至出现这样的现象,一件商品虽然几经转卖,而它的所有者仍被认为是第一次出卖它的人。法律关系与实际关系严重脱节。为了纠正这一弊端,产生了下述习惯规则,即允许未履行 mancipatio 方式的买受人在继续占有商品一个时期之后,取得占有物的所有权,而使出卖人同时丧失所有权。著名的法律史学家亨利·梅因(Henry Maine,1822—1888)在研究

---

* 本文原载《法学研究》1984 年第 4 期。

罗马古代法律史之后指出：古罗马法上有一个比《十二铜表法》更古老的规则，凡是被不间断地占有一定时期的商品，即成为占有人的财产。此期间，依商品的不同性质，为1年或2年。同时这一古代惯例如，对于在某种情况下丧失占有达一两年的人，则直接剥夺其所有权。①

罗马制定成文法时，立法者将上述习惯规则制成条文，成为《十二铜表法》上一项重要的制度，称为"usucapio"，即时效。其文字由"usus"（使用）与"capere"（取得）二字连缀而成，字面含义为"因使用而取得"。按照《十二铜表法》的规定，占有土地的时效为2年，其他一切物品均为1年。法律禁止依时效取得葬地、田界及盗窃物的所有权。② 我们注意到，《十二铜表法》的时效制度甚至超出财产权的范围，对某些人身权利也同样适用。按照规定，一个不愿意确立丈夫对自己的支配权的妇女，每年应离家三夜，以中断占有她的1年时效（第六表第4条）。显然是因为当时妇女的地位与奴隶相似，在立法者眼里妇女不过是生儿育女的工具而已。

《十二铜表法》关于时效的规定，因其在成文法史上最为古老，被学者称为"最古时效"。最古时效的适用，仅限于罗马市民，其标的限于一切动产及意大利本国土地。对于罗马之外国人及州县土地，概不适用。裁判官法时代，为弥补市民法之不足，特创设长期时效制度，不分罗马市民与外国人，也不分动产与不动产，包括意大利土地及州县土地，一概适用。唯时效期间较最古时效大大延长，凡当事人（占有人及原所有人）双方居住在同一省内者，时效期间为10年，双方居住在不同省份者，其时效期间为20年。优士丁尼制定法典，一并废除最古时效与长期时效，另行规定统一的时效制度。规定动产时效期间为3年，不动产时效期间当事人居住同省者为10年，不同省者为20年。学者称之为普通时效。优士丁尼法典另设特别时效，凡不能依普通时效而取得所有权之物品，如盗窃物、寺院财产及赌金等，在经过30年或更长的

---

① 参见〔英〕梅因：《古代法》，沈景一译，商务印书馆1959年版，第161—162页。
② 参见《十二铜表法》第六表第3条、第七表第4条、第八表第17条、第十表第10条。

时效期间后，亦可取得所有权，又称非常取得时效，系由戴鹤徒先帝时之非常消灭时效转化而来。

以上为罗马法的取得时效制度，其发生在先。《十二铜表法》时尚无消灭时效之制。这是由于罗马市民法之诉讼，属于永久诉讼，除规定遗嘱取消之诉应在5年内提起外，其他一切诉讼概无时间上的限制。无论怎样年深月久，当事人的诉权永不消灭。因此，无由产生消灭时效制度。裁判官法时代，实行一种新的诉讼，称为法定期限诉讼，由法律规定当事人提起诉讼的法定期限，称为出诉期限。当事人若不在出诉期限内提起诉讼，一旦期限届满，将不能再行起诉。由于裁判官任职期限为1年，因此相应规定出诉期限均为1年。此为消灭时效之滥觞。至戴帝时，一切诉讼均有期限，即使是从前的永久诉讼，亦规定了30年时效期间，如遇特别情形，可延长至40年。此时永久诉讼之名虽存而实已亡。法律遂有正式的消灭时效制度。消灭时效虽从裁判官法之出诉期限发展而来，但两者亦有显著区别。出诉期限届满，当事人不仅丧失诉权，其实体权利也一并消灭，债务人可因此免除义务。消灭时效的效力，仅在消灭诉权，期限经过后再不能起诉，但其实体权利并不消灭。这种超过时效期间的债权，在罗马法理论上称为自然债，以对应于法定债。自然债虽不能依诉讼程序请求保护，但毕竟不同于无效之债。法律不强制自然债的履行，也并不拒绝承认其效力，如果当事人以诉讼以外的方式履行债务，仍受法律保护。后世之民法典大抵规定，超过消灭时效的债，如果债务人自愿履行，即使他不知时效期间已过，法律也不准许请求返还。其理论上的依据就在于此。

罗马法时效制度，包括取得时效与消灭时效。两种时效有以下不同点：其一，就两者起源比较，取得时效起源于《十二铜表法》以前的习惯规则，消灭时效起源于裁判官法之出诉期限；其二，就两者构成要素比较，取得时效以占有之事实状态为要件，消灭时效以权利不行使之事实状态为要件；其三，就两者法律效果比较，取得时效为权利取得之根据，消灭时效为权利消灭之原因。两种时效又有下述共同点：第一，均以一定事实状态的存在为前提。取得时效以占有之事实状态为前提，消灭时效以权利不行使之事实状态为前提,两者所要求的具体事实状态固有不同,但必须具备一定的事实状态则无二致。不以一定事实状态为前提者,例如,法定的权利存续期间,则不得谓为时效。第二,均以一定期间之经过为要件。无论取得时效或消灭时效,均须上述事实状态,经过一个法定期间,方才发生法律效力。无须一定期间之经过即可发生法律效力者,例如,动产之即时取得、无主物之占有,皆不得谓为时效。第三,无论取得时效或消灭时效,均产生变更既有权利义务关系的效力。由此可见,取得时效与消灭时效,虽然有前述种种区别,但却具有共同的法律本质,即一定的事实状态在法律规定期间内持续存在,从而产生与该事实状态相适应的法律效力,仍不失为一项统一的民法制度。

上文已经谈到,罗马法时效制度的重要作用,在于弥补财产转让方式的不完全。梅因指出,"时效取得实在是一种最有用的保障,用以防止过于繁杂的一种让与制度所有的各种害处","法学专家制定的这个时效取得提供了一个自动的机械,通过这个自动机械,权利的缺陷就不断得到矫正,而暂时脱离的所有权又可以在可能极短的阻碍之后重新迅速地结合起来"。[③] 至优士丁尼时代,明令废除要式移转物与略式移转物的区别,并废止财产转让之 mancipatio 方式。财产转让,只需当事人双方具有意思一致,并实际完成物之交付,即可移转所有权。至此时,已无再以时效弥补转让方式不完全之必要。而优士丁尼法典非但未取消时效制度,更对时效制度详予规定,其原因何在?这是因为时效制度还有另外的重要作用。第一,一定的事实状态包括占有及权利的不行使的长期存在,必然以此事实状态为基础产生种种法律关系,时过多年之后,若容许原权利人主张权利,将不仅推翻此经久存续之事实状态,势必一并推翻多年以来以此事实状态为基础而形成的种种法律关系,必将造成社会经济秩序的紊乱。而实行时效制度,使原权利人丧失权利,使长期存在的事实状态合法化,有利于稳定社会经济秩序。第

---

③ 〔英〕梅因:《古代法》,沈景一译,商务印书馆1959年版,第162—163页。

二,一种事实状态长期存续,必将导致证据湮灭,证人死亡,此事实状态之是否合法,殊难证明。实行时效制度,凡时效期限届满,即认为占有人享有权利,使不行使权利的人丧失权利,系以时效为证据之代用,即可避免当事人举证及法庭调查证据之困难。第三,实行时效制度,使长期不行使权利的人丧失其权利,除有利于维护社会经济秩序的稳定及避免证明困难之外,其重要作用还在于督促权利人及时行使权利,有利于更好地发挥财产的效用及促进社会经济流转的正常进行,有益于社会经济的发展。

马克思主义法学告诉我们,一切建立在生产资料的私人占有制基础之上的法律制度,在本质上都只是统治阶级进行政治压迫和经济剥削的工具。时效制度也是如此。还在罗马时代,时效制度就已成为奴隶主贵族或豪强地主强夺他人财富的手段,这是统治者也并不讳言的。东罗马帝国皇帝巴西尔一世,于公元996年颁布《关于撤销四十年时效的法令》。法令指出,贵族和恶霸地主把抢劫、诈骗所积聚的财产移转给子嗣,并通过40年时效而使他们对于财产获得所有权。巴西尔一世皇帝在法令中宣布:为了纠正过去的恶习,限制现在的地主与防止未来依循这同一道路者,我公布现在这项法律。在此之后,他们应知道,已不能从这40年时效找得任何凭借,而任何强占别人的财产,不仅将从其本人,而且要从其子孙或财产继承人方面夺去。在这种情况下,穷人的利益将能获得保障,他们有权在不论多长时间之后自由找寻并领回自己的财产。当贫民与富人发生争执时,时效不再能用以反对贫民了。④

毫无疑问,时效制度不利于被剥削阶级,也不利于剥削阶级中的实力较弱者。但是,欧洲一些国家的立法者长期对时效制度持怀疑态度,并不是顾虑到贫民或弱者的利益,而主要是受宗教法的影响。宗教法学素以反对时效著称,而坚持神所赋予的权利不因长期不行使而消灭

---

④ 参见中国人民大学世界通史教研室:《世界通史参考资料》(古代史与中世史部分第一辑),中国人民大学出版社1954年版,第83—85页。

的见解。英国的立法长期不愿越过旧的传统做法而前进一步,按照这一传统做法,对于在前一个朝代的第一年之前遭受损害而提出的诉讼,一概不予受理。缔结转让土地的合同时,要求出卖人提出在一个固定期间内对该土地行使无干扰的占有的证据,这一固定期间曾经是100年甚至100年以上。直到中世纪结束,在詹姆士一世继承英格兰王位后,英国才有了第一个很不完全的时效法令。

众所周知,资产阶级民法素来以私权神圣或所有权绝对为其基本原则。按照这一原则,所有权在空间上、时间上不受限制。而时效制度则直接剥夺所有者在一定期间内怠于行使之权利。它与上述基本原则竟是如此不相协调,难怪资产阶级立法者对于时效制度,先是反感、犹豫,后来才勉强赞成。最后,时效制度为现代资产阶级民法所普遍采用。这个史实本身就说明,时效制度反映了社会经济的客观要求,有利于维护统治阶级的整体利益。

各国和地区立法关于时效制度的规定,受到法学家们对时效所持观点的影响。学者对时效的观点,划分为两个派别。中世纪以来的注释派法学家,着眼于取得时效与消灭时效的共同法律本质,主张两者为统一时效制度,称统一主义派。接受统一主义的主张,《法国民法典》《奥地利民法典》及《日本民法典》,均对取得时效与消灭时效统一加以规定。例如,《法国民法典》在第三编"取得财产的各种方法"之末尾专设"时效"一章(第二十章),对取得时效与消灭时效不加区分,并设统一时效定义:"时效谓依法律特定的条件,经过一定的期间,而取得财产的所有权或免除义务的方法。"(第2219条)《日本民法典》在第一编"总则"中统一设立"时效"一章(第六章),包含三节,其中第一节为时效通则,第二、三节依次为取得时效与消灭时效。另一派以德国历史法学派著名法学家萨维尼(Savigny,1779—1861)为代表,着眼于取得时效与消灭时效的不同点,斥注释法派为谬误,认为取得时效与消灭时效为两种不同的法律制度,称为各别主义派。德国制定民法典时,接受各别主义主张,对两种时效分别加以规定。《德国法典》在第一编"总则"中设"消灭时效"一章(第五章),另在第三编"物权法"的第三章"所有权"中对取得时效加以规定。民国时期民法以及一些公有制国家的民法如《匈牙利民法典》,均采各别主义。

有关时效制度的另一个分歧点,是如何认识和规定消灭时效的法律效力。统一主义派理论,主张消灭时效的法律效力在于直接消灭实体权利。时效期间届满,当事人不仅丧失诉权,其实体权利也一并消灭,债务人因此免除义务。上引《法国民法典》关于时效的定义,直接规定为"免除义务的方法"(第2219条)。再如《日本民法典》规定:债权经过10年期间不行使而消灭;除债权与所有权以外的财产权,经过20年期间不行使而消灭(第167条)。现行《捷克斯洛伐克民法典》也采用这一观点,该法典规定,"权利没有在本法规定的期限内行使的,因时效已过而消灭","一切财产权利",除所有权、个人使用住宅和地段权等以外,"时效已过的,即行消灭"(第100条)。个别主义派理论则认为消灭时效无消灭实体权利的效力,仅诉权即请求权消灭而已。其结果并不消灭债权人实体权利,只是产生债务人拒绝请求的抗辩权。例如,《德国民法典》规定,"消灭时效完成后,义务人有拒绝给付的权利。请求权已经时效消灭,债务人仍为给付的履行者,虽因不知消灭时效而为给付,亦不得请求返还"(第222条)。民国时期民法的规定与此完全相同。一些公有制国家的民法,也大抵采取消灭请求权的观点。

公有制国家在制定民法时,都曾借鉴和参考资本主义国家的立法经验。例如,匈牙利关于起草民法典的理由书指出,在法典编纂工作中,各社会主义国家的立法经验以及法国、德国和其他国家的民法法典编纂工作,都曾作为参考。但是,在对一些公有制国家民法典进行粗略研究之后,我们即已看到,公有制国家民法的时效制度,在一些重要方面已经突破或试图突破自罗马法以来的传统原则,已经形成或正在形成与资产阶级民法时效所不同的特征。下面就公有制国家民法典有关时效的规定,分为几个问题试作评述。

(1)关于时效期间的规定。一切剥削阶级国家民法的时效制度,反映其经济基础的要求,着眼于保障所有者和债权人的利益,规定的时效期间较长。以消灭时效一般期间为例,《法国民法典》和《德国民法典》均规定为 30 年，《日本民法典》规定为 10 年和 20 年，《瑞士债务法》和《泰国民法典》均规定为 10 年，民国时期民法规定为 15 年。公有制国家民法规定的消灭时效一般期间则大大缩短。例如，1922 年《苏俄民法典》规定为 3 年，其中社会主义组织之间为 1 年零 6 个月，以后又缩短为 1 年。又如《匈牙利民法典》规定为 5 年，其中社会主义组织之间为 1 年。公有制国家民法关于时效期间的规定，说明立法者所着重考虑的，是如何督促当事人尽快行使权利，以图达到加速社会经济流转的目的。

（2）罗马法时效规则适用于一切动产和一切不动产，即便是盗窃物亦可因特别时效而取得，其返还请求权亦因时效经过而消灭。一切资产阶级国家民法均继承此罗马法原则。例如，按照《法国民法典》的规定，凡能为买卖的物件，均适用时效的规定，国家、公共机关及私人同受时效的拘束（第 2226—2227 条）。但公有制国家的民法均打破罗马法传统，对时效客体加以限制，规定社会主义公有财产不得适用时效。例如《匈牙利民法典》规定，对于公有物或非法脱离国家或合作社占有的物，不适用取得时效（第 121 条）。公有制国家民法关于社会主义公有财产不适用时效的规定，充分体现了民法对社会主义公有财产的特殊保护原则，反映了公有制经济基础的本质特征和要求。上述规定，使时效制度的适用范围受到重大的限制。

（3）罗马法时效制度有一条重要原则，即时效不能由法庭自动援用，这一原则显然有利于所有者和债权人，而不利于占有者和债务人。一切资产阶级国家民法，均继承这一罗马法原则。例如《法国民法典》规定，审判员不得自动援用时效的方法（第 2223 条）。《日本民法典》规定，时效非经当事人援用，法院不得据为裁判（第 145 条）。公有制国家民法，一般都不以当事人主张时效为要件，规定超过时效的请求法院不得受理。例如，1922 年《苏俄民法典》第 44 条、《匈牙利民法典》第 325 条。

（4）公有制国家民法时效制度对传统原则的第四个突破，涉及法庭在适用时效规定中的权限问题。通观罗马法及一切资产阶级国家民法关于时效的规定,可以发现,法庭在适用时效问题上处在一种纯粹被动的地位。它既不能自动援用时效规则,也不能缩短或延长法定时效期间,对于时效期间届满的请求权,它不能强制其执行,而在债务人不知时效经过而履行的情况下,也不能强制对方返还。无疑,这种现象正好表现了剥削阶级法制的不彻底性及形式上平等与实际上不平等的特征,反映了剥削阶级国家中国家利益(剥削阶级整体利益)与剥削者个人利益的矛盾和冲突,以及剥削阶级内部集团和成员之间的利害冲突。特别是资产阶级法学向来主张法官应有自由裁量的权力,差别仅在于这种裁量权的大小,但资产阶级立法者在时效适用问题上,却一无例外地不肯容许法官有丝毫裁量权。这一事实,离开物质利益冲突这个要害,是无法解释的。公有制国家民法是建立在公有制经济之上的上层建筑,不能不反映这个经济基础的特征和要求。公有制国家既要发挥时效制度的重大作用,又要尽可能避免其可能出现的弊端,因而表现在从立法和司法各方面对时效予以限制,从而一再突破传统原则。其中很重要的一点,就是扩大法院在适用时效上的权力,使之享有一定的裁量权。关于这个问题,1922年《苏俄民法典》早在60年前就已作出这样的规定:在任何情况下,法院认为迟误诉讼时效期限有正当理由的时候,都可以延长诉讼时效的期限(第49条)。

(5)各公有制国家民法在对待取得时效问题上表现出较大的分歧及某种犹豫和动摇。1922年《苏俄民法典》一开始就采取了否定取得时效的立场,因为依时效取得占有物所有权违背某种道德观念。该法典仅规定了诉讼时效。按该法典的规定,请求无权占有人返还占有物的请求权在诉讼时效期间届满以后,原所有人丧失诉权,但占有人并不能得到所有权。此时,法律可以将该物视为无主物而收归国有,按理本当如此,但这无疑在实践上是无法实行而且是有害的。该法典没有这样规定,而是采取了默许无权占有人继续占有该物的态度,尽管他永远也不能成为合法所有人。这在理论上留下漏洞,在实践上不利于建立经济领域的法律秩序。⑤ 1950 年《捷克斯洛伐克民法典》在第三编"物权"第七章"所有权"中,规定占有时效为所有权的取得方法之一。《捷克斯洛伐克民法典》规定:"所有权也可以根据占有时效而取得,但是属于社会主义所有权的不许出让的物除外。"(第 115 条)立法者无疑注意到了《苏俄民法典》否定取得时效在理论和实践上出现的弊病,上述规定既有利于稳定经济秩序,又坚持了民法对公有制财产的特殊保护原则。这一成功经验对后来的《匈牙利民法典》的有关规定不无影响。我们看到,1959 年制定的《匈牙利民法典》毅然采取了与《苏俄民法典》相反的立场,规定了取得时效。《匈牙利民法典》在第三部分"所有权"第十一章"所有权的取得"中,专设"取得时效"一节,共计 4 个条文。《匈牙利法典》第 121 条第 1 款规定:"作为自己的物连续占有十年的人,即因取得时效而取得该物的所有权。"第 121 条第 2、3 款规定:"通过犯罪行为或其他强迫诈骗方式获得并占有物的人,不得因取得时效而取得所有权。对于公有物或非法脱离国家或合作社占有的物,不得因取得时效而取得所有权。"笔者认为,公有制国家立法在取得时效的设立上的障碍是认识上的,它与公有制经济基础无本质上的关联。既然公有制国家不是无条件地照搬罗马法,如《匈牙利民法典》的规定那样,是在坚持公有财产不适用取得时效,坚持通过犯罪行为或其他违法行为获得并占有物的人不适用取得时效的前提限定之下承认取得时效的,而且这种承认首先有利于社会经济秩序的稳定,即符合国家的整体利益,那么这种取得时效当然符合社会的道德观念。这应该是毫无疑义的。因为公有制国家的道德观念的基础,只能是国家和人民的整体利益,不应是其他任何超验的原则。

综上所述,时效制度包括消灭时效和取得时效,是现代民法中一项不可或缺的民事法律制度。我国长期以来无民法时效的规定。目前,许多时隔数十年乃至上百年的纠纷,司法部门仍不得不予受理。由于

---

⑤ 参见〔苏联〕布拉图斯:《苏联民法典草案的几个问题》,载《苏维埃国家和法》1948 年第 12 期。

中华人民共和国成立三十多年来,社会动荡频繁,尤其经过三年自然灾害刮"共产风"及文化大革命的十年动乱,遗留下大量的经济权益纠纷。近年来,随着党的十一届三中全会路线方针和政策的贯彻执行,人民群众对党和政府、对司法机关信任的日渐提高,随着社会主义法制工作的日渐发展,各地法院受理的民事案件已大幅度上升,其中经济权益纠纷案件上升的势头更猛。在显著上升的权益纠纷中,有相当一部分属于年代久远,由于证人死亡、证据湮灭而无从查考的案件。还有一些属于父辈、祖辈之间的纠纷,又重在儿子辈或孙子一辈之间提起诉讼。对此,一些审判人员往往因无从搜集和核实证据而伤透脑筋。这对于彻底消除社会不安定因素,建立和健全社会主义法治,为实现党的十二大提出的宏图大业创造一个安定的社会环境,显然是不利的。各地法院特别是民庭的同志,言念及此,往往感受痛切,要求尽快规定我国民法时效制度。⑥ 看来,制定我国民法时效制度已是势在必行了。当然,我们在制定时效制度时,决不能马虎草率,更不能自己把自己禁锢起来,我们应当广泛借鉴和参考各国和地区立法经验,从我国政治经济的实际情况出发,慎重比较,慎重取舍,择其善者为我国所用,务求建立符合我国社会主义根本利益,既有原则性又有灵活性,既有利于维护社会经济秩序,又有利于促进经济流转的较为完善的民法时效制度。

---

⑥ 我国近年来已规定了一些特殊时效,如《经济合同法》(1981年)规定了仲裁时效(第50条)、《食品卫生法(试行)》规定了损害赔偿请求时效(第40条)、《专利法》(1984年)规定了侵犯专利权的时效(第61条)。

论经济流转[*]

民法理论把社会经济生活中主体之间转让财产和提供劳务(服务)的经济活动从总体上称之为经济流转。在我国,经济流转包括以下领域:(1)生产资料在各个生产部门、各个经济组织和其他生产者之间的分配、交换和流通;(2)通过各种商业渠道向消费者提供消费品;(3)农村经济组织和社员向国家提供各种农副产品;(4)各种经济组织(如运输、建筑企业、银行和保险公司等)所提供的经济性服务(或劳务);(5)公民之间转让财产或提供服务;(6)对外贸易。以上可以称为经济流转的基本领域。此外,经济流转还可以包括财产继承、返还不当得利、拾得物的归还和处理、因非法行为所发生的财产支付等。

狭义的经济流转概念,仅包括上述经济流转的基本领域,而这与经济学上所谓商品流通的范围大致相符。从上述经济流转所包括的领域,我们可以知道,经济流转属于动态概念,它所反映的是整个社会经济生活的运动状态,特别是生产资料和生活资料的交换、分配和流通的运动过程以及伴随这一运动过程所发生的各种活动和联系。在不同的著作中,经济流转又称为财产流转或民事流转。

在纯粹自给自足的自然经济形态中,没有也不需要经济流转。经济流转是商品经济的必然结果。这是因为,商品依其本性对它们的所有者是非使用价值,而对它们的非所有者才是使用价值。因此,商品必须全面转手,这种转手就形成了整个社会范围内的经济流转。流转的

---

[*] 本文原载《法学研究》1983年第3期。

是交换价值。物物交换、实物献纳、封建徭役、无偿剥夺都不能构成流转。因此,构成经济流转的条件是,以价格为前提的产品、劳动及非物质成果。经济流转不是指单个的交换行为,"而是一连串的交换;一种交换总体,川流不息地而且或多或少地呈现于整个社会表面,即一种交换行为体系"①,是社会的物质变换过程。例如某种商品,一旦生产出来总是立即进入流转领域,从一个部门流转到另一个部门,从一个主体流转到另一个主体,一旦到了它充当使用价值的地方,就从经济流转领域转入消费领域。可见,经济流转,就其基本领域而言,是联结国民经济各个部门,联结社会生产和消费的枢纽。没有经济流转,现代社会的再生产过程就要中断。

马克思在《政治经济学批判导言》中曾经特别强调生产资料分配的重要意义。马克思说:"如果在考察生产时把包含在其中的这种分配撇开,生产显然是一个空洞的抽象;反过来说,有了这种本来构成生产的一个要素的分配,产品的分配自然也就确定了。正因为如此,力求在一定的社会结构中来理解现代生产并且主要是研究生产的经济学家李嘉图,不是把生产而是把分配说成现代经济学的本题。"②同时,马克思嘲笑那些把分配说成与生产不相关的经济学家的浅薄和荒诞无稽。生产资料的分配和生活资料的分配,是经济流转中最主要和最重要的领域。因此,我们在这里引述马克思的话,用来说明经济流转在整个社会经济生活中的极重要地位,是十分贴切的。社会主义经济建设的实践已经反复证明,要发展经济,必须从发展经济流转入手。我们还可以从列宁领导社会主义建设的实践来加以证明。列宁在全俄国民经济委员会第二次代表大会上的演说中呼吁,"必须使我们的商品交换的轮子正常地转动起来。这就是当前的全部任务"③。在实行新经济政策后,列宁更加强调经济流转,他在全俄苏维埃第九次代表大会上指出,

---

① 《政治经济学批判大纲》(第一分册),人民出版社1957年版,第132页。
② 《马克思恩格斯选集(第2卷)》(第2版),人民出版社1995年版,第99页。
③ 《列宁全集》(第28卷),人民出版社1956年版,第361页。

"我们当前的任务是发展民事流转,新经济政策要求这样做"④。我国自党的十一届三中全会以来,正确总结了三十多年社会主义经济建设的经验教训,纠正了经济指导思想上的"左倾"错误,实行了对外开放和对内搞活经济的政策。搞活经济,首先必须搞活经济流转。因此,发展经济流转,是实行搞活经济政策的重点和关键。大力发展我国经济流转,使之源开流畅,不呆不滞,流转迅速,对于促进社会主义经济建设事业蓬勃发展,实现党的十二大确定的宏伟战略目标,有着非常重大的意义。

在不同的社会中,经济流转表现出不同的特点和性质。资本主义社会的经济流转达到了空前的深度和广度。资产阶级也正是通过经济流转获取劳动力、设备和原料,并通过经济流转实现榨取剩余价值。由于生产资料的资产阶级私人占有,必然使经济流转成为一个完全盲目的领域,任凭资本主义的价值规律和市场机制自发地发生作用。恩格斯指出,"这些盲目的规律,以自发的力量,在周期性商业危机的风暴中起着自己的作用"⑤。资本主义世界的商业危机或经济危机,就是经济流转的停滞,大批商品停止了流转,无法实现那"危险的一跳"。随之而来的是大批工商企业纷纷倒闭和破产,大批工人失业,社会生活的极大混乱和生产力的极大破坏。由此可见,资本主义的经济流转对资本家来说是生命攸关并且潜伏着极大危险的领域。自 20 世纪以来,主要资本主义国家对经济流转采取了各种行政的和法律的干预措施。这些措施并没有也不可能改变资本主义经济流转的盲目性。西方经济学家所说的"滞胀"(流转呆滞和通货膨胀)的频繁出现,就是证明。

与资本主义经济流转不同,我国经济流转的最大特征,在于经济流转的计划性。这是由于我国建立了生产资料的社会主义公有制,社会主义公有制经济占了绝对优势。参加经济流转的主体,主要是国有经济组织和集体所有制经济组织。国家、集体和公民之间,在根本利益上

---

④ 《列宁全集》(第 33 卷),人民出版社 1957 年版,第 148 页。
⑤ 《马克思恩格斯选集》(第 4 卷),人民出版社 1975 年版,第 171 页。

是一致的。虽然有个体经济和其他性质的经济成分,但这些经济成分所占比例很小,只能在公有制经济的领导下发挥必要的补充作用。整个社会主义生产的根本目的,是为了不断满足人民日益增长的物质生活和文化生活的需要。这就使得经济流转能够按照国家计划进行。我国经济流转的计划性,反映了社会主义计划经济的本质和有计划按比例发展规律的要求。

但是,需要指出的是,我国经济流转的计划性,并不同于所谓"军事共产主义"经济体制下的直接产品分配。我国经济流转就其基本领域而言,仍然是按照商品交换的原则来实现的。即使是计划调拨,仍然按照商品价值进行结算和支付价款,不允许搞平调和无偿剥夺。这是由于我国社会主义计划经济同时具有商品经济的性质,社会主义的经济组织是具有相对独立的经济利益的商品生产者或所有者。这就决定了它们之间的财产转让和劳务提供必须按等价有偿原则进行。我国经济流转是计划指导下的商品流转,而不是实物配给。此外,我国经济流转的计划性,又是以计划指导下一定范围的购销自由为补充的。经济流转的计划性,排斥无政府状态的商品交换,但并不排斥正当的在计划指导下的自由贸易。陈云同志早在1956年就强调了计划指导下的购销自由的必要性。他说,"这仅仅是社会主义企业内部产销关系的一种改变,一切有关国计民生的商品,像粮食、布匹等,仍然由国家计划分配。所有这些,都说明我们是在巩固的社会主义基础上实行一定程度的自由推销和自由选购,也就是计划经济范围内的自由市场"⑥。党的十二大报告指出:"有计划的生产和流通,是我国国民经济的主体。同时,允许对于部分产品的生产和流通不作计划,由市场来调节,也就是说,根据不同时期的具体情况,由国家统一计划划出一定的范围,由价值规律自发地起调节作用。"⑦

总括起来,我国经济流转的基本特征是:第一,这种流转是按照国

---

⑥ 1956年6月30日陈云同志在第一届全国人大第三次会议上的第二次发言。
⑦ 《中国共产党第十二次全国代表大会文件汇编》,人民出版社1982年版,第24页。

家计划或在计划指导下进行的;第二,这种流转在一切基本领域内是按照商品交换的原则进行的,第三,在计划流转为主的前提下,允许一定范围的计划指导下的自由流转。

由于我国经济流转具有上述基本特征,我国经济流转必然采取债(或债权债务关系)作为自己的法律形式,也就不言而喻了。经济流转中发生的各种经济联系,用法律上的权利义务关系的形式固定下来,称为债权债务关系或称债。调整经济流转关系的法律规范,称为债法或债权法。债,是一种借喻,意为"法锁",指拘束某人依照法律为一定行为(或不行为)。债并不表示某项财产归谁所有,而是表示某人有要求他人交付一定的财产或提供某项劳务的权利。债反映财产关系的动态,即经济流转关系,它是经济流转必然要采取的法律形式。

债与其他法律形式例如所有权的区别在于:其一,所有权为支配权;债权为请求权。其二,所有权仅权利主体为特定人,义务主体不特定,泛指一切人;而债为特定人之间的关系,权利主体和义务主体均为特定人。其三,所有权客体为物或精神成果;而债的客体为行为。其四,所有权的义务为消极义务;而债的义务一般为积极义务。债这种法律形式,正是通过依法拘束当事人为一定行为,如给付一定的物或货币,完成某项工作,提供某项劳务(服务),以达到实现经济流转的目的。它的实际意义在于,社会生活中不同主体间不断建立各种债权债务关系和不断地消灭这种关系(清偿债务或称履行债务),以实现财产的转让和劳务的提供,使整个社会经济流转环环相扣,有条不紊地正常运动。债是各种经济组织完成它们的计划任务的法律形式,也是公民满足物质文化生活需要的法律形式。同时,各种特别债,是国家用以制裁各种非法行为,保护经济组织和公民合法权益,维护经济秩序的法律武器。

债因发生根据不同可以分为若干种。

(1)因行政指令而发生的债。上级主管机关发布行政指令在所属企业之间实现固定资产的调拨,当事人之间不结算价款,而直接在双方资产负债表上增列或注销。这是国家在企业关、停、并、转时处理固定资产转让的重要法律手段。

(2) 计划合同债。由国家发布指令性计划责令经济组织之间签订合同而发生的债。指令性计划文件并不直接产生债,而是产生当事人必须依计划签订合同的义务,这种义务属于行政法性质。国家对于关系国计民生的生产资料和消费资料的生产和分配,尤其是对于关系经济全局的骨干企业,必须实行指令性计划,这是我国社会主义全民所有制在生产的组织和管理上的重要体现。对于集体所有制经济也应当根据需要下达一些具有指令性的指标,如对粮食和其他重要农副产品的统购派购。国家发布指令性计划的产品种类不是很多,但它们在工农业总产值中占有相当大的比重。因此,计划合同债是实现国民经济计划,实现有计划的经济流转的重要工具,对于保证社会主义经济有计划按比例发展和保证人民生活逐步提高,有特别重要的意义。

(3) 一般合同债。当事人在国家法律、政策和计划允许的范围内,根据社会需要,协商签订合同而发生的债,对于在计划经济为主的情况下,更好地发挥市场调节的辅助作用,具有重要意义。同时,也是满足人民生活需要的重要工具。

(4) 单方行为发生的债。如遗嘱继承、公民向国家捐赠财产等。

(5) 法律规定的债。如法定继承、无人继承财产处理、不当得利返还及遗失物的处理。

(6) 特别债。如因法院判决书、仲裁决定书、工商行政管理机关的决定等发生的违约金、损害赔偿金、罚款、罚金的支付以及依法没收财产等,即各种经济责任形式,国家运用特别债,制裁犯罪行为、违法行为、违约行为,填补当事人所受损害,以维护社会经济秩序。

由上可知,债是合法经济流转的法律形式。它是严格依照法律而产生的。经济流转领域发生的各种经济关系,受法律规范的调整,成为以双方当事人的一定权利和一定义务为内容的债权债务关系。决定债的产生,首先,是由于立法者的意志。立法者通过法律规定,只赋予那些符合国家利益和社会公共利益的经济流转关系以债的形式,而不赋予那些违反国家利益和社会公共利益的经济流转关系以债的形式。立法者通常是从规定债的主体、内容和客体三个方面来贯彻自己的意志。例如,规定主体的法律资格、权利能力和行为能力,规定不准流转物、限制流转物和不限制流转物,规定转手倒卖、买空卖空、走私、转包牟利等为非法流转关系。违反上述规定的流转关系即使采取了签订合同的形式,这种合同也不具有法律效力,也就是说,不能产生债。其次,债的产生还取决于当事人的意志。特别是合同债,依双方当事人协商意思表示一致而产生。任何一方不得把自己的意志强加给对方,第三人不得非法干预。另外,由国家授权对经济流转负有监督和管理职责的一些国家机关的意志,一定条件下也能决定债的产生。依据《经济合同法》的规定,人民法院和合同管理机关拥有确认经济合同无效的权力。依据国家指令性计划签订合同,如果当事人双方不能达成一致意见,法律规定由双方上级计划主管机关处理,这时双方上级计划主管机关的意志具有决定作用。其他机关如经委、建委、业务主管机关以及人民银行、专业银行的意志在一定条件下也能影响债的发生。

中共中央、国务院《关于打击经济领域中严重犯罪活动的决定》(1982年4月13日)重申:"我们一定要继续坚定不移地实行对内搞活经济的政策。"大力发展经济流转,保护合法流转,制裁和制止一切非法流转,建立和维护经济流转领域的法律秩序,具有十分重要的现实意义。为此,我们必须着重解决以下几个问题。

第一个问题是正确处理计划流转与计划指导下的自由流转的关系。我国经济流转必须坚持以计划流转为主,同时保护计划指导下一定的自由流转。这应是我国经济领域法制的一条基本法律原则。这几年我们对经济体制实行了一些改革,扩大了企业在计划管理方面的权限,注意发挥市场调节的作用,方向是正确的,收效也很明显。但是,由于有些改革措施不配套,特别是一些重要的法律制度未能及时颁行,在经济流转中削弱和妨害国家统一计划的现象有所滋长,有的擅自截留国家计划内物资,冲击和破坏计划;有的产品自由流转比例过大,使计划失去能动的指导作用;一些紧缺二类农副产品"派不下,收不上,调不动",有的机关、企事业单位到产地高价抢购;有的生产单位擅自扩大自销比例和范围。这种冲击和削弱国家计划的现象必须坚决制止和纠正。应严肃计划纪律，未经批准，任何单位不准擅自修改或不执行国家计划。国家计划调拨的产品包括农副产品，必须按计划调拨。凡统购统销的粮棉油，统购统配的一类产品，应严格按照国家计划流转，不允许其他渠道插手，不允许计划外流转。二类商品在保证完成国家收购派购计划前提下才准自由流转。三类产品允许自由流转，也应接受计划和价格的指导。只有在坚持计划流转为主的前提下保障计划指导下的自由流转，才能把经济流转搞活，做到统而不死，活而不乱，正常流转。

第二个问题是正确划清合法干预与非法干预的界限。随着经济组织自主权的扩大和流转渠道的多样化，为了加强对经济流转领域的监督和管理，需要采取各种合法干预措施，制止经济组织在流转领域搞歪门邪道和滥用搞活经济政策的非法行为，当然也不能像过去那样一管就死。因此，必须划清合法干预和非法干预的界限。工商行政管理部门，各级经委、计委和业务主管部门，人民银行和专业银行，都要依据自己的权限，严格进行监督管理。参加经济流转的一切经济组织和个人，都负有服从监督管理的义务。同时，也要防止超越权限和法律规定滥施干预的行为。要切实保障经济组织的自主权和依法进行的经济活动。坚决纠正地区和部门之间实行经济封锁和阻断流转的做法。凡合格产品，除计划调拨的以外，都可以在全国各地销售，单位有权自由选购，行政上不得干预，不得阻止外地商品进入本地，不得阻止本地商业机构向外地采购。

第三个问题是要健全经济流转领域的法律和制度。执行搞活经济的政策，要求发展经济流转，而发展经济流转，又要求健全经济流转领域的法律制度。为了建立和健全正常的经济秩序，必须抓紧经济立法。《经济合同法》已经颁布，要尽快制定与《经济合同法》有关的各种条例和实施细则。同时，还须尽快制定对经济流转有直接关系的经济行政法规，如计划法、价格法、税法、质量管理法、银行法等。需要强调的是，发展经济流转迫切需要颁布民法。民法作为调整我国经济生活的基本法,在有关经济流转的法律制度中占有非常重要的不可取代的地位。民法各项重要制度,如所有权制度、法人制度、民事责任制度以及债制度(经济合同法仅是其中一个重要部分),是调整经济流转最重要和最基本的法律制度。没有这些制度,就谈不上健全和完善经济流转领域的法制。在《民事诉讼法》已经颁布的今天,颁布民法已经成为非常迫切的重要任务。

第四个问题是坚决制裁经济流转领域的各种非法行为,制止和取缔非法流转,保护合法流转。由于我国经济流转领域法制不完备,一些单位和个人滥用搞活经济的政策,在经济流转领域大搞违法犯罪活动。坚决打击和制裁经济领域中的严重犯罪,对于制止和取缔非法流转,维护经济流转正常秩序是非常必要的。但目前无论在各有权机关的相互配合,各种法律手段的综合运用,还是对各种违法行为的法律规定上,都还存在不协调、不明确的地方和一些漏洞,以致不能充分发挥各种法律制裁手段的作用。例如,工商行政管理部门、法院、海关如何相互协调和配合;民事制裁手段、行政制裁手段和刑事制裁手段如何综合运用;经济检察和经济司法如何协调和衔接;等等。再如,法人进行的经济违法行为,其危害和严重程度不亚于经济犯罪。但依我国法律,法人不得为犯罪主体。当法人进行严重违法行为时,适用刑事手段,只能制裁其负责人,适用民事或其他制裁手段,只能制裁法人。笔者认为有必要对法人及其负责人同时追究责任,而这又有待于立法的规定。不解决这些问题,就不能达到严肃制裁经济领域各种非法行为的目的,也不能真正制止非法流转和建立经济流转领域的法律秩序。

论对整个国民经济的法律调整*

近年来我国某些法学论著中有一种观点,否认民法对整个国民经济的调整作用。笔者认为,民法在对整个国民经济的综合法律调整中,是否具有重大作用、占有重要地位,是一个需要认真对待的理论问题。

历史表明,民法是随着商品生产和商品交换的产生而产生,并随着商品生产和商品交换的扩大而发展的。几乎所有的民法基本原理、原则、概念和主要法律制度,都可以从商品生产和商品交换中找出经济上的原因或依据。

商品生产和商品交换是极不相同的生产方式共同具有的现象。它适应于社会生产力发展的一定阶段。当社会生产力还没有高度发展、劳动还没有普遍成为人们生活的第一需要的时候,要想取消商品,取消商品生产和商品交换,看来是不现实的。人类社会如果不经历一个商品经济高度发达的阶段,将难以最终过渡到共产主义社会。这是在经过几十年的社会主义实践之后才得到的正确认识。

历史告诉我们,在社会主义条件下对整个国民经济实行民法调整,取决于是否采取发展社会主义商品生产和商品交换的方针,而对国民经济实行民法调整的范围及其所起的作用,又与实行何种经济管理体制密切相关。在我国,自党的十一届三中全会以来,逐步纠正了经济指导思想上的"左倾"错误,坚决摒弃了自给自足的自然经济观点,果断地采取大力发展社会主义商品生产和商品交换的正确方针,并开始对

---

* 本文原载《现代法学》1984 年第 3 期。

经济管理体制逐步进行改革。其必然结果是扩大了我国民法调整的范围：(1)企业与国家关系的改进，特别是从1983年6月1日起实行"利改税"以后，使企业能够以相对独立的商品生产者或所有者身份，以民事主体资格，在法律和计划指导下独立自主地参加民事法律关系；(2)社会主义商品生产和商品交换的扩大，初步形成了统一的社会主义商品流通市场，要求实行民法调整，保护社会主义竞争，建立流通领域的法律秩序；(3)各种经济联合的发展，迫切要求用民法或民法性质的单行法规，调整各类经济联合形式的内部关系和外部关系；(4)农业、工业和其他领域推行各种承包责任制，使一些按照传统由行政法调整的关系部分或全部由民法调整，更加扩大了民法调整的范围。

由此可见，我国之所以需要对整个国民经济实行民法调整，取决于我国社会主义经济的性质和中央大力发展社会主义商品交换的方针，而随着经济体制改革的发展，我国民法对国民经济的调整范围和所起的作用也将越来越大。

考虑到我国长期以来存在轻视对社会经济生活的民法调整的倾向，现在要开创社会主义经济建设新局面，适应经济体制改革的要求和巩固改革已经取得的成果，以利中央确定的经济方针和政策的切实贯彻执行，促进我国商品生产和商品交换的极大发展，当前强调对国民经济实行民法调整，具有特别重大的意义。

但是，在强调对国民经济实行民法调整的同时，我们也不应忽视对国民经济实行行政法调整。对整个国民经济的行政法调整，主要反映了我国社会主义经济基础的以下特征和要求：(1)国家是整个国民经济的组织者和领导者，而法律包括行政法，是国家实现组织和领导经济职能的重要工具；(2)社会主义经济的根本目的和有计划按比例发展规律，要求国家决定和控制经济发展的方向、重点、规模和重大比例，保证国民经济的综合平衡和获得最大经济效益；(3)社会主义经济建设除用计划调节外，还要运用经济杠杆来调节，而各种经济杠杆的调节作用，必须通过行政法律手段的形式来实现；(4)随着经济体制改革的发展和企业自主权的扩大，为了维护国民经济的整体利益，国家必须加强对经济的监督管理。对于经济领域中的各种违背国家利益的行为,国家必须通过行政法律手段进行干预,做到令行禁止。

这里所说的对整个国民经济实行行政法调整,不同于过去那种单纯依靠行政部门、行政层次、行政环节和行政手段管理经济的做法,更不同于个别行政领导人的独断专行、以言代法,或者瞎指挥。所谓行政法调整,是指由国家颁布的行政性经济法规作出规定,并由被授权的行政机关依法对整个国民经济进行计划、管理、监督、调节和干预活动。而对于企业的经济活动,只要这种活动没有超出法律和计划所允许的范围,就应该由企业自己在计划指导下按照供求关系作出决定,任何行政机关不得非法干预。在社会经济生活中,应由行政法调整的经济关系,是国家在对国民经济实行计划、管理、监督、调节和干预中所形成的各种联系。这部分经济关系,是以上下级之间的隶属性为主要特征的。

实际上,对国民经济的民法调整和行政法调整,两者不仅不互相排斥,而且是互相补充、互相配合,并行不悖的。这是由社会主义经济的本质决定的。社会主义经济,是以生产资料公有制为基础的保留着商品货币关系的计划经济。与共产主义计划经济不同,社会主义经济保留了商品货币关系,是计划性与商品性相结合的经济,因此要求实行民法调整;与资本主义商品经济也不同,社会主义经济的商品性是以生产资料公有制为基础,并与计划性相结合的,因此要求在实行民法调整的同时实行行政法调整。对国民经济的民法调整和行政法调整,两者不可偏废。片面强调民法调整而忽视行政法调整,或者片面强调行政法调整而否定民法调整,都不符合社会主义经济的本质和要求。两者互相补充、互相配合,共同发挥调整作用的基础,就在于社会主义经济本身是计划性与商品性相结合、相统一的经济。因此,我们在制定民法典和民法性质的经济法规的同时,还应制定各种属于行政法性质的经济法规。

1978年12月13日,邓小平同志在党中央工作会议闭幕会上指出:"应该集中力量制定刑法、民法、诉讼法和其他各种必要的法律,例如工厂法、人民公社法、森林法、草原法、环境保护法、劳动法、外国人投资法等等。"①此后,我国立法机关在组织起草民法典的同时,抓紧进行制定各种重要的行政性经济法规的工作。在《1982—1986年经济立法规划(草案)》中,列入规划的已经制定、正在制定及计划制定的各种法规,其中属于民法性质的法规有《公司法》《票据法》《海商法》《保险法》《合同法》等,其余的大多属于行政性经济法规。我国经济立法实践目前所走的路子,正是从我国具体国情出发,对调整国民经济实行民法手段和行政法手段并重。依靠民法和若干行政性的经济法规,两者相互配合,共同担负调整社会主义经济关系的任务,这就是本文所称的对整个国民经济的综合法律调整。当然,要对整个国民经济实行综合法律调整,除依靠民法和行政性经济法规外,还须有其他法律部门如刑法、劳动法、财政法和税法等配合。本文对此不作深论。

在整个国民经济纷繁复杂的各种经济关系中,哪些关系应由民法调整,即所谓民法对象问题,是民法与经济法问题讨论中争论的一个焦点。在陈述笔者的观点之前,顺便提一下苏联法学界关于民法对象问题的讨论并不是无益的。苏联在列宁逝世以后曾经出现过不止一种企图取消民法的观点。苏联法学界在1938—1940年举行了民法对象问题的第一次讨论,主要是驳斥企图取消对国民经济实行民法调整的错误观点。第二次讨论是在1954—1955年,目的是进一步划清民法与其他法律的界限。在第二次讨论中,著名的民法学家坚金指出:"民法的对象是商品货币流通范围内以等价原则为根据的财产关系,和与商品货币流通相联系的并作为商品货币流通的前提和结果的所有关系。用法律固定这些关系时,其特征是所产生的民事法律关系的主体的相互独立和平等。"②笔者认为,这一表述基本上是正确的,因为它紧紧抓住了民法与商品生产和商品交换的本质联系,但这一表述尚不够完善,因为民法作为调整社会经济生活的基本法,还调整一些在本质上不是商品交换和商品所有的关系。

---

① 《邓小平文选》(一九七五——一九八二年),人民出版社1983年版,第136页。
② 《苏维埃民法的对象论文集》,全国人民代表大会常委会办公厅1963年版,第23页。

我们不能因为财产继承、不当得利、侵权损害及人身权、人格权等关系在本质上不是商品交换或商品所有关系，就主张将这些关系从民法调整对象中剔除出去。这并非单纯照顾民法历来的传统，更主要的是因为这些关系虽然在本质上不是商品关系，但它们是由于商品关系的存在而产生的，并且总是与商品交换、商品所有有着某种必然的联系。例如，财产继承不仅以所有关系的存在为前提，它在实际上是所有权在所有人死后的延伸，用遗嘱处分遗产的权利是直接包括在所有权概念之中的。不当得利关系，旨在保护商品所有关系。侵权损害关系，乃是民法保护一切民事权利，制裁违法行为的法律手段。民法之调整人身权和人格权，并不一般地规定这些权利的内容，重点在于当人身权、人格权受到非法侵害时，运用保护财产权的同一方法即侵权损害责任予以保护。同样，民法调整著作权、发明权等，亦着重于权利人请求报酬的权利。

在商品生产和商品交换存在的社会中，一切物质产品无不采取商品的形态。非物质产品在一定条件下也可以具有财产上的价值，例如科技成果的有偿转让就是如此。一些不是商品交换的关系，如赠与、无偿借用，乃至经济组织内部的责任承包关系，也可以采取本质上属于商品交换法律形式的合同来予以固定。因此，商品交换关系和商品所有关系，以及与此相关的其他一些关系，构成了社会经济生活中最基本的经济联系。正是在这个意义上，我们把民法称为调整我国经济生活的基本法。

有的同志从纯粹语义学的角度看待民法，认为所谓民法，顾名思义就是调整公民关系的法；主张将民法调整对象限制在公民之间的关系，或者公民参加的关系范围内；甚至主张抛弃民法的形式和名称，另外制定"公民权利法"；而社会主义组织之间的关系，则另设一个新的法律部门来调整，这个并不存在的法律部门，被称为"国民经济法"或"经济法"。这种主张脱离了我国社会主义经济建设的具体国情，忽视了我国经济生活近年来发生的深刻变化，特别是在我国的整个国民经济结构中包含多种经济形式和多种经营形式这一根本事实。

中国共产党第十一届中央委员会《关于建国以来党的若干历史问题的决议》中指出："国营经济和集体经济是我国基本的经济形式，一定范围的劳动者个体经济是公有制经济的必要补充。"在国有经济占优势的前提下，多种经济形式和多种经营形式长期并存，这是我们党在总结三十多年发展社会主义经济的经验教训之后采取的一项重大战略决策，而绝非权宜之计。在党中央的正确方针指导下，近几年来，我国城乡劳动者个体经济已有一定的恢复和发展。到1983年年底，全国领有执照的个体工商户已达589.3万户，754.8万人。这批个体经营户活跃在城乡市场上，对沟通渠道、繁荣经济、方便群众生活起到明显的作用。除这批个体经济形式外，还有其他经济形式，如中外合资经营企业、港澳同胞和海外侨胞办的企业，以及少量外资企业。有的国有企业或集体企业奖励职工入股，新办的合作社很多是由个人集资，除劳动分红外还按股金分红。在农村，若干户社员集资或合伙经营工副业的形式较为普遍。有些地方已经产生了一些私资创办、雇用少量工人的私营企业。以上各种经济形式都是整个国民经济的有机组成部分。

在实行各种形式的联产承包责任制以后，我国农业由原来单一的集体经营形式，转变为集体经营与分散经营形式并存，而在坚持主要生产资料的集体所有制基础上，以家庭式的分散经营形式为主。据统计，实行联产承包责任制的生产队，已占生产队总数的92%。其中，家庭式的联产承包形式（包干到户）已发展到占联产承包责任制的78.77%。近年来，各地已开始试点，将国有企业和集体企业中一些适合于分散经营的手工业、修理业、服务业和商业的网点，租给或包给个体经营者经营。在我国经济生活中，实行联产承包责任制的农户与集体之间、职工个人或小组与企业之间的承包合同关系、租赁合同关系，将成为国民经济中一类十分重要的经济关系，而各种非公有制的经济形式也将通过各种合同形式，如供应、预购、信贷等，同国有经济形式建立密切的经济联系，通过这些联系把各种不同的经济形式和经营形式，组成统一的国民经济有机整体。

有些同志主张的按主体划分民法和经济法的观点，是在这样一种经济模式基础上产生的，在这种经济模式中，除国有经济和集体经济以外没有其他经济形式，除集体经营形式以外没有其他经营形式，国家主要通过行政手段来管理经济，生产经营活动的主体只是公有制经济组织，公民个人只是纯粹的消费者，公民之间和公民与经济组织之间的联系只是为了获得消费品。如果用这种观点来套我国发生了深刻变化的经济生活，其结果必然使整个国民经济统一体被分解割裂，各种非公有制经济形式和分散经营形式，以及前述各种十分重要的经济联系均将被排斥在国民经济之外，这包括260万户以上的城镇个体劳动者以及78%以上的农户。这在逻辑上恐怕是难以说通的，在实践上也将是有害的。

党的十二大报告中使用了"整个国民经济"的概念，谈到"整个国民经济的现代化"和"国有经济在整个国民经济中居于主导地位"。这绝对不是偶然的措辞。这样措辞强调了我国国民经济的统一性和整体性，正确地反映了我国国民经济存在多种经济形式和多种经营形式的实际情况。我们今天讨论对国民经济的法律调整，应当以整个国民经济作为考虑问题的出发点，不能忽视我国国民经济的整体性和统一性。如果忽视我国国民经济的这种整体性和统一性，仅仅以国民经济中的某种经济形式或某种经营形式作为考虑问题的出发点，脱离我国的具体国情和经济立法实践，这样设计出来的经济法律理论和经济立法模式，恐怕无助于我国社会主义经济的发展。

以股份公司和有限责任公司形式改组国有大企业[*]

一、引言

党的十四届三中全会决议指出,我国国有企业体制改革的目标,是建立现代企业制度,使国有企业实现"产权清晰、权责明确、政企分开、管理科学"。所谓现代企业制度,当然是指以股份公司和有限责任公司为典型形式的现代公司制度。这可从 1993 年 12 月 29 日通过的《公司法》第 1 条关于立法目的的规定得到证明。该法第 1 条规定,"为了适应建立现代企业制度的需要,规范公司的组织和行为,保护公司、股东和债权人的合法权益,维护社会经济秩序,促进社会主义市场经济的发展",制定本法。毫无疑义,这一法律条文明示,现代企业制度正是《公司法》所规定的公司制度。但现在理论界关于现代企业制度是否即是现代公司制度,关于党的十四届三中全会决议所提出的"产权清晰、权责明确、政企分开、管理科学"中究竟应该从抓"产权清晰"入手抑或从抓"政企分开"入手,存在分歧。笔者在 20 世纪 80 年代初期就曾提出以企业法人所有权模式界定国有企业产权关系,以现代股份公司和有限责任公司形式改组我国国有大企业的主张,这在法学界引起过长久的争论,现在仍深信只要切实实行现代企业制度,以股份公司和有限责任公司形式改组国有大企业,就一定能够实现国有企业"产权清晰、权责明确、政企分开、管理科学"的改革目标。

---

[*] 本文原载《法学》1996 年第 9 期。

二、"产权清晰"的法律意义何在

"产权清晰"一语,不是法律上固有的概念。因受经济学的影响,近年在法学论著中也频繁使用。有必要确定"产权"和"产权清晰"的法律意义。值得注意的是,不可将"产权"概念混同于法律上的"财产权"概念。

权利分类之一,是将其分为财产权与非财产权。财产权与非财产权的划分,是先确定哪些权利属于非财产权,其余均属于财产权。因此,属于财产权的权利,并不都具有财产价值,而属于非财产权的权利并非一定不具有财产价值。例如企业名称权,往往具有巨大的财产价值,但却属于非财产权而不是财产权。另外,股份和股票所代表的股东权,无疑具有财产价值,但在权利分类上既不属于财产权也不属于非财产权,而被归入独立的一类,即成员权。可见,不可将"产权"混同于法律上的"财产权"。

我们注意到法律上另有"财产"概念。[①] 法律上所谓"财产",指具有经济价值并依一定目的结合的权利义务和利益之总体,并因其结合之目的不同,而有不同。法律上常见的财产有家庭财产、合伙财产、继承财产、企业财产,等等。所谓企业财产,指以维持企业运营为目的而结合的、具有经济价值的一切权利义务和利益之总体。恰好与经济学所谓"产权"概念相吻合。企业财产,通常由下列权利义务和利益结合而成:(1)企业所拥有的不动产,包括房屋及其他建筑物所有权、土地使用权;(2)企业所拥有的动产,包括机器、设备、工具、车辆、原材料、在制品、未出售的产品(商品);(3)企业全部债权债务,包括存款、贷款,对其他企业的债权债务,所持有的国库券、债券;(4)企业拥有的知识产权,包括专利、商标和著作权;(5)企业拥有的商业秘密,包括技术秘密和营业秘密;(6)企业名称和商品品牌;(7)企业所持有其他企业

---

① 参见李宜琛:《民法总则》,1977 年自版,第 190—193 页;〔苏联〕维尼吉克托夫:《国家的社会主义所有权》,1948 年俄文版。

的股份、股权;(8)企业拥有的抵押权;(9)企业拥有的保险权益。既然产权概念相当于法律上所谓企业财产概念,则所谓"产权清晰"或"产权界定",其法律意义应是,如何确定企业财产之归属关系。党的十四届三中全会决议中所说的"产权清晰"一语,无疑是指如何在国家与国有企业之间正确确定国有企业财产之归属关系。

三、国有企业财产归属模式选择

1. 传统模式——国家所有权、企业经营管理权模式

关于国有企业财产归属采取国家享有所有权、企业享有经营管理权的模式,是苏联20世纪40年代著名法学家维尼吉克托夫在1948年出版的《国家的社会主义所有权》一书中提出来的。② 值得注意的是,维尼吉克托夫此前曾经是双重所有权模式的主张者。国家所有权、企业经营管理权模式的根据,是斯大林建立的权力高度集中的计划经济体制和斯大林在《苏联社会主义经济问题》一书中所阐述的经济理论。斯大林说:"生产资料所有者——国家,把生产资料交给某一个企业,丝毫不失去对它们的所有权,相反地,是完全保持着所有权的。""企业的经理从国家手中取得了生产资料,不但不会成为这些生产资料的所有者,相反地,是被确认为受苏维埃国家的委托,依照国家所交下的计划,来使用这些生产资料的。"③ 显而易见,维尼吉克托夫所提出的国家所有权、企业经营管理权模式,不过是斯大林上述经济理论的法律版。1961年的《苏联民事立法纲要》和1964年的《苏俄民法典》,正式用法律条文把这一财产归属模式在法律上固定下来。此后为当时东欧各社会主义国家的立法所仿效。

我国从改革开放伊始,法学界关于国有企业财产归属问题就展开了热烈争论,提出了若干新思路,例如,企业法人所有权、双重所有权等。但1986年通过的《民法通则》却仍然沿袭了传统的国家所有权、

---

② 参见〔苏联〕维尼吉克托夫:《国家的社会主义所有权》,1948年俄文版。
③ 〔苏联〕斯大林:《苏联社会主义经济问题》,人民出版社1952年版,第46—47页。

企业经营管理权模式。《民法通则》第 48 条规定,"全民所有制企业法人以国家授予它经营管理的财产承担民事责任"。按照这一规定,国有企业财产所有权属于国家,企业只享有经营管理权。④

这一财产归属模式的基本特征在于,它以行政隶属关系为基础,企业居于这种行政隶属关系的末端,被苏联经济法学称作"经济机关",严格依照行政指令和指令性计划进行活动,没有独立的经济利益、经济地位和法律地位。维尼吉克托夫本人在论述这一归属模式时,就曾强调指出其"政企合一"的本质特征。他写道:"社会主义国家对于国有企业,是把全部国家权力同所有者的权利结合起来掌握在自己手中。国家社会主义所有权最突出的特点之一,就在于这一国家权力同所有者的权利的密切不可分割的结合。"⑤由此不难理解,我国改革开放十多年来,何以不能解开"政企不分"这一国有企业改革的死结,国有企业何以不能抗拒行政机关的非法干预、不能成为真正的权利义务主体——企业法人,盖因国家所有权、企业经营管理权这一财产归属模式之故。时至今日,我们应当明白,不变革传统的国有企业财产归属模式,是不可能真正实现"产权清晰""政企分开"和政府职能转变的。

2. 两权分离模式——国家所有权、企业承包经营权模式

从 20 世纪 80 年代中期开始借鉴农村改革的经验,通过国家(主管机关)与国有企业签订承包合同的方式,在国有企业财产归属关系上实现所谓两权分离,即在维持国家所有权不变的前提下使企业依据合同享有承包经营权。这就是当时所提倡的两权分离模式。这一财产归属模式虽然仍属于双重结构,但因采取了合同这一法律形式,至少在形式上使企业立于与国家(主管机关)平等的地位,以合同约定确定国家与企业之间的权利义务和责任,这就使国有企业获得了比在传统模式中大得多的经济利益和独立性。但是,到了 20 世纪 80 年代后期,这一财产归属模式的弊端逐渐显现,以致这一模式的推行被终止。遗憾的

---

④ 参见穆生秦主编:《民法通则释义》,法律出版社 1987 年版,第 53 页。
⑤ 〔苏联〕维尼吉克托夫:《国家的社会主义所有权》,1948 年俄文版,第 319 页。

是,当初被深信不疑的所谓"包字进城""一包就灵",何以辜负了人们的信赖,引发了诸如短期行为等弊端。其教训值得认真汲取。通过签订承包合同使企业享有承包经营权这一模式之严重缺点,一是短期行为,二是违背企业民主。从法律上看,合同所产生的权利属于债权,债权的一个特征是有期限性,法律不允许签订无期限的合同。要求承包人必须在合同有效期内完成约定的义务(承包指标),否则不能享受约定的权利。这正是企业短期行为的根源。合同是双方法律行为,企业承包合同的发包人名义上是国家,实际是上级主管机关,即使叫作企业承包或企业全员承包,承包人实际上也是企业主要负责人。承包合同是由企业主要负责人签订的,法律要求他对完成合同约定的各项指标负责,其结果必然是个人说了算,即个人对企业的绝对支配,与企业民主南辕北辙。

3. 现代企业制度模式——国家股东权、企业法人所有权模式

这是20世纪80年代初期理论界提出的模式。[6] 其实质是推行现代企业制度,以股份公司和有限责任公司形式改组国有大企业,使国家作为国有企业的投资人享有股东权,而国有企业则作为真正的企业法人享有法人所有权。这一模式的基础关系,不再是行政隶属关系,而是投资关系,属于民事法律关系的范畴。采取这一模式,要求国家作为公权者身份与作为所有者身份的分离,国家不是以公权者身份与国有企业发生关系,而是以所有者身份作为国有企业的投资人与国有企业发生关系,因此可以克服传统模式的政企不分和企业没有独立性的弊病。同时,国有企业作为真正的企业法人对企业财产享有法人所有权及具有公司法所规定的公司内部组织机构,足以避免采取承包合同必然发生的企业短期行为和违背企业民主化的倾向。

推行现代企业制度,以股份公司和有限责任公司形式改组国有大企业,使国家作为投资人享有股东权,企业作为真正的企业法人享有法

---

[6] 参见本卷《论企业法人与企业法人所有权》一文。

人所有权，是国有企业体制的根本变革，有着巨大的意义。(1)可以真正实现"政企分开"，使国有企业摆脱各种束缚和直接干预，成为真正的市场主体即企业法人；(2)因此可以彻底破除国有企业对国家的依赖，使之成为真正自负盈亏的经济实体；(3)国有企业享有法人所有权，国家享有股东权，可以解脱国家的无限责任，使国家享受有限责任利益；(4)国家仍可以通过行使股东权，以间接方式对企业进行支配和控制，如决定董事会人选、企业经营方针、重大投资决策、股票上市、利益分配等；(5)实现企业体制的改革和企业形式的现代化，为社会主义市场经济体制的确立和社会主义市场经济的发展奠定组织基础；(6)彻底抛弃反映计划经济体制的财产归属模式和财产权理论，解决了法律理论上说明国有企业财产权性质的难题。[7]

应特别说明的是，股份公司、有限责任公司、股东权和企业法人所有权，都只是法律形式，并不决定企业的所有制性质。决定企业所有制性质的是实际居于控股地位的股东本身的性质。只要确保国家作为股东居于控股地位，就可以确保企业的公有制性质和公有制的主体地位。因此，以股份公司和有限责任公司形式改组国有大企业，与所谓"私有化"是根本不同的。还须提及一点，对于公司形式的国有企业，国家除通过行使股东权实现对企业的间接的支配和控制外，当然还可以以公权者的身份通过法律手段、经济手段及必要的行政手段对企业进行管理和宏观调控。

四、以现代公司形式改组国有大企业的基本思路

1. 对现有国有企业实行"三三制"

所谓"三三制"，即对现有国有企业实行区别对待，依法破产1/3，出卖、出租、承包1/3，确保1/3。据估计，现有国有企业搞得好的或比较好的大致占1/3，严重亏损的大致占1/3，小型企业大致占1/3。因

---

[7] 参见中国社会科学院法学研究所社会主义市场经济法律体系研究课题组：《关于企业法人所有权、法人财产权、法人财产支配权问题》，载中国社会科学院《要报》1993年第69期。

此,对于严重亏损符合破产条件的企业,应依法破产。对于小型企业适于出卖、出租和承包的,应予以出卖、出租或实行承包经营。其余1/3,基本上属于大型企业且大多为盈利企业或虽有亏损但可以扭亏为盈的,应予确保。

对应确保的国有大企业,应按照《公司法》的规定,有计划、有步骤、分期分批地改组为股份公司或有限责任公司。其中关系国计民生的国有企业,应改组为国有独资有限责任公司。但改组为独资有限责任公司的国有企业,不应超过应确保国有企业总数的1/3。换言之,应有2/3的国有企业改组为非独资的股份公司或有限责任公司。

2. 关于国有独资有限责任公司

国有独资有限责任公司,只有一个股东——国家,不可能像一般公司一样设置股东大会。因此,国有独资有限责任公司能否实现政企分开,关键在董事会的组成。

前已提及,以现代公司形式改组国有企业,应以区分国家的公权者身份和所有者身份为前提。作为所有者身份的国家,以国库和国有资产管理机构为代表。国库掌管货币形态的国有资产,国有资产管理机构掌管股权形态的国有资产。国有资产管理机构不具有行政权力,其职责是掌管国有企业的国家股份,派员出席采取非独资的股份公司和有限责任公司形式的国有企业的股东大会,并直接任命国有独资有限责任公司的董事会。为了保障国有独资有限责任公司的独立性,国有资产管理机构应从经济学家、法学家、律师、退休法官、退休公务员、工会代表、消费者协会代表及其他社会贤达人士中任命董事会成员。董事会对国有资产管理机构负责。

3. 关于国有非独资的股份公司和有限责任公司

其一,持股比例实行"三三制"。

将国家持股区分为中央政府持股与地方政府持股。中央政府持股简称国家持股,由国家国有资产管理机构掌管,地方政府持股简称地方持股,由地方国有资产管理机构掌管。国家持股30%,地方持股30%,社会各种公司机构和个人持股30%,本企业职工持股10%。其中本企业职工持股,可以采取有偿方式或作为福利分配方式。如果属于一般企业,其社会持股部分应对社会一般企业和个人开放,并可优先考虑主要原材料产地和产品销售行业,特别企业可限制外资持股。通过此持股比例安排,可以在股东大会中实现国家、地方、社会、企业及本企业职工的利益协调。

其二,企业组织机构实行"二元体制"。

公司组织机构的"二元体制",是针对传统一元体制侧重保护投资人利益而忽视劳动者利益的弊端所创造的新体制,目的在于实现投资人利益和劳动者利益的协调和兼顾。基于我国社会主义经济制度的性质,国有公司组织机构采二元体制是理所当然的。按照这一体制,应在股东大会与董事会之间设置企业管理委员会作为企业最高权力机关。企业管理委员会成员的 1/2 由股东大会产生,另外 1/2 由本企业职工工会产生。再由企业管理委员会选任董事会。董事会为公司执行机关和代表机关,直接对企业管理委员会负责。此种设计可以通过企业管理委员会实现企业股东利益和职工利益的协调,并在此基础上形成企业法人意志。需特别说明的是,实行此二元体制应先修改公司法有关规定。⑧

五、结语

笔者认为,要实现党的十四届三中全会提出的"产权清晰、权责明确、政企分开、管理科学"的国有企业改革目标,必须抓住现代企业制度即以股份公司和有限责任公司形式改组国有大企业这个关键环节。不抓住这一关键环节,而谈论所谓产权清晰或者政企分开,终究枉然。按照上述方案,所确保的国有企业虽然只是现有企业总数的 1/3,但实际上所保有的国有资产量大约相当于现有国有资产的 80%。其中 1/3

---

⑧ 笔者曾在 1986 年中国社会科学院法学研究所召开的社会主义国有企业财产权理论研讨会和 1988 年中国法学会民法学经济法学研究会上海年会上,两次以《用西方大公司形式改组我国国营大企业》为题做大会发言,表述上述改革国有企业的思路,并在会上会后引起热烈争论。

的企业改组为国有独资有限责任公司,其股份全部掌握在国家手中,其余2/3的企业改组为非独资的国有股份公司和有限责任公司,国家(中央)和地方持股占60%,稳居于控股地位。因此,可以确保社会主义公有制在整个国民经济中的主体地位。自不待言,以现代公司形式改组国有企业是一项极端重大、极端复杂的工作,容不得任何感情冲动和草率从事,应经过严密论证、周密计划、制订方案并通过制定和实施法律法规和施行细则的方式,分期分批、逐步推行,以确保改组成功和国有资产不受损害。

索　引

B

编纂民法典　30,35,45,72,77,
　96-99,101,126,137,146,154,
　180,193,211,235,240,374
变更权　87,119,144,145,193,
　252,277

C

长期诉讼时效期间　148,194
超越经营范围法律行为的　134,
　188,198,205
成年监护　128,185,247
诚实信用原则　49-50,87,113,
　196,258,289,318,324-336,
　417,438
除斥期间　86,113,118-119,
　146,159

D

代理权　31,73,115-116,281-
　282,300,397,404-414,416-
　419
代理人义务　417,419
代理行为　87,282,296,401,
　411,413-419
单方允诺　138
德国民法典　3,9-10,21-22,
　26,30,34,36-38,40-42,52,
　55,57,67,77,83-85,93,142,
　148-151,195,200,305,339,
　368,374,422,451,458
登记　17-18,35,55,90,159,
　169,219,249,265,389,390,
　403,437
等价有偿原则　313-315,466

F

法定代表人　18,55,133,187,
　248,262
法理　6-8,46-47,123,171,
　183-184,215-216,245-

246,249,256,258,263,265,332,364

法律的软化 335

法律适用 6,46,122,271

法律行为 4,11,13,21,57-59,65-68,71-73,102-105,117-119,134,139-140,142-145,159,189-193,202,210,222-227,250-252,263-264,266,272-274,276-281,301-302,305-308,339,341,395-396,413-415

法律行为部分无效 279

法律渊源 7,46

法人 4-6,16,54-56,91,104,117-120,131-137,157-160,175,186,198,205-206,218-220,222,236,247-250,262-270,281,283,294,315-317,360,362,375-393,398-401,435-437,447,471

法人的设立人 267

法人分类 54,102,131,186,247,389,390,393

法人人格否认 268

非法人团体 4-6,16,19-20

非法人组织 119-120,134,136,220,236,241,243,262,281,283,291-292,294

G

个人秘密 363-364,366

公序良俗 24,102,121-122,152,196,202,277-279,289,337-338,343,345-354

国际条约 48,88,125-127,153-155,170-172

国民经济 316,382,466,472-478,487

国有企业财产 481-482,484

H

合作社 386,459,461,477

户籍登记 155,168-169,259-260

婚姻自主权 87,118,366

J

基本原则 3,5-7,49-50,102,120-121,137,182,244,271,311,325-326,393,438,457

监护人资格 89,130

间接代理 30-32,72-74,145-146,193-194,228-229,253,396,398

交易安全 23,63,87,122,159,178,197,205

禁止权利滥用 152,271-272, 322-323,439
禁止诉讼时效滥用 43
经济流转 147,463
精神损害赔偿 38,80,370
决议 135,159-160,269-270

K

可撤销法律行为 144,192,225, 227,252

L

漏洞补充 50,324
绿色原则 167-168,245

M

免责 283,353,443,449-450
民法法源 122,183,245,256
民法调整范围 5,174,287, 313-314
民法通则 4,6,8-9,12-15, 17-19,21-23,25-28,30, 34-35,50,52,57-60,124- 128,131-133,139-144, 146-148,170-174,182- 187,250-254,259-260, 313-317,342,353-354, 356-363,408-419,442- 451,481-482

民事法律关系 14,89,130, 155-156,291,299,314,322, 400,426,483
民事权利 6,20-21,42,86, 104-105,109-110,117- 119,136,147,153,188,237, 241-242,270,296,356-358, 424-430,434-435,439- 440,476
民事违法行为 318,323,403, 425,432-433,435,441,444- 446
民事行为能力 8,13,103,105, 128-129,185,233-234, 292-293,400-401,414- 415,436-437
民事责任 18,56,86,107,118- 120,233,237,242,262,283, 356,420,431,441
民事主体 8,16,19,49,102, 122,127,139,153,217,223, 281,289,292-293,314,376- 377,437-439
名誉权 109,220,356,358,360, 369-370,447

P

普通诉讼时效 146,161-163, 173,194

Q

欺诈 26-27,65,142,191,251,
304-305,315,319,415
企业法人所有权 375,481
侵害英雄烈士人格利益 284
清算义务人 175,266-267
情势变更 450-451
请求权 35-41,43,76-81,83,
85,93,148-151,179,194,
231,254-255,297,299-300,
366,371,429,458,460,467
取得时效 34-35,76-77,
454-455,457-461
权利客体 4,20,24-25,110,
136,188,356,358

R

人格权 5,10,52,106-110,
137,179,220-222,237,270,
298-299,356-358,367-
374,476
人格权编 11,53-54,137,189,
371-373
人格尊严 105-106,221,270,
361,363,366
人身权 99,174,220,231,355,
367,405,424-425,427,439,
476

荣誉权 356,362,366,369,447

S

社会责任 91,135
生命健康权 270,358,365
失踪宣告 14,115
时效的主张 39,81
时效完成的效力 40,82
市场经济 19,40,82,91,135,
210-211,236,288-291,
324-328,337
私法体系 4
死亡宣告 14-16,87,89-90,
118,130-131,155-156,
172-173
死者姓名、肖像和名誉的保护
12
诉讼时效的客体 35,77-78
诉讼时效的效力 34,40,77,83,
230

T

胎儿利益 8,88,127,185,237,
247
特别法优先适用 47,123-124,
184,373
调整对象 5-6,120,182,243,
286,314

W

违反法律、行政法规的效力性强
　制规定　58,63,200-202,205
违反禁止性规定　22,59,141
未成年人受性侵害　85,94,149,
　194
物权行为　69-71

X

习惯　6-7,46-47,92,122-
　123,145,161,183,214-216,
　245,256-257,303,452
狭义无权代理　229,253,282
显失公平　28,66,118,142,192,
　227,252,275-277,281,305,
　320,342,353-354
相对人　23,25-26,29,31,60,
　63-64,68,75,113,141,146,
　157-159,161,176,197-199,
　206,263,265-266,282,301-
　303,417,419
向一般条款的逃避　334
肖像权　109,220,356,360,366,
　369-370,447
胁迫　27,65,118,142,145,191,
　224-227,251-252,275,
　304-305,315,415
信赖　92,129,145,161,331,
　412,483
姓名权　107,356,358-359,
　366,369-370,447
虚伪表示　25-26,63-64,92,
　141,191,251,274-275,304-305

Y

一般规定　4,120,126,155,177,
　182,433,443
意思表示解释　92,145,161,303
因保护他人使自己遭受损害
　283
隐藏行为　26,63,92,141,191,
　251,274-275
隐私权　109,222,363-369

Z

政策　165-166,168,317-318,
　462,465,468-471,473
支配权　179,298-299,356,
　358,427,453
职务代理　253,281
重大误解　29,68,145,178-
　179,193,197,227,252,277,
　281,304
住所　8,155,158-159,403
自愿实施紧急救助　243,283
总则编　3,10-11,53-54,103,
　107,109,137,211,326,374